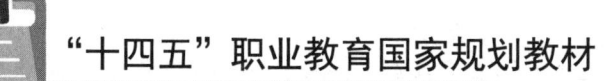

"十四五"职业教育国家规划教材

高等职业院校技能型紧缺人才培养培训工程配套教材·汽车检测与维修专业

汽车电气设备原理与检修

（第6版）

于万海　吴会波　主　编

李晓伟　曹　娟　陈　强　副主编

赵晓东　张朝山　主　审

电子工业出版社

Publishing House of Electronics Industry

北京·BEIJING

内 容 简 介

本书是国家级精品课程、国家级专业教学资源库配套教材，主要内容包括汽车电路、蓄电池、充电系统、起动系统、照明与信号系统、汽车仪表与信息系统、辅助电器系统等主要汽车电气设备的功能特点、结构组成、工作原理和故障检修方法，重点突出各系统电路的识图分析、故障诊断与维修。

本书从高职教育的实际出发，结合教学和生产实际的需要，以经典主流车系车型为例，详细阐述汽车电气设备的常见故障及其产生原因、故障诊断与检修方法及安全操作要点，并配有相关企业案例和测试练习题。全书采用大量图表说明代替文字阐述，直观易读。

本书是"十三五"职业教育国家规划教材，配套了丰富的数字化教学资源，主要包括：课程标准、学业目标、标准导读、知识点教学视频、技能点实操视频、企业案例、教学课件、测试练习题、核心问题讨论等。

本书可作为高等职业院校汽车类专业的教学用书，也可作为成人高校相关专业的教学用书，自学者及企业技术人员的自学用书。

图书在版编目（CIP）数据

汽车电气设备原理与检修 / 于万海，吴会波主编. —6 版. —北京：电子工业出版社，2023.1
ISBN 978-7-121-44824-9

Ⅰ. ①汽…　Ⅱ. ①于…　②吴…　Ⅲ. ①汽车－电气设备－理论－高等职业教育－教材②汽车－电气设备－车辆修理－高等职业教育－教材　Ⅳ. ①U463.6②U472.41

中国国家版本馆 CIP 数据核字（2023）第 002175 号

责任编辑：王艳萍
印　　　刷：三河市鑫金马印装有限公司
装　　　订：三河市鑫金马印装有限公司
出版发行：电子工业出版社
　　　　　北京市海淀区万寿路 173 信箱　邮编 100036
开　　本：787×1 092　1/16　印张：18.25　字数：490.6 千字
版　　次：2005 年 2 月第 1 版
　　　　　2023 年 1 月第 6 版
印　　次：2025 年 6 月第 7 次印刷
定　　价：59.00 元

凡所购买电子工业出版社图书有缺损问题，请向购买书店调换。若书店售缺，请与本社发行部联系，联系及邮购电话：（010）88254888，88258888。

质量投诉请发邮件至 zlts@phei.com.cn，盗版侵权举报请发邮件至 dbqq@phei.com.cn。

本书咨询联系方式：（010）88254574，wangyp@phei.com.cn。

前　言

党的二十大报告指出，教育、科技、人才是全面建设社会主义现代化国家的基础性、战略性支撑。必须坚持科技是第一生产力、人才是第一资源、创新是第一动力，深入实施科教兴国战略、人才强国战略、创新驱动发展战略，开辟发展新领域新赛道，不断塑造发展新动能新优势。

进入 21 世纪以来，我国汽车市场迅速发展，汽车的保有量大幅增加，汽车不再是奢侈品，而成为人们生产和生活的工具。我国汽车保有量的增加及汽车技术的不断更新，对汽车维修行业从业人员提出了更高的要求。教育部将汽车检测与维修专业人员列为四大技能型紧缺人才之一，并启动了"制造业和现代服务业技能型紧缺人才培养培训工程"。汽车维修行业的就业机会多，发展前景好，受到社会的高度关注。

"汽车电气设备原理与检修"是汽车检测与维修专业的一门专业核心课程。该课程对应的典型工作任务是汽车电气设备故障诊断与排除。该课程主要培养学生利用现代诊断和检测设备对汽车基本电气设备和电路进行故障诊断、零部件检测及维修等的专业能力。

课程内容建立在职业典型工作任务上，通过企业调研采集工作任务，根据工作任务明确学习内容和能力目标，融入职业技能等级要求，根据学习要求组织完成工作任务所需的理论知识和实践技能，按照认知规律进行教学化加工。

本书系统地讲述了汽车电气设备的特点、基本原理、使用维修与故障诊断等内容。本书共 7 个学习情境，内容包括汽车电路故障诊断与维修、蓄电池的使用与维护、充电系统故障诊断与维修、起动系统故障诊断与维修、照明与信号系统故障诊断与维修、汽车仪表与信息系统故障诊断与维修、辅助电器系统故障诊断与维修。在此基础上，本书根据汽车类专业人才培养方案的要求，详细地阐述了汽车电气设备的性能和工作原理；每个学习情境配有源自企业一线的典型案例，为读者提供实战参考；每个学习情境还配有多种题型的测试练习题，便于读者评价学习效果。

本课程先后经过国家级精品课程、国家级专业教学资源库、国家级精品资源共享课程、国家精品在线开放课程四轮持续建设，教学内容、教学资源、教学组织模式和教学方法获得了优化和完善。本书配套了丰富的数字化教学资源，主要包括：课程标准、学业目标、标准导读、知识点教学视频、技能点实操视频、企业案例、教学课件、测试习题、核心问题讨论等，课程资源以项目任务为单元形成结构化配置，学习路径清晰可辅助教学。

本书由河北科技工程职业技术大学于万海、南京信息职业技术学院吴会波担任主编，河北科技工程职业技术大学李晓伟、太原城市职业技术学院曹娟和江西现代职业技术学院陈强担任副主编，河北机电职业技术学院赵晓东教授、杭州科技职业技术学院张朝山教授担任主审。其中，于万海编写学习情境一和学习情境五的学习单元 5.3～5.6，李晓伟编写学习情境二、学习情境三，陈强、陈海燕编写学习情境六，吴会波、曹娟编写学习情境四，孙秀倩编写学习情境五的学习单元 5.1、5.2 和学习情境七。浙江天煌科技实业有限公司技术总监裘奕晨、沧州运通汽车销售服务有限公司李树斌和河北润浩汽车贸易有限公司张若望为本书提供了典型企业案例。

　　本书在编写过程中，得到了河北科技工程职业技术大学副校长李贤彬教授和湖南汽车工程职业学院副校长尹万建教授的大力支持和帮助，在此表示衷心感谢。

　　本书在编写过程中参考了大量的国内外技术资料，得到了许多同行的大力支持，在此谨向所有参考资料的作者及关心支持本书编写的同志们表示衷心感谢。

　　本书配有免费的电子教学课件、习题及解答，请有需要的教师登录华信教育资源网（www.hxedu.com.cn）免费注册后下载，有问题请在网站留言或与电子工业出版社联系（E-mail:wangyp@phei.com.cn）。

　　由于编者水平有限，经验不足，书中难免有疏漏和不当之处，恳请广大读者批评指正。

编　者

目　录

学习情境一

汽车电路故障诊断与维修

【能力目标】

● 描述汽车电路基本特点和组成;

● 按绘图规范识读电路图,描述电流走向,分析关联电路;

● 对车内的导线颜色标识、横截面进行识别并查找线路;

● 确定电气部件和插头连接的安装位置;

● 确定电路检测点,记录并评估检测结果;

● 计算导线截面积,选取标准导线;

● 区分熔断器种类,计算熔断器规格并按照标准选取熔断器;

● 按照规定选取并连接维修线束的部件;

● 制备并铺设电路(线束);

● 检查并判断电线的状况;

● 用电负荷估算、控制电路设计、取电点选取;

● 遵守法律和技术规定。

【学习内容】

● 汽车电路基本特点和组成;

● 电路图符号、图注标识、绘图规则;

● 电路识图的基本方法和流程;

● 导线颜色标识、截面积;

● 电气系统中可测量位置、测量方法和工具选择;

● 熔断器种类、熔断器规格;

● 线束部件的维修方法;

● 车上电路布线要求;

● 开关、继电器;

● 用电负荷估算、控制电路设计、取电点选取。

【任务导入】

一辆 2020 款奔驰 S350L,搭载 256930 型 2.5T 发动机+48V 混合动力,VIN 码为 W1KUG5GB6LA56****,行驶里程为 36291km,该车仪表台上的红色驻车制动灯偶发性常亮。经维修技师诊断,该故障为典型的汽车电路与电气系统偶发性故障。

学习单元 1.1　汽车电气系统的特点与电磁干扰抑制

汽车电气系统
的五大特点

1.1.1　汽车电气系统的基本特点

汽车的种类和品牌繁多，各种汽车电气设备的数量不等，其安装位置、接线方法等也各有差异。但不论是进口汽车还是国产汽车，其电气系统的设计一般遵循一定的规律。了解其特点，对汽车电气设备的维修很有帮助。汽车电气系统如图 1.1 所示。

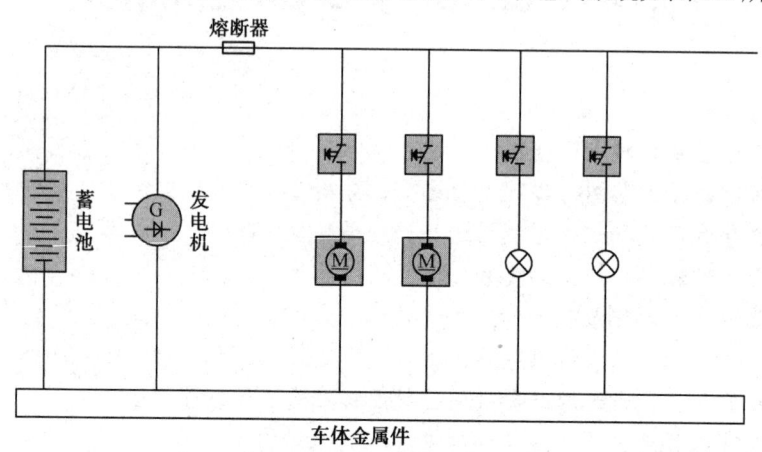

图 1.1　汽车电气系统

1.　单线制

所谓单线制，是指利用汽车发动机和底盘、车身等金属机件作为各种用电设备的共用连线（俗称搭铁），而用电设备到电源只需另设一根导线。任何一个电路中的电流都是从电源的正极出发，经导线流入用电设备后，通过金属车架流回电源负极而形成回路的。采用单线制不仅可以节省材料（铜导线），使电路简化，而且便于安装和检修，降低故障率。但在一些不能形成可靠的电气回路或需要精确电子信号的回路中，需采用双线。

2.　负极搭铁

所谓搭铁，是指采用单线制时，将蓄电池的一个电极用导线连接到发动机或底盘等金属车体上。若将蓄电池的负极连接到金属车体上，称为负极搭铁，如图 1.2 所示；若将蓄电池的正极连接到金属车体上，称为正极搭铁。目前世界各国生产的汽车大多采用负极搭铁。图 1.3 所示为某车型搭铁点分布，图中搭铁点采用大写字母"G"加 3 位数字来表示。

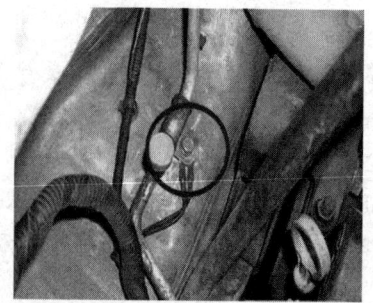

图 1.2　负极搭铁

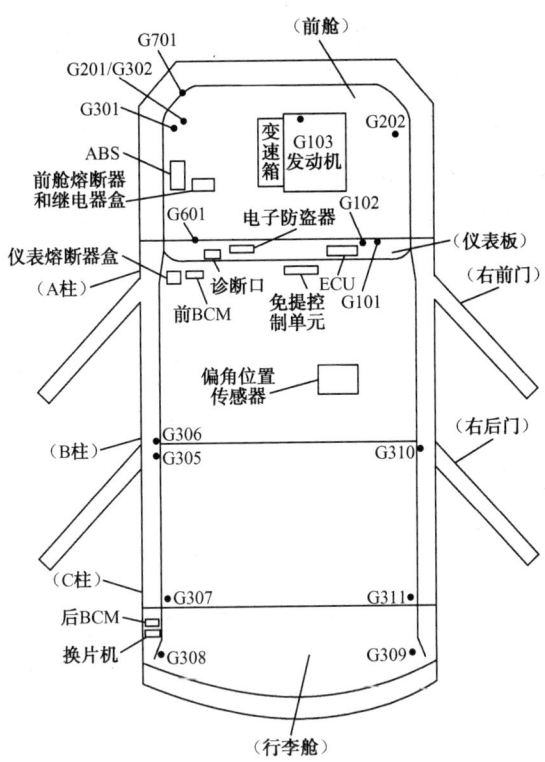

图 1.3 某车型搭铁点分布

为了减少振动,在车架上安装汽车各总成时,通常垫有各类垫块或垫片。由于橡胶垫导电不良,所以汽车上安装有多条搭铁线。这就是说,在整个汽车电气系统中,只有车身才是真正的搭铁端,发动机、变速器等都要通过搭铁线与车身连接起来,才能形成有效的回路。如果不注意搭铁线的检查和清洁,很容易引起电路搭铁不良。电路搭铁不良,相当于在电路中串联了一个电阻,产生了或大或小的电压降,造成用电设备的输入电压降低,严重时形成断路,从而引发意想不到的故障。许多看起来似乎毫无关联的故障现象,其实就是搭铁不良引起的。例如,传感器的信号输出值高于正常范围或者一直不变,起动机、前照灯、风扇电动机等大功率负载的性能不良,都可能是电路搭铁不良造成的。另外,由于汽车上的电子控制系统传递的是数字信号或高精度的模拟信号,电路搭铁不良可能使高精度的信号失真,因此这类故障具有很强的隐蔽性。

3．两个电源

两个电源,是指蓄电池和发电机两个供电电源。蓄电池是辅助电源,在汽车未运转时向有关用电设备供电;发电机是主电源,当发动机运转到一定转速,发电机达到规定的转速时,开始向有关用电设备供电,同时对蓄电池充电。两者互补可以有效地使用电设备在不同的情况下都能正常工作,同时延长了蓄电池的供电时间。

4．用电设备并联

用电设备并联,是指汽车上的各种用电设备都采用并联方式与电源连接,每个用电设备都由各自串联在其支路中的专用开关控制,互不干扰。

5．低压直流供电

汽车电气设备采用低压直流供电,柴油车大多采用 24V 直流电压供电,汽油车大多采用 12V 直流电压供电。

对于新能源汽车,其低压电气系统和燃油汽车基本相同。除此之外,还增加了高压电气系统，主要包括动力电池、驱动电机、空调压缩机、电加热器、DC/DC、高压充配电系统等。

1.1.2 电磁干扰

汽车电气系统
的电磁干扰

在汽车上，发电机和点火线圈是两大电磁波发生源。随着发动机转速的提高，火花塞和喷油器电磁阀接通和断开频率的加快，所产生的高频电磁波干扰明显增加。实际上，不仅产生电火花的地方（如电弧焊、触点或电刷）会发出电磁波，当绕组中的电动势发生变化时，也会产生电磁波。

电磁波是一种客观存在的、非常微妙的物质形式。电磁波能够干扰控制单元信号的接收和发送。在汽车电子控制系统中，曲轴转速传感器、传动轴转速传感器、轮速传感器等磁敏性传感器抵抗电磁波干扰的能力较差（尤其是在转速较低时），因此在使用和维修中，应设法将电磁波对汽车工作性能的不良影响减到最少。

1. 电磁干扰产生的根源及危害性

有试验表明，在大气中断开电路时，如果被断开的电源电压超过 12V，电流超过 0.25A，就可能在触头间隙产生电火花（电弧）。电火花实质上是一种电磁波，会对其他电气设备产生干扰。汽车上的电磁干扰主要来自以下几个方面。

（1）在电气系统工作过程中，当用电设备的开关接通或断开、负载的电流和电压变化以及磁场发生变化时，都容易产生高频干扰信号。

（2）当切换电感性负载时，在电路中会产生高频振荡，振荡的峰值电压可以达到 200V，特别是绝缘性能不良的点火线圈、分缸高压线会产生高电压、强磁场。任何因素激发出的振荡都会通过导线等以电磁波的形式发射出去，势必对其他电子设备产生电磁干扰。因此，点火系统、交流发电机、电动机、喇叭、电磁离合器等都是电磁干扰源。

（3）各个电子系统的工作制式不同，它们之间会以不同的方式彼此干扰。例如，电子防盗系统工作时产生的无线电信号，会干扰组合仪表上的里程表、充电指示灯等的正常工作。

（4）新能源汽车高压线束传输强电电流时产生电磁干扰。

对于电控汽车来说，电磁干扰的危害性在于：在一定的条件下，电磁干扰能够改变由传感器发送给 ECU（电子控制单元）的信号及 ECU 发送给执行器的信号，使车载微型计算机失常，这将导致电控汽车的运转性能不稳定。虽然电磁干扰持续的时间很短（约 300ms），一般不会引起电子元件损坏，但是对于具有高频响应的电子控制系统（如 EFI 等），往往会引起误动作。因此，汽车维修人员对于电磁干扰应当有足够的认识。

2. 电磁干扰的检测方法

检测电磁干扰的一般方法是：将示波器连接在电源线或搭铁线上，可以检测到是否存在电磁干扰。

3. 减少电磁干扰的措施

（1）各种电气设备要尽量抑制和衰减自身产生的电磁波。例如，在发电机输出端安装一个电容器来抑制电磁干扰（直流发电机可以用容量为 1～3μF 的电容器，交流发电机用容量为 3μF 的电容器）；采用高压阻尼点火线、新型的电子点火系统（线圈火花塞点火装置）、电阻型火花塞或屏蔽型火花塞等抑制点火系统产生的电磁干扰。

（2）采取必要的屏蔽措施。一方面，对汽车电器进行屏蔽处理，使其产生的高频电磁波在屏蔽的金属罩内产生涡流，变成热能消耗掉，使电磁波不能传播出去。例如，利用金属外壳对刮水器电动机、暖风电动机和闪光器继电器等用金属罩遮盖，抑制较强交变电流引起的电磁波对外产生的电磁干扰。另一方面，为了保护输入 ECU 的传感器交变信号不受干扰而对传感器输入导线进行屏蔽。例如,将氧传感器、空气流量传感器、曲轴位置传感器、凸轮轴位置传感器和爆震传感器等的信号线用金属网或金属管套住,其屏蔽罩之间及金属罩与车体之间必须接触良好,保证传感器输入 ECU 信号的质量。新能源汽车的高压部件和线束一般采用屏蔽措施,并与低压线束保持一定的安全距离。

（3）保持良好的接地（搭铁）。良好的接地（搭铁）,是抑制汽车电磁干扰的主要措施之一。良好的接地（搭铁）包含两个方面的内容,一是接地（搭铁）牢靠,二是接地（搭铁）点要正确。在维修汽车时,不要将信号接地（搭铁）和屏蔽层接地（搭铁）接到同一点上,这是因为高频变化的信号在其接地（搭铁）点上会产生各种电磁噪声,如果将屏蔽层连接到信号接地（搭铁）点上,这种噪声电压会沿着屏蔽层向外发出干扰。

学习单元 1.2　汽车电路元件检测与修复

汽车电气设备电路组成

1.2.1　汽车电气系统电路

1. 汽车电气系统电路组成

汽车电气系统主要由电源、用电设备、配电装置和控制装置组成。图 1.4 是汽车电路的两种主要类型:开关、继电器控制型电路和模块控制型电路。

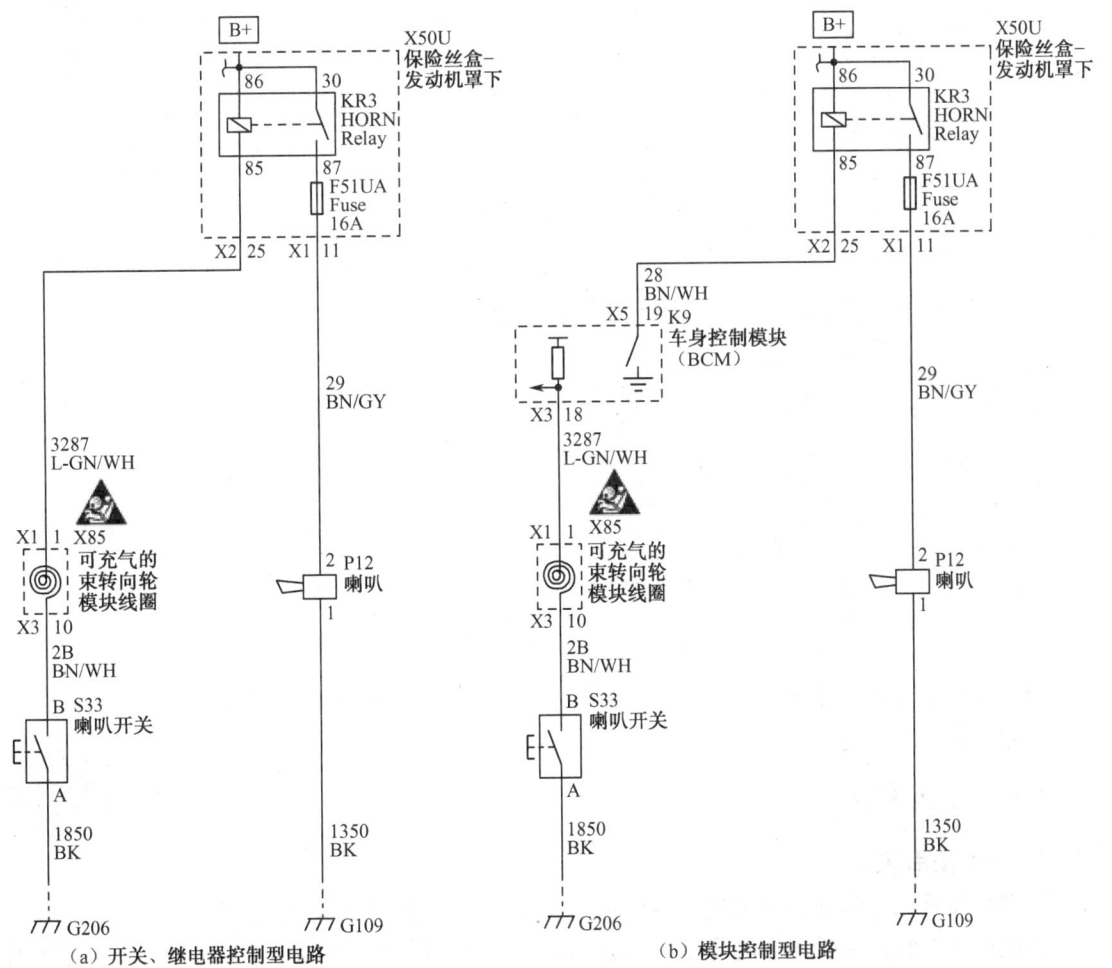

（a）开关、继电器控制型电路　　　　　（b）模块控制型电路

图 1.4　汽车电路的两种主要类型

电源部分主要包括蓄电池、交流发电机、电压调节器等。

用电设备发展迅速，除了起动、照明、仪表、辅助电器、空调、汽车音响等装置，许多新的车身电气设备或电控装置也在不断更新和产生，如发动机电控系统、ABS、ESP、电动助力转向、电控悬架、安全气囊、汽车导航、车载电话等。

任何电气设备和电控装置要想获得电源供电，中间的连接装置必不可少。常见的连接装置有汽车线束、开关装置、保险装置、继电器、连接端子和连接器等，这些连接装置的选用和装配直接影响用电设备的运行状况。

2. 车上主要用电设备

车上用电设备可以分为基本用电器（持续用电器）、长时间用电器和短时间用电器。部分用电设备分类及功率如图1.5所示。

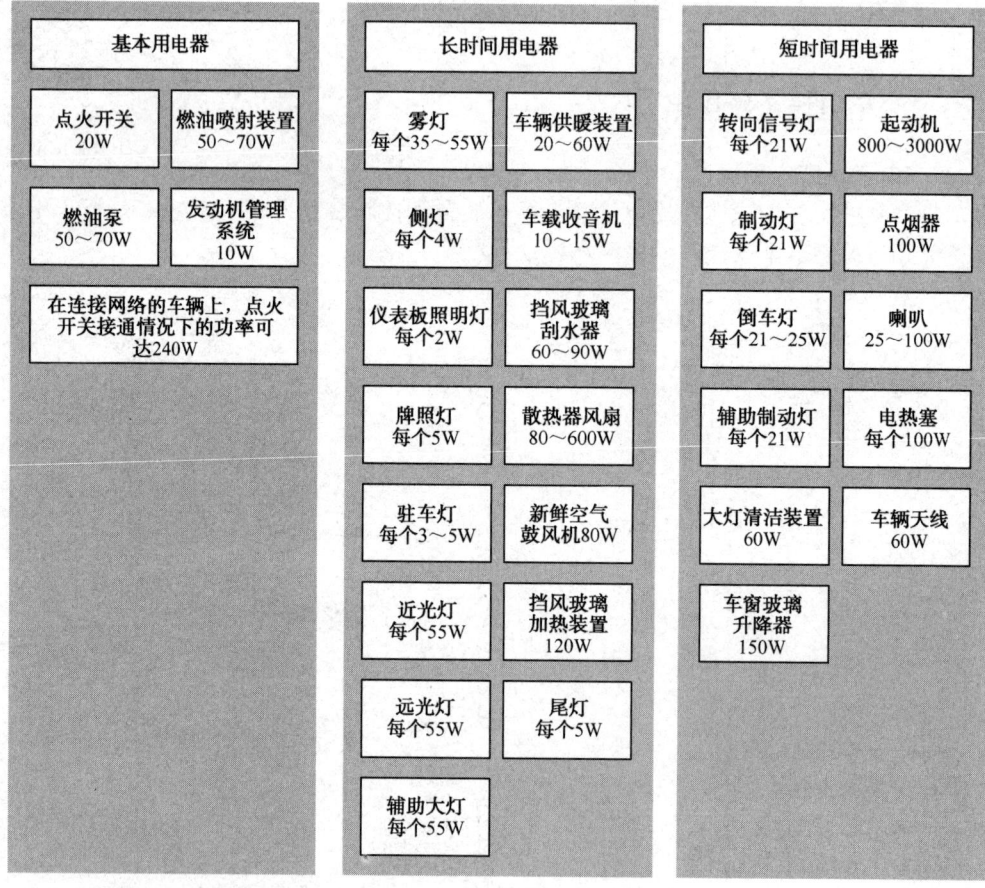

图1.5　部分用电设备分类及功率

对于新能源汽车，除以上用电设备，还有驱动电机、空调压缩机、电加热器、DC/DC、高压充电器等高压用电设备。

1.2.2　汽车线束

1. 汽车用电线

汽车线束

汽车电路是由导线连接起来的，导线是用电设备从电源获得电能必不可少的元件。汽车电气设备的连接导线按承受电压的高低，可分为高压导线和低压导线两种。点火线圈（高压）输出线、分电器盖至发动机各缸火花塞上的（高压）分线使用特制的高压点火线或高压阻尼点火线。汽车充电系统、仪表、照明、信号及辅助电器等设备均使用低压导线，这里主要介绍低压导线。

（1）导线截面积的正确选择。汽车上各种电气设备所用的连接导线，可根据用电设备的负载电流大小选择截面积。选择原则：长时间工作的电气设备导线按载流量的 60%选配；短时间工作的用电设备导线按载流量的 60%～100%选配。同时，还应考虑电路中的电压降和导线发热等情况，以免影响用电设备的电气性能和超过导线的允许温度。为保证一定的机械强度，一般低压导线截面积不小于 0.5mm²。表 1.1 所示为各种铜芯导线标称截面积的允许载流量。

表 1.1　各种铜芯导线标称截面积的允许载流量

铜芯导线标称截面积/mm²	0.5	0.75	1.0	1.5	2.5	4	6	10	16	25	35	50
允许载流量（60%）/A	7.5	9.6	11.4	14.4	19.2	25.2	33	45	63	82.8	102	129
允许载流量（100%）/A	12.5	16	19	24	32	42	55	75	105	138	170	215

（2）导线的颜色。随着汽车上使用的电器增多，导线数量增多，为便于安装和检修，导线采用双色线，主色为基础色，辅色为环布导线的条色带或螺旋色带。标注时，主色在前，辅色在后。例如，红/黄导线的主色为红色，辅色为黄色。

2. 汽车线束

为使全车线路规整、安装方便及保护导线的绝缘，汽车上的全车线路除高压线、蓄电池电缆和起动机电缆外，一般将同区域的不同规格的导线用棉纱或薄聚氯乙烯带缠绕包扎成束（称为线束），如图 1.6 所示。

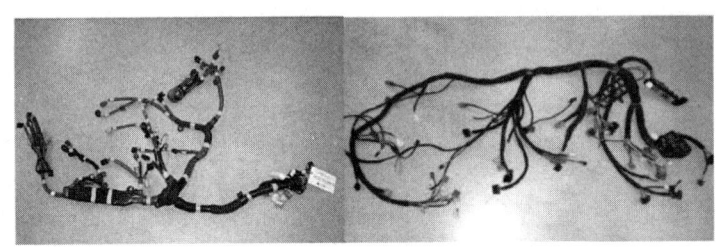

图 1.6　汽车线束

（1）线束的包扎。

① 电缆半叠包扎法：涂绝缘漆，烘干，以增加电缆的强度和绝缘性能。

② 新型线束：局部塑料包扎后放入侧切口的塑料波纹管内，使其强度更高，保护性能更好，查找线路故障更方便。

（2）线束的安装。

同一种车型的线束在制造厂里按车型设计制造好后，用卡簧或绊钉固定在车上的既定位置，其抽头恰好在各电气设备接线柱附近，安装时按线号装在其对应的接线柱上。不同车型的线束各不相同，同一车型的线束按发动机、底盘和车身分为多个。图 1.7 所示为东风雪铁龙凯旋轿车线束布置图。

（3）导线维修。

大多数制造商推荐所有导线应用焊接方式进行维修。维修导线时，重要的是要按如下所述进行正确操作。

① 每根需要维修铰接的导线上去掉 12.7mm（1/2 英寸）的绝缘层。

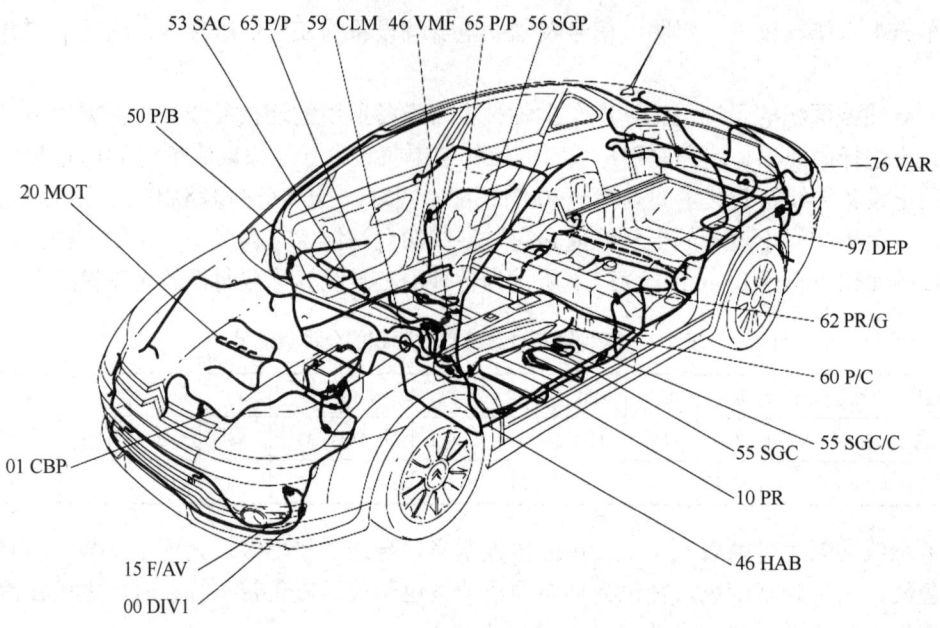

53 SAC 65 P/P 59 CLM 46 VMF 65 P/P 56 SGP

50 P/B

20 MOT

—76 VAR

97 DEP

62 PR/G

60 P/C

55 SGC/C

01 CBP

55 SGC

10 PR

15 F/AV

46 HAB

00 DIV1

图 1.7　东风雪铁龙凯旋轿车线束布置图

汽车导线的修理

② 准备一根具有黏性衬的热缩管置于导线一侧，要确保管子足够长以覆盖并封住整个修理区。

③ 将导线的多股线相互搭叠放在插接器夹内，如图 1.8 所示。

④ 用压接工具将插接器夹和导线压接在一起，如图 1.9 所示。

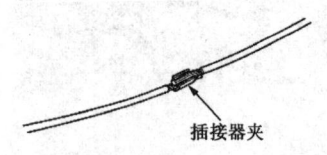

插接器夹

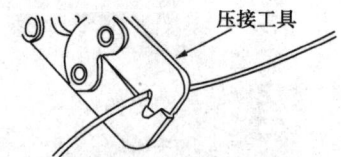

压接工具

图 1.8　导线在插接器夹内的搭叠　　　　图 1.9　插接器夹和导线的压接

⑤ 用松香芯型焊锡丝将连接处焊接在一起，如图 1.10 所示。

注意：千万不要使用酸性焊锡丝焊接。

⑥ 热缩管的连接：用喷枪加热并使连接点位于热缩管的中央位置。加热连接处直到管子被紧紧封住，如图 1.11 所示。

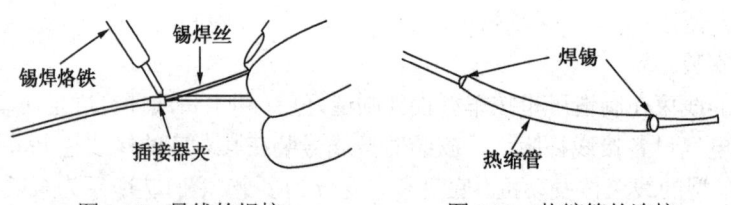

锡焊丝

锡焊烙铁

插接器夹

焊锡

热缩管

图 1.10　导线的焊接　　　　　图 1.11　热缩管的连接

（4）新能源汽车高压线束。

如图 1.12 所示为新能源汽车高压线束，其不同于低压线束，耐压等级较高，目前市场上应用的高压导线处于 600V 交流/1000V 直流耐高压水准。随着续航里程的提升而需要输出更大功率时，需要使用更高耐压等级的高压导线，将达到以及高于 1000V 交流/1500V 直流的水准。为了起到警示作用高压线束必须使用橙色。

另外，对于高压大电流模块用到的高压导线，其具有耐大电流、耐高温、阻燃、柔性高和 EMC 屏蔽性等特点。

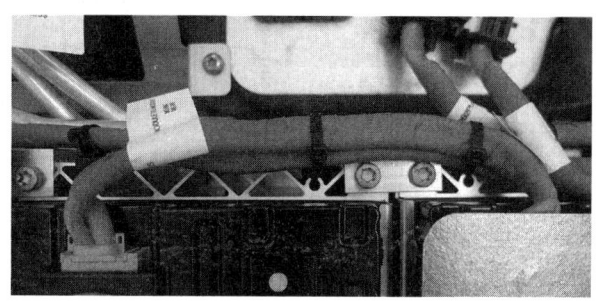

图 1.12 新能源汽车高压线束

1.2.3 开关装置

汽车上所有用电设备的接通和停止都必须由开关控制，对开关的要求是坚固耐用、安全可靠、操作方便、性能稳定。

典型汽车
开关装置

1. 开关的符号

各种品牌汽车的开关符号各不相同，可查阅相关手册。常见的开关符号如表 1.2 所示。

表 1.2 常见的开关符号

序 号	图形符号	名 称	序 号	图形符号	名 称
1		旋转、旋钮开关	10		热执行器操作
2		液位控制开关	11	$t°$	温度控制
3	OP	机油滤清器报警开关	12	P	压力控制
4	$t°$	热敏开关（动合触点）	13		拉拔开关
5	$t°$	热敏开关（动断触点）	14	0 1 2	推拉多挡开关
6		热敏自动开关（动断触点）	15	0 1 2	钥匙开关（全部定位）
7		热继电器触点	16	0 1 2 / 0,1	多挡开关，点火、起动开关，瞬时位置为 2 能自动返回至 1（即 2 挡不能定位）
8	0 1 2	旋转多挡开关	17		节流阀开关
9		钥匙操作	18	BP	制动压力控制

续表

序号	图形符号	名　　称	序号	图形符号	名　　称
19		液位控制	23		定位（非自动复位）开关
20		凸轮控制	24		按钮开关
21		联动开关	25		能定位的按钮开关
22		手动开关（一般符号）			

2. 点火开关

点火开关是汽车电路中最重要的开关之一，它是各条电路分支的控制枢纽，属于多挡多接线柱开关。其主要功能是：锁住转向盘转轴（LOCK）、运行/点火（ON 或 IG）、起动（ST 或 START）、专用（Acc），如果用于柴油车则增加预热（HEAT）功能。其中起动、预热挡因为工作电流很大，开关不宜接通过久，所以这两挡在操作时必须用手克服弹簧力，扳住钥匙，一松手就会弹回点火挡，不能自行定位，其他挡均可自行定位。点火开关的结构及表示方法如图 1.13 所示。现在很多车上采用一键起动开关，其原理与传统点火开关不同，参见信号型开关。

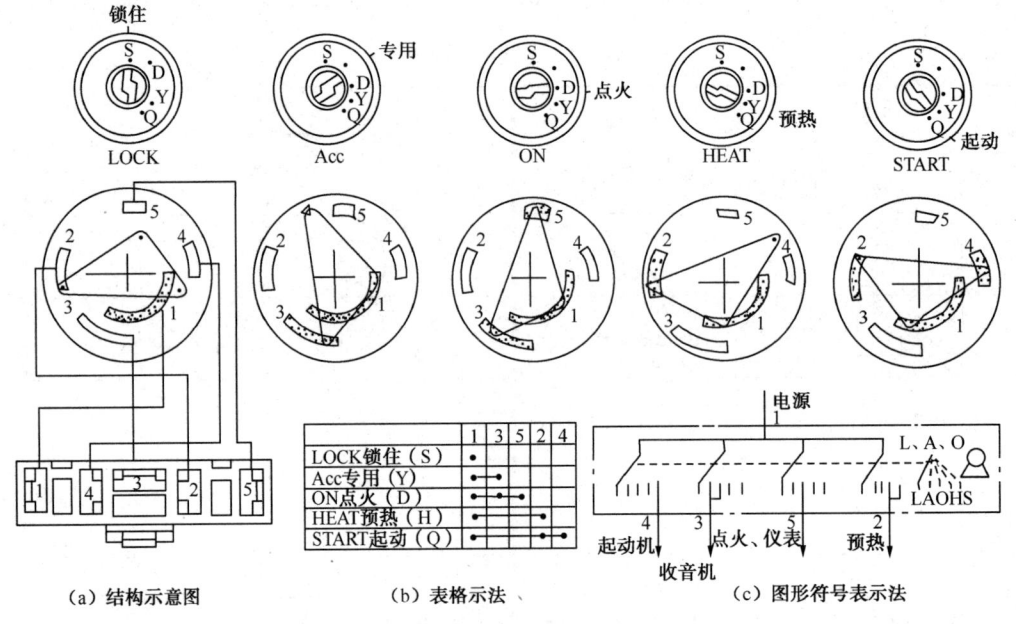

图 1.13　点火开关的结构及表示方法

3. 组合开关

多功能组合开关将照明开关（前照灯开关、变光开关）、信号（转向、危险警告、超车）开关、刮水器/清洗器开关等组合为一体，安装在便于驾驶员操纵的转向柱上。图 1.14 为日产轿车组合开关的挡位和接线柱关系。

4. 信号型开关

随着电子技术的发展，车载电脑和车载网络的应用日趋普及，控制开关和用电设备的控制形式也发生了一些变化，使信号型开关获得推广和应用，其工作原理如图 1.15 所示。信号型开关和传统控制开关的主要区别如表 1.3 所示。

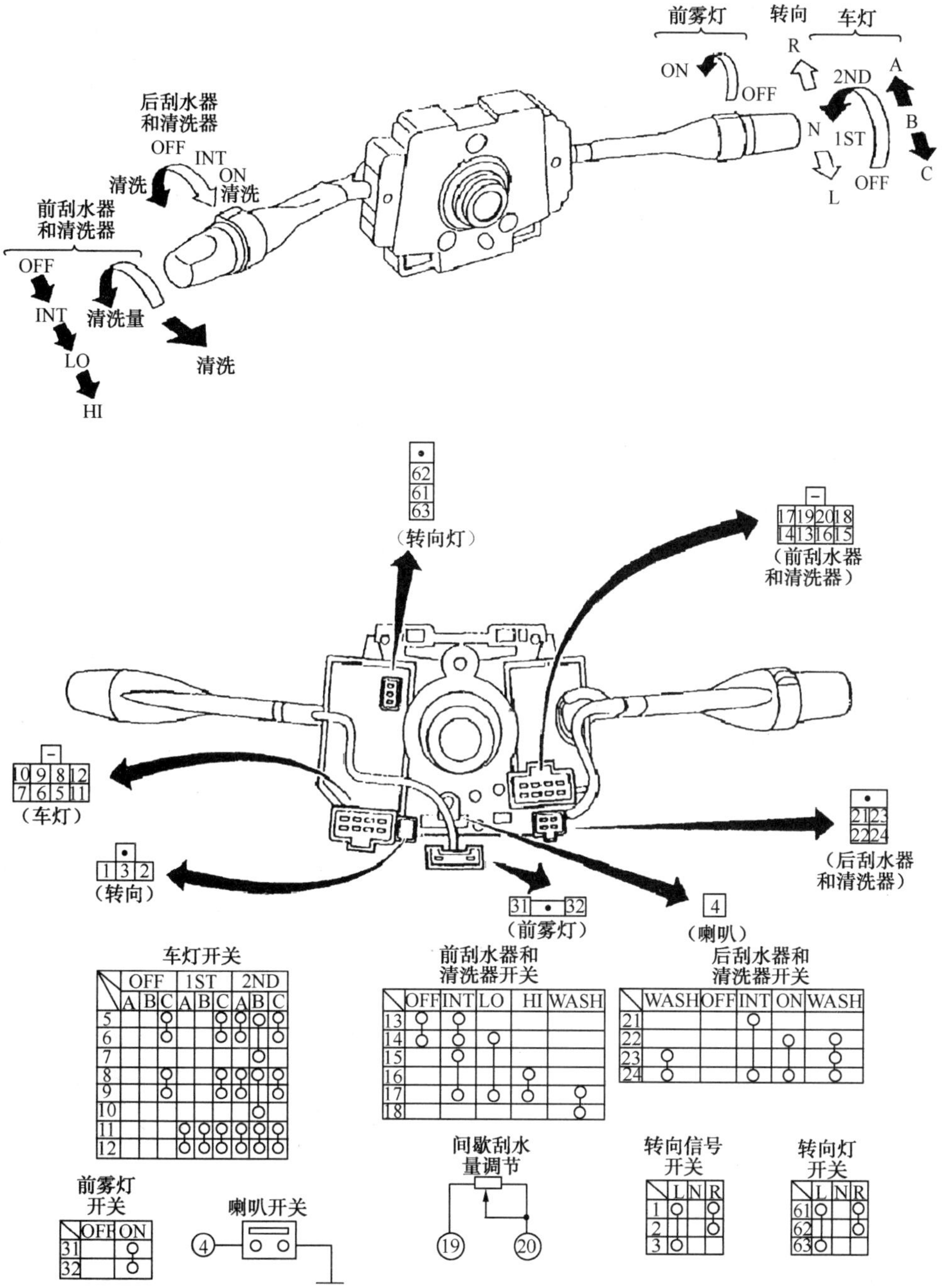

前雾灯
转向
车灯
ON
OFF
R
2ND
A
B
C
N
1ST
OFF
L
后刮水器
和清洗器
OFF
INT
ON
清洗
清洗
前刮水器
和清洗器
OFF
INT
LO
HI
清洗量
清洗
62
61
63
（转向灯）
17 19 20 18
14 13 16 15
（前刮水器
和清洗器）
10 9 8 12
7 6 5 11
（车灯）
1 3 2
（转向）
21 23
22 24
（后刮水器
和清洗器）
31 32
（前雾灯）
4
（喇叭）
车灯开关
OFF 1ST 2ND
A B C A B C A B C
5 6 7 8 9 10 11 12
前刮水器和
清洗器开关
OFF INT LO HI WASH
13 14 15 16 17 18
后刮水器和
清洗器开关
WASH OFF INT ON WASH
21 22 23 24
前雾灯
开关
OFF ON
31 32
喇叭开关
4
间歇刮水
量调节
19 20
转向信号
开关
L N R
1 2 3
转向灯
开关
L N R
61 62 63

图 1.14　日产轿车组合开关的挡位和接线柱关系

+
开关
ECU

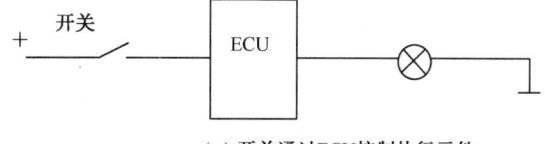

(a) 开关通过ECU控制执行元件

图 1.15　信号型开关的工作原理

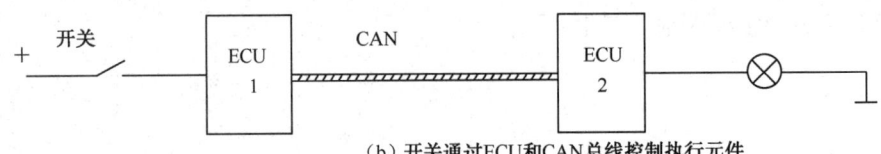

（b）开关通过ECU和CAN总线控制执行元件

图 1.15　信号型开关的工作原理（续）

表 1.3　信号型开关和传统控制开关的主要区别

对 比 内 容	传统控制开关	信号型开关
电路连接形式	开关与用电设备串联	开关与用电设备之间没有电路直接连接
控制形式	直接控制	间接控制
流经开关的电流	与用电设备的工作电流相等	信号电流很小
开关的功能	不能改变	可以根据需要重新定义

1.2.4　保险装置

当电路中流过超过规定的过大电流时，汽车电路保险装置能够切断电路，从而防止烧坏电路连接导线和用电设备，并将故障限制在最小范围内。汽车上的保险装置主要有熔断器、易熔线和电路断路器。

汽车电路
保护装置

1．熔断器和易熔线的电路符号

熔断器和易熔线的电路符号如图 1.16 所示。

2．易熔线

易熔线在国产的重型载货汽车上使用得较多，多安装在蓄电池处或者蓄电池近处及起动机处，如图 1.17 所示。易熔线实际上就是一小段标准的铜绞线，其尺寸通常要比所保护线路小 4 号，但在它的表面上有比较厚的不易燃烧的绝缘层，所以看起来要比同规格的线粗。如果线路发生短路，由于易熔线阻值大，大电流会使易熔线中部熔断而使电路断开，从而避免发生失火危险。

（a）熔断器符号　　　（b）易熔线符号

1—易熔线；2—蓄电池正极。

图 1.16　熔断器和易熔线的电路符号　　　图 1.17　易熔线实物和易熔线连接位置

易熔线是电路保护的后备保险（双保险）系统。除起动机供电电路外，其他电路的电流都要经过易熔线后再通过各自的熔断器。易熔线的绝缘层能承受较高的温度。一般情况下，如果表层已膨胀或鼓包，则说明易熔线已熔断。但有时易熔线已断，而表层仍完好。因此，为判明易熔线的状况，还要用仪表测试。

注意：

① 不允许换用比规定容量大的易熔线。

② 易熔线熔断，也可能是因为主要电路发生了短路，因此需要仔细检查，彻底排除隐患。

③ 易熔线不能和其他导线绞合在一起。

3. 熔断器（也称保险丝、熔丝）

图 1.18 是汽车电路中常见的熔断器外形图。在众多形式的熔断器中，塑料插片式熔断器使用得最多。

（1）熔断器选用原则：保险装置标称值=电路的电流值/0.8。例如，某电路设计的最大电流为 12A，应选用 15A 的熔断器。

熔断器的检测及更换

（2）汽车上的熔断器一般集中布置在熔断器盒中，图 1.19 为一汽大众速腾轿车熔断器盒，在该车上配置的熔断器采用不同的颜色和其标称值相配，以示区别。例如，绿色表示 30A、白色表示 25A、黄色表示 20A、蓝色表示 15A、红色表示 10A、棕色表示 7.5A、米色表示 5A、紫色表示 3A。随着汽车上使用的电器不断增加，汽车线路的保护装置也随之增多，已有不少汽车上装有 2～3 个熔断器盒。一般情况下，在熔断器盒的盒盖正面或者背面及熔断器的旁边，都贴有标注,注明了各个标号的熔断器的保护范围及各继电器的名称（或者标号）。

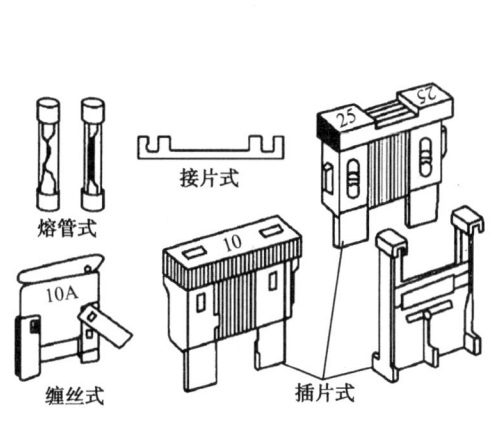

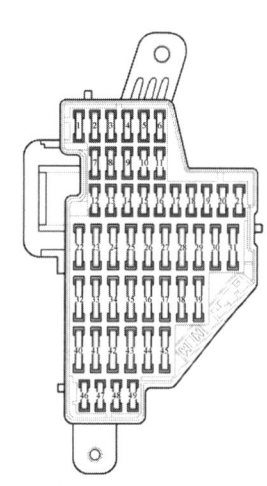

图 1.18　汽车电路中常见熔断器外形图　　　　图 1.19　一汽大众速腾轿车熔断器盒

（3）当熔断器所保护的电路不能工作时，应注意检查熔断器的状况。熔断器状态如图 1.20 所示。在众多的熔断器中，如果不知道哪一个熔断器被烧断，逐一拔下检查又有可能影响其他电器的功能时，可用试灯或者电压表检测。把试灯的一端搭铁，另一端分别接图 1.20 所示的测试点。如果在测试中 2 个测试点试灯都点亮，则说明熔断器没有断路；如果一个点亮，一个点不亮，则说明熔断器断路。

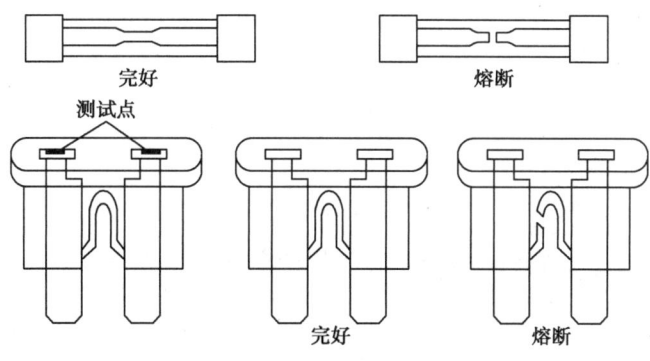

图 1.20　熔断器状态

注意：

① 更换熔断器时，一定要用与原规格相同的熔断器。在汽车上增加用电设备时，不要随意改用容量大的熔断器，最好另外安装熔断器。

② 熔断器熔断时，必须找到真正的故障原因，彻底排除隐患。

③ 熔断器支架与熔断器接触不良会产生电压降和发热现象。如果发现支架有氧化现象或脏污，必须及时清理。

（4）新能源汽车高压熔断器指专用于 EV/HEV 高压配电的熔断器，它区别于传统的直流低压（DC 32V 以下）汽车电子配电熔断器，也有别于低压工业配电熔断器，是以上两者的交叉应用。新能源汽车的工作平台电压较高，乘用车的工作电压一般在 370V 以上，大巴车在 576V 以上，要求对应的熔断器额定电压分别为 500V 和 700V，由电池供电，输出的高压直流电有别于工业配电的交流电，对熔断器的直流灭弧能力要求高。图 1.21 所示为新能源汽车高压熔断器。

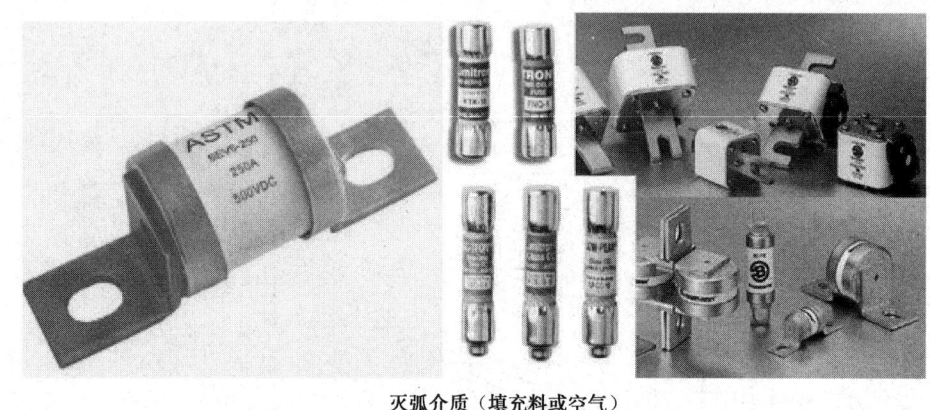

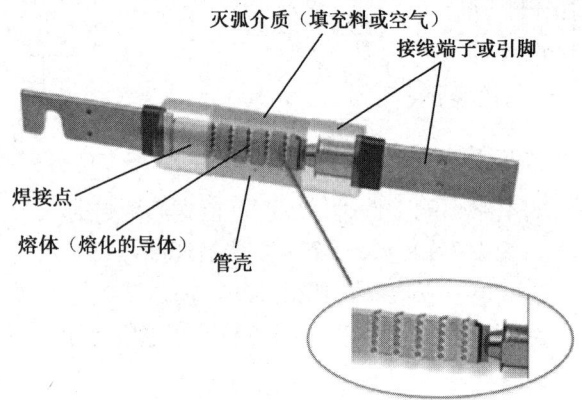

图 1.21　新能源汽车高压熔断器

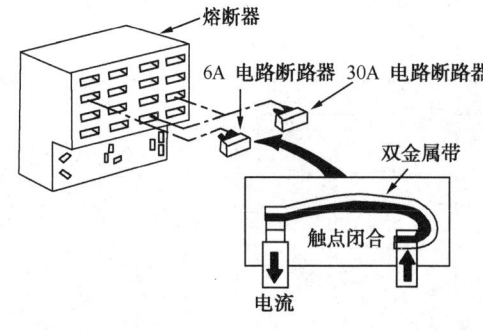

图 1.22　电路断路器

4．电路断路器

电路断路器通过断开电路和截断电流来防止导线和电子元件过热和因此可能造成的火灾，在电路中用于防止有害的过载（额外的电流）。电路断路器是机械装置，它利用两种不同金属（双金属）的热效应断开电路，如图 1.22 所示。如果有额外的电流经过双金属带，双金属带弯曲，触点开路，阻止电流通过。当电路断路器冷却时，触点再次闭合，电路导通。当无电流通过时，双金属带冷却而使电路重新闭合，电路断路器复位。

前照灯电路是应用电路断路器代替熔断器的一个极好的例子。前照灯电路中任何地方发生短路或接地都会产生额外的电流，并会因此断开电路。在夜晚突然失去前照灯会产生灾难性的后果，但电路断路器在断开电路后又会迅速闭合电路，从而避免了电路过热，也提供了充足的电流以保证至少部分前照灯能够工作。

1.2.5 继电器

1. 继电器结构原理

继电器的作用、分类及结构原理

继电器是利用电磁或机电原理及其他方法（如热电或电子），实现自动接通或切断一对或多对触点，以完成用小电流控制大电流的装置。在电路中设置继电器可以减小控制开关的电流负荷，减少烧蚀等现象，保护电路中的控制开关，如进气预热继电器、空调继电器、喇叭继电器、雾灯继电器、中间继电器、风窗刮水器/清洗器继电器、危险报警与转向闪光继电器等。继电器通常分为常开（N.O）继电器、常闭（N.C）继电器和常开常闭混合型继电器。其外形、电路符号和内部结构如图 1.23～图 1.25 所示。继电器的每个插脚都有标号，与中央接线盒正面板的继电器插座的插孔引线标号相对应，如图 1.26 所示。图 1.27 所示为大众速腾轿车继电器架。

图 1.23 继电器的外形   图 1.24 继电器的电路符号   图 1.25 继电器内部结构

（a）触点常闭继电器符号 （b）触点常开继电器符号

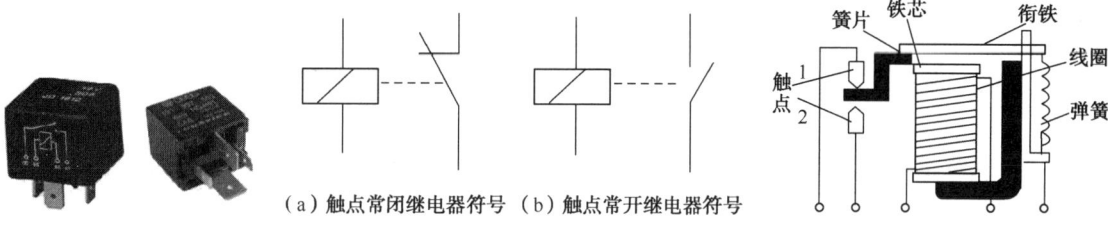

型　号	外　　形	电　路	引线标号	颜　色
1T	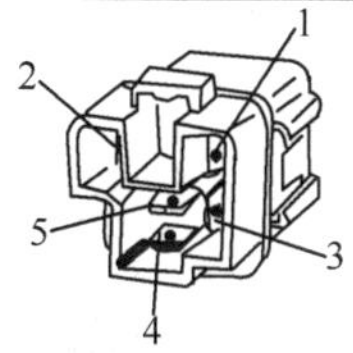	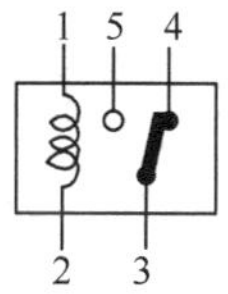	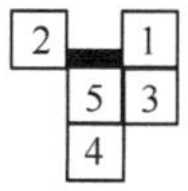	黑
1M	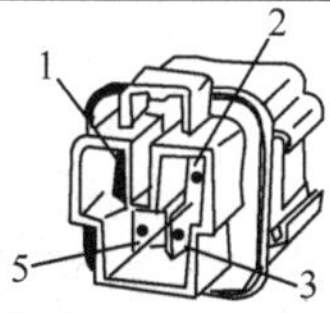	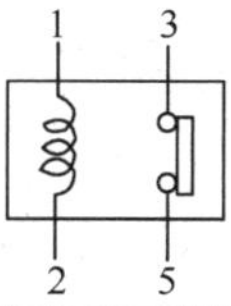	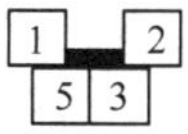	蓝
2M	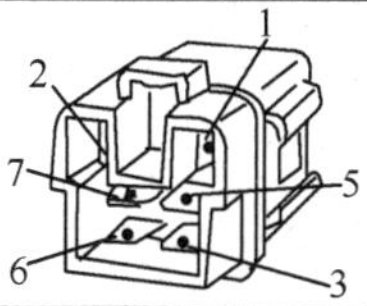	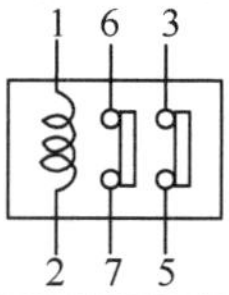	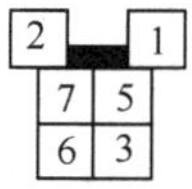	棕
1M1B	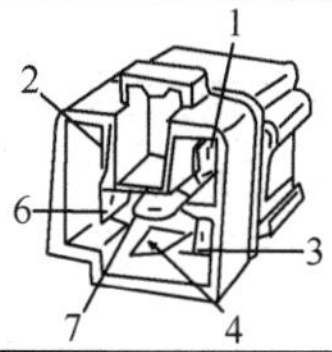	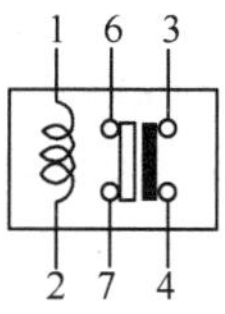	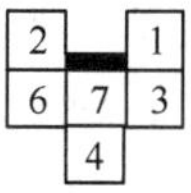	灰

图 1.26 常见继电器外形、电路及引线标号

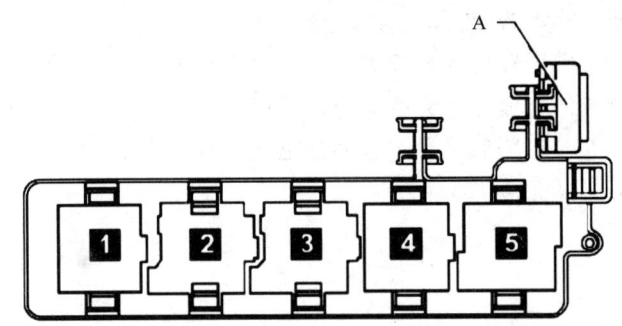

1—新鲜空气鼓风机继电器；2—驻车暖风继电器；3—供电继电器；4—前照灯清洗器继电器；

5—未占用；A—驾驶员座椅调整装置的热敏熔断器，30A。

图 1.27　大众速腾轿车继电器架

2．继电器的分类

一般继电器安装于发动机舱继电器熔断器盒及座舱继电器熔断器盒中，起到切换某些部件和功能供电的作用，在整车电源分配中起重要作用。按照容量大小，汽车继电器可分为 3 种：微型继电器（Micro 型）、Cubic 立方体继电器（Mini 型）和功率型继电器（Power 型）。

（1）发动机主继电器（主要用于燃油泵、炭罐电磁阀、氧传感器等发动机上电气设备供电）、后窗加热及空调鼓风机等大电流消耗设备，属于大负载，采用功率型继电器。

（2）刮水器、一键车窗升降等属于中等容量负载，一般采用 Mini 型继电器。

（3）报警器、传感器、后视镜折叠等装置属于小负载，使用微型继电器就能满足要求。

3．新能源汽车高压继电器

新能源汽车高压继电器（也称为接触器），如图 1.28 所示，可满足高压大电流直流切换应用的需求，通常有以下应用。

图 1.28　新能源汽车高压继电器

（1）主接触器：用于动力电池的正负线路。主接触器可用于动力电池和车辆的整个电力动力传动系统的连接与断开。

（2）预充电继电器：为保护主接触器免受过度浪涌电流冲击，结合使用预充电继电器和预充电电阻器，可将电源逆变器的滤波电容器充电至电池电压的 90%～98%。

（3）充电接触器：用于将车辆连接到充电站时建立电池充电器和动力电池之间的连接。

（4）辅助接触器：控制车辆中由高电压电池带动的其他电气负载。典型示例为全电动汽车乘客座舱的电暖气，这时内燃机没有余热来给车内供暖。

此外，汽车高电压接触器有时也用于固定系统，如直流充电站、固定电池存储系统、不间断电源系统等。

一般来说，继电器和接触器表示按照相同的物理原理（利用线圈产生磁力，从而以机械方式操作导电接触件）工作的机电开关装置。继电器在各行各业中广泛地用于低功率和中等功率元器件；而接触器则在高功率领域更为常用，接触器具有很强的灭弧能力，以实现更长的使用寿命和更高的可靠性。

4．继电器的常见故障

继电器的常见故障有：线圈被烧断、匝间短路（绝缘老化）、触点烧蚀、热衰变及无法调整初始动作电流等。

继电器的失效模式有很多种，为更加系统、清晰地了解导致继电器故障的原因，下面列出了典型继电器失效故障树，如图 1.29 所示。

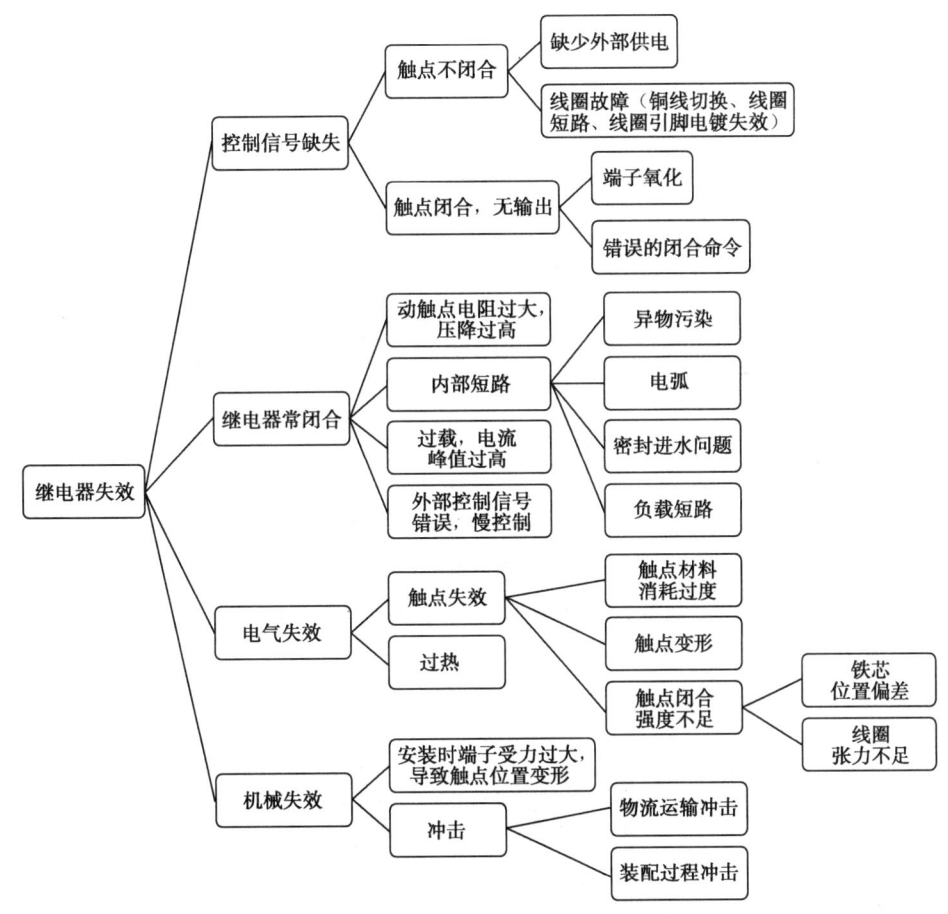

图 1.29 典型继电器失效故障树

5．继电器工作性能的判断方法

接通点火开关，然后用耳朵或听诊器倾听控制继电器内有无吸合声，或者用手感受一下继电器有没有振动，若有，则说明继电器工作基本正常。使用万用表检测的方法如下。

（1）开路检测。采用万用表测阻法，以图 1.30 所示的继电器为例，用万用表 $R \times 100$ 挡检测：如果 1 脚—2 脚通、3 脚—4 脚通、3 脚—5 脚电阻趋于无穷

继电器的检测

大，则说明继电器正常，否则说明其有问题。

（2）加电检测。在 1 脚和 2 脚之间加 12V 电压，则 3 脚—4 脚不通、3 脚—5 脚通为正常。

要想在原车上安装额外的电子附件，简单地接入已有的电路中可能会使保险装置或配线过载。采用继电器扩展可有效解决这一问题，如图 1.31 所示。

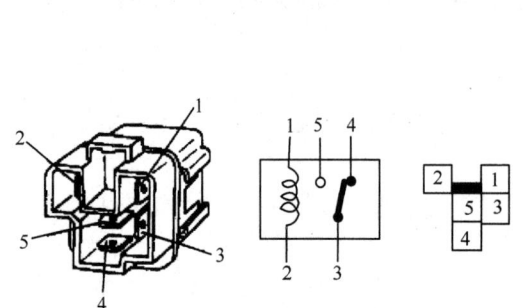

图 1.30　继电器的检查

图 1.31　用继电器扩展额外的照明设备

1.2.6　插接器

目前，汽车线束与线束之间的连接、线束与用电设备之间的连接均使用线路插接器（也叫连接器）。线路插接器常见的连接形式如图 1.32 所示。为防止在汽车行驶过程中脱开，均采用闭锁装置。标准的插接器上都有数码标号，插接器上各标号对应的线路与电路图相对应，各种插接器上都设有导向槽。所谓插接器导向槽是指在连接插接器时，为了使其位置接合正确而设置的凸起部分（或者凹槽）。

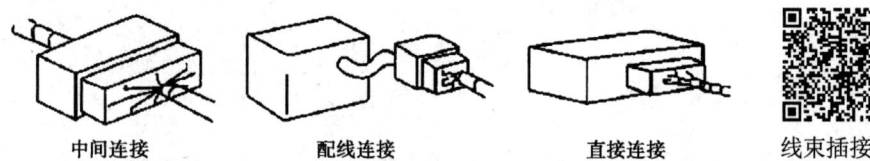

中间连接　　　　　　　　　配线连接　　　　　　　　　直接连接　　　　　　线束插接器

图 1.32　线路插接器常见的连接形式

1. 插接器的符号

插接器的符号和实物示意图如图 1.33 所示。

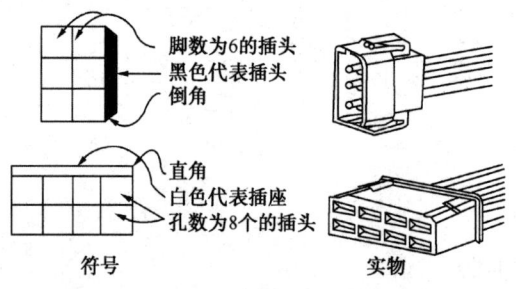

脚数为6的插头
黑色代表插头
倒角

直角
白色代表插座
孔数为8个的插头

符号　　　　　　　实物

图 1.33　插接器的符号和实物示意图

插接器的拆卸、
端子更换

2. 插接器的拆卸

在维修线路或电气设备时，常需要拆卸线路插接器，如果盲目地拆卸，可能会引起插接器锁紧件的损坏。当插接器的锁紧件被损坏后，会引起连接线路的接触不良或者插接器的脱落造成线路断路。常用插接器的拆卸方法如图 1.34 所示。汽车线路的插接器还有多种形式，在拆卸时要细心观察，搞清线路插接器的结构形式，正确地拆卸插接器，避免不必要的人为故障。

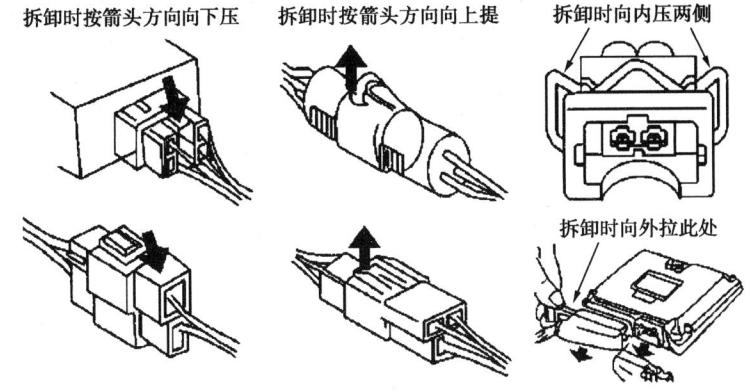

图 1.34　常用插接器的拆卸方法

3．插接器位置

东风雪铁龙凯旋轿车中间插接器位置如图 1.35 所示。

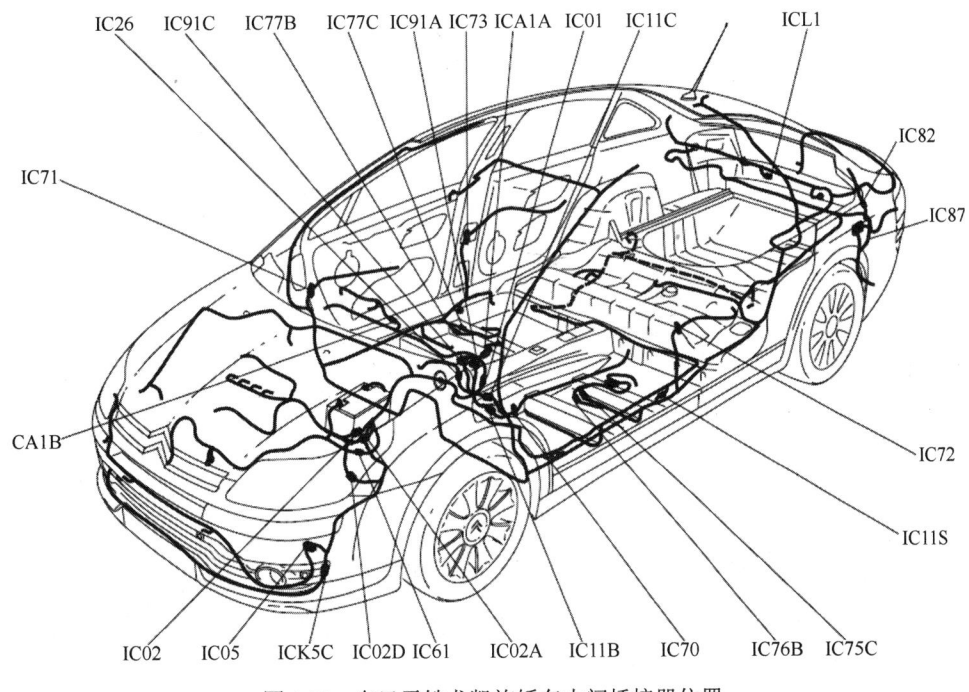

图 1.35　东风雪铁龙凯旋轿车中间插接器位置

4．插接器的端子拆卸

（1）断开蓄电池。

（2）从与其配对的另一半元器件上断开插接器。

（3）压下黄色接头上的锁止凸舌，以松开端子，如图 1.36 所示。

（4）用专用工具压端子并将导线从插接器上拆下来，如图 1.37 所示。

（5）修理或更换端子。

5．插接器的端子安装

（1）使锁止凸舌复位。

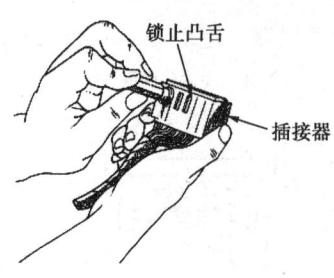
图 1.36　压下锁止凸舌

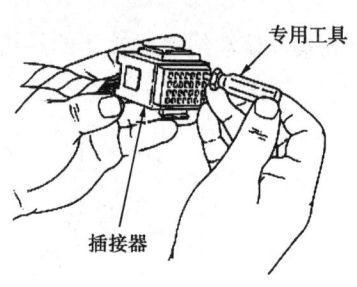
图 1.37　从插接器上拆下导线

（2）将拆下的导线插入修理插头原来的插孔中。

（3）重复插入插接器上的每根导线，确保所有导线都插入正确的插孔中。另外，插接器引出线的识别参见相关电路图。

（4）在重新组装插接器时，锁止凸舌必须放到锁定位置，以防端子脱出。

（5）将插接器连接到与其配对的元器件上。

（6）连接蓄电池并测试所有受影响的系统。

6. 新能源汽车高压插接器

新能源汽车中有一套完整的高压连接系统，这个系统中应用了大量的高压插接器，承载着数十至数百安的电流，对连接的可靠性、安全性和电气性能要求很高，一般采用塑料材质+具有屏蔽功能+高压互锁+二级解锁的高压插接器，如图 1.38 所示。

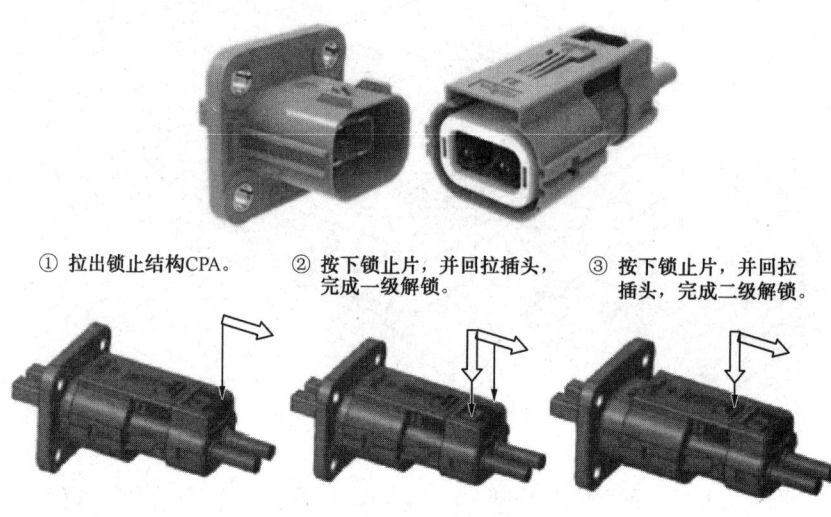
① 拉出锁止结构CPA。　② 按下锁止片，并回拉插头，完成一级解锁。　③ 按下锁止片，并回拉插头，完成二级解锁。

图 1.38　新能源汽车高压插接器

学习单元 1.3　汽车电路图识读与分析

1.3.1　汽车电路图分类

汽车电路图

汽车电路图主要用于表达各电气系统的工作原理及电器间的连接关系，尽管不同车型的电路图风格各异，但根据各种图的特点可细分为以下几种，如图 1.39 所示。

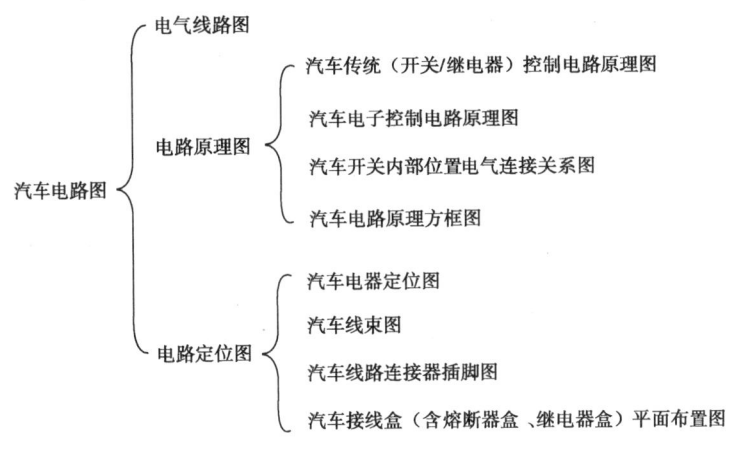

图1.39 汽车电路图分类

1. 电气线路图

图1.40所示为日产（NISSAN）柴油货车电气线路图。该图表达了各电器在车上的大致布局，图左侧代表汽车的前部，右侧代表汽车的尾部。各电器以实物轮廓图表示。导线分布大体上与车上的实际位置、走向相同。电气线路图完整地表达了整车的电器及线路连接，但不能清晰、方便地反映各电气系统的工作原理，并且识读所需的时间较长。随着汽车电路的日趋复杂，这类电路图越来越不实用。

2. 电路原理图

电路原理图重点表达各电气系统电路的工作原理，既可以是全车电路图，也可以是各系统电路原理图，如图1.41所示。尽管各汽车制造公司的表达方式不一样，但一般具有以下的特点。

（1）通过符号表达各电器。一般通过这些符号可了解该电器的基本结构和作用。

（2）在大多数图中，电源线在图上方，接地线在图下方，电流方向自上而下。电路较少迂回曲折，电路图中电气元件串联、并联关系十分清楚，电路图易识读。

（3）各电器不再按电器在车上的安装位置布局，而是依据工作原理在图中合理布局，使各系统处于相对独立的位置，从而易于对各用电设备进行单独的电路分析。

（4）各电器旁边通常标注有电器名称（如控制器件、继电器、过载保护器、用电设备、铰接点及接地点等）及代码。

（5）电路原理图中所有开关及用电设备均处于不工作状态，如点火开关是断开的、发动机不工作、车灯关闭等。

（6）导线一般标注有颜色和规格代码，有的车型还标注有该导线所属电气系统的代码。根据以上标注，易于对照定位图找到该电器或导线在车上的位置。

近年来，随着汽车电气技术的飞速发展，特别是电子技术的广泛应用，汽车电气系统发生了以下变化。

（1）新的电气系统不断出现，如汽车上出于安全、舒适等目的而新增的装置等。

（2）电子控制被广泛应用，使独立控制的系统向集成控制的系统方向发展。很多车型的发动机和自动变速器就由一个电控单元进行控制，称为动力控制单元（如通用的PCM电控单元）。

（3）各电气系统之间的关联越来越多，如发动机电控系统和自动变速器电控系统之间有很多信息共享和匹配。

以上变化不可避免地都在电路上有所体现，在看图时要注意以上变化。

另外，电路原理图还可以进一步细化分类如下。

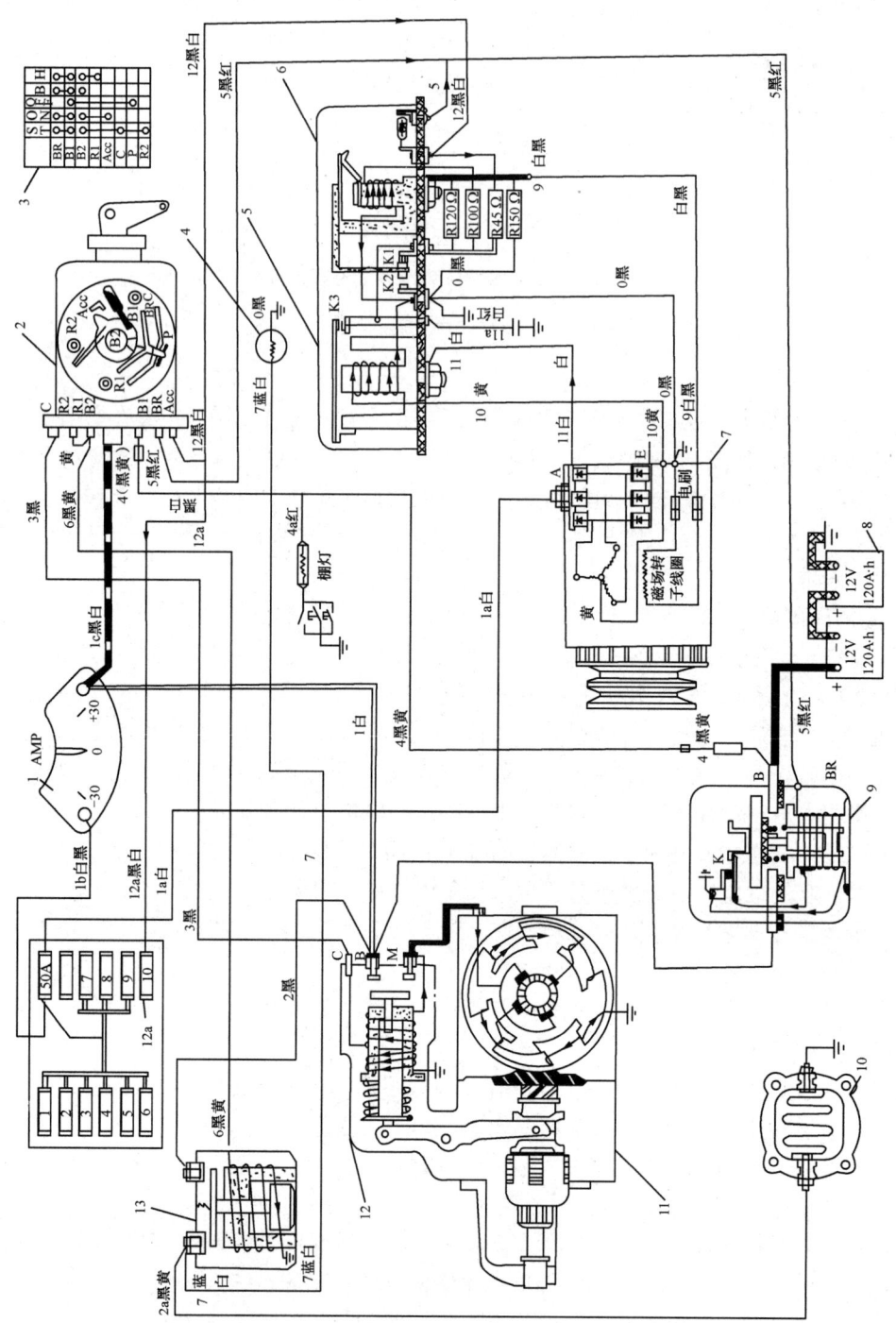

图1.40　日产（NISSAN）柴油货车电气线路图

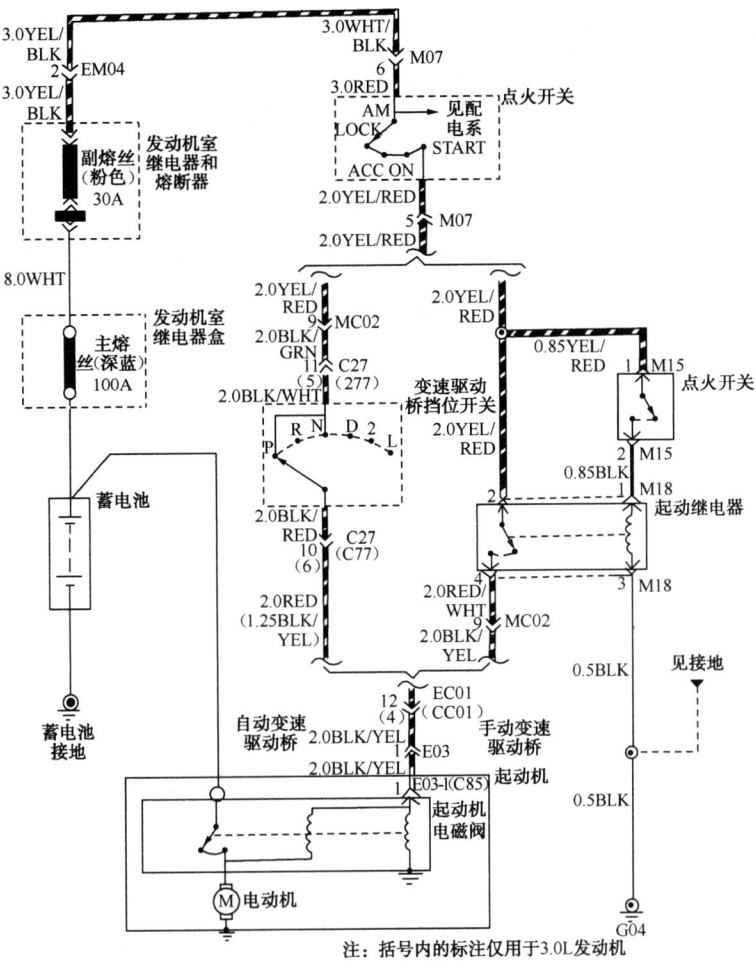

图 1.41　起动系统电路原理图

（1）汽车传统（开关/继电器）控制电路原理图，如广汽本田雅阁轿车喇叭控制电路原理图如图 1.42 所示。

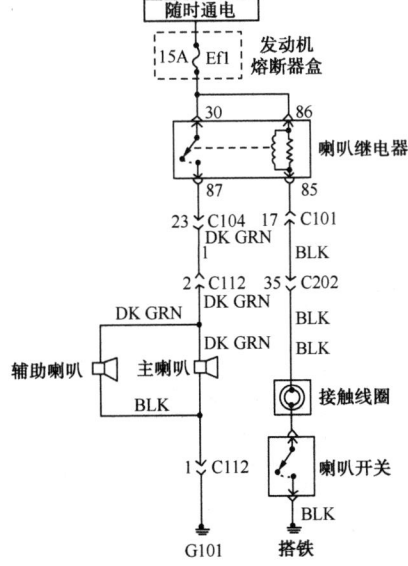

图 1.42　广汽本田雅阁轿车喇叭控制电路原理图

（2）汽车电子控制电路原理图，如别克轿车前照灯控制电路原理图如图 1.43 所示。

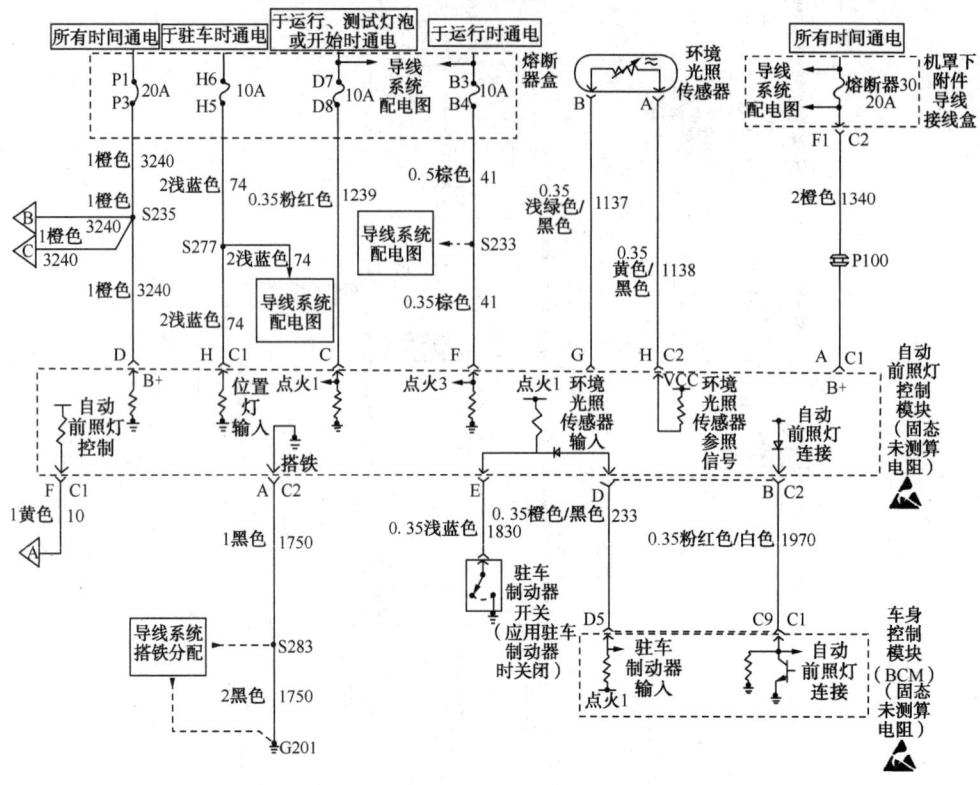

图 1.43　别克轿车前照灯控制电路原理图

（3）汽车开关内部位置电气连接关系图，如广汽本田雅阁轿车电动座椅开关电气连接关系图如图 1.44 所示。点火开关、组合开关、限位开关等的内部端子电气连接直接关系到电气设备的操作控制关系，对分析电路状态非常重要。

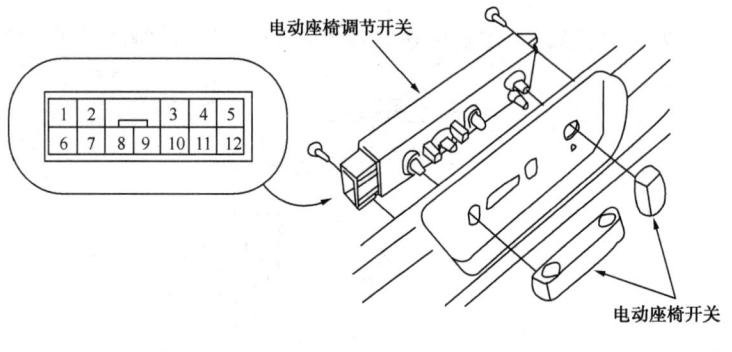

	端子	1	2	3	4	5	6	7	8	9	10	11	12
滑动开关	向前								●		●	●	
	向后							●	●		●	●	
倾斜开关	向前		●	●	●		●					●	
	向后		●	●		●	●					●	
前上下开关	上			●					●	●	●		
	下			●					●	●	●		
后上下开关	上	●	●			●	●						
	下	●	●	●	●	●							

图 1.44　广汽本田雅阁轿车电动座椅开关电气连接关系图

（4）汽车电路原理方框图如图 1.45 所示。方框图是指把一个完整电路划分成若干部分，各部分用方框表示，每个方框再用文字或符号说明功能，各方框之间用线条连接起来，用以表明各部分的相互关系。不必画出元器件和它们之间的具体连接情况。方框图是为说明电路的工作原理服务的。

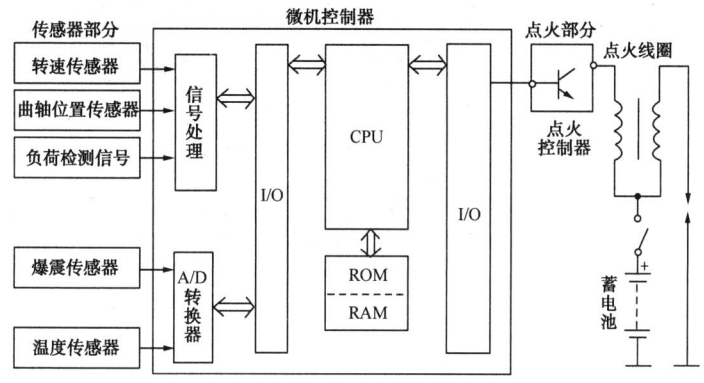

图 1.45　汽车电路原理方框图

总之，电路原理图是分析电气系统工作原理及维修电气系统最基本、最实用的资料。

3. 电路定位图

电路定位图用于指示各电器及导线的具体位置。一般采用立体图或实物照片的形式，立体感强，能直观、清晰地反映电器在车上的实际位置，如图 1.46 所示，具有很高的实用价值。定位图在某些车型中还可进一步细化分类。

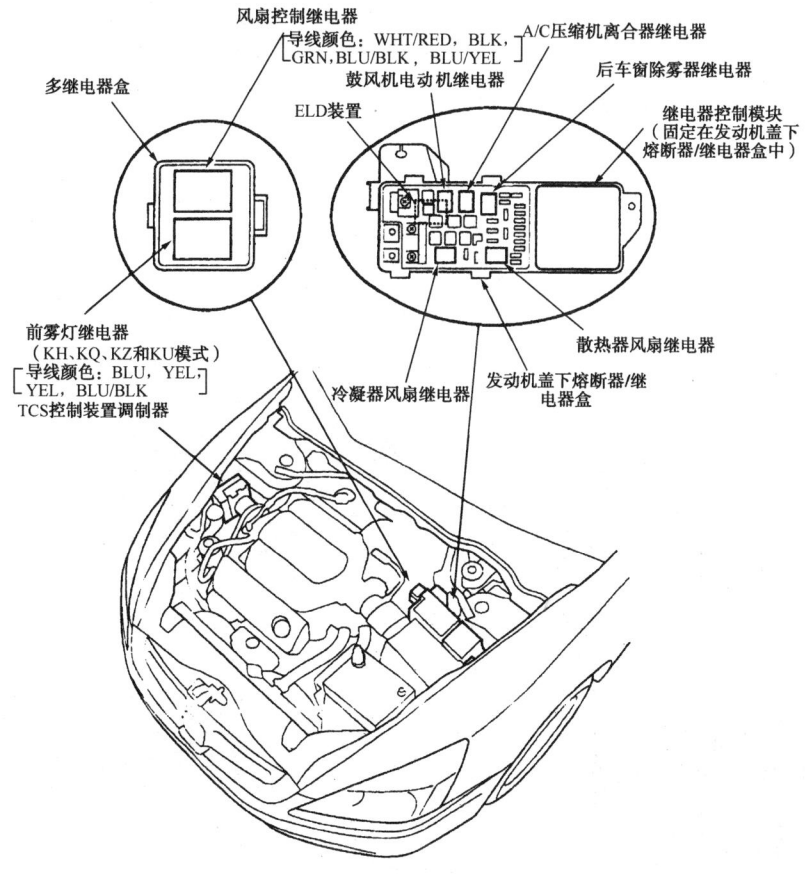

图 1.46　电路定位图

（1）汽车电器定位图：确定各元器件、连接器、接线盒、搭铁点、铰接点及诊断座等的分布位置，如广汽本田雅阁轿车部分搭铁点定位图如图 1.47 所示。

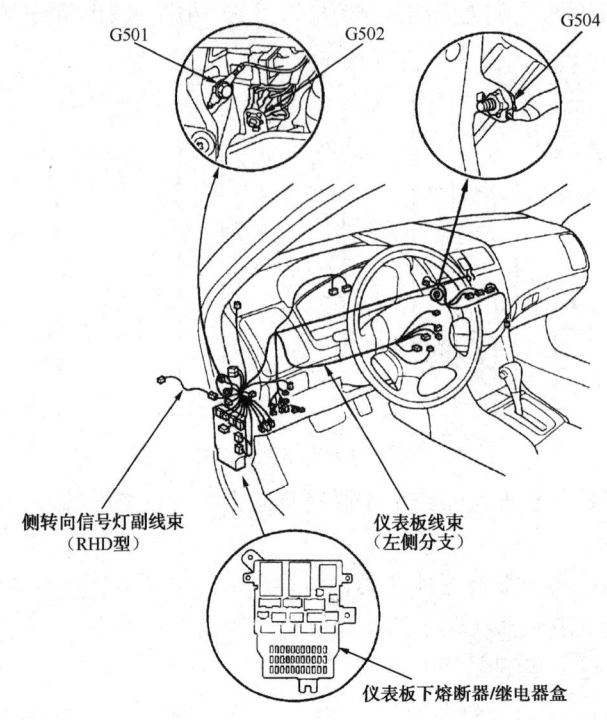

图 1.47　广汽本田雅阁轿车部分搭铁点定位图

（2）汽车线束图：确定电线束与各用电设备的连接部位、接线柱的标记、线头、连接器的形状及位置，如图 1.48 所示。

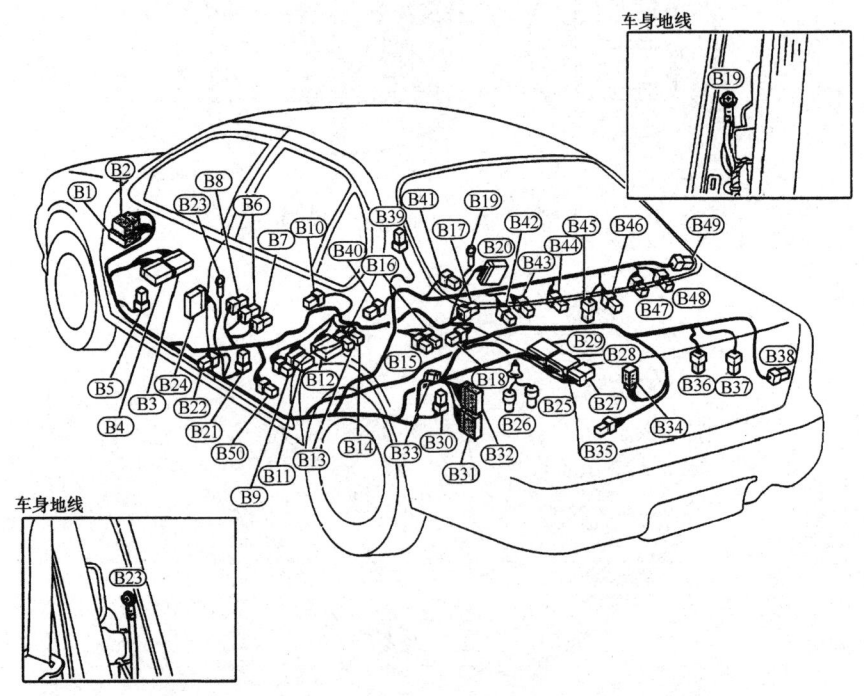

图 1.48　汽车线束图

（3）汽车线路连接器插脚图：确定连接器内各导线连接位置，如电动后视镜连接器插脚图如图1.49所示。

（4）汽车接线盒（含熔断器盒、继电器盒）平面布置图：确定熔断器、继电器等具体安装方位，如图1.50所示。

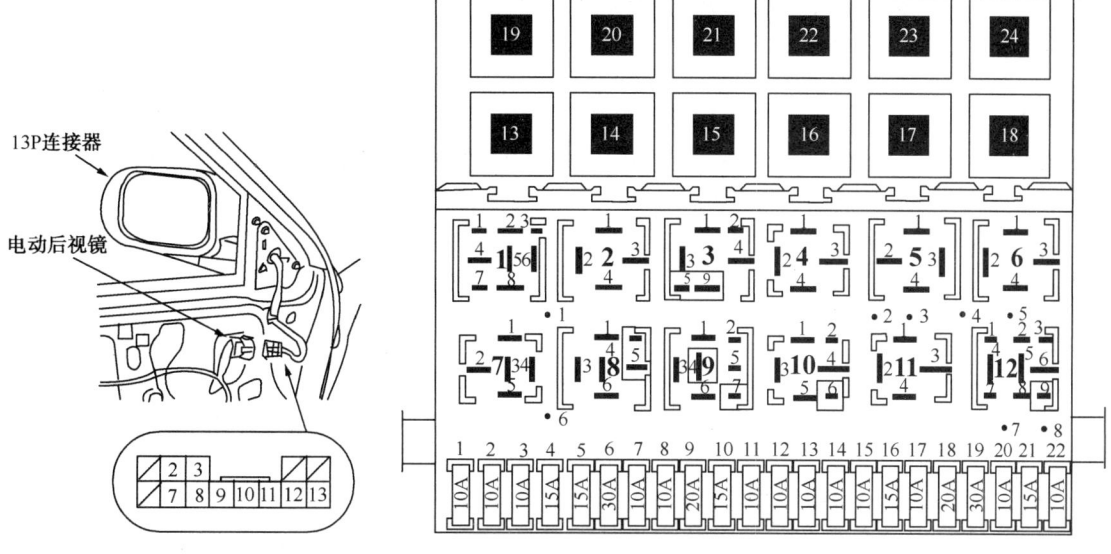

图1.49　电动后视镜连接器插脚图　　　　图1.50　汽车熔断器盒、继电器盒平面布置图

目前，大多数制造公司均采用电路原理图结合电路定位图的表达方式。为便于结合两类图，大多数车型的电路图还附有表格，指出电路原理图上的电器、导线等在哪一张定位图上。

1.3.2　识读汽车电路图的一般要领

汽车上各种电器装置繁多，线路密集交错，如果不从电路原理上掌握其连线规律，诊断电路故障就比较困难。要修好汽车电气设备必须读懂和掌握汽车电路图，尤其是初学者更要学会识读汽车电路图。虽然不同汽车厂商的汽车电路图的绘制风格存在差异，给电路读图带来不便，但是汽车电路图的识读仍然存在一些通用技巧和经验可以遵循。

汽车电路识读的基本方法和技巧

（1）认真读图注。图注说明了该汽车所有电气设备的名称及其数码代号，通过读图注可以初步了解该汽车都装配了哪些电气设备。通过电气设备的数码代号可在电路图中找出该电气设备，再进一步找出相互连线、控制关系，这样即可了解汽车电路的特点和构成。

（2）牢记电气图形符号。汽车电路图是利用电气图形符号来表示其构成和工作原理的。因此，必须牢记电路图形符号的含义，才能看懂电路原理图。对于电气线路图，由于电路中零部件或元器件多以其外形轮廓的示意形状表示，因此对于这些外形轮廓的形状也应熟记。

（3）熟记电路标记符号。为了便于绘制和识读汽车电路图，有些电器装置或其接线柱上都赋予了不同的标志代号。例如，接至电源端的接线柱用"B"或"+"表示，接至点火开关的接线柱用"SW"表示，接至起动机的接线柱用"S"表示，接至各种灯具的接线柱用"L"表示，发电机中性点接线柱用"N"表示，发电机磁场接线柱用"F"表示，励磁电压输出端接线柱用"D+"表示，发电机电枢输出端接线柱用"B+"表示，等等。

（4）牢记汽车电路特点。

① 单线制；

② 负极搭铁；

③ 用电设备并联。

以上特点全部体现在电路图中，因此，读电路图时充分利用这些特点，可以起到事半功倍的效果。

（5）牢记回路原则。任何一个完整的电路都是由电源、熔断器、开关、控制装置、用电设备、导线等组成的。电流流向必须从电源正极出发，经过熔断器、开关、控制装置、导线等到达用电设备，再经过导线（或搭铁）回到电源负极，才能构成回路。

因此读电路图时，有三种思路。

① 思路一：沿着电路电流的流向，由电源正极出发，顺藤摸瓜找到用电设备、开关、控制装置等回到电源负极。

② 思路二：逆着电路电流的流向，由电源负极（搭铁）开始，经过用电设备、开关、控制装置等回到电源正极。

③ 思路三：从用电设备开始，依次查找其开关、导线、控制装置，到达电源正极和搭铁（或电源负极）。

实际应用时，可视具体电路选择不同思路，但有一点值得注意：随着电子控制技术在汽车上的广泛应用，大多数电气设备电路同时具有主回路和控制回路，读图时要兼顾。

（6）浏览全图，分割各个单元系统。随着汽车电子技术的发展，汽车全车电路在原有的电源电路、充电电路、起动电路、照明电路、仪表电路、辅助电器设备电路等基本单元电路的基础上，增加了越来越多的电控单元：发动机、自动变速器、ABS/TCS、SRS、自动空调、定速巡航等，而且以改善汽车性能、舒适、安全、环保等为目标的新型电控单元还在不断增加。要读懂汽车电路图，首先必须掌握组成电路的各个电气元件的基本功能和电气特性。在大概掌握全图的基本原理的基础上，再把一个个单元系统电路分割开来，这样就容易抓住每一部分的主要功能及特性。

在框划各个系统时，一定要遵守回路原则，注意既不能漏掉各个系统中的组件，也不能多框划其他系统的组件，一般规律是：各电气系统只有电源和总开关是公共的，其他任何系统都应是一个完整的独立的回路，即包括电源、开关（保险）、电器（或电子线路）、导线等。从电源的正极经导线、开关、熔断器至电器后搭铁，最后回到电源负极，否则所框出的系统图就不正确。

（7）熟记各局部电路之间的内在联系和相互关系。如前所述，汽车全车电路是由各单元电路组成的，从整车电路来讲，各局部电路除电源电路公用外，其他单元电路都是相对独立的，但它们之间也存在着内在联系（如信号共享）。因此，识图时，不但要熟悉各局部电路的组成、特点、工作过程和电流流过的路径，还要了解各局部电路之间的联系和相互影响。这是迅速找出故障部位、排除故障的必要条件。

（8）掌握各种开关在电路中的作用。对多层、多挡接线柱的开关，要按层、按挡位、按接线柱逐级分析其各层、各挡位的功能。有的用电设备受两个以上单挡开关（或继电器）控制，有的受两个以上多挡开关控制，其工作状态比较复杂。当开关接线柱较多时，首先抓住从电源拉出来的一两个接线柱，再逐个分析与其他各接线柱相连的用电设备处于何种挡位，从而找出控制关系。

对于组合开关，实际线路中是在一起的，而在电路图中又按其功能画在各自的局部电路中，遇到这种情况必须仔细研究、识读。

（9）全面分析开关、继电器的初始状态和工作状态。在电路图中，各种开关、继电器都是按初始状态画出的，即按钮未被按下，开关未接通，继电器线圈未通电，其触点未闭合（指常开触点），这种状态称为原始状态。在识图时，不能完全按原始状态分析，否则很难理解电路的工作原理，因为大多数用电设备都是通过开关、按钮、继电器触点的变化而改变回路的，进而实现不同的电路功能。所以，必须进行工作状态的分析。例如，刮水器就是通过刮水开关挡位的变化来实现间歇、低速、高速刮水功能的，必须把三种工作状态的电路走通。

（10）掌握电器装置在电路图中的位置。在汽车电气系统中，有大量电器装置是机电合一的，如各种继电器，还有多层、多挡组合开关。这些电器装置在电路图上表示时，厂家为了使画法既简单（便于画图）又便于识读，多根据实际情况采用集中表示法或分开表示法来反映电路的连接情况。

集中表示法就是指把一个电器装置的各组成部分，在图上集中绘制的一种表示方法。此法仅适用于较简单的电路。

随着汽车电路日趋复杂，一个电器装置有较多的组成部分（如组合开关），若集中画在一起，则易引起线条往返和交叉线过多，造成识图和用图困难。再如继电器的线圈、触点，有时绘制在一起也易引起线条往返和交叉线过多，造成识图困难。这时多采用分开表示法，即把继电器的线圈、触点分别画在不同的电路中，用相同的文字符号或数字符号将分开部分联系起来。

（11）先易后难。有些汽车电路图的某些局部电路可能比较复杂，一时难以看懂，可以暂时将其放一放，将其他局部电路都看懂后，结合看懂图中与该电路有联系的有关信息，再来进一步识读这部分电路。

（12）注意搜集资料和积累经验。由于新的汽车电气设备不断地出现和应用在汽车上，汽车电路图的变化很大。对于看不懂的电路要请教有关人员，同时还要善于查找收集相关资料；注意深入研究典型汽车电路，做到触类旁通；特别注意实际工作经验的积累，新技术、新工艺的应用和创新。

以上读图要领对任何电路都适用，此外，汽车电子控制系统越来越多，其读图方法除以上所述要领适用外，以下方法与步骤对汽车电子控制系统的读图很有帮助。

① 要以电控系统的 ECU 为中心，因为这是整个系统的控制中心，所有电器部件都必然与这里存在关系。

② 对 ECU 的各个引脚有大致印象，弄清楚其分为几个区域，各区引脚排列的规律。

③ 找出该系统用于给 ECU 供电的电源线有哪些，注意一般 ECU 不只一根电源线，弄清楚各电源线的供电状态（如常火线或开关控制）。

④ 找出该系统的搭铁线有哪些，注意分清哪些是在 ECU 内部搭铁，哪些是在车架上搭铁，哪些是在各总成机体上搭铁。

⑤ 找出哪些是系统的信号输入传感器，各传感器是否需要电源，并找出相应的电源线，该传感器在哪里搭铁。

⑥ 找出系统的执行器有哪些，弄清电源供给和搭铁情况，电脑控制执行器的方式（控制搭铁端或电源端）。

1.3.3 全车电路识图分析的流程

汽车电路图是现代汽车维修不可或缺的技术资料，它全面反映电路的原理、连接关系和位置信息等。另外，它提供给技术人员的不仅是当电路出现故障时，

汽车电路识
读的要点

根据电路图查找一下元器件的连接方法和端子，更重要的是它体现了有助于电气故障诊断的逻辑规律，因此，一张详尽的电路图对于维修技术人员来说就是一种"汽车故障的检测工具"。

汽车电路图规范繁多，给维修技术人员带来一定的麻烦。但是，只要掌握了汽车电路规律，并选择一两款典型车型的全车电路进行全面分析训练，掌握汽车电路识图技能就水到渠成了。

实践证明，在进行电路识图和分析时，做到以下三步就可以了。

（1）原理识读。原车电路提供的信息量比较大，包括了电路原理和连接关系之外的许多信息（如位置、中转插头、颜色等），所以一定程度上影响了维修技术人员对电路原理和连接关系的判断。因此，按照突出电路原理和连接关系的原则重新整理电路非常有必要。

（2）关联性识读。看电路图的重要目的之一就是对故障范围进行逻辑分析，有效地缩小故障范围。要做到这一点，掌握电路的关联性对实现故障分析非常有帮助。所谓电路的关联性主要包括电源铰接点、搭铁铰接点、信号铰接点和控制器等，即电路中多路共享的部分。在进行电路识图分析时，要有意识地将电路的关联部分提取出来，给予特别关注，通过对共享关联点的各分支电路的性能验证，确定故障范围在关联部分还是在分支部分。

电路 A、B、C 的关联性示意图如图 1.51 所示，关联电路故障分析如表 1.4 所示。

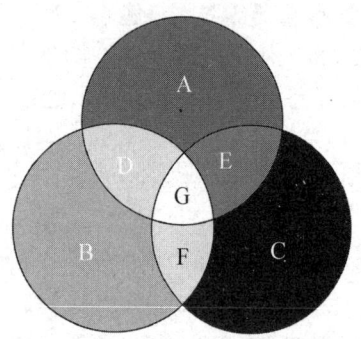

A、B、C—三路不同功能的电路；

D—电路 A 和电路 B 的公共部分；

E—电路 A 和电路 C 的公共部分；

F—电路 B 和电路 C 的公共部分；

G—电路 A、电路 B 和电路 C 的公共部分

图 1.51　电路 A、B、C 的关联性示意图

表 1.4　关联电路故障分析

序号	电路 A 性能	电路 B 性能	电路 C 性能	故障概率最高部分
1	故障	正常	正常	A
2	正常	故障	正常	B
3	正常	正常	故障	C
4	故障	故障	正常	D
5	故障	正常	故障	E
6	正常	故障	故障	F
7	故障	故障	故障	G

（3）位置识读。准确识别电路图中的电气总成位置和端子标识，为维修技术人员进行具体检测和维修操作奠定基础。

只要完成以上三项工作，运用汽车电路图进行故障诊断和维修作业就比较容易了。

学习单元 1.4　常用汽车电气系统检测工具及仪器使用

1.4.1　跨接线

跨接线是一根测试导线，如图 1.52 所示。使用跨接线，相当于用已知良好的导线来代替怀疑有故障的电路。它可使电流"绕过"被怀疑开路或断路的电路，从而使电路形成回路，因此，其作用是导通性测试。

跨接线的作用、使用方法及注意事项

如果连接好跨接线后电路工作正常，不连接跨接线时电路工作不正常，则表示所跨过的部位存在开路故障。跨接线仅用于旁通电路的非电阻性部件，如开关、连接器和导线段等。禁止在任何负载两端使用跨接线，因为这样会导致蓄电池直接短路并烧毁熔断器。只要使用得当，跨接线可以成为一种简单、有效的测试工具。

特别注意：切勿将跨接线直接跨接在用电设备两端，否则可能烧损其他相关电路元器件。如图 1.52 所示，电动机两端不能直接连跨接线。

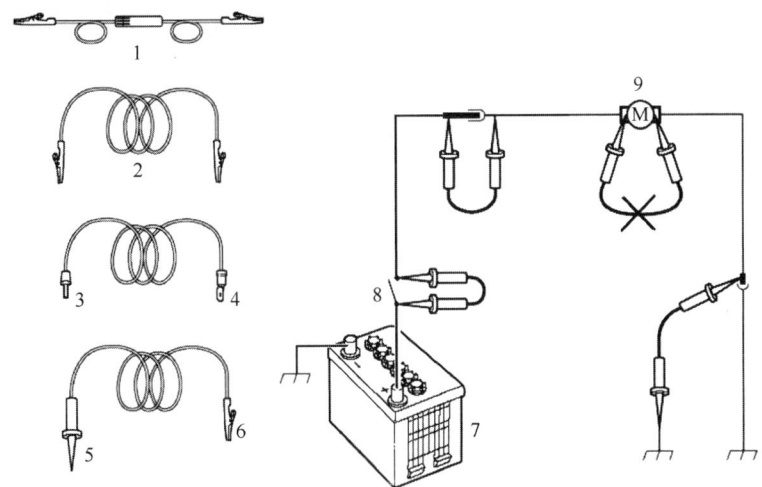

1—带直列式熔断器的鳄鱼夹；2—鳄鱼夹；3—针形端子；4—接片端子；5—探头；6—鳄鱼夹；7—蓄电池；8—开关；9—电动机。

图 1.52 跨接线

试灯的使用方法、分类及注意事项

试灯的使用

1.4.2 试灯

1. 无源试灯

无源试灯如图 1.53 所示。此工具包括一只 12V 灯泡和两条引线，用于测试是否有电压。在将一条引线接地后，用另一条引线沿电路接触不同的点，检测是否有电压。如果灯泡点亮，则表明测试点有电压。

无源试灯也可自制，将汽车示廓灯的灯泡的两端子一端连接探针，另一端连接搭铁线夹即可。

特别注意：禁止在带有固态部件的电路上使用低阻抗测试灯，否则会损坏这些部件。

另外，用无源试灯进行电路检测时，一定要注意试灯功率应和被测电路的用电设备功率相匹配。如果使用的试灯功率大于被测电路的用电设备功率，则有可能损伤被测电路及其相关电路元件；如果使用的试灯功率比被测电路的用电设备功率小太多，则有可能使检测结果不真实。尽管没有规定具体的试灯品牌，但只要对试灯进行简单的测试，就能确定其是否适合于测试电路。如图 1.54 所示，将精确的电流表，如高阻抗数字式万用表与待测试的试灯串联，用车辆蓄电池给试灯及电流表电路通电，根据电流表读数判断该试灯是否可以使用。

2. 有源试灯

有源试灯用于导通性检查。此工具带有一只 3V 灯泡、一块电池和两条引线。如果使两条引线相互接触，灯泡就会点亮，如图 1.55 所示。

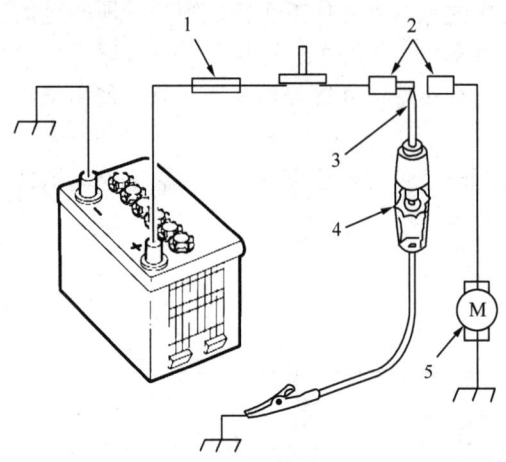

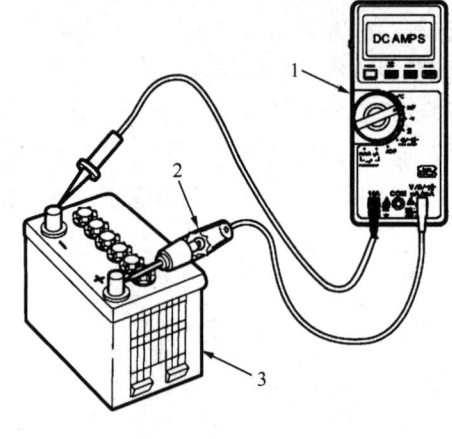

1—熔断器；2—连接器；3—探针；4—灯泡；5—电动机。

图1.53 无源试灯

1—万用表；2—灯泡；3—蓄电池。

图1.54 试灯电流测试

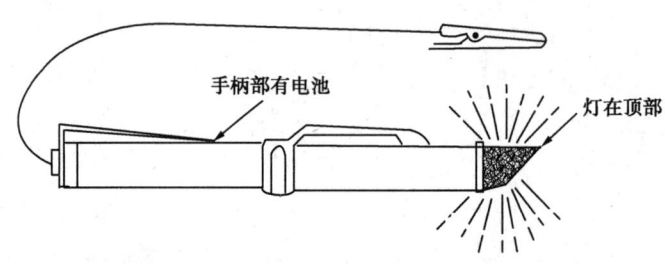

图1.55 有源试灯

有源试灯仅用于无源电路。首先，断开车辆的蓄电池或拆卸所测电路供电的熔断器。在应该导通的电路上选择两点，将有源试灯的两条引线连接至两点。如果电路导通，试灯电路应形成回路，灯泡将点亮。

特别注意：禁止在带有固态部件的电路上使用有源试灯，否则会损坏这些部件。试灯的局限性在于它不能显示被检电路点的电压值。

警告：不提倡用试灯检测用计算机控制的电路。

3．LED试灯

LED试灯是一种高阻抗试灯，可以用来检测电子电路，如图1.56所示。

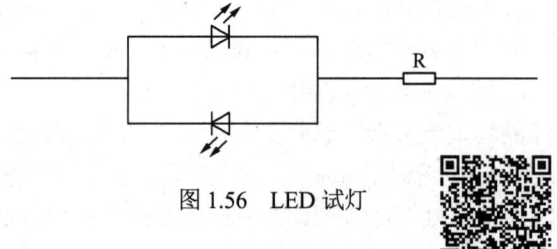

图1.56 LED试灯

1.4.3 万用表

1．数字式万用表

数字式万用表
的主要功能

数字式万用表的维
护和使用安全

如图1.57所示，数字式万用表采用数字显示，其输入阻抗高达10MΩ，接入电路时几乎不会改变电路的电流，减少了损坏电子电路和电子元器件的风险。随着微控制器在汽车上的应用，数字式万用表越来越多地应用于汽车电路的检测。

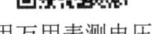

用万用表测电压　　　用万用表测电阻

用万用表测电流

图 1.57　数字式万用表

被测电路的极性对数字式万用表没有影响，示值能显示"＋""－"极性符号。

使用数字式万用表的步骤如下。

第一步：为被测物选择合适的挡位：伏特（电压）、欧姆（电阻）或安培（电流）挡。

第二步：将数字式万用表的测试头放在适当的输入端。

（1）黑色测试头（黑表笔）通常插在公共端（COM），对于所有测试功能这一测试头总放在这一位置。

（2）当测量电压、电阻时，红色测试头（红表笔）通常插在有"VΩ"标签的位置端。

（3）当测量电流时，大多数数字式万用表要求红色测试头插在有"A"或"mA"标签的位置端。

第三步：选用适当的量程。如果不是自动切换量程的万用表，应选择适当的量程。例如，如果测量 12V 的电路，应选择量程高于 12V 的挡位，但不能太高。50V 量程范围内可以精确地显示 12V 电路的电压，如果选择 1000V 的量程，读数就可能不太精确。

第四步：注意根据选择的挡位正确读数。

2．机械式万用表

如图 1.58 所示，机械式万用表采用指针和刻度盘显示测量值，其使用功能和数字式万用表类似。另外，由于机械式万用表比高阻抗的数字式万用表有更高的输出，在测量二极管和电子元器件的电阻值时，机械式万用表比数字式万用表更精确。但机械式万用表不能用于电子电路检测，以免损坏被测电器。

注意 1：万用表的电压挡用于检测电路上的电压，总是将黑色测试头连到一个良好的接地点，而将红色测试头连到电路正极。目前车辆上的电路很大部分是晶体管电路，当检查这些电路电压时，要用 10MΩ 或更高阻抗的仪表。

注意 2：万用表的电阻挡用于检查电路两点之间的电阻。电路中低电阻或无电阻说明电路导通性好。目前车辆上的电路很大部分是晶体管电路，当检查这些电路电阻时，要用 10MΩ 或更高阻抗的电阻表。另外要确认被测电路的电源已经断开，否则由汽车电气系统供电的电路会损坏装备或产生虚假读数。

3．汽车万用表

汽车万用表是一种数字多用仪表，其外形和工作原理与通用万用表几乎没有区别，只是增加了几个汽车专用项目测试功能。其可测量交直流电压与电流、电阻、频率、电容、占空比、温度、闭合角、转速等；同时具有一些新功能，如自动断电、自动变换量程、模拟条图显示、峰值保持、数据锁定、电池测试等。

为实现某些功能，汽车万用表还配有一套附件，如图 1.59 所示。

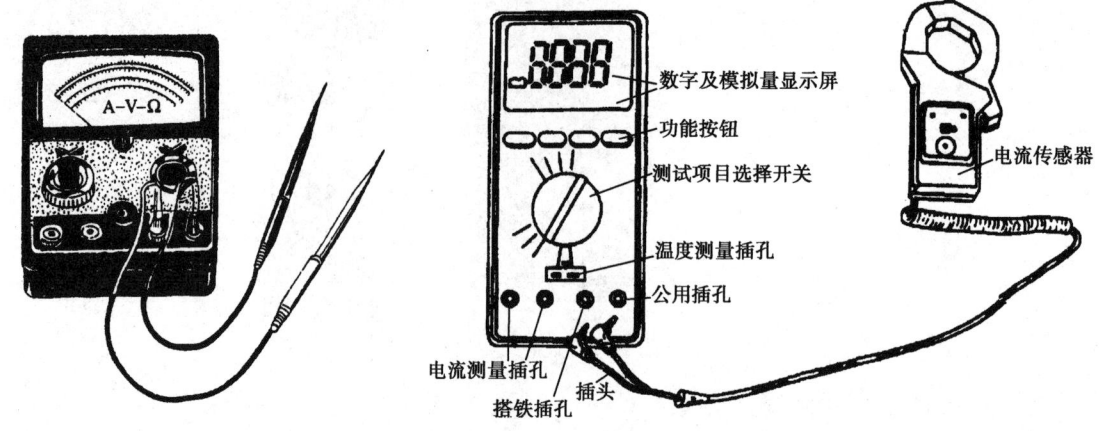

图 1.58　机械式万用表　　　　　图 1.59　汽车万用表及电流传感器

汽车万用表的使用方法如下。

（1）信号频率测试。测试项目选择开关置于频率挡，黑线（自汽车万用表搭铁插孔引出）搭铁，红线（自汽车万用表公用插孔引出）接被测信号线，显示屏显示被测频率。

（2）温度检测。测试项目选择开关置于温度挡，按下功能按钮（℃/℉），黑线搭铁，探针线插头端插入汽车万用表温度测量插孔，探针端接触被测物体，显示屏显示被测温度。

（3）点火线圈一次侧电路闭合角检测。测试项目选择开关置于闭合角挡，黑线搭铁，红线接点火线圈负接线柱，发动机运转，显示屏显示点火线圈一次侧电路闭合角。

（4）占空比测量。测试项目选择开关置于频宽比挡，黑线搭铁，红线接电路信号，发动机运转，显示屏显示脉冲信号的频宽比。

（5）转速测量。测试项目选择开关置于转速挡，转速测量专用插头插入搭铁插孔与公用插孔，感应式转速传感器（汽车万用表附件）夹在某一缸的点火高压线上，发动机运转，显示屏显示发动机转速。

（6）起动机起动电流测量。测试项目选择开关置于"400V"挡（1mV 相当于 1A 的电流，即用测量电流传感器电压的方法来测量起动机起动电流），把霍尔电流传感器夹在蓄电池正极导线上，其引线插头插入电流测量插孔，按下最小/最大功能按钮，拆下点火高压线，用起动机转动曲轴 2～3s，显示屏显示起动电流。

（7）氧传感器测试。拆下氧传感器线束连接器，测试项目选择开关置于"4V"挡，按下 DC 功能按钮，使显示屏显示"DC"，再按下最小/最大功能按钮，将黑线搭铁，红线与氧传感器相连；然后以快怠速（2000r/min）运转发动机，使氧传感器温度达到 360℃以上。此时，若混合气浓，则氧传感器输出电压为 0.8V；若混合气稀，则氧传感器输出电压为 0.1～0.2V。当氧传感器温度低于 360℃时（发动机处于开环工作状态），氧传感器无电压输出。

（8）喷油器喷油脉宽测量。测试项目选择开关置于占空比挡，测出喷油器工作脉冲频率的占空比后，再把测试项目选择开关置于频率挡，测出喷油器工作脉冲频率，然后按下面公式计算喷油器喷油脉宽：

$$喷油脉宽=占空比/工作脉冲频率$$

1.4.4 汽车示波器

汽车示波器实际上是一个高阻值的伏特计，它可以将电压的任何变化以曲线的形式在显示器上显示出来。它能够对电路上的电参数进行连续式图形显示，正是分析复杂电路上电信号波形变化的专业仪器。

示波器及其正确使用

汽车示波器上通常有两个或两个以上的测试通道，可以同时对多路电信号进行同步显示，具有高速动态分析各信号间相互关系的优点。通常汽车示波器设有测试菜单，只需选择要测试的传感器或执行器的菜单就可以自动进入测量。电子存储示波器还具有连续记忆和重放的功能，便于捕捉间歇性故障；同时也可以通过特定的软件与 PC 连接，将采集的数据进行存储、打印和再现。

值得注意的是，各公司生产的示波器外形和功能操作都不相同，如图 1.60～图 1.62 所示，具体操作见随机附带的使用说明，这里不再叙述。

图 1.60　OTC3850 汽车示波器

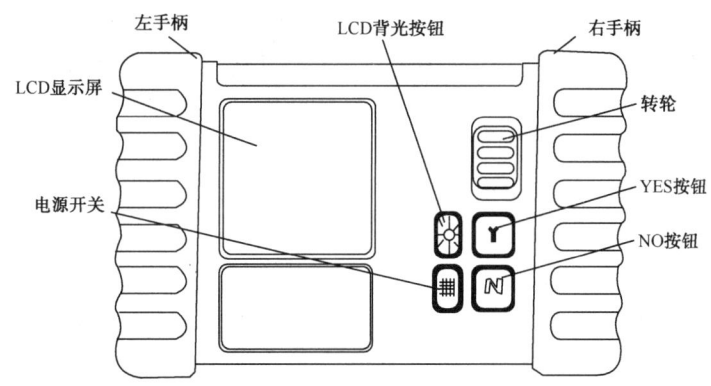

图 1.61　VANTAGE-MT2400 汽车示波器

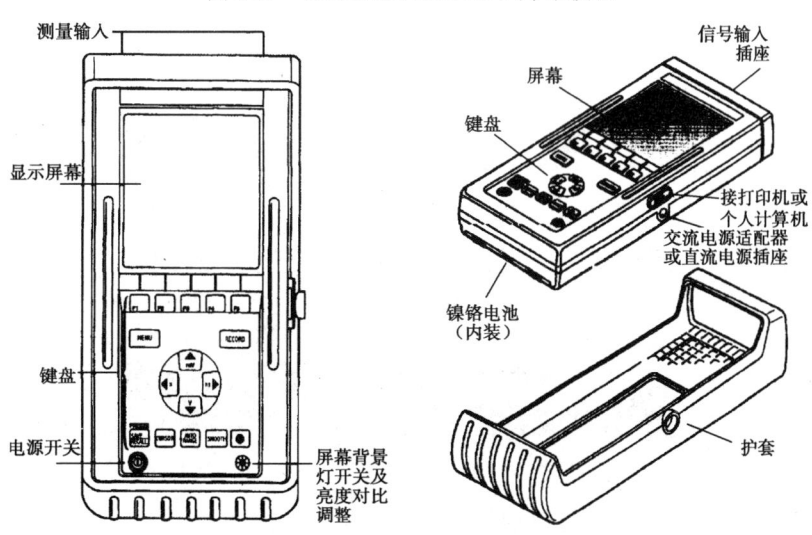

图 1.62　Fluke98 汽车示波器

1.4.5 故障诊断仪

诊断仪及
其正确使用

故障诊断仪通过控制系统在诊断插座中的数据通信线以串行的方式获得控制电脑中的实时数据参数，这些参数包括故障信息、控制电脑的实时运行参数、控制电脑与诊断仪之间的相互控制指令。诊断仪在接收到这些信号数据后，按照预定的程序将其显示为相应的文字和数码，以便维修人员观察系统的运行状态并分析这些内容，发现其中不合理或不正确的信息，进行故障诊断。故障诊断仪有两种，一种是通用诊断仪，另一种是专用诊断仪。

1．通用诊断仪

通用诊断仪的主要功能有：控制电脑版本的识别、故障码的读取和清除、动态数据参数显示、传感器和部分执行器的功能测试与调整、某些特殊参数的设定、维修资料及故障诊断提示、路试记录等。通用诊断仪可测试的车型较多，使用范围较宽，但它与专用诊断仪相比，无法完成某些特殊功能。常用的通用诊断仪如图 1.63 所示。

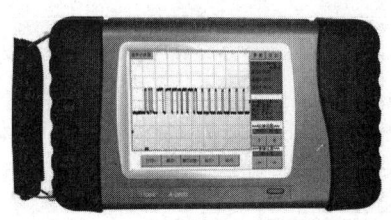
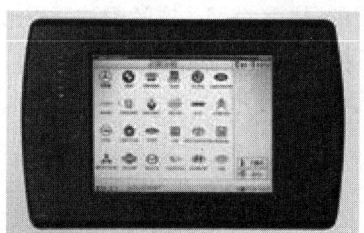

（a）车博仕 A-2800 汽车诊断检测综合分析仪　　　　（b）车灵通 L-90 汽车故障诊断仪

图 1.63　常用的通用诊断仪

2．专用诊断仪

专用诊断仪除具备通用诊断仪的各种功能外，还有参数修改、数据设定、防盗密码设定等各种特殊功能。专用诊断仪是汽车厂家自行或委托设计的专业测试仪器，它只适用于本厂家生产的车型。图 1.64 所示为大众公司的专用诊断仪，图 1.65 所示为通用公司的专用诊断仪。

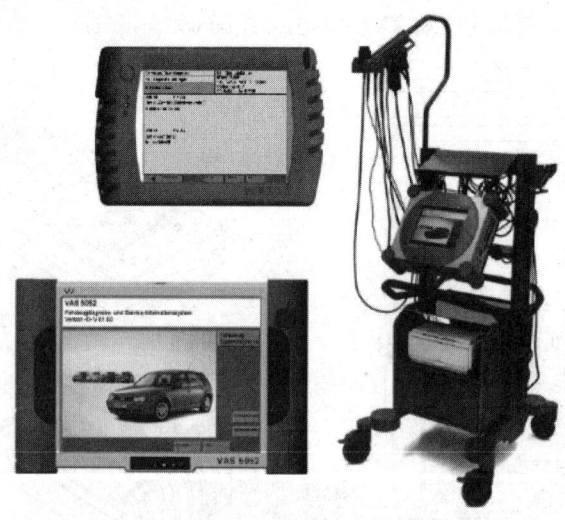

图 1.64　大众公司的专用诊断仪

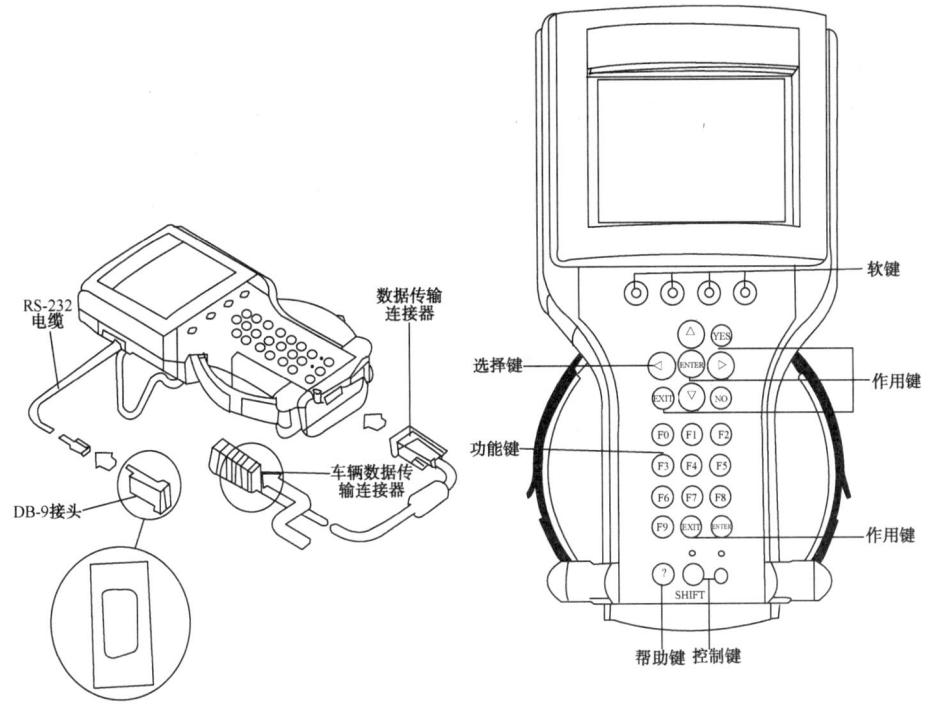

图 1.65 通用公司的专用诊断仪

目前，维修人员可以选用的通用诊断仪或专用诊断仪种类比较多，其外形和功能操作都不相同，具体操作见随机附带的使用说明，这里不再叙述。

学习单元 1.5 汽车电路故障诊断与检修

据统计，在汽车电气电子系统故障中，线束、插接件等的电路故障占比过半，如图 1.66 所示。

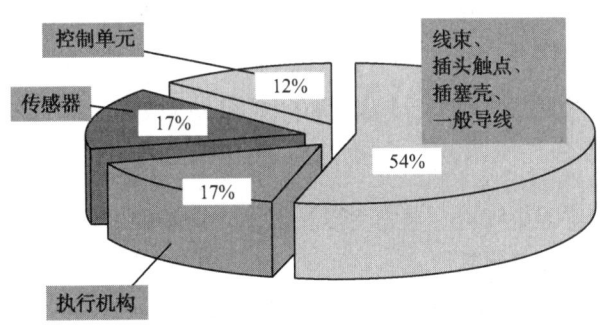

图 1.66 汽车电气电子系统故障分布

1.5.1 汽车电路常见故障

汽车电路常见的故障有开路、短路、接触不良等。

1. 开路（断路）故障

电路中本该相连的两点之间断开，电流无法形成回路，使得电气设备无法工作即为开路故障，如图 1.67 所示。

汽车电路常
见的故障

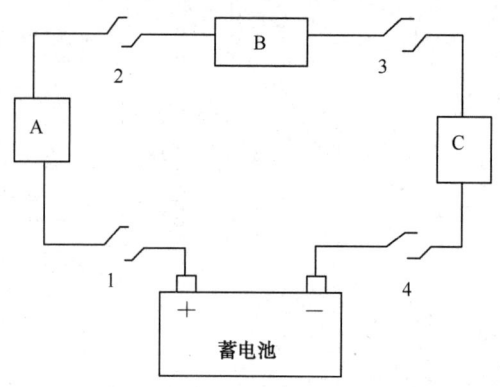

图 1.67　汽车电路开路故障

2．短路（短接）故障

电路不该相连的两点之间发生接触，电流绕过部分电气元件，为短路故障，如图 1.68（a）所示；电流被导入到其他电路中，如图 1.68（b）所示，使得电气设备不能正常工作也为短路故障；搭铁故障也是一种短路故障，如图 1.68（c）所示。

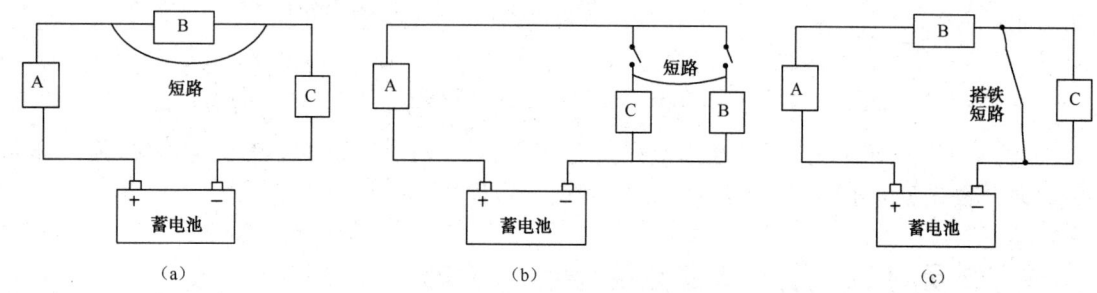

（a）　　　　　　　　　　　　（b）　　　　　　　　　　　　（c）

图 1.68　汽车电路短路故障

3．接触不良（接触电阻过大）故障

由于磨损、脏污等原因，电路中的两点之间接触不实，接触电阻超过了允许范围，使得电气设备工作不可靠或性能下降即为接触不良故障。

1.5.2　汽车电路故障常用诊断与检修的流程与原则

诊断与检修
的一般流程

1．一般流程

在对汽车电路故障进行检修时，通常可以按以下 6 个步骤进行，其流程如图 1.69 所示。

第一步，听取客户陈述故障情况。

详细了解发生故障时的情况和环境，主要包括下列信息：车型、时间、气候条件、路况、海拔、交通状况、系统症状、操作条件、维修经历及购车后是否装了其他附件等。

第二步，确认故障症状。

运转系统，必要时进行路试。确认故障参数，查看车主（用户）所反映的情况是否属实，同时注意观察通电运行后的种种现象。在动手拆卸或测试之前，应尽量缩小故障产生的范围。如果不能再现故障，可进行故障模拟试验。

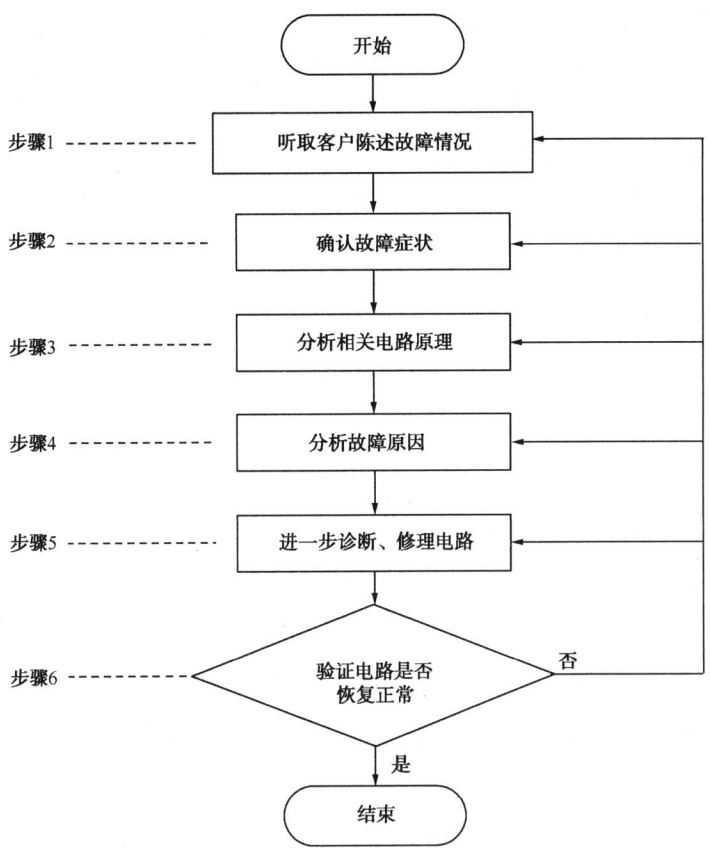

图 1.69 汽车电路故障检修流程

第三步，分析相关电路原理。

在电路图上画出有问题的电路，分析电流由电源到负载到搭铁的路径，弄清电路的工作原理，如果对电路原理还不太清楚，应仔细看电路说明及相关资料，直到弄清为止。对与有问题电路相关的电路也应加以分析。每个电路图上都给了公用的一个熔断器、一个搭铁和一个开关的相关电路的名称。对于在第一步中漏检的相关电路要试一下，如果相关电路工作正常，说明公用部分没问题，故障仅限于有问题的这一条电路中。如果几条电路同时出现故障，问题多半出在熔断器、电源线或搭铁线等公用部分。

第四步，分析故障原因。

汽车电气与电子系统故障检修的快慢及成功与否，关键在于故障诊断与检修的程序是否合理，分析是否正确，判断是否准确，方法是否得当。用穷举法对所有可能故障点一一排查，是一种低效的方法，因此，在维修人员头脑中建立起系统分析的维修方法很有必要。一般是按先易后难的顺序对有问题的电路或部件进行逐个排查。

对于故障范围较大、可能原因较多的复杂故障，可以先列出所有可能故障原因，然后根据理论分析和工作经验将故障可能原因进行归类，如表 1.5 所示，再按 A、B、C、D 的顺序分别进行诊断与检修，可有效提高维修效率。

表 1.5 故障归类表

A. 概率高易排查	B. 概率低易排查
C. 概率高难排查	D. 概率低难排查

第五步，进一步诊断、修理电路。

综合前面的分析结果，选择合适的诊断与检修方法进行故障点的排查。检查系统有无机械咬合、插接件松动或线缆损坏，确定涉及哪些电路和元器件，修理或更换有故障的电路和元器件。

第六步，验证电路是否恢复正常。

在对电路进行一次系统检查后，在所有模式下运转系统，确认系统在所有工况下运转正常，确认没有在诊断或修理过程中造成新的故障。

以上所述为汽车电路故障诊断与检修的一般流程，对初学者培养良好的故障诊断与检修思路大有裨益。对于具备相当的理论知识和工作经验的维修人员，实际工作中不必过分拘泥于流程步骤，可以视实际情况或凭经验略过一些步骤，直达故障点进行检修，有效提高工作效率。

2．故障诊断的原则

（1）诊断仪优先原则。现代汽车上微型计算机控制系统越来越多，利用故障诊断仪读取故障码和数据流进行故障诊断非常快捷，能有效地缩小故障范围，甚至能直接完成故障定位。因此，对于微型计算机控制系统故障或相关故障，应优先使用故障诊断仪。

（2）偶发性故障。故障检测一定要在故障状态下进行检测。对于偶发性故障，由于故障不是常态的，需采用动态跟踪检测的方法，捕捉故障发生时的异常现象。

1.5.3 汽车电路故障诊断与检修的常用方法

汽车电路故障常用诊断与检修的方法有很多，比较常用的有：直观法、检查保险法、试灯法、短路法、替换法、模拟法等。

诊断与检修的常用
方法和注意事项

1．直观法

直观法不使用任何仪器、仪表，仅凭检修者的直观感觉来检查和排除故障，当汽车电气系统的某个部分发生故障时，会出现冒烟、火花、异响、焦臭、高温等异常现象。通过人体的感觉器官，听、摸、闻、看等对汽车电器进行直观检查，进而判断出故障所在的部位。这对于有一定经验的维修人员来说，不仅可以通过直观检查来发现一些明显的故障，还可以发现一些较为复杂的故障，从而大大地提高了检修速度。例如，在行驶中，突然发现汽车转向灯与转向指示灯均不亮的故障，用手一摸发现闪光继电器发烫，说明闪光器电路已经被烧毁短路。

2．检查保险法

保险或保险丝是熔断器或熔丝的俗称。

当汽车电气系统出现故障时，首先应查看保险是否完好，有些故障就是简单的保险烧断或处于保护状态。此时，通过检查保险，即能判断故障部位。如在行驶中，若某个汽车电器突然停止工作，同时该支路上的熔断器熔断，则说明该支路有搭铁故障存在。某个系统的保险反复被烧断，则表明该系统一定有类似搭铁的故障存在，不应只更换熔断器了事。

汽车上常用的电路保护装置有两种：一种是双金属片式电路诊断器（简称断路器）；另一种则是普遍应用的熔断器。但是，现在很多汽车电路线束中都装有易熔线。易熔线有一根或几根，装在主电源线与熔断器盒之间，并且位于蓄电池附近，其功能主要是对主电源线进行保护。因此，在采用检查保险法诊断与检修汽车电路故障时，必须考虑对断路器和易熔线的检查。

3．试灯法

用一个汽车灯泡作为临时试灯，检查线束是否开路或短路，电器或电路有无故障等。此方法特别适合于检查不允许直接短路的带有电子元器件的电器。

例如，如果燃油系统不喷油，就可以简单地以试灯法来缩小故障范围。取下喷油器插头，在线束一侧的插头上对应喷油器线圈的两个端子上接上试灯，打开点火开关，转动发动机，如果试灯随发动机的转动一闪一闪地发亮，就表明故障不在控制器及其线束一侧，而集中在喷油器和油路一侧。反之，则认为喷油器得不到喷油指令，故障在控制器及其线束一侧。

在检测汽车电路的断路故障时，可在被怀疑断路处跨接试灯，若试灯亮，则说明电路中有断路故障，反之则认为电路正常。

使用试灯法时应注意试灯的功率不要太大，在测试电子控制器的控制（输出）端子是否有输出及是否有足够的输出时尤其要慎重，防止控制器超载损坏，如上述用试灯替代喷油器以测试其控制信号的例子。

4．短路法

短路法又称短接法，即用一根导线将某段导线或某个电器短接后观察用电设备的变化。例如，当打开转向信号灯时，发现左、右两边的转向信号灯出现闪烁微光，这时就可用导线将某一边的转向信号灯灯壳人为地进行搭铁，若这时只有一只转向信号灯亮，则证明此处搭铁不良；若仍然是两边的灯均亮，则认为此处搭铁良好，可对另一只转向信号灯进行检查。

5．替换法

替换法常用于故障原因比较复杂的情况，能对可能产生的原因逐一进行排除。其具体做法是：用一个已知完好的零部件来替换被认为或怀疑有故障的零部件，这样做即可试探出怀疑是否正确。若替换后故障消除，则说明怀疑成立；否则，装回原件，进行新的替换，直至找到真正的故障部位。

6．模拟法

有时将车辆送去维修时，故障并不出现，因此必须模拟故障发生的条件。模拟法应用于对各种传感器、控制器、指示机构、插接件等的故障判断。实质上就是怀疑电路中某些元器件有故障，进行发生条件模拟验证后诊断故障，包括以下几种。

（1）车辆振动模拟。某些故障发生在车辆行驶在粗糙路面上或发动机振动时，在这种情况下，应模拟相应情况下的振动，如图 1.70 所示。

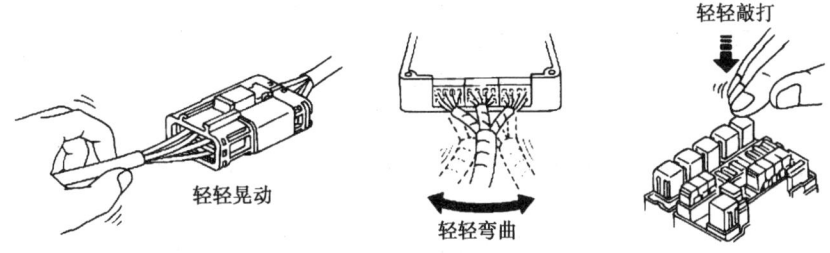

图 1.70　车辆振动模拟

（2）热敏感性（温度）模拟。某些故障发生在炎热天气下或车辆温度达到一定数值时，在这种情况下，要想确定电气元件是否热敏感，应用加热枪或类似的工具加热该元件，如图 1.71 所示。

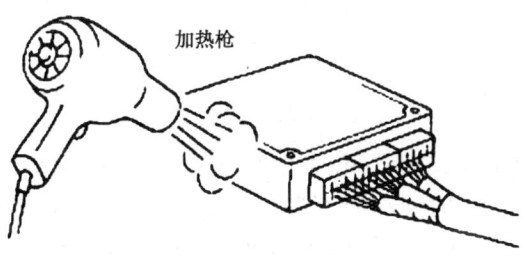

图 1.71　热敏感性模拟

注意：不要将电气元件加热到 60℃以上。

（3）浸水模拟。某些故障只发生在高湿度或雨雪天气情况下，可以通过浸湿车辆或将车辆驶过清洗机来模拟故障情况，如图 1.72 所示。

注意：不要将水直接喷在电气元件上。

（4）电负载模拟。某些故障也可能对电负载敏感，在这种情况下，将所有附件（包括空调、后车窗除雾器、收音机、前照灯等）全部打开，如图 1.73 所示，然后进行诊断。

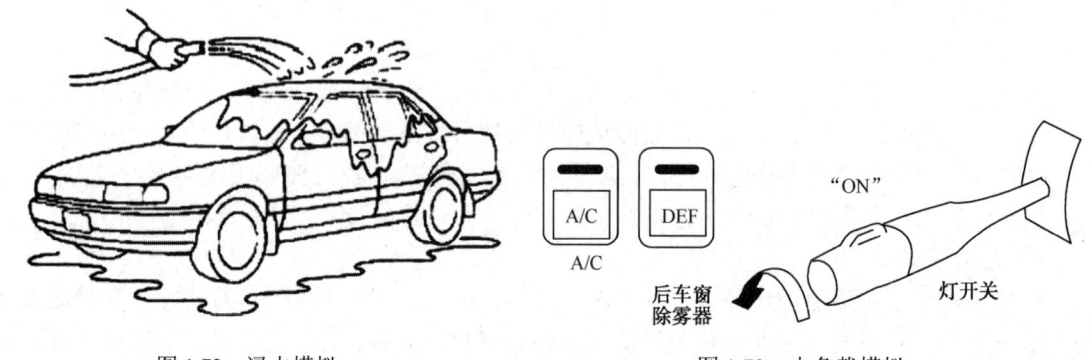

图 1.72　浸水模拟　　　　　　　　　　　　　图 1.73　电负载模拟

（5）冷起动或热起动模拟。在某些情况下，只有当车辆冷起动时才会发生电气故障，或在车辆短暂熄火后热起动时发生故障。

1.5.4　汽车电路故障常用诊断与检修的注意事项

维修汽车电气系统的首要原则是不要随意更换电线或电器，这种操作有可能损坏汽车或因短路、过载而引起火灾，同时还应注意以下各项。

（1）拆卸蓄电池时，总是最先拆下负极（−）电缆；装上蓄电池时，总是最后连接负极（−）电缆。拆下或装上蓄电池电缆时，应确保点火开关或其他开关都已断开，否则会导致半导体元器件被损坏。切勿颠倒蓄电池接线柱的极性。

（2）更换烧坏的熔断器时，应使用相同规格的熔断器。使用比规定容量大的熔断器会导致电器被损坏或产生火灾。

（3）靠近振动部件（如发动机）的线束部分应用卡子固定，将松弛部分拉紧，以免由于振动造成线束与其他部件接触。

（4）不要粗暴地对待电器，也不能随意乱扔。无论器件好坏，都应轻拿轻放，以免使其承受过大的冲击。

（5）与尖锐边缘磨碰的线束部分应用胶带缠起来，以免被损坏。安装固定零件时，应确保线束不要被夹住或被破坏，同时应确保插接头插接牢固。

（6）在进行维修时，若温度超过 80℃（如进行焊接时），应先拆下对温度敏感的零件（如ECU）。

【任务实施】

接车后，询问车主得知该车故障为偶发性。连接 Xentry 故障诊断仪对全车进行快速测试，在电控车辆稳定行驶系统（ESP）中发现存在多个故障码，如图 1.74 所示。P057D15：制动踏板行程传感器 A 对正极短路，存在对正极短路或断路故障；P05DE15：制动踏板行程传感器 B 对正极短路，存在对正极短路或断路故障；U0416FA：从"牵引系统"控制单元接收到不可信数据。执行故障码删除操作后，重新用故障诊断仪进行检测，电控车辆稳定行驶系统（ESP）中的故障码消失。

N30/4-电控车辆稳定行驶系统（ESP®）				-f-
型号	**零件号**	**供货商**	**版本**	
硬件	213 901 39 13	TRW	17/07 000	
软件	213 902 17 22	TRW	19/31 000	
引导程序软件	---	---	17/01 001	
诊断标识	000B49	**控制单元型号**	ESP213_Diag_000B49	
故障	**文本**			**状态**
P057D15	制动踏板行程传感器A对正极短路，存在对正极短路或断路。			S
	姓名		**首次出现**	**最后一次出现**
	接头30电压		12.56V	14.40V
	部件"L6/1（左前轴转速传感器）"的车速信号		0.0km/h	38.0km/h
	部件"L6/2（右前轴转速传感器）"的车速信号		0.0km/h	38.0km/h
	郎件"L6/3（左后轴转速传感器）"的车速信号		0.0km/h	38.0km/h
	部件"L6/4（右后轴转速传感器）"的车速信号		0.0km/h	38.0km/h
	方向盘角度		0.0″	19.2″
	制动踏板已操纵		nein	nein
	操作时间		202	139612020
	工作时间状态		2	1
	频率计数器		—	25
	总行驶里程		32896km	36224km
	运行周期计数器		—	0
P05DE15	制动踏板行程传感器B对正极短路，存在对正极短路或断路。			S
	姓名		**首次出现**	**最后一次出现**
	接头30电压		12.56V	14.40V
	部件"L6/1（左前轴转速传感器）"的车速信号		0.0km/h	38.0km/h
	部件"L6/2（右前轴转速传感器）"的车速信号		0.0km/h	38.0km/h
	郎件"L6/3（左后轴转速传感器）"的车速信号		0.0km/h	38.0km/h
	部件"L6/4（右后轴转速传感器）"的车速信号		0.0km/h	38.0km/h
	方向盘角度		0.0″	19.2″
	制动踏板已操纵		nein	nein
	操作时间		202	139612020
	工作时间状态		2	1
	频率计数器		—	25
	总行驶里程		32896km	36224km
	运行周期计数器		—	0
U0416FA	从"牵引系统"控制单元接收到不可信数据。			S
	姓名		**首次出现**	**最后一次出现**
	接头30电压		11.92V	12.00V
	部件"L6/1（左前轴转速传感器）"的车速信号		0.0km/h	0.0km/h
	部件"L6/2（右前轴转速传感器）"的车速信号		0.0km/h	0.0km/h
	郎件"L6/3（左后轴转速传感器）"的车速信号		0.0km/h	0.0km/h
	部件"L6/4（右后轴转速传感器）"的车速信号		0.0km/h	0.0km/h
	方向盘角度		-6.4″	0.0″
	制动踏板已操纵		ja	ja
	操作时间		4017050905	142530703
	工作时间状态		1	1
	频率计数器		—	81
	总行驶里程		32896km	36256km
	运行周期计数器		—	1

S=已存储

图1.74 故障车中存储的故障码

对车辆进行路试，当车辆经过颠簸路面时仪表台上的红色驻车制动灯点亮。重新连接故障诊断仪，在 ESP 控制单元中发现了同样的故障码。检查 ESP 控制单元软件为最新版本。检查 ESP 踏板角度传感器的实际值，进行故障引导并操纵制动踏板，所有实际值随着对踏板的操纵而正常变化，如图 1.75 所示，说明踏板角度传感器工作正常。进一步执行故障引导，如图 1.76 所示，以检查 ESP 和踏板角度传感器之间的导线和插头的接触情况。

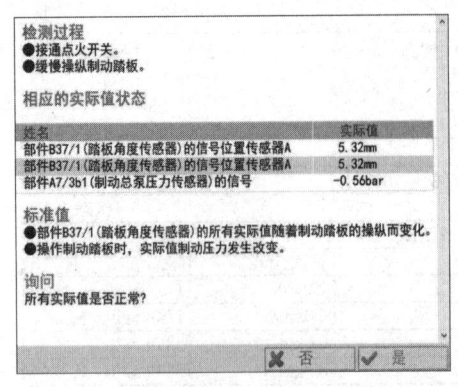
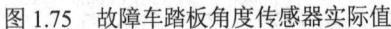

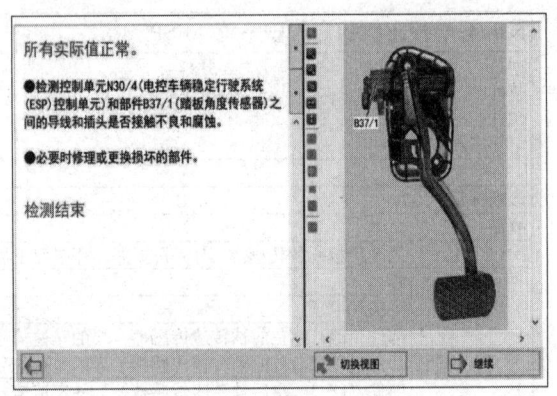

图 1.75　故障车踏板角度传感器实际值　　　　图 1.76　故障引导测试结果

　　根据故障码进行引导测试，并检查 ESP 和踏板角度传感器外观，未发现损坏、插头松动等异常情况，说明 ESP 和踏板角度传感器安装正常，暂时可以排除踏板角度传感器存在故障的可能。此时可将故障范围缩小至导线之间的供电搭铁信号及相关线路。

　　根据 ESP 和踏板角度传感器电路图，如图 1.77 所示，拔下 B37/1 踏板角度传感器插头，未发现腐蚀等异常现象，用万用表测量 B37/1 踏板角度传感器 2 号针脚和 1 号针脚之间的电压，约为 12V，如图 1.78 所示，正常，ESP 给踏板角度传感器供电及搭铁正常，可排除 ESP 电源存在故障的可能。用万用表测量 B37/1 踏板角度传感器 3 号针脚与 N30/4 33 号针脚之间的电阻，小于 1Ω，正常。用万用表测量 N30/4 32 号针脚与 B37/1 踏板角度传感器 4 号针脚之间的电阻，小于 1Ω，正常。由此可见，ESP 至踏板角度传感器（B37/1）之间的线路正常导通。由于在路试时车辆出现颠簸后驻车制动灯会点亮，测量线束电压时轻轻晃动 ESP 线束，发现线束电压偶尔会降低。拟分别在 ESP 控制单元 N30/4 的 31 号针脚和 34 号针脚上插入专用电脑插针，如图 1.79 所示，以便测量其电阻，但就在技师在 31 号针脚上插入专用电脑插针时发现该针脚存在松旷的情况，无须用力就可以轻松插入专用电脑插针。由此可见，N30/4 的 31 号针脚不正常。对该针脚进行处理后，在颠簸路面上反复进行路试，仪表台上红色的驻车制动灯未再异常点亮，该车故障被彻底排除。

　　维修小结：

　　本案例中，故障车驻车制动灯偶发性点亮的主要原因，是 ESP 控制单元的 31 号针脚松旷，车辆经过颠簸或不平的路面时，该针脚出现了接触不良的情况，从而点亮了仪表台上的驻车制动灯。之所以会出现针脚松旷的情况，可能是压接插针时操作不规范，再加上线束间的距离非常小，容易产生应力，久而久之还可能导致断裂。可见，当遇到相同的故障现象或类似的故障码时，建议优先检查 ESP 控制单元的相关针脚。发现针脚松旷时，可使用专用工具对插针进行夹紧，或者更换不正常的插针，以便快速排除故障。

　　汽车线束是汽车电路的网络主体，没有线束也就不存在汽车电路。在汽车中，都是依靠汽车线束连接器来连接汽车的电子和电气设备（网络节点）的，所以线束连接器的连接可靠性关系到整车电路网络能否正常运行。汽车电路故障维修的实践经验表明，线束连接器的接触不良故障占据着电路故障的大部分。在现代汽车 E/E 架构中，电子元器件都是模块化运行的，传感器信号通常经过 A/D 处理输出低电压和小电流信号，如果传感器电路中存在接触电阻，就会导

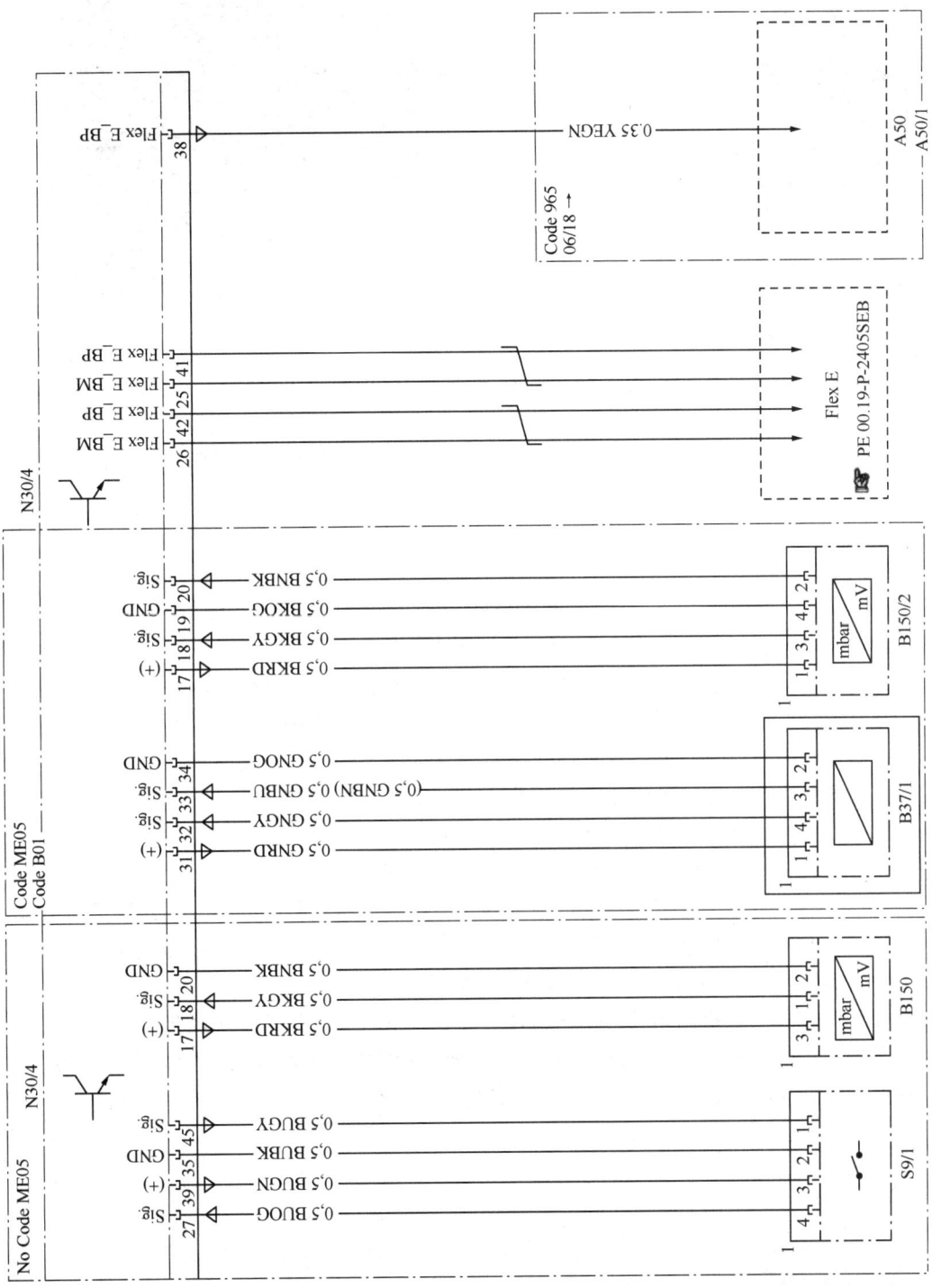

图1.77 ESP和踏板角度传感器电路图

图 1.78 供电电压

图 1.79 N30/4 的 31 号针脚松旷

致信号输出失真，因此，插拔线束连接器时特别要注意连接器针脚接触是否良好。在维修过程中，如果需要插拔连接器，一定要做到规范、仔细、认真，否则很容易引发二次故障。另外，在现代汽车故障诊断过程中，通过诊断仪进行人机对话，越来越显示出故障引导功能对故障诊断定位和判断的准确性，这大大提高了故障诊断的效率。

【延伸阅读】

保险丝的启示

小小的汽车保险丝，朴实无华，却在兢兢业业地履行着自己的职责，从不懈怠，在慎独中自省，在自省中行走，在宁静里坚持着自己的规范，从不忘却自己的初心与坚守。

保险丝那么软，指甲都掐得断；熔点那么低，划根火柴就能烧化它，可算是金属家族中的弱者。可它却能凭借自己的短处，在电路中起着重要的警卫作用，一遇危险，立即熔断，以此来保护所有电器的安全，它的发明者可谓独具慧眼！

细细想来，生活中类似这样用物之短的例子还真不少。软木不堪做栋梁，但它可用来做别的木料所代替不了的木塞；惰性气体似乎毫无用处，却可以充入灯泡，使灯泡内外的气压达到平衡；嶙峋怪异的太湖石，没有人拿它砌墙刻碑，却能用它垒成具体而微、惟妙惟肖的假山；奇丑无比的树桩做燃料都难劈开，但有人却想到用它制成精美绝伦的工艺品；甚至连老鼠的"贼性"，都可以利用起来在海关检查中发挥作用，这就是"警鼠"。

由此可见，事物的长短是相对的，一物之短往往换个角度也就是一物之长。具有敏锐眼光和睿智头脑的人，在用物时，不仅能避其短，还善于"变消极因素为积极因素"，化腐朽为神奇。因此，我们不能简单地说某一事物没有价值。有时说"没有价值"，实际上是"没有发现它的价值"，或者是不会使用它的价值。

企业案例 1

1. 仪表照明灯不亮

（1）故障车型：宝来 1.6 MT。

（2）故障症状：开小灯仪表板上的仪表照明灯全部不亮。

（3）故障分析：宝来车装有开关及仪表照明调节器 E20，这是用来对开关上的照明灯泡和仪表盘、收音机、操作面板等的照明亮度进行调节的一个电子器件,如果照明灯的两条线短路,由于 E20 具有过载保护作用,其本身不会被损坏。

(4)故障排除:拆检有关的线路,发现中间出风口的反向(光线由内向外)照明灯插头的护盖没盖严,使灯的正负极线短路,所以造成以上现象。分开短路点,仪表照明灯工作正常。

2．熔丝接触电阻大导致蓄电池总亏电

(1)故障车型:宝来 1.8T。

(2)故障症状:停驶一夜后,第二天早上起动蓄电池电力不足。

(3)故障检查:用其他车的蓄电池并联起动该车,起动后测量蓄电池两个极柱间电压为 12.2V,测量发电机电枢接柱"B1+"与外壳间电压为 13.5V,这说明电枢接柱与蓄电池正极柱间的线路产生了 1.3V 的电压降。用手摸蓄电池上方的 S177 号(110A)熔丝感觉烫手,该熔丝是充电电路熔丝,仔细看熔丝下面的塑料已熔化,热量是由熔丝两端的接触电阻产生的。

(4)故障排除:更换蓄电池上方的熔断器盒,测量蓄电池两极柱间电压正常,故障排除。

3．打开警报灯开关,刮水器转动

(1)故障车型:宝来 1.8。

(2)故障症状:打开双闪警报灯开关时,刮水器电动机随着 4 个转向灯闪亮有节奏地转动,在操作超车灯开关时也有类似现象发生。

(3)故障检查:此种现象,从经验看大多是导线插头接触不良,或者接地点不良造成导线之间的电流相互借用,即 1 个电器工作时借用其他不工作电器的导线充当回路导致的。阅读电路图可知,刮水器电动机、转向灯、前照灯全都经过 12 号接地点,具体位置在发动机室左侧蓄电池下方。

(4)故障排除:拆下蓄电池,经检查发现负极接地点螺母松动,将其紧固后故障排除。

测试练习题 1

一、判断题

(   )1．易熔线被熔断,说明电路中的电流超过了易熔线的标称值,因此应适当地选择标称值大一些的易熔线。

(   )2．继电器是用较小电流去控制较大电流的一种"自动开关",在电路中起着自动调节、安全保护、转换电路等作用。

(   )3．跨接线是一根测试导线,使用跨接线可使电流"绕过"被怀疑开路或断路的电路,从而使电路形成回路,可用于电路导通性测试。在使用跨接线时,不允许将跨接线直接跨接在用电设备两端,否则会烧坏其他相关电路元器件。

(   )4．用无源试灯进行电路检测时,试灯功率应和被测电路的用电设备功率相匹配。

(   )5．用数字式万用表进行直流电流测量时,万用表应与被测电路并联。

(   )6．通过电路图识读电路原理时,读出的电路是回路则说明读图正确。

(   )7．汽车电气设备并联的特点说明不同功能的汽车电路相互独立,互无关联。

(   )8．分析电路时,要全面分析开关、继电器的初始状态和工作状态。

(   )9．汽车电子控制单元(ECU)一般只有一根电源线。

(   )10．新能源汽车高压线束传输强电电流时会产生电磁干扰。

(   )11．新能源汽车高压继电器具有很强的灭弧能力。

二、选择题

1. 对于整车电气系统来说，下列说法正确的是（　　）。

    A．为了便于区别各线路的连接，汽车的所有导线必须选用不同颜色的单色或双色线

    B．导线截面积主要根据其工作电流选择

    C．所有用电设备额定电压都必须为 12V 或 24V

    D．搭铁点的数量越多、越分散越好

2. 不易表达电路内部结构与工作原理的是（　　）。

    A．接线图　　　　　　B．电路原理图　　　　　C．布线图　　　　　D．电路框图

3. 开关在电路图中的画法一般为（　　）状态。

    A．最高挡　　　　　　B．最低挡　　　　　　C．空挡　　　　　D．中间位置

4. 对于汽车用继电器，下列说法正确的是（　　）。

    A．小电流控制大电流　　　　　　　　B．大电流控制小电流

    C．便于布置元器件　　　　　　　　　D．直流控制交流

5. 汽车维修作业时，由于电路短路引起火灾首先应（　　）。

    A．用水扑救　　　　　　　　　　　B．切断电源

    C．用布盖住　　　　　　　　　　　D．用干粉灭火剂灭火

6. 对汽车电路进行关联性分析时，下列哪些可能构成电路的关联性，即电路中多路共享的部分。（　　）

    A．电源铰接点　　　B．搭铁铰接点　　　C．熔断器　　　　　D．控制器

7. 新能源汽车高压插接器对可靠性、安全性和电气性能要求很高，下面哪些是高压插接器的安全措施。（　　）

    A．塑料材质　　　B．具有屏蔽功能　　　C．高压互锁　　　　D．二级解锁

三、综合题

1. 汽车电气系统有哪些特点？

2. 汽车电路常见的故障类型有哪些？

3. 简述汽车电路故障诊断与检修的流程。

4. 列举可能造成熔断器（保险丝）熔断的原因。

5. 简述识读汽车电路图的一般要领。

学习情境二

蓄电池的使用与维护

【能力目标】

- 描述蓄电池的功能、组成和工作原理;
- 解释蓄电池的标识;
- 查找蓄电池的故障原因;
- 维护蓄电池;
- 测量蓄电池的电气和化学参数并评估蓄电池的状态;
- 为不同状态的蓄电池搭配不同的充电类型和充电方法,进行充电;
- 规范地更换蓄电池;
- 规范地进行亏电救援操作。

【学习内容】

- 蓄电池的功能、组成和工作原理;
- 蓄电池的种类与特点;
- 蓄电池的标识;
- 蓄电池的故障原因;
- 蓄电池的维护内容和操作流程;
- 蓄电池的电气和化学参数及测量方法;
- 蓄电池的充放电过程,不同状态的蓄电池的充电类型和充电方法;
- 更换蓄电池的规范流程;
- 蓄电池亏电救援的规范流程。

【任务导入】

一辆 2015 年豪华版的名爵锐腾 1.5T(带有四驱)经常频繁亏电,车主反映有时车子熄火后,中控屏不能熄灭,操作任何按钮都不起作用,大概 15 分钟后才熄灭,有时车子解锁或打开车门或打开后备厢时,中控屏也自动打开。经维修技师诊断,该故障为典型的静电流偏大引起的蓄电池亏电故障。

学习单元 2.1 蓄电池的认识

2.1.1 汽车蓄电池的特点

蓄电池是一种化学能源,依靠其内部的化学反应来储存电能或向用电设备供电。目前燃油汽车上使用的蓄电池主要有两大类:铅酸蓄电池和镍碱蓄电池。同时,由于人们对燃油汽车排放要求的提高，各国正在不断探索和研制电动汽车，其主要的动力源为新型高能蓄电池。表 2.1 中列出了各种蓄电池的特点。

表 2.1   各种蓄电池的特点

类　　型	优　　点	缺　　点	适用车辆
铅酸蓄电池	结构简单，价格低，内阻小，电压稳定，可以短时间供给起动机强大的起动电流	容量小，使用寿命相对较短	一般车辆
镍碱蓄电池	容量大，使用寿命长，维护简单，能承受大电流放电而不易损坏	活性物质导电性差，价格较高	使用时间长、可靠性高的车辆
电动车蓄电池	容量大，无污染，充、放电性能好，使用寿命长	结构复杂，成本高	电动汽车

铅酸蓄电池由于结构简单、价格低、内阻小、可以短时间供给起动机强大的起动电流而被广泛采用。铅酸蓄电池按结构特征可以分为密封式铅酸蓄电池、免维护铅酸蓄电池、干式荷电铅酸蓄电池、湿式荷电铅酸蓄电池、阀控式铅酸蓄电池等。铅酸蓄电池的分类及特点如表 2.2 所示。

表 2.2   铅酸蓄电池的分类及特点

类　　型	特　　点
密封式铅酸蓄电池	保持密封，并且在制造商规定的限度内运行时既不释放气体也不泄漏液体的电池。密封式电池上可以安装安全装置以免产生高内压，并设计成在其寿命期间以原始的密封状态运行
排气式铅酸蓄电池	电池盖上具有通道，允许电解液和蒸发产物自由地从电池逸出到大气中的蓄电池
干式荷电铅酸蓄电池	各个电池单体内不含电解质，极板为干态且处于荷电状态的蓄电池。这是某些类型蓄电池的交货状态。 此类电池在规定的保存期内，如果需使用，只需按规定加入电解液，静置 20～30min 即可，使用时需要定期维护
湿式荷电铅酸蓄电池	单体电池的极板或隔板上含有少量电解质的荷电状态的蓄电池。 此类电池在规定的保存期内，如果需使用，只需按规定加入电解液，静置 20～30min 即可，使用时需要定期维护
免维护铅酸蓄电池	免维护蓄电池，是在满足规定的运行条件下，在使用寿命期间不需维护的蓄电池。 此类电池使用时不需维护，可用 3～4 年不需补加蒸馏水，极桩腐蚀极少，自放电少
阀控式铅酸蓄电池	阀控式铅酸蓄电池（VRLA），是带有阀的密封蓄电池，在电池内压超出预定值时允许气体逸出。 这种电池或电池组在正常情况下不能添加电解质

注：阀，允许气体仅朝一个方向流动的电池组件。阀具有特有的排气（开启）压力和关闭压力（见 GB/T 2900.41—2008 电工术语原电池和蓄电池）。

2.1.2 蓄电池的功能

汽车上装有蓄电池和发电机两个直流电源，这两个电源并联，全车的用电设备均并联，电源和用电设备串联，如图 2.1 所示。

蓄电池作用、安装位置及正负极区分

蓄电池在燃油汽车上的功能如下。

（1）起动发动机时，蓄电池向起动系统和点火系统供电。

（2）当发动机低速运转，发电机电压低于蓄电池充电电压时，由蓄电池向用电设备供电。

（3）当发动机中、高速运转，发电机电压高于蓄电池充电电压时，蓄电池将发电机的剩余电能储存起来。

（4）当发电机过载时，蓄电池协助发电机向用电设备供电。

（5）蓄电池还可以吸收电路中的瞬时过电压，保持汽车电气系统电压的稳定，保护电子元器件。

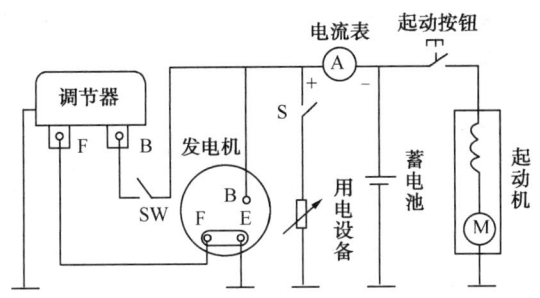

图 2.1　汽车并联电路

2.1.3　蓄电池的安装位置

蓄电池在车辆上的安装位置或所处的位置对它的工作特性具有很大的影响。车辆蓄电池的有利安装位置需要满足多项条件。

（1）便于进行维修和保养。

（2）可在行驶期间防止剧烈受热或受冷。

（3）可保护蓄电池免于受到潮湿、油污、燃油及机械作用的影响。

（4）在发生碰撞的情况下能够保护车辆乘员免于受到溢出气体和外泄蓄电池酸液的伤害。

1．位于发动机舱内的蓄电池

如果由于设计上的原因将蓄电池安装在发动机或具有强烈热辐射的装置附近，如图 2.2 所示，那么蓄电池受到的高温会对其抗老化性产生不利的影响，正极板栅架的腐蚀、水的消耗和自放电的程度都会提高。为了抵挡这些不利的因素，蓄电池常常被安装在由合成材料制成的蓄电池箱里。如果周围温度特别高，会额外使用隔热套来保护蓄电池。

2．位于车辆内部空间或行李舱内的蓄电池

如果蓄电池位于车辆内部空间或行李舱内，如图 2.3 所示，那么在使用湿式蓄电池的情况下，要始终选择经过倾角优化的蓄电池，或者选择防泄漏的 AGM 蓄电池。同样，对于安装在车辆内部空间的蓄电池，必须装配一条排气软管。如果车辆在倾覆后车顶着地，蓄电池酸液就可能溢出，乘客将面临受伤的危险。通过使用经倾角优化或具有防泄漏功能的蓄电池，就可以将受到酸液伤害的危险性降到最低。

图 2.2　蓄电池位于发动机舱内

图 2.3　蓄电池位于车辆内部空间或行李舱内

蓄电池正极接线柱上连接了两根导线，这些导线负责为电气组件供电。其中一根蓄电池导线通过蓄电池正极接线柱通向起动机和发电机，如图 2.4 所示。

3．安全型蓄电池接线柱

如果蓄电池安装在车辆内部空间或行李舱内，蓄电池导线从行李舱经过车辆地板外侧与燃

油管路平行敷设到发动机室内时，出于安全考虑需要用到安全型蓄电池接线柱。由于蓄电池与起动机之间的电缆敷设路径相对较长，在发生事故导致电缆损坏的情况下，引发火灾的概率会较高。在发生碰撞事故时，安全气囊触发，此时蓄电池至起动机的正极连接会断开，但车载电网对一些重要安全功能（如危险警告灯和照明装置）的供电仍然会保持。

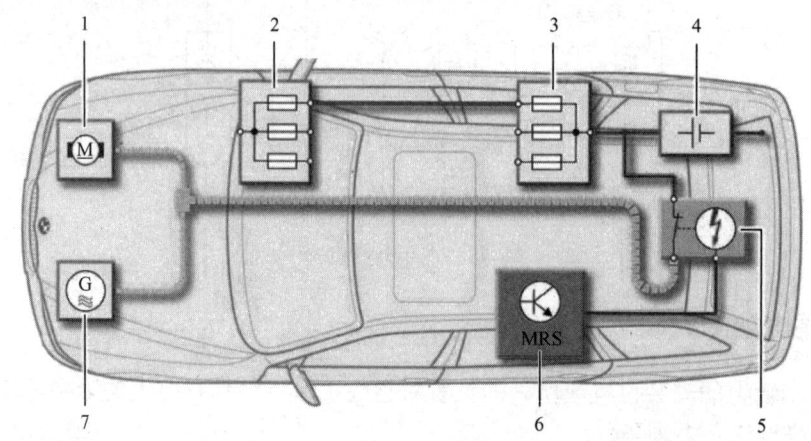

1—起动机；2—前部配电盒；3—后部配电盒；4—蓄电池；5—安全型蓄电池接线柱；6—多功能乘员保护系统；7—发电机。

图 2.4   位于车辆内部空间或行李舱内的蓄电池供电路径

为了将发生事故时发生短路的危险性降至最低，可将车辆内的车载网络分为两个部分：一个是车载网络供电部分，通过高电流熔断器防止发生短路；一个是起动机电路部分，该部分无法通过任何传统熔断器方式提供保护。

为了保护起动机电路，可采用安全型蓄电池接线柱作为保护措施，如图 2.5 所示。该装置可在发生事故时减少短路危险。

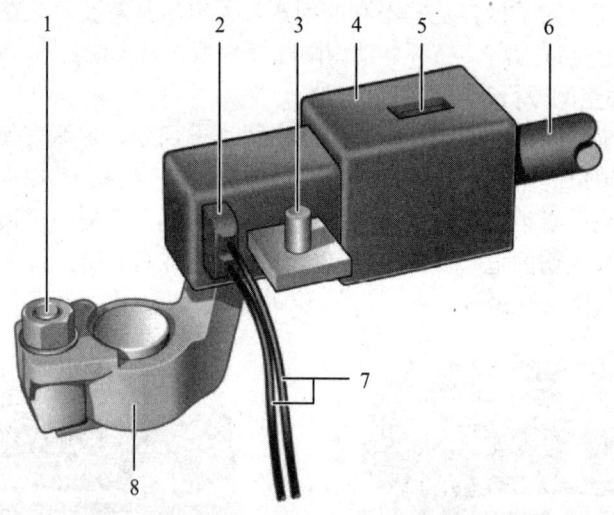

1—紧固螺钉；2—插接连接；3—连接接线柱 B+；4—保护外壳；5—卡爪；6—蓄电池导线；7—控制导线；8—蓄电池接线柱。

图 2.5   安全型蓄电池接线柱

这种安全型蓄电池接线柱与蓄电池正极直接连接，由一个传统的可拧紧式接线柱组成，带有内装燃爆材料的空心圆柱体，有一个锁杆用于防止蓄电池导线重新滑回触点位置，接线柱工作过程如图 2.6 所示。

触发燃爆材料后不得继续使用安全型蓄电池接线柱，必须更换。

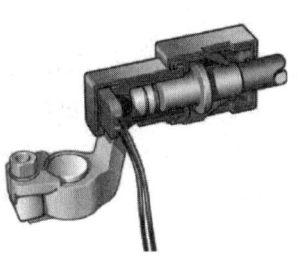
（1）初始状态

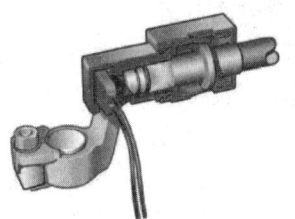
（2）控制单元触发燃爆材料，分离过程开始

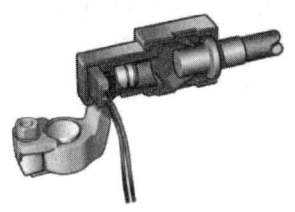
（3）分离过程结束

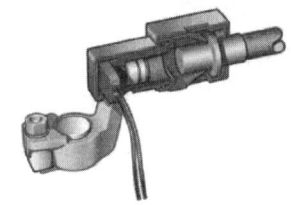
（4）蓄电池导线在安全型蓄电池接线柱内截断

图2.6　安全型蓄电池接线柱工作过程

只要没有任何主熔断器因短路断开电源电路，由于蓄电池导线分为不同部分，因此触发燃爆材料后，其他车载网络仍能正常使用，从而确保仍可执行所有重要功能，如危险报警等。

4．蓄电池传感器

蓄电池传感器（EBS）是一种智能传感器，如图2.7所示。EBS的基本功能是探测电池电流、电压和温度，然后从这些物理量中计算出电池的状态。电池状态的计算是通过一个特殊的电池状态检测（BSD）算法来实现的。

蓄电池传感器主要分为3部分：连接整车负极线束、传感器与线束对接插接件和连接电池负极柱的极柱套。蓄电池传感器的机械结构如图2.8所示。

X3连接电池负极柱的极柱套
X1连接整车负极线束
X2传感器与线束对接插接件

图2.7　蓄电池传感器　　　　　图2.8　蓄电池传感器的机械结构

蓄电池传感器连接在蓄电池负极，一端通过X1连接蓄电池负极线束，另一端通过X3连接蓄电池负极柱。蓄电池传感器装配图如图2.9所示。

蓄电池传感器共有3路信号检测通道，分别用来检测蓄电池的电流、电压和温度。蓄电池传感器除将直接检测到的蓄电池电流、电压和温度信号通过总线传输给ECU外，还会通过蓄电池传感器内部的电池状态检测算法，计算出蓄电池的状态参数传输给ECU。ECU通过蓄电池传感器上报的参数了解蓄电池的状态，根据蓄电池的具体状态调整起停系统的工作模式，在节能环保的同时起到保护蓄电池的作用。

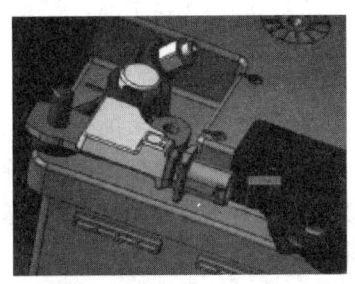

图2.9　蓄电池传感器装配图

5．双蓄电池方案

在传统车辆上，蓄电池是一些相互矛盾的要求的折中，其作用是确保发动机的起动和用电设备的供电。在各种正常的工作状态下，所有的用电设备都只由一个蓄电池供电。在起动过程中蓄电池承受大电流放电（300～500A），但与此相关的电压突然下降将危害到某些用电设备（如微控制器），所以电压下降应尽可能小；相反，在行驶状态中蓄电池只通过较小的电流，电压降很小。关键在于蓄电池的容量，使用一块蓄电池很难同时达到最佳效果。

因此，如果车辆上安装了种类较多的装备并对冷起动性能具有特别高的要求的话，那么只靠一块蓄电池就不足以提供可靠的电能供应。如果出现这种情况，那么就需要采用双蓄电池方案。

双蓄电池方案，有供电型蓄电池和起动型蓄电池之分。双蓄电池方案由起动型蓄电池、供电型蓄电池、双蓄电池电供系统控制器等组成，如图2.10和图2.11所示。

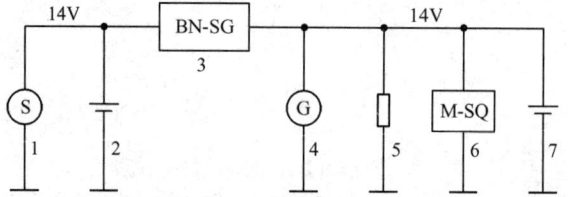

1—起动机；2—起动型蓄电池；3—双蓄电池电供系统控制器；4—发电机；5—用电设备；6—发动机控制单元；7—供电型蓄电池。

图2.10　双蓄电池电气系统

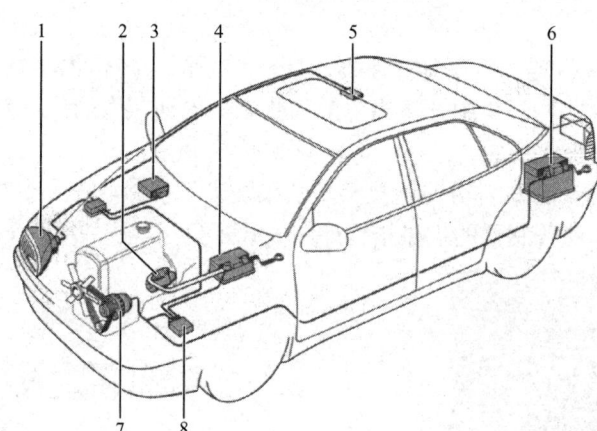

1—照明设备；2—起动机；3—双蓄电池电供系统控制器；4—起动型蓄电池；5—其他用电设备；6—供电型蓄电池；
7—发电机；8—充电模块和分离模块。

图2.11　双蓄电池汽车电气系统分布

（1）起动型蓄电池。起动型蓄电池为起动电路供电，必须在起动过程的限定时间内提供大电流。起动型蓄电池体积较小（容量同样较小），安装位置靠近起动机，以便用短的电缆与起动机相连。

（2）供电型蓄电池。供电型蓄电池是除起动机以外其他汽车电气系统的供电电源。它只提供较小的电流，但使用周期很长，即在一定的容量和可靠的放电深度下能提供大的电能和重新储电。供电型蓄电池参数的选择主要视接入的用电设备容量、静态电流用电设备和允许的放电深度而定。

（3）双蓄电池电供系统控制器。双蓄电池电供系统控制器负责监控全车电气系统全部工况下的供电需求和电池状态，根据情况协调起动型蓄电池、供电型蓄电池的供电输出和充电，确保可靠起动和稳定供电。

车载电网蓄电池为 12V 车载电网供电。在车载电网蓄电池缺电的情况下，仍能够起动发动机。这项控制功能由蓄电池监控控制单元和蓄电池并联继电器完成。

铅酸蓄电池的
结构与原理

2.1.4 铅酸蓄电池的结构原理

1. 铅酸蓄电池的结构

铅酸蓄电池一般由 3 个或 6 个单格电池串联而成，其结构如图 2.12 所示。其主要由极板、隔板、电解液和壳体等组成，下面以干式荷电铅酸蓄电池为例加以说明。

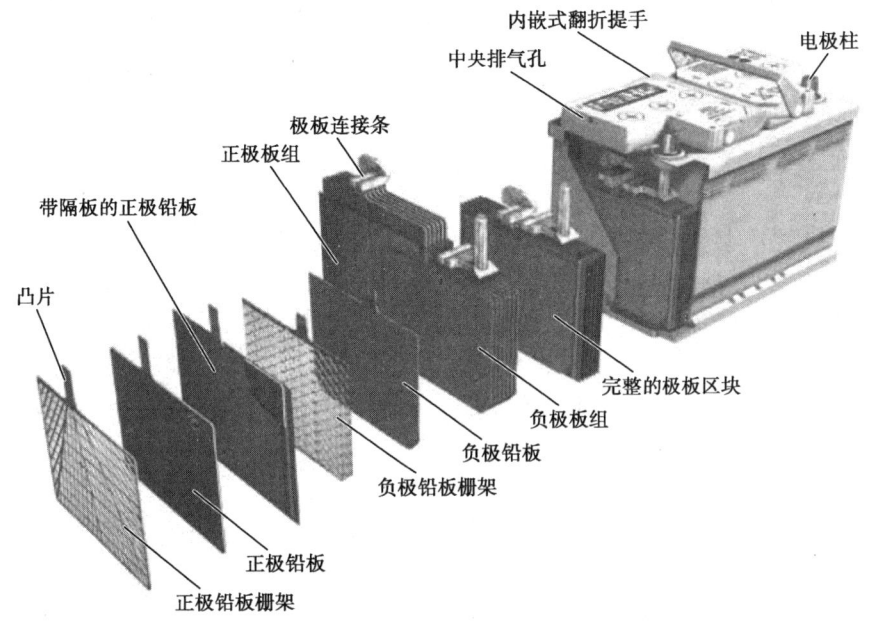

图 2.12　铅酸蓄电池的结构

（1）极板

极板是蓄电池的核心部分，蓄电池充、放电的化学反应主要是依靠极板上的活性物质与电解液进行的。极板分为正极板和负极板，均由栅架和活性物质组成。

栅架的作用是固结活性物质。栅架一般由铅锑合金铸成，具有良好的导电性、耐蚀性和一定的机械强度。栅架的结构如图 2.13 所示。为了降低蓄电池的内阻，改善蓄电池的起动性能，有些铅酸蓄电池采用了放射形栅架，图 2.14 所示为桑塔纳轿车蓄电池放射形栅架的结构。

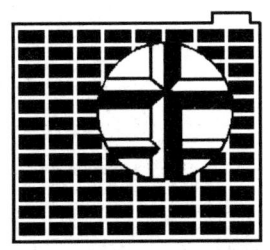
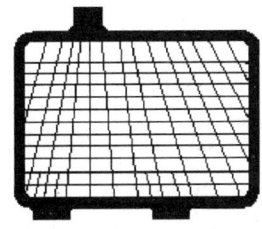

图 2.13　栅架的结构　　　　图 2.14　桑塔纳轿车蓄电池放射形栅架的结构

正极板上的活性物质是二氧化铅（PbO_2），呈深棕色；负极板上的活性物质是海绵状的纯铅（Pb），呈青灰色。将活性物质调成糊状填充在栅架的空隙里并进行干燥即形成极板，如图 2.15 所示。

将正、负极板各一片浸入电解液中，可获得 2V 左右的电动势。为了增大蓄电池的容量，通常将多片正、负极板分别并联，组成正、负极板组，如图 2.16 所示。在每个单格电池中，正极板要比负极板少一片，这样每片正极板都处于两片负极板之间，可以使正极板两侧放电均匀，避免因放电不均匀造成极板拱曲。

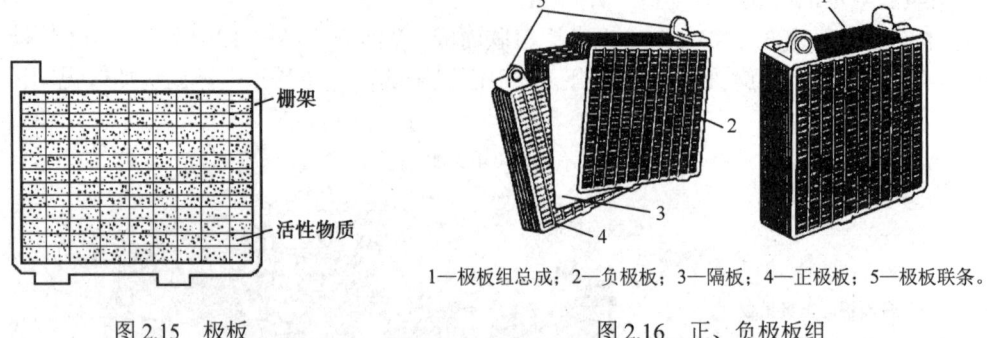

1—极板组总成；2—负极板；3—隔板；4—正极板；5—极板联条。

图 2.15　极板　　　　　　　　图 2.16　正、负极板组

（2）隔板

将隔板插放在正、负极板之间，以防止正、负极板互相接触造成短路。隔板应耐酸并具有多孔性，以利于电解液的渗透。常用的隔板材料有木质材料、微孔橡胶和微孔塑料等。其中，木质隔板耐酸性较差；微孔橡胶隔板性能最好，但成本较高；微孔塑料隔板孔径小、孔率高、成本低，被广泛采用。

（3）电解液

电解液在蓄电池的化学反应中起到离子间导电的作用，并参与蓄电池的化学反应。电解液由纯硫酸（H_2SO_4）与蒸馏水按一定比例配制而成，其密度一般为 1.24～1.30g/cm^3。

电解液的密度对蓄电池的工作有重要影响，密度大，可减小结冰的可能性并提高蓄电池的容量，但密度过大则黏度增加，反而降低蓄电池的容量，缩短使用寿命。电解液密度应随地区和气候条件而定。表 2.3 列出了不同地区和气温下的电解液的密度。另外，电解液的纯度也是影响蓄电池性能和使用寿命的重要因素之一。

表2.3　不同地区和气温下的电解液的密度

气候条件	电解液的密度（在25℃时，完全充足电的蓄电池）/g·cm^{-3}	
	冬季	夏季
冬季温度<-40℃的地区	1.30	1.26
-40℃≤冬季温度<-30℃的地区	1.28	1.25
-30℃≤冬季温度<-20℃的地区	1.27	1.24
-20℃≤冬季温度<0℃的地区	1.26	1.23
冬季温度≥0℃的地区	1.24	1.23

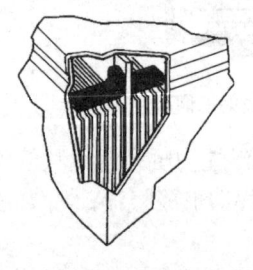

（4）壳体

壳体用于盛放电解液和极板组，应该耐酸、耐热、耐振。壳体多采用硬橡胶或聚丙烯塑料制成，为整体式结构，底部有凸起的肋条以搁置极板组。壳内由间壁分成 3 个或 6 个互不相通的单格，各单格之间用铅质联条串联起来，如图 2.17 所示。壳体上部使用相同材料的电池盖密封，电池盖上设有对应于每个单格电池的加液孔，

图 2.17　单格电池的穿壁连接

用于添加电解液和蒸馏水，以及测量电解液密度、温度和液面高度。加液孔盖上的通风孔可使蓄电池化学反应中产生的气体顺利排出。

2．铅酸蓄电池的工作原理

（1）铅酸蓄电池的开路电压（静止电动势）

开路电压（又称静止电动势）指放电电流为零时电池的电压。将铅酸蓄电池的正、负极板浸入电解液中，正、负极板与电解液相互作用，在正、负极板间就会产生约 2.1V 的静止电动势。

铅酸蓄电池的静止电动势 E_j 与极板的片数、大小无关，仅与电解液的密度有关，其关系式为

$$E_j=0.85+\rho_{25℃} \tag{2-1}$$

式中，E_j 为静止电动势，即开路电压（单位为 V）；$\rho_{25℃}$ 为基准温度（25℃）时电解液的密度（单位为 g/cm³）。

注意，实测电解液的密度应转换成 25℃时电解液的密度，转换关系式为

$$\rho_{25℃}=\rho_t+0.00075(t-25) \tag{2-2}$$

式中，ρ_t 为实测电解液的密度（单位为 g/cm³）；t 为实测电解液温度（单位为℃）。

因为铅酸蓄电池工作时电解液密度总在 1.12～1.30g/cm³ 变化，所以每个单格电池的电动势也相应地在 1.97～2.15V 变化。

（2）铅酸蓄电池的放电

电池放电是指在规定的条件下电池向外电路输出所产生的电能的过程。将铅酸蓄电池的正、负极板浸入电解液中时，在正、负极板间就会产生约 2.1V 的静止电动势，此时若接入负载，在电动势的作用下，电流就会从蓄电池的正极经外电路流向蓄电池的负极，这一过程称为放电。蓄电池的放电过程是化学能转变为电能的过程。

放电时，正极板上的 PbO_2 和负极板上的 Pb 都与电解液中的 H_2SO_4 发生反应，生成硫酸铅（$PbSO_4$），沉附在正、负极板上。电解液中 H_2SO_4 不断减少，密度下降。

理论上，放电过程可以进行到极板上的活性物质被耗尽为止，但由于生成的 $PbSO_4$ 沉附于极板表面，阻碍电解液向活性物质内层渗透，使得内层活性物质因缺少电解液而不能参加反应，蓄电池的活性物质利用率只有 20%～30%。因此，采用薄型极板，增加极板的多孔性，可以提高活性物质的利用率，增大蓄电池的容量。

蓄电池放电终了的特征如下。

① 单格电池电压降到放电终止电压。

② 电解液密度降到最小许可值。

放电终止电压与放电电流的大小有关。放电电流越大，允许的放电时间越短，放电终止电压也越低，如表 2.4 所示。

表 2.4　单格电池放电终止电压

放电电流/A	$0.05C_{20}$	$0.1C_{20}$	$0.25C_{20}$	C_{20}	$3C_{20}$
放电时间	20h	10h	3h	25min	5min
单格电池放电终止电压/V	1.75	1.70	1.65	1.55	1.50

注：C_{20} 为蓄电池的额定容量。

（3）铅酸蓄电池的充电

电池充电是指外电路给蓄电池提供电能，使电池内发生化学变化，从而将电能转化为化学能而储存起来的操作。

充电时，蓄电池的正、负极分别与直流电源的正、负极相连，当充电电源的端电压高于蓄电池的电动势时，在电场的作用下，电流从蓄电池的正极流入，负极流出。蓄电池的充电过程是电能转换为化学能的过程。

充电时，正、负极板上的 $PbSO_4$ 还原成 PbO_2 和 Pb，电解液中的 H_2SO_4 增多，密度上升。

当充电接近终了时，$PbSO_4$ 已基本还原成 PbO_2 和 Pb，这时过剩的充电电流将电解水，使正极板附近产生 O_2 从电解液中逸出，负极板附近产生 H_2 从电解液中逸出，电解液液面高度降低。因此，铅酸蓄电池充电需要定期补充蒸馏水。

蓄电池充足电的标志如下。

① 电解液中有大量气泡冒出，呈沸腾状态。

② 电解液的密度和蓄电池的端电压上升到规定值，且在 2～3h 内保持不变。

综上所述，铅酸蓄电池的充、放电化学反应方程式为

$$PbO_2 + 2H_2SO_4 + Pb \underset{充电}{\overset{放电}{\rightleftharpoons}} 2PbSO_4 + 2H_2O \qquad (2\text{-}3)$$

学习单元 2.2 蓄电池的选用

2.2.1 蓄电池的分类

蓄电池的分类

1. 免维护蓄电池

免维护蓄电池又称 MF 蓄电池。免维护是指在汽车合理使用期间，不需要对蓄电池进行加注蒸馏水、检测电解液液面高度、检测电解液密度等维护作业。

与其他铅酸蓄电池相比，免维护蓄电池具有以下特点。

（1）栅架材料采用铅钙合金，既提高了栅架的机械强度，又减少了蓄电池的耗水量和自放电量。

（2）采用袋式微孔聚氯乙烯隔板，将正极板装在隔板袋内，既可避免正极板上的活性物质脱落，又能防止极板短路。因此壳体底部不需要凸起的肋条，降低了极板组的高度，增大了极板上方的容积，使电解液储存量增多。

（3）免维护蓄电池内部安装有电解液密度计（俗称电眼或魔术眼），如图 2.18 所示，可自动显示蓄电池的充电状态和电解液液面的高低。若密度计的彩色显示窗显示绿色，则表明蓄电池充电状态良好，可正常使用；若显示深绿色或黑色，则表明蓄电池充电状态不佳，需要给蓄电池充电；若显示黄色或无色，则表明蓄电池已接近报废，需要更换。

（4）采用了新型安全通气装置和气体收集器，在孔盖内部设置了一个氧化铝过滤器，可阻止水蒸气和硫酸气体通过，同时又可以使氢气和氧气顺利逸出。通气塞中装有催化剂钯，可促使氢、氧离子重新结合成水回到蓄电池中。

2. 阀控式铅酸蓄电池

阀控式铅酸蓄电池（VRLA）是一种具有固化电解液的蓄电池，如图 2.19 所示。其单格电池密封塞无法旋出。在过充电情况下产生的氢气和氧气会在各个单格电池中再次转化为水。

在无法拆装的密封塞中具有排气减压阀，它可以在出现过压的情况下将气体定向输送到中央排气通道内，如图 2.20 所示。

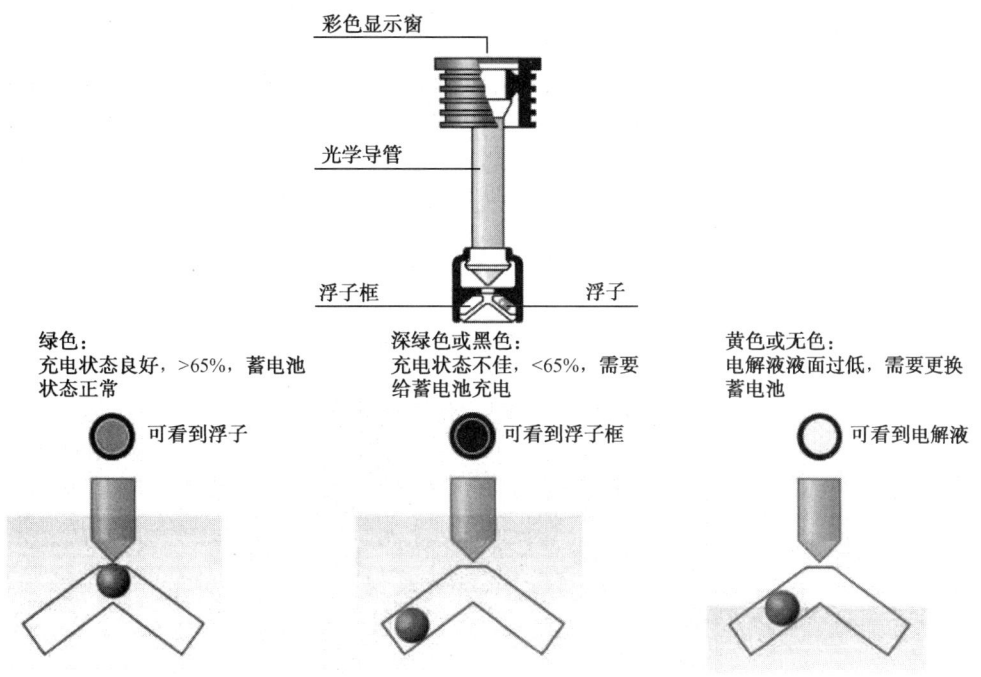

图 2.18　免维护蓄电池内的电解液密度计

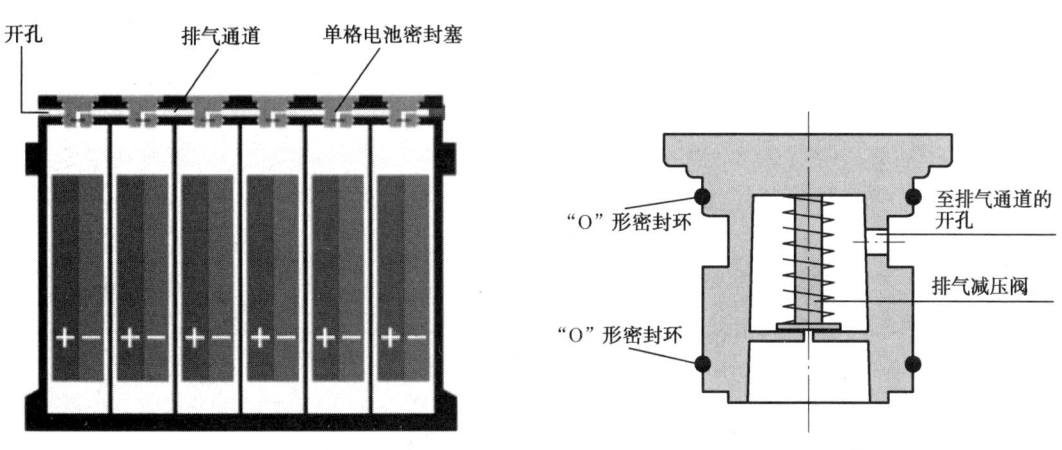

图 2.19　阀控式铅酸蓄电池　　　　　图 2.20　阀控式铅酸蓄电池的密封塞

优点：免维护，因为不需要检查和加注电解液。

缺点：在发生过充电时，过量的气体会通过排气减压阀排出；由于这部分液体无法重新得到补偿，因此可能会对蓄电池造成持续性的损坏；在充电时必须使用带 14.5V 充电电压限制装置的蓄电池充电器。

3. EFB 蓄电池

EFB 蓄电池是一种富液加强型铅酸蓄电池，如图 2.21 所示。"加强"主要体现在：在传统电池技术基础上，通过调整活性物质及电解液配方，提高电池深循环性能，同时保持较低的水损耗，提高电池使用寿命。EFB 蓄电池内部，除了极板、隔膜及其他结构部件，剩余空隙内注满电解液，电化学反应过程中电解液处于富余状态。

与普通免维护铅酸蓄电池相比，EFB 蓄电池自放电更低，使用寿命更长。免维护铅酸蓄电池一般可使用 2～3 年，而 EFB 蓄电池使用寿命可达 3～5 年。同时 EFB 蓄电池采用新工艺，低温起动电流和普通免维护电池相比有了很大的提高。

　　EFB 蓄电池与普通免维护铅酸蓄电池相比另一个特点是需要采用恒压限流充电。普通蓄电池在恒流充电末期，电池的端电压可以达到 2.6～2.8 伏/单格，在这样高的充电电压下电池内会有大量的气体产生，影响电池的使用寿命，所以 EFB 蓄电池使用恒压限流充电方法。EFB 蓄电池充电时充电电压为 16V，充电电流≤$5I_{20}$（I_{20} 为电池的额定容量除以 20 的值，如 EFB70Ah 电池的 I_{20}=3.5A），充电过程中应检测电池温度的变化，每 2 小时准确观察电池情况，如温度过高时应立即停止充电。

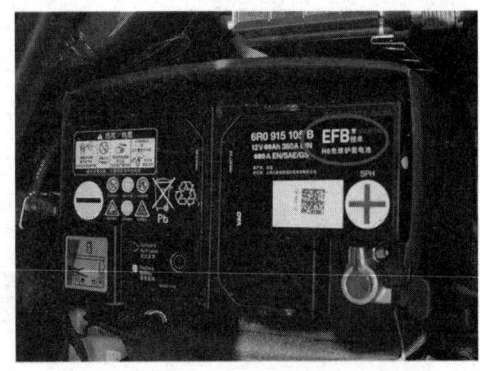

图 2.21　EFB 蓄电池

4．AGM 蓄电池

　　AGM，即吸附式玻璃纤维隔板技术。AGM 蓄电池全称为吸附式玻璃纤维隔板铅酸蓄电池，它采用超细玻璃纤维作为隔板，这种隔板吸附能力很强，非常容易浸润硫酸，AGM 蓄电池除极板内部吸有一部分电解液外，大部分电解液吸附在多孔的玻璃纤维隔板上，同时为了给正极析出的氧提供向负极的通道，保证氧气更充分地扩散到负极重新化合生成水，必须使隔板保持 10% 的孔隙不被电解液占有，即贫液式设计，极群采用紧装配的方式，以便使极板充分接触电解液。贫液式设计电池内无流动的电解液，电池可以立放工作，也可以卧放工作。采用 AGM 能够有效防止电解液分层，从而增加蓄电池深循环寿命（可以达到普通蓄电池的 3 倍）和使用寿命；同时 AGM 隔板具有更低的电阻，因此具有更好的低温性能。但是 AGM 蓄电池不耐高温，一般安装在后备厢中，如图 2.22 所示。

图 2.22　某车型后备厢内的 AGM 蓄电池

　　贫液式设计使得电池内部导热性差，充电时必须使用带有 14.5V 限压装置的智能充电设备。

　　注意：AGM 蓄电池用一块盖板封闭。单格电池密封塞和排气通道都内置在蓄电池盖板中。AGM 蓄电池不装配"魔术眼"，不需要纠正电解液液位。不允许打开 AGM 蓄电池。

同等容量下，与 EFB 蓄电池相比，AGM 蓄电池有更好的低温大电流放电性能（冷起动）、深循环寿命（充电和放电的次数）、充电接受能力、耐振性。同等容量下，AGM 蓄电池要比普通 EFB 蓄电池重，成本高 20%～50%。

相比之下，EFB 蓄电池具有成本低，适用温度范围广（可安装在发动机舱里）等特点，整体性能可满足入门级起停系统（不适用于能量回收系统）的需求。AGM 蓄电池则具有更为优秀的深循环特性，能够满足带有起停系统、能量回收系统的车辆。德系和美系车厂家主推 AGM 技术，日系车厂家主推 EFB 技术。

2.2.2 蓄电池的标准、型号及警告标识

蓄电池上标有蓄电池的型号及重要参数，以及使用注意事项及警告标示，如图 2.23 所示。

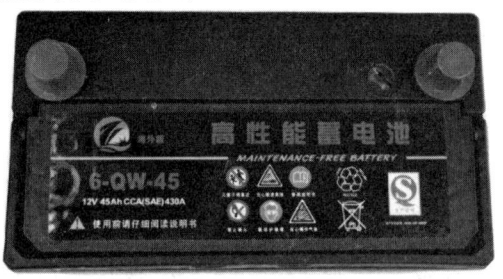

标准、型号及
警告标示

图 2.23 蓄电池标签

1. 蓄电池的标准与型号

汽车蓄电池型号是按照一定的规则来命名的，但不同国家制定的蓄电池型号命名规则各不相同。目前，在国内市场上常见的蓄电池标准主要有国家标准（GB）、行业标准、国际电池协会标准（BCI）、德国工业标准（DIN）、日本工业标准（JIS）和欧洲标准（EN）等。

（1）JB：机械行业标准

根据我国 JB/T 2599—2012《铅酸蓄电池名称、型号编制与命名办法》规定，铅酸蓄电池的型号分为三部分：

第一部分	第二部分		第三部分	
串联的单体蓄电池数	蓄电池的用途	蓄电池的结构特征	蓄电池的额定容量	蓄电池的特殊性能

各部分之间用横线隔开，蓄电池型号说明如表 2.5 所示。

表 2.5 蓄电池型号说明

第一部分	第二部分	第三部分	
串联的单体蓄电池数	蓄电池的用途	蓄电池的结构特征	蓄电池的额定容量
用阿拉伯数字表示，如 3 代表 3 个单体（额定电压 6V），6 代表 6 个单体（额定电压 12V），单体数为 1 时可省略	用大写的汉语拼音（优先）或英文字头表示，例如： Q——起动型 G——固定型 N——内燃机车用 M——摩托车用 EV——电动道路车用 DZ——电动助力车用	用大写的汉语拼音（优先）或英文字头表示，例如 M——密封式 W——免维护 A——干式荷电 H——湿式荷电 P——排气式 F——阀控式	在规定条件下测得的并由制造商宣称的电池的容量值，单位为 A·h，单位可略去不写

另外，当需要标志蓄电池所需适应的特殊使用环境时，应按照有关标准及规程的要求，在蓄电池型号末尾和有关技术文件上做明显标志。

例如，型号 6-QA-60 代表额定电压 12V、额定容量 60A·h 的干式荷电起动型铅酸蓄电池。

（2）JIS：日本工业标准

蓄电池型号由 4 部分组成：前 2 位是蓄电池的性能参数；第 3 位为蓄电池的宽度和高度代号；第 4～5 位表示蓄电池的长度；第 6 位表示正极端子的位置。

以型号 38B20L 为例，说明如下：

38 表示蓄电池容量。数字越大，表示蓄电池可以存储的电量越多。

B 表示蓄电池的宽度和高度。蓄电池的宽度和高度组合是由 8 个字母（A 到 H）中的一个表示的，字母越接近 H，蓄电池的宽度和高度值越大。B 表示宽度为 127mm 或 129mm，高度为 203mm。

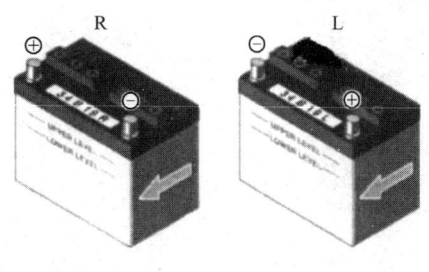

图 2.24　蓄电池正极端子位置及代号

20 表示蓄电池的长度约为 20cm。

L 表示正极端子在左端。从远离蓄电池极柱看过去，正极端子在右端的标 R，正极端子在左端的标 L，如图 2.24 所示。

（3）DIN：德国工业标准

以型号为 544 34 的蓄电池为例，说明如下：

第一位为 5 表示 12V 蓄电池额定容量在 100A·h 以下，如 544 34 表示蓄电池额定容量为 44A·h。

若第一位是 6 则表示 12V 蓄电池容量在 100A·h 与 200A·h 之间，如 610 17MF 表示蓄电池额定容量为 110A·h。

若第一位是 7 表示 12V 蓄电池额定容量在 200A·h 以上，如 700 27 蓄电池额定容量为 200 A·h。

容量后两位数字 34 为蓄电池尺寸组号。

（4）BCI：国际电池协会标准

以型号为 58 430（12V 430A 80min）的蓄电池为例，说明如下：

58 为蓄电池尺寸组号。

430 表示冷起动电流为 430A。

80min 表示蓄电池储备容量为 80min。

美国标准的蓄电池也可以这样表示：78-600，78 为蓄电池尺寸组号，600 表示冷起动电流为 600A。

2．冷起动电流

冷起动会产生对蓄电池不利的负载。冷起动时，有 3 个因素会给蓄电池带来额外的负载。

（1）发动机的机械阻力增大，因为机油在低温下变得黏稠，起动机需要获得更多的能量。

（2）低温使蓄电池内阻增大，这使蓄电池的功率明显降低。

（3）蓄电池受低温影响无法完全充电。

因此，需要关注起动性能的关键参数——冷起动电流。蓄电池的冷起动电流，简称 CCA，这是一个用来表示一只电池在特定温度下一定时间内能够提供给起动机多大电流的数据，国际电池协会把 CCA 定义为"一只全新的充满电的电池在 0℉（-17.8℃）条件下持续放电 30s，并且单格电池电压保持在 1.2V 及以上的放电电流"。即在 0℉（-17.8℃）的环境下，充满电的汽车蓄电池电压在 30s 内下降到 7.2V 时，蓄电池所能提供的最大电流。

CCA 是汽车蓄电池最重要的参数之一，它把蓄电池的起动能力与发动机的排量、压缩比、温度、起动时间、发动机和电气系统的技术状态及起动和点火的最低使用电压这些重要的变量都联系在一起了。在更换蓄电池时，新蓄电池的冷起动电流一定不能低于原蓄电池的 CCA 值。否则，即使新蓄电池电压和额定容量都满足要求，发动机也会出现起动困难，甚至无法起动的问题。在寒冷地区，在条件许可的情况下，尽可能选择冷起动电流高的蓄电池。

3. 警告标志

蓄电池上的警告标志及其对应的含义见表 2.6。

表 2.6 蓄电池上的警告标志及其对应的含义

标 志	含 义	标 志	含 义
	远离儿童：务必使儿童远离酸液和蓄电池		佩戴护目镜：操作蓄电池时必须佩戴护目镜
	腐蚀危险：蓄电池酸液具有腐蚀性，因此在操作蓄电池时要做好防护。蓄电池不可倾斜，否则酸液会从排气孔中溢出		爆炸危险：操作蓄电池时存在爆炸危险。蓄电池充电时会产生具有极强爆炸性的爆鸣混合气
	参阅说明书：务必遵守蓄电池使用手册中的提示		循环利用：报废的蓄电池中废铅、废酸和塑料壳体都可以进行再生循环利用
	禁止烟火：在操作蓄电池时严禁烟火，禁止吸烟。避免由于操作电缆、电气设备和静电产生火花。还要避免发生短路，因此不得将工具放在蓄电池上		废弃处理：不可将废旧蓄电池与生活垃圾一同进行废弃处理，2019 年 4 月，国家市场监督管理总局、国家标准化管理委员会联合发布 GB/T 37281—2019《废铅酸蓄电池回收技术规范》，规定了废铅酸蓄电池的收集、贮存、运输、转移过程的处理方法及管理措施

2.2.3 蓄电池容量及影响因素

蓄电池的容量是蓄电池的主要性能参数，标志着蓄电池的对外供电能力。蓄电池的容量是指在放电允许的范围内，蓄电池输出的电量，即容量 C 等于放电电流 I_f 与放电时间 t_f 的乘积：

蓄电池的技术参数

蓄电池容量的影响因素

$$C = I_f \cdot t_f \tag{2-4}$$

1. 额定容量

额定容量是指在规定条件下测得的并由制造商宣称的电池的容量值，是检验蓄电池质量的重要指标之一。根据国标 GB/T 5008.1—2013《起动用铅酸蓄电池 第 1 部分：技术条件和试验方法》规定，将充满电的新蓄电池在电解液温度为 25℃±2℃ 的条件下，以 20h 放电率的放电电流（即 $0.05C_{20}$ A）连续放电至单体电池平均电压降到 1.75V 时，输出的电量称为蓄电池的额定容量，用 C_{20} 表示，单位为 A·h。

如 3-Q-90 型蓄电池以 4.5A（$0.05C_{20}=0.05×90=4.5$A）的电流连续放电至单体电池平均电压降到 1.75V 时，若放电时间大于或等于 20h，则其容量 $C=I_f \cdot t_f \geq 90$A·h，达到了额定容量，为合格产品；若放电时间小于 20h，则其容量低于额定容量，为不合格产品。

2．储备容量

根据国标 GB/T 5008.1—2013《起动用铅酸蓄电池 第1部分：技术条件和试验方法》规定，蓄电池在 25℃±2℃ 的条件下，以 25A 恒流放电至单体电池平均电压降到 1.75V 时的放电时间称为蓄电池的储备容量，单位为 min。

储备容量表达了在汽车充电系统失效时蓄电池能为照明和点火系统等用电设备提供 25A 恒流的能力。

3．起动容量

起动容量表征了铅酸蓄电池在发动机起动时的供电能力，是检验蓄电池质量的重要指标之一。起动容量受温度影响很大，故又分为低温起动容量和常温起动容量两种。

（1）低温起动容量：电解液在 -18℃ 时，以 3 倍额定容量的电流持续放电至单格电压下降至 1V 时所放出的电量。持续时间应在 2.5min 以上。

（2）常温起动容量：电解液在 30℃ 时，以 3 倍额定容量的电流持续放电至单格电压下降至 1.5V 时所放出的电量。持续时间应在 5min 以上。

4．影响蓄电池容量的因素

影响蓄电池容量的因素有结构因素和使用因素两个方面。

从结构来看，蓄电池极板的表面积（指活性物质的真实表面积）越大，极板片数越多，参加反应的活性物质就越多，容量就越大。另外，极板越薄，活性物质的多孔性越好，则电解液向极板内部的渗透越容易，活性物质利用率就越高，输出容量也就越大。

从额定容量的定义来看，影响蓄电池输出容量的使用因素有放电电流、电解液温度、电解液密度等。

（1）放电电流。放电电流越大，蓄电池的容量就越小。6-Q-135 型蓄电池容量与放电电流的关系如图 2.25 所示，6-Q-135 型蓄电池以 6.75A 的电流放电可输出容量 135A·h；而以 400A 的电流放电时，只能输出 33.3A·h 的容量。

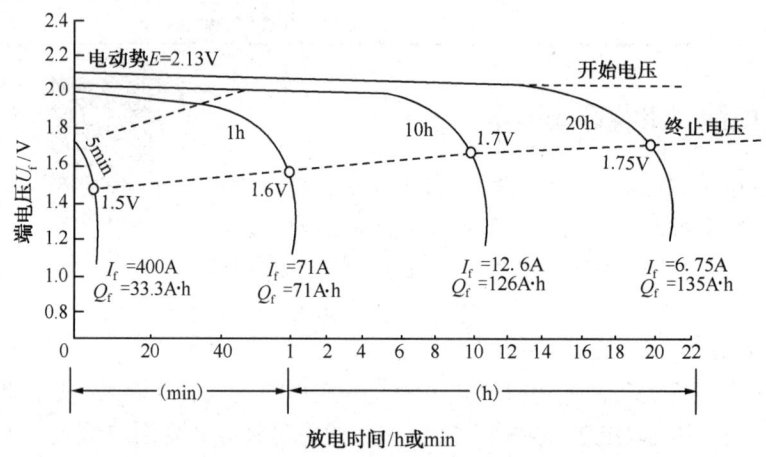

图 2.25　6-Q-135 型蓄电池容量与放电电流的关系

放电时，正、负极板上的 PbO_2 和 Pb 逐渐转变成 $PbSO_4$，$PbSO_4$ 的体积比 PbO_2 和 Pb 大，它将逐渐堵塞极板孔隙，阻碍电解液向极板内部渗透。当放电电流增大时，化学反应速度加快，$PbSO_4$ 堵塞孔隙的速度也加快，孔隙中电解液密度迅速下降，导致极板内层大量的活性物质不能参与反应，蓄电池的实际输出容量减小。同时，电解液密度迅速下降，导致蓄电池的端电压也迅速下降，所以缩短了放电时间。因此，在实际使用中必须严格控制起动时间，每次起动的时间不应超过 5s，且连续两次起动之间的时间间隔不应少于 15s。

（2）电解液温度。在放电电流一定的条件下，温度降低则容量减小。电解液温度与容量的关系如图 2.26 所示。当温度降低时，电解液的黏度增加，渗入极板困难，同时内阻增大，使蓄电池端电压降低，容量减小。由于温度对蓄电池容量和端电压影响很大，所以在寒冷地区的冬季应当对蓄电池采取保温措施。

（3）电解液密度。适当提高电解液的密度，可加快电解液的渗透速度，提高蓄电池的电动势和容量。但电解液密度过大又将导致黏度增加，内阻增大，反而使蓄电池容量降低。

实践证明，电解液密度偏低有利于提高放电电流和容量，延长蓄电池的使用寿命。冬季在电解液不结冰的前提下，应尽可能采用稍低的电解液密度。

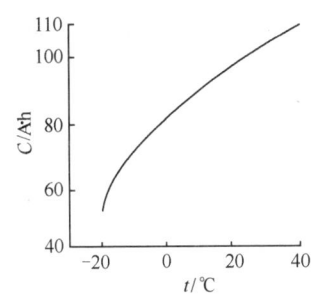

图 2.26　电解液温度与容量的关系

选用要素及起停系统对蓄电池的要求

2.2.4　蓄电池选用

1．蓄电池选用的核心要素

为保证蓄电池的安全并达到最长使用寿命，选用蓄电池应注意以下要素。

（1）生产日期：所有蓄电池产品都在其中盖或其他位置打印有生产日期，生产、存放时间过长的不要选用。

（2）选择尺寸和电压等级与原车配置相同的蓄电池。

（3）选择性能、等级相同或更高的蓄电池。不建议选择性能、等级低于原车配置的蓄电池。一般情况下，冷起动电流（CCA）和额定容量（C_{20}）的数值越高越好。

（4）是否需要支持起停系统或制动能量回馈功能。

2．起停系统对蓄电池的要求

起停系统就是在车辆行驶过程中临时停车（如等红灯）时，发动机自动熄火，当需要继续前进时，自动重起发动机的一套系统。如图 2.27 所示，起停车辆和一般车辆在实际运行中蓄电池的工作状态不同。

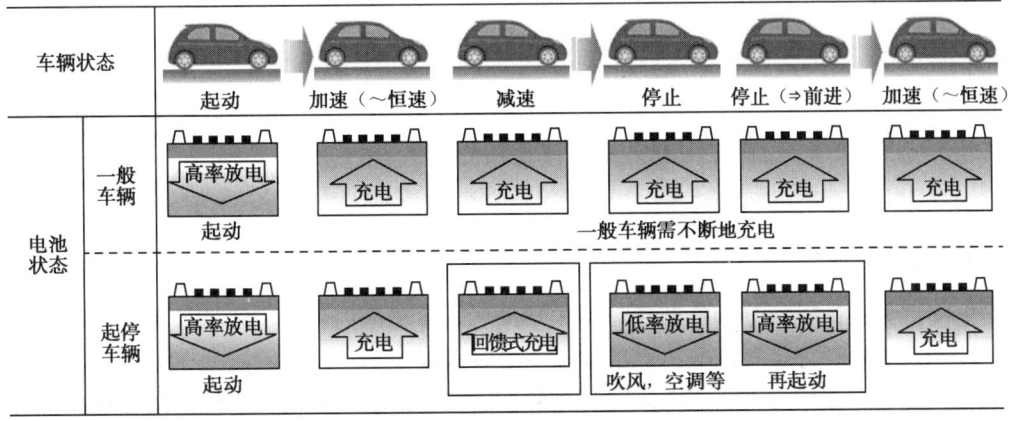

图 2.27　起停车辆和一般车辆在实际运行中蓄电池的工作状态对比

在车辆实际运行工况下，传统起动用铅酸蓄电池与起停用铅酸蓄电池的充放电特征差异较大，如图 2.28 和图 2.29 所示。

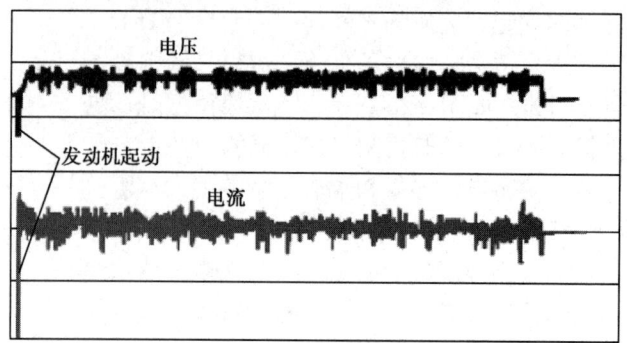

图 2.28　传统起动用铅酸蓄电池的充放电特征

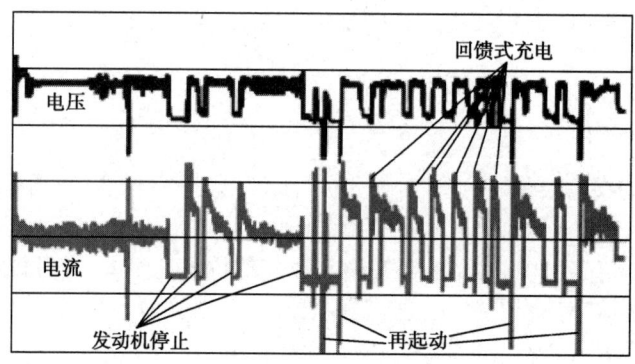

图 2.29　起停用铅酸蓄电池的充放电特征

　　传统起动用铅酸蓄电池在车辆起动后基本处于充电状态，而起停用铅酸蓄电池需经历频繁的起动、发动机熄火下的整车电力供应及瞬时的能量回馈等工况，因此起停用铅酸蓄电池的主要性能要求如下：能承受频繁的大电流放电，支持发动机频繁快速重起；有优良的低温（−18℃、−29℃或更低）起动能力；可以频繁地充放电，具备更强的瞬时充电接受能力；有更好的深循环性能；有更好的热稳定性；电解液损耗低。

　　当前，已广泛应用在汽车上的起停电池主要分为富液加强型（EFB）铅酸蓄电池和吸附式玻璃纤维隔板（AGM）铅酸蓄电池两种。它们的循环寿命分别比传统汽车起动用铅酸蓄电池高2 倍和 4 倍以上。

学习单元 2.3　蓄电池技术状态的检测

蓄电池的状
态检测

2.3.1　蓄电池常见的故障

　　蓄电池常见的故障可分为外部故障和内部故障。蓄电池的外部故障有外壳裂纹、封口胶干裂、极柱腐蚀或松动等。蓄电池的内部故障主要有极板硫化、活性物质脱落、极板栅架腐蚀、极板短路、自放电、单格电池极性颠倒等。各种内部故障的故障特征、故障原因和排除方法如表 2.7 所示。

表 2.7　各种内部故障的故障特征、故障原因和排除方法

名　称	项　目	说　明
极板硫化	故障特征	蓄电池极板上生成一层白色粗晶粒的 $PbSO_4$，在正常充电时不能转化为 PbO_2 和 Pb 的现象称为"硫酸铅硬化"，简称"硫化"。 （1）硫化的电池放电时，电压急剧降低，过早降至终止电压，蓄电池容量减小。 （2）蓄电池充电时单格电池电压上升快，电解液温度迅速升高，但密度增加缓慢，过早产生气泡，甚至一充电就有气泡产生
	故障原因	（1）蓄电池长期充电不足或放电后没有及时充电，导致极板上的 $PbSO_4$ 有一部分溶解于电解液中，环境温度越高，溶解度越大；当环境温度降低时，溶解度减小，溶解的 $PbSO_4$ 就会重新析出，在极板上再次结晶，形成硫化。 （2）蓄电池电解液液面过低，使极板上部与空气接触而被氧化，在汽车行驶过程中，电解液上下波动，与极板的氧化部分接触，会生成大晶粒 $PbSO_4$ 硬化层，使极板上部硫化。 （3）长期过量放电或小电流深度放电，使极板深处活性物质的孔隙内生成 $PbSO_4$，平时充电不易恢复。 （4）新蓄电池初充电不彻底，活性物质未得到充分还原。 （5）电解液密度过高、成分不纯，外部气温变化剧烈
	排除方法	轻度硫化的蓄电池可用小电流长时间充电的方法予以排除，硫化较严重的采用去硫化充电方法消除，硫化特别严重的应报废
活性物质脱落	故障特征	正极板上的活性物质 PbO_2 的脱落使蓄电池容量减小，充电时从加液孔中可看到褐色物质，电解液浑浊
	故障原因	（1）蓄电池充电电流过大，电解液温度过高，使活性物质膨胀、松软而易于脱落。 （2）蓄电池经常过充电，极板孔隙中逸出大量气体，在极板孔隙中造成压力，使活性物质脱落。 （3）经常低温大电流放电使极板弯曲变形，导致活性物质脱落。 （4）汽车行驶中的颠簸振动
	排除方法	若沉积物较少，可清除后继续使用；若沉积物较多，应更换新极板和电解液
极板栅架腐蚀	故障特征	正极板栅架腐蚀，极板呈腐烂状态，活性物质以块状堆积在隔板之间，蓄电池输出容量降低
	故障原因	（1）蓄电池经常过充电，正极板处产生的 O_2 使栅架氧化。 （2）电解液密度、温度过高，充电时间过长，会加速极板腐蚀。 （3）电解液不纯
	排除方法	（1）腐蚀较轻的蓄电池，电解液中如果有杂质，应倒出电解液，并反复用蒸馏水清洗，然后加入新的电解液，充电后即可使用。 （2）腐蚀较严重的蓄电池，如果是电解液密度过高，可将其调整到规定值，在不充电的情况下继续使用。 （3）腐蚀严重的蓄电池，如栅架断裂、活性物质成块脱落等，则需更换极板
极板短路	故障特征	蓄电池正、负极板直接接触或被其他导电物质搭接称为极板短路。极板短路的蓄电池充电时充电电压很低或为零，电解液温度迅速升高，密度上升很慢，充电末期气泡很少
	故障原因	（1）隔板破损使正、负极板直接接触。 （2）活性物质大量脱落，沉积后使正、负极板连通。 （3）极板组弯曲。 （4）导电物体落入池内
	排除方法	出现极板短路时，必须将蓄电池拆开检查，更换破损的隔板，消除沉积的活性物质，校正或更换弯曲的极板组等

名　称	项　目	说　明
自放电	故障特征	蓄电池在无负载的状态下，电量自动消失的现象称为自放电。如果充足电的蓄电池在 30 天之内每昼夜容量降低超过 2%，称为故障性自放电
	故障原因	（1）电解液不纯，杂质与极板之间及沉附于极板上的不同杂质之间形成电位差，通过电解液产生局部放电。 （2）蓄电池长期存放，硫酸下沉，使极板上、下部产生电位差引起自放电。 （3）蓄电池溢出的电解液堆积在电池盖的表面，使正、负极柱间形成通路。 （4）极板活性物质脱落，下部沉积物过多使极板短路
	排除方法	自放电较轻的，可将其正常放电后倒出电解液，用蒸馏水反复清洗干净，再加入新电解液，充足电后即可使用；自放电较为严重的，应将蓄电池完全放电，倒出电解液，取出极板组，抽出隔板，用蒸馏水冲洗后重新组装，加入新的电解液重新充电后使用
单格电池极性颠倒	故障特征	单格电池原来的正极板变成负极板，负极板变成正极板。此时，蓄电池电压迅速下降，不能继续使用
	故障原因	没有及时发现有故障的单格电池（如极板短路、活性物质脱落等），当蓄电池放电时，该单格电池由于容量小，首先放电至零，再继续放电时，其他单格电池的放电电流对它进行充电，使其极性颠倒
	排除方法	对极性颠倒的单格电池，应更换新极板

2.3.2　蓄电池的技术状态检测

1. 外部检查

（1）外壳。检查蓄电池封胶有无开裂或损坏，极柱有无破损，壳体有无泄漏，如有破损或泄漏应及时修理或更换。酸液具有腐蚀性，会严重破坏车体和车内零件。受到酸液侵蚀的汽车部件应立即以肥皂溶液清洗或更换。

（2）蓄电池极柱和极柱接线夹。当蓄电池极柱及极柱接线夹受到任何破坏时，蓄电池极柱上的正常触点会受到损害。不正确地安装或拧紧极柱接线夹，可能引起导线着火。若有脏污，应用钢丝刷或极柱接头清洗器清洁极柱和极柱接线夹上的氧化物。

（3）通气孔。在通气孔均被封的情况下，蓄电池在压力的作用下会发生爆炸。因此，必须确保通气孔畅通。

（4）蓄电池锁紧点。如果蓄电池锁紧点受到损坏，蓄电池的使用寿命会因为振动而大大缩短，最终导致栅格的损坏，蓄电池有发生爆炸的危险。蓄电池的固定夹板有可能引起蓄电池外壳损坏。发生碰撞时，松动的蓄电池会影响车辆的安全性，所以必须检测底板上的蓄电池固定夹板是否处在正确位置，若有必要，请使用适配器。要以规定的拧紧力矩拧紧螺栓。

2. 检测蓄电池电解液液面高度

（1）玻璃管测量法，如图 2.30 所示。将内径为 3～5mm 的玻璃管从加液孔垂直插入蓄电池内，直到与保护网或隔板上边缘接触，用大拇指按紧玻璃管管口，提起玻璃管，测得玻璃管内的液面高度，即为蓄电池电解液液面高度。标准值为 10～15mm，液面过低时应加入蒸馏水使之符合标准。

（2）观察液面高度指示线法，如图 2.31 所示。使用透明塑料外壳的蓄电池，在外壳表面刻上两条高度指示线。正常液面高度应在两线之间，液面过低时应加入蒸馏水进行补充。

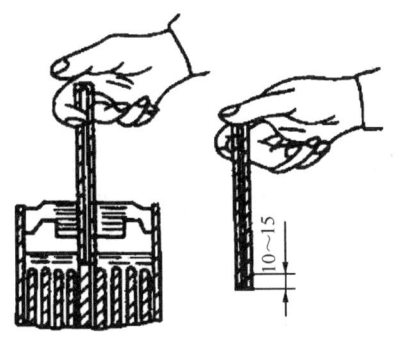

图 2.30 玻璃管测量法

图 2.31 观察液面高度指示线法

3. 检测蓄电池电解液密度

电解液密度的大小是判断蓄电池容量的重要标志。测量蓄电池电解液密度时，蓄电池应处于稳定状态。蓄电池充、放电或加注蒸馏水后，应静置半小时后再测量。

（1）用吸式密度计测量电解液密度，如图 2.32 所示。

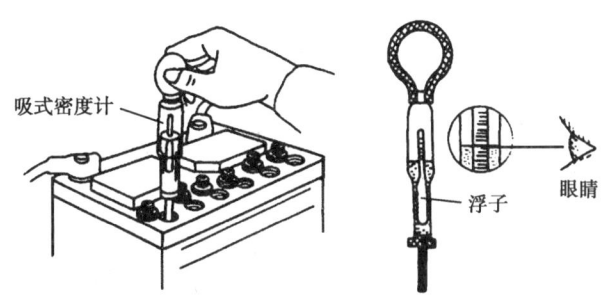

图 2.32 测量蓄电池电解液密度

首先，捏住吸式密度计的橡皮球，将密度计下端的吸管插入单格电池的加液孔内，慢慢放开橡皮球，使电解液吸入到玻璃管中，吸入的电解液的量以能使密度计浮子浮起而不会顶住为宜。接下来，使密度计的浮子浮在玻璃管中央（不要与管壁接触），读出电解液密度值。要求读数时密度计刻度线与眼睛保持平齐，测得的密度值应用标准温度（+25℃）予以校正（同时测量电解液温度）。不同温度条件下电解液密度修正值如表 2.8 所示。

表 2.8 不同温度条件下电解液密度修正值

电解液温度/℃	密度修正值/g·cm⁻³	电解液温度/℃	密度修正值/g·cm⁻³	电解液温度/℃	密度修正值/g·cm⁻³
+40	+0.0113	+10	−0.0113	−20	−0.0337
+35	+0.0075	+5	−0.0150	−25	−0.0375
+30	+0.0037	0	−0.0188	−30	−0.0412
+25	0	−5	−0.0255	−35	−0.0450
+20	−0.0037	−10	−0.0263	−40	−0.0488
+15	−0.0075	−15	−0.0300	−45	−0.0525

通过对各个单格电池电解液密度的测量，可以确定蓄电池是否失效。如果单格电池之间的密度相差 0.05g/cm³，则该电池失效。当所有的单格电池具有相同的密度时，即使密度偏低，通常该电池也可以通过补充充电后得到再生。

（2）放电程度的判断。电解液密度与放电程度的关系是：密度每下降 0.01g/cm³ 相当于蓄电池放电 6%，当判定蓄电池在夏季放电超过 50%、冬季放电超过 25% 时不宜继续使用，应及时进行补充充电，否则会使蓄电池过早损坏。

4．蓄电池静态电压的测量

静态电压是指蓄电池在未连接负载或接线端开路时的稳定电压。测量蓄电池静态电压时，蓄电池应处于稳定状态，蓄电池充、放电或加注蒸馏水后，应静置半小时后再测量。蓄电池开路电压可用万用表的电压挡测量，将万用表的正、负表笔分别与蓄电池的正、负极相接即可。

蓄电池端电压可以反映蓄电池的充电程度，其充电状态与电压的关系如表 2.9 所示。

表 2.9　蓄电池充电状态与电压的关系

充电状态/%	100	75	50	25	0
蓄电池电压	12.6V 以上、15V 以下	12.4V	12.2V	12V	11.9V 以下

5．负荷试验检测

负荷试验要求被测蓄电池至少充电 75% 以上，若电解液密度低于 $1.22g/cm^3$，用万用表测得静止电动势小于 12.4V，应先充足电再做测试。

（1）使用高率放电计检测。高率放电计的结构如图 2.33 所示。

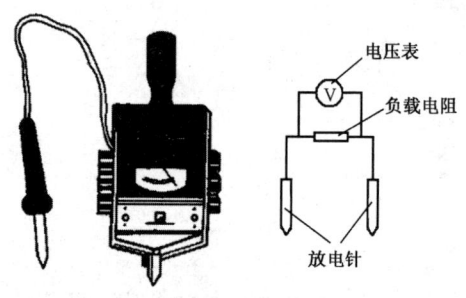

图 2.33　高率放电计的结构

高率放电计是用于模拟起动机工作状态，检测蓄电池容量的仪表。它由一只电压表和一个负载电阻组成。由于在检测时，蓄电池对负载电阻的放电电流可达 100A 以上，所以能比较准确地判定蓄电池的容量和基本性能，它是目前普遍使用的检测仪表。以检测 12V 蓄电池为例，使用方法如下。

将高率放电计的正、负放电针分别接在蓄电池的正、负极柱上，保持 15s，若电压保持在 9.6V 以上，则说明蓄电池性能良好；若稳定在 11.6～10.6V，则说明电量充足；若电压迅速下降，则说明蓄电池已经损坏。

注意：此项测量不能连续进行，必须间隔 1min 后才可以再次检测，以防止蓄电池损坏。

（2）随车起动测试。在起动系统正常的情况下，以起动机作为试验负荷。拔下分电器中央高压线并搭铁，将万用表置于电压挡，红、黑表笔分别接在蓄电池正、负极柱上，接通起动机 15s，读取电压表读数，对于 12V 蓄电池，应不低于 9.6V。

学习单元 2.4　蓄电池的充电

2.4.1　蓄电池的充电设备

蓄电池是直流电源，所以必须用直流电源对其充电。充电时，充电电源的正极接蓄电池的正极，充电电源的负极接蓄电池的负极。

汽车上的充电设备是由发动机驱动的交流发电机。充电室多采用硅整流充电机、晶闸管整流充电机和智能充电机等，博世公司的 BML 2415 充电机如图 2.34 所示。

图 2.34 博世公司的 BML 2415 充电机

2.4.2 蓄电池的充电方法

蓄电池的充电方法主要有恒压充电、恒流充电和脉冲快速充电三种。

1. 恒压充电

恒压充电是指充电过程中充电电源电压保持恒定的方法。在汽车上，蓄电池采用的就是这种充电方法。恒压充电接线方法如图 2.35 所示，恒压充电特性曲线如图 2.36 所示。

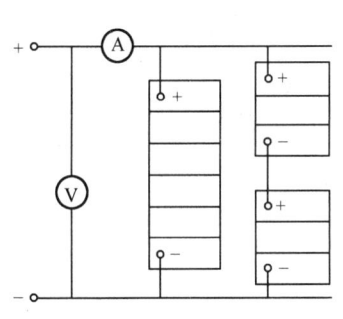

图 2.35 恒压充电接线方法

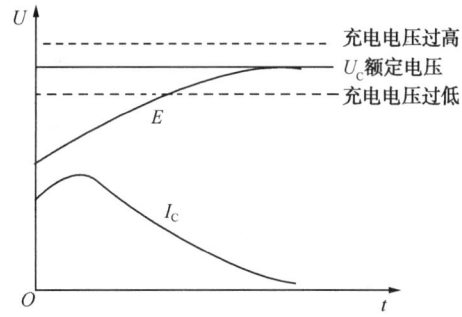

图 2.36 恒压充电特性曲线

恒压充电时，$I_C = (U-E)/R$，R 为电池阻值，基本不变。随着蓄电池电动势 E 的增加，充电电流 I_C 逐渐减小。如果适当调节充电电压 U，则在充满电时充电电流为零，这就是充电终了。

恒压充电时，被充蓄电池与充电电源并联连接，每条支路上单格电池的数目均应相等，同时还要选择合适的充电电压。若充电电压过高，将导致过充电，极板弯曲，活性物质脱落，温升过高；若充电电压过低，将导致蓄电池不能充足电。一般单格电池充电电压选 2.5V。

在恒压充电初期，充电电流较大，4～5h 即可达到额定容量的 90%～95%，因此充电时间较短，而且不需要调整充电电流，适用于补充充电。由于充电电流不可调节，所以不适用于初充电和去硫化充电。

2. 恒流充电

恒流充电是指充电过程中充电电流保持恒定的方法，广泛用于初充电、补充充电和去硫化充电等。恒流充电接线方法如图 2.37 所示，恒流充电特性曲线如图 2.38 所示。

恒流充电时，被充蓄电池采用串联连接。每个单格电池充足电需 2.7V，故串联的单格电池的数目=充电机的额定电压/2.7。充电电流应按小容量的蓄电池选择，待其充足后应及时摘出，再继续给大容量电池充电。

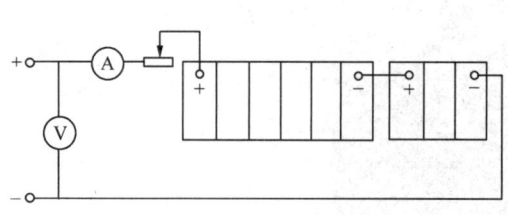

图 2.37 恒流充电接线方法

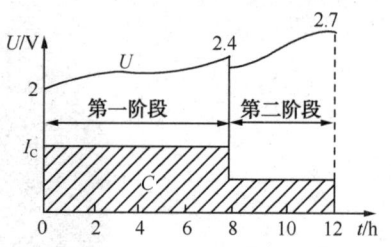

图 2.38 恒流充电特性曲线

为缩短充电时间，充电过程通常分为两个阶段，其充电特性曲线如图 2.38 所示。第一阶段采用较大的充电电流，使蓄电池的容量迅速恢复，当蓄电池电量基本充足，单格电池电压达到 2.4V，开始电解水产生气泡时，转入第二阶段，将充电电流减小一半，直到电解液密度和蓄电池端电压达到最大值且在 2～3h 内不再上升，蓄电池内部剧烈冒出气泡。

恒流充电的适应性强，可任意选择和调整充电电流的大小，有利于保持蓄电池的技术性能和延长使用寿命，其缺点是充电时间长，要经常调节充电电流。

3．脉冲快速充电

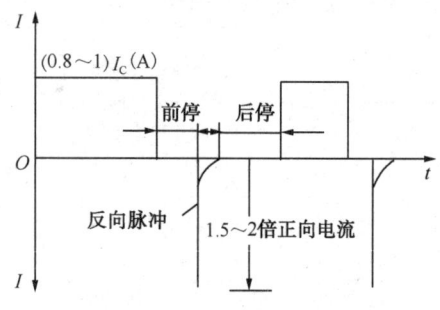

图 2.39 脉冲快速充电电流波形

脉冲快速充电必须用脉冲快速充电机进行，其充电电流波形如图 2.39 所示。

脉冲快速充电的过程是：用(0.8～1)额定容量的大电流进行恒流充电，使蓄电池在短时间内充至额定容量的 50%～60%；当单格电池电压升至 2.4V，开始冒气泡时，由充电机的控制电路自动控制，开始脉冲快速充电；首先停止充电 25ms（称为前停充），然后放电或反向充电，使蓄电池反向通过一个较大的脉冲电流（脉冲深度一般为充电电流的 1.5～3 倍，脉冲宽度为 150～1000s），再停止充电 40ms（称为后停充），以后的过程为正脉冲充电→前停充→负脉冲瞬间放电→后停充→正脉冲充电……循环进行，直至充足电。

脉冲快速充电的优点是可大大缩短充电时间（新蓄电池充电仅需 5h，补充充电需 1h）。缺点是对蓄电池的寿命有一定的影响，并且脉冲快速充电机结构复杂、价格昂贵，适用于电池集中、充电频繁、要求应急的场合。

2.4.3 蓄电池的充电种类

蓄电池充电种类如下。

1．初充电

初充电是指对新蓄电池或更换极板后的蓄电池进行的第一次充电。其操作步骤如下。

（1）按蓄电池制造厂的规定和本地区的气温条件，加注一定密度的电解液（加注前，电解液温度不得超过 30℃），放置 4～6h，浸透极板，并调整液面高度至规定值。

（2）将蓄电池的正、负极分别与充电机的正、负极相连。

（3）采用两阶段恒流充电法充电时，第一阶段充电电流为额定容量的 1/15，待电解液中有气泡冒出、单格电池电压达 2.4V 时转入第二阶段，将充电电流减小一半，直至蓄电池充足电。

充电过程中应注意测量电解液的温度，当温度超过 40℃时应将电流减半，如温度继续上升达 45℃时应停止充电，待冷却至 35℃以下时再充电。

（4）充好电的蓄电池应检查电解液的密度，如不符合规定，应用蒸馏水或密度为 $1.4g/cm^3$ 的稀硫酸进行调整，并调整液面高度至规定值。调整后再充电 2h，直到电解液密度符合规定。

铅酸蓄电池的充电规范如表 2.10 所示。

表 2.10　铅酸蓄电池的充电规范

蓄电池型号	额定容量 $C_{20}/A \cdot h$	额定电压/V	初　充　电				补　充　充　电			
			第　一　阶　段		第　二　阶　段		第　一　阶　段		第　二　阶　段	
			电流/A	时间/h	电流/A	时间/h	电流/A	时间/h	电流/A	时间/h
3-Q-75	75	6	5	30~40	2.5	25~30	7.5	10~12	3.75	3~5
3-Q-90	90	6	6	30~40	3	25~30	9	10~12	4.5	3~5
3-Q-105	105	6	7	30~40	3.5	25~30	10.5	10~12	5.25	3~5
6-Q-60	60	12	4	30~40	2	25~30	6	10~12	3	3~5
6-Q-75	75	12	5	30~40	2.5	25~30	7.5	10~12	3.75	3~5
6-Q-90	90	12	6	30~40	3	25~30	9	10~12	4.5	3~5

2．补充充电

补充充电是指对使用中的蓄电池在无故障的前提下，为保持或恢复其额定容量而进行的正常的保养性充电。汽车用蓄电池一般应每隔 1~2 个月从车上拆下来进行一次补充充电。

使用中如发现下列现象之一，必须及时进行补充充电。

（1）电解液的密度降至 $1.15g/cm^3$ 以下。

（2）冬季放电量超过 25%，夏季超过 50%。

（3）前照灯灯光比平时暗淡，起动无力。

（4）单格电池电压降到 1.70V 以下。

补充充电可采用恒压充电法充电或两阶段恒流充电法充电。汽车上蓄电池采用恒压充电法充电，充电室多采用两阶段恒流充电法充电。

采用两阶段恒流充电法进行补充充电时，应先用 $C_{20}/10$ 的电流进行充电，当单格电池电压达到 2.4V 时，改用 $C_{20}/20$ 的电流充电至充足为止。

3．间歇过充电

间歇过充电是为了避免使用中的铅酸蓄电池极板硫化而进行的一种预防性充电，汽车用铅酸蓄电池应每隔三个月进行一次间歇过充电。

充电方法是：先按补充充电的方法将蓄电池充足电，停歇 1h 后再以减半的充电电流进行过充电至沸腾，再停歇 1h 后重新接入充电，如此反复，到蓄电池刚接入充电时立即沸腾为止。

4．循环锻炼充电

循环锻炼充电是为防止铅酸蓄电池极板钝化而进行的保养性充电。铅酸蓄电池使用中常处于部分放电的状况，参加化学反应的活性物质有限，为避免活性物质长期不工作而收缩，应每隔三个月进行一次循环锻炼充电。

充电方法是：先按照补充充电或间歇过充电方法将铅酸蓄电池充足电，再用 20h 放电率的电流连续放电至单格电池电压降到 1.75V 为止，其容量降低量不得大于额定容量的 10%，否则应进行充、放电循环，直至容量达到额定容量的 90% 方可使用。

5．去硫化充电

去硫化充电是为消除铅酸蓄电池极板轻度硫化而进行的一种排故性充电。充电方法和步骤如下。

（1）将铅酸蓄电池按 20h 放电率，放电至单格电池电压降至 1.75V 为止。

（2）倒出电解液，用蒸馏水反复冲洗几次，然后加入蒸馏水至规定的液面高度，用初充电第二阶段充电电流进行充电，当电解液密度增大到 $1.15g/cm^3$ 时再将电解液倒出，加入蒸馏水，继续充电，反复多次，到电解液密度不再上升为止。

（3）换用正常密度的电解液，按初充电方法将蓄电池充足电。

（4）用 20h 放电率放电，检查容量，若其输出容量达到额定容量的 80% 以上，则可装车使用，若达不到，应更换蓄电池或进行修理。

2.4.4　蓄电池充电操作

1．车辆蓄电池充电注意事项

蓄电池的充电

（1）当蓄电池闲置 24h 后（有足够的时间使每个电池中的酸达到平衡），可以通过测试其电压确定蓄电池的充电状态，如果蓄电池充电状态低于 50%，则必须重新充电。充电操作区应通风良好。

（2）不要对冰冻的蓄电池进行充电。

（3）AGM 蓄电池内部采用超细玻璃纤维隔板技术，过高的充电电压或快速充电模式容易导致内部隔板损坏，所以需要使用厂家推荐的专用充电器给 AGM 蓄电池充电。

（4）连接或断开蓄电池电缆、蓄电池充电器或跨接线时，请务必关闭点火开关。否则，会损坏发动机控制模块/泵控制模块或其他电气元件。

2．充电步骤

（1）关闭蓄电池充电器。

（2）确保所有蓄电池端子清洁且连接紧固。

（3）将充电器正极引线连接至蓄电池正极端子或连接至发动机舱盖下分置式跨接器双头螺栓，将充电器负极引线连接至发动机舱内的发动机搭铁或者搭铁柱，发动机搭铁和搭铁柱直接连接至蓄电池负极端子，但是远离蓄电池。提醒：不要将充电器的负极引线连接至车辆其他电气附件或装置的外壳上，蓄电池充电器可能会损坏这些装置。

（4）接通充电器并且设置正常充电的最高值。

（5）打开蓄电池充电器后每半小时检查一次蓄电池，触摸蓄电池侧面，估计蓄电池的温度，如果触摸起来感觉过热或者其温度超过 45℃，中断充电使蓄电池冷却后再继续充电，直到充电器显示蓄电池充满。

（6）充电后，对蓄电池进行测试。

学习单元 2.5　蓄电池的正确使用与维护

蓄电池的正确
使用与维护

2.5.1　蓄电池的储存

1．新蓄电池的储存

未启用的新蓄电池，其加液孔盖上的通气孔均已封闭，不要捅破。储存方法和储存时间均应以出厂说明为准。

保管新蓄电池时应注意以下几点。

① 应存放在室温为 5～30℃，干燥、清洁及通风的地方。

② 不要受阳光直射，离热源（暖气片、火炉）距离不小于 2m。

③ 避免与任何液体和有害气体接触。

④ 不得倒置或卧放，不得叠放，不得承受重压，蓄电池之间应相距 10cm 以上。

⑤ 新蓄电池的存放时间不得超过两年（自出厂之日算起）。

2. 暂时不用的铅酸蓄电池的储存

对暂时不用的铅酸蓄电池，可采用湿储存方法，即先将蓄电池充足电，再将电解液密度调至 $1.24\sim1.28g/cm^3$，液面调至规定高度，然后将加液孔盖上的通气孔密封好。存放条件与新蓄电池相同，存放期不得超过半年，期间应定期检查，如容量降低 25%，应立即补充充电，交付使用前也应先充足电。

3. 长期停用的铅酸蓄电池的储存

停用期长（超过 1 年）的铅酸蓄电池，应采用干储存方法，即先将充足电的铅酸蓄电池以 20h 放电率放完电，然后倒出电解液，用蒸馏水反复冲洗多次，直到水中无酸性，晾干后旋紧加液孔盖，并将通气孔密封后储存，存放条件与新蓄电池相同。重新启用时，以新蓄电池对待。

2.5.2　启用新蓄电池

启用普通铅酸蓄电池时，首先擦净外表面，旋开加液孔盖，疏通通气孔，注入新电解液，静置 4～6h 后，调节液面高度到规定值，按初充电规范进行充电后即可使用。

干式荷电铅酸蓄电池在规定存放期（一般为两年）内，启用时可直接加入规定密度的电解液，静置 20～30min 后，校准液面高度即可。若超期存放或保管不当损失部分容量，应在加注电解液后经补充充电方可使用。

2.5.3　蓄电池的更换

（1）拆装、移动蓄电池时，应轻搬轻放，严禁在地上拖拽。

蓄电池的更换

（2）安装前应检查待用蓄电池型号是否和本车型相符，电解液密度和高度是否符合规定。

（3）安装时必须将蓄电池固定在托架上，塞好防振垫，以免汽车行驶时蓄电池在框架中振动。

（4）极柱上应涂上凡士林或润滑油，以防腐防锈。极柱卡子应紧固，与极柱之间要接触良好。

（5）蓄电池搭铁极性必须与发电机一致，不得接错。

（6）接线时先接正极后接负极，拆线时相反，以防金属工具搭铁，造成蓄电池短路。

2.5.4　蓄电池的维护

（1）保持蓄电池外表面的清洁干燥，及时清除极柱和电缆卡子上的氧化物，并确定蓄电池极柱上的电缆连接牢固。

清洗蓄电池时，最好从车上拆下蓄电池，用苏打水溶液（碳酸氢钠水溶液）冲洗整个壳体，如图 2.40 所示，然后用清水冲洗蓄电池并用纸巾擦干。对蓄电池托架，可先用腻子刀刮净厚腐蚀物，然后用苏打水溶液清洗托架，如图 2.41 所示，之后用水冲洗并干燥。托架干燥后，涂上防腐漆。

对极柱和电缆卡子，可先用苏打水溶液清洗，再用专用清洁工具清洁，如图 2.42 所示。清洗后，在电缆卡子上涂上凡士林或润滑油防止腐蚀。

注意：在清洗蓄电池之前，要拧紧加液孔盖，防止苏打水溶液进入蓄电池内部。

（2）保持加液孔盖上通气孔的畅通，定期疏通。

（3）定期检查并调整电解液液面高度，液面不足时应补加蒸馏水。

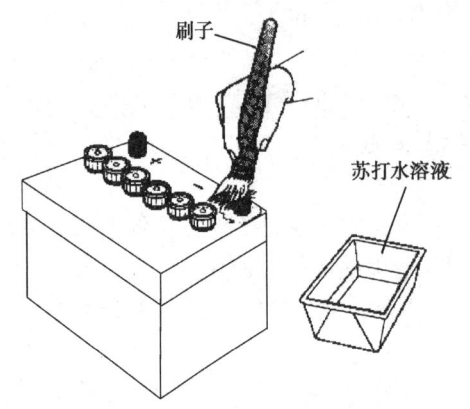

图 2.40 用苏打水溶液冲洗整个壳体

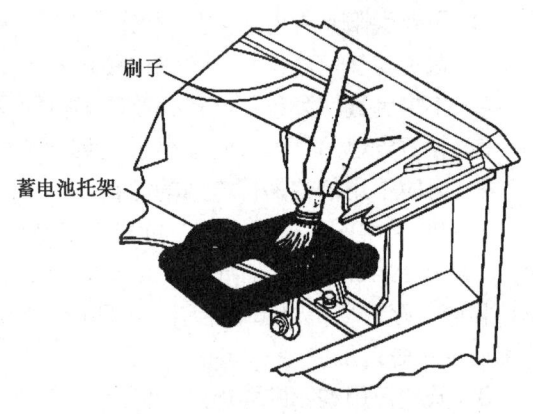

图 2.41 清洗蓄电池托架

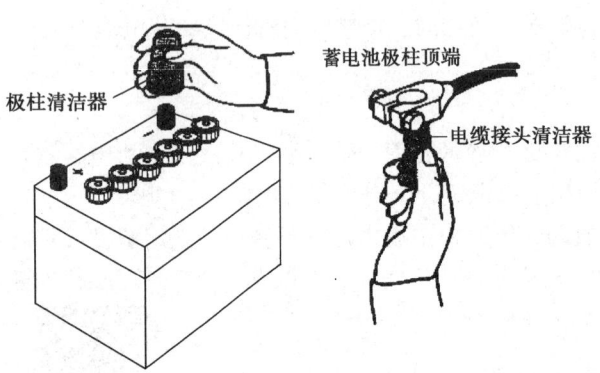

图 2.42 清洁蓄电池极柱和电缆卡子

（4）汽车每行驶 1000km 或夏季行驶 5～6 天，冬季行驶 10～15 天，应用密度计或高率放电计检查一次蓄电池的放电程度，当冬季放电超过 25%，夏季放电超过 50%时，应及时将蓄电池从车上拆下来进行补充充电。

（5）根据季节和地区的变化及时调整电解液的密度。冬季可加入适量的密度为 $1.40 g/cm^3$ 的电解液，以调高电解液的密度（一般比夏季高 0.02～$0.04 g/cm^3$）。

（6）冬季向蓄电池内补加蒸馏水时，必须在为蓄电池充电前进行，以免水和电解液混合不均而结冰。

（7）冬季应使蓄电池经常保持在充足电的状态下，以防电解液密度降低而结冰，引起外壳破裂、极板弯曲和活性物质脱落等故障。蓄电池电解液密度、放电程度和冰点的关系如表 2.11 所示。

表 2.11 蓄电池电解液密度、放电程度和冰点的关系

放电程度	充足电		放电 25%		放电 50%		放电 75%		放电 100%	
电解液的密度和冰点	25℃时的密度 /g·cm⁻³	冰点 /℃	25℃时的密度 /g·cm⁻³	冰点 /℃	25℃时的密度 /g·cm⁻³	冰点 /℃	25℃时的密度 /g·cm⁻³	冰点 /℃	25℃时的密度 /g·cm⁻³	冰点 /℃
	1.31	−66	1.27	−58	1.23	−36	1.19	−22	1.15	−14
	1.29	−70	1.25	−50	1.21	−28	1.17	−18	1.13	−10
	1.28	−69	1.24	−42	1.20	−25	1.16	−16	1.12	−9
	1.27	−58	1.23	−36	1.19	−22	1.15	−14	1.11	−8
	1.25	−50	1.21	−28	1.17	−18	1.13	−10	1.09	−6
	1.24	−42	1.20	−25	1.16	−16	1.12	−9	1.08	−5

2.5.5 蓄电池使用注意事项

（1）不能随便拆卸蓄电池的电缆线。蓄电池必须与发电机、车体连接良好，一旦蓄电池突然脱开，整个电气系统无法稳压，此时若发电机的负荷突然变小，发电机将产生很高的自感电动势，在电路内形成高电压，另外点火线圈的一次侧线圈在通断电瞬间也会产生 100V 以上的脉冲电压。在正常情况下，这些脉冲电压被蓄电池吸收了，但在蓄电池突然脱开后，这些脉冲电压就对 ECU 等灵敏电子元器件造成永久性破坏，即使 ECU 有大容量稳压管进行保护也不能幸免。这就是在点火开关接通的状态下断开蓄电池连接，电子元器件容易被击穿的原因。因此，只要发动机运转，就必须有蓄电池可靠地连接在电路里，一刻也不能从电路中脱开。对电控汽车进行检修时，若要断开蓄电池，必须首先确认点火开关和其他所有的用电设备都已经断开，然后才能拆卸蓄电池的电缆线。另外，在断开蓄电池的负极电缆之前，不要进行任何电子元器件的操作和更换。

例如，一辆马自达 929 轿车，出现起动无力的故障。维修电工为了判断发电机的发电和充电情况，让驾驶员起动发动机，然后突然拔下蓄电池的正极电缆线，不料发动机立即熄火，再也无法起动。经过检查，没有高压火，喷油器也不工作。最后发现 ECU 的稳压管被高压电击穿，而这种过高电压就是由于违规乱拆蓄电池正极电缆线引起的。

（2）蓄电池电压一般不能全部加到电子元器件上。由于 ECU 向许多电路提供恒定的 5V 左右的低电压，因此在检测电子元器件时，一般不能用蓄电池电压直接连接，否则电子元器件可能会损坏，并且由此引发系统性故障。例如，在检测喷油器时，就要分清该喷油器是电压驱动型（两端子间电阻为 12～14Ω）还是电流驱动型（两端子间电阻为 2～3Ω）的。

对于电压驱动型喷油器，可以直接连接蓄电池电压进行喷油性能试验；而对于电流驱动型喷油器，直接用蓄电池电压进行喷油性能试验会因电流过大而被烧坏，应当使用专门的连接器与蓄电池相连。若采用普通的导线，则需要串联一个 8～10Ω 的电阻。

（3）先记录存储信息再断开蓄电池。当发动机故障指示灯点亮时，如果需要将蓄电池从电路中断开，应当首先调取故障代码。切记：调取故障代码必须在拆下蓄电池负极电缆之前进行，防止 ECU 中存储的故障代码及有关信息丢失。只有通过自诊断系统将故障代码及有关信息调出，并且查出故障原因和排除故障后，方可将蓄电池从电路中断开。

另外，轿车的音响系统、防盗系统、电子时钟、电动座椅和电控座椅安全带收紧系统等都具有记忆功能。例如，高档轿车上的 CD 唱机一般带有密码，在拆下蓄电池后，CD 唱机自动转入锁死状态，并且在重新安装蓄电池后它仍然呈现锁死状态而无法使用，只有在输入密码后才能重新启用 CD 唱机。因此，在拆卸蓄电池电缆之前，应将所存储的密码做好记录，以便在维修工作结束后，重新进行设置。

（4）测试安全气囊系统（SRS）必须在拆下蓄电池负极电缆 20s 后进行。检修 SRS 前，必须将点火开关转到锁止（LOCK）位置，并且将蓄电池负极电缆拆下 20s 或更长一些时间（车型不同，时间也不同）后，才能开始检修工作。这是因为 SRS 有备用电源，若拆下蓄电池负极电缆后不到规定的间隔时间就开始检修，很容易导致安全气囊误胀开而造成严重事故。

（5）断开蓄电池后发动机工作状况不如以前怎么办。蓄电池断开又复装后，如果发动机的整体工作状况不如蓄电池断开以前，先不要匆匆忙忙更换零部件，因为这种情况可能是 ECU 的自适应功能记忆的信息，在蓄电池断开后被消除了。如果是这种情况，发动机运转一段时间后，电控单元经过自适应，发动机工作不良的状况会逐渐自动消失。

学习单元 2.6　蓄电池的跨接起动

静电流的概念
及测试方法

2.6.1　静电流的基本概念

静电流（又称暗电流、漏电流、寄生电流）是指在点火开关及电器开关断开后，某些电器或电路继续消耗的蓄电池的放电电流，一般以 mA 为单位。

事实上，在汽车点火开关处于 OFF 位及所有电器开关都断开以后，车辆的运行信息需要保存在 ECU 的存储器内，数字式石英钟及电子调谐式收放机、防盗、中控等装置仍然需要供电，这些电器以低功耗模式保存相关数据。根据汽车电子设备的多少及智能化程度的高低，静电流一般小于 50mA（具体参数以维修手册为准）。既然汽车电气系统的静电流难以避免，就要设法将它限制在最小的数值上。如果整车的静电流过大，蓄电池的电量下降 20% 以上，将造成发动机起动困难。因此，发现蓄电池短时间内亏电，应当检查电气系统的静电流是否过大。

例如，整车静态电流以 50mA 来计算的话，根据容量公式 $C = I \cdot t$ 来计算，一天消耗的蓄电池容量为 1.2A·h。如果汽车存放半个月，消耗的容量可达到 18A·h，这可能导致起动机起动困难。因此要尽量降低各个模块的静电流，在不使用车辆时，减少车辆上各模块对蓄电池能量的消耗。

2.6.2　静电流的常用检测方法

1. 使用万用表测量

用万用表测量静电流

首先断开汽车上所有的用电设备开关，将点火开关转至 OFF 位，然后选择万用表的大电流挡，将万用表串联在蓄电池负极电缆与负极柱之间，即黑表笔接触负极柱，红表笔接触蓄电池的负极电缆。逐一断开各分支电路，然后观察万用表读数，如果万用表读数小于 50mA，则说明静电流很小，是汽车上的小功率用电设备（如电子钟）在耗电；如果万用表读数较大，则说明电气系统的静电流过大。

使用万用表测量的缺点是费时、费力，而且必须拆开蓄电池的电缆，这可能会造成某些电控单元记忆的数据丢失。

2. 使用钳形电流表测量

1—钳形电流表；2—蓄电池负极导线。

图 2.43　用钳形电流表检测电流

使用钳形电流表检测的好处是不需要拆卸蓄电池的连接线。将钳形电流表的表头夹在蓄电池的负极上，如图 2.43 所示，关闭所有用电设备（待常电源供电的电气系统进入休眠模式后），如果钳形电流表显示静电流较大，大于该车型正常值时，则说明确实存在过高的静电流。

3. 采用隔离法（分段拔去熔丝）检查

将钳形电流表的表头夹在蓄电池的负极上，如果钳形电流表显示静电流较大，大于该车型正常值时，逐一断开各路熔丝，同时观察钳形电流表上的显示值。当拔下某个熔丝时，发现钳形电流表的读数明显下降，则说明该熔丝保护的电路可能存在非正常耗电现象。

2.6.3 跨接起动

蓄电池的
跨接起动

1．跨接起动注意事项

（1）电池遇火会产生爆炸气体，请在任何时候保证蓄电池远离火花、火焰。

（2）两个蓄电池的电压应相同。

（3）必须佩戴合适的眼部保护设备，请勿靠向蓄电池。

（4）车辆之间不可发生接触，否则在连接正极时可能产生电流。

（5）使用截面足够大且具有绝缘电极夹钳的跨接电缆，如图 2.44 所示。

2．跨接起动准备

（1）请勿跨接起动已损坏的蓄电池；在连接蓄电池充电线前，请检查两个蓄电池。

（2）确保车辆间距离，且两个点火开关都旋至 OFF 位置。

（3）关闭所有用电设备（无线电、除霜器、雨刷和灯光等）。

3．跨接起动步骤

跨接起动步骤如图 2.45 所示。

（1）将跨接电缆正极（+）连接至亏电蓄电池的正极（+）。

（2）将跨接电缆正极（+）的另一端连接至辅助蓄电池的正极（+）。

（3）将跨接电缆负极（−）连接至辅助蓄电池的负极（−）。

（4）将跨接电缆负极（−）的另一端连接至熄火车辆的发动机缸体，远离蓄电池和化油器。

（5）确保跨接电缆连接牢固，不缠绕两个发动机的风扇叶片、传送带和其他运转部件。

（6）起动辅助车辆发动机并提高转速，再起动熄火车辆。当熄火车辆发动机正常工作后，再按与连接时相反的顺序拆除跨接线。

注意：熄火车辆应急起动之后，应行驶到 4S 店或蓄电池专卖店对蓄电池进行补充电或更换。

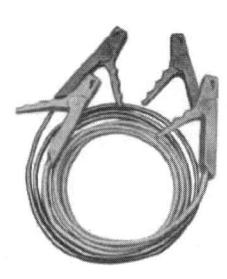

图 2.44 跨接电缆

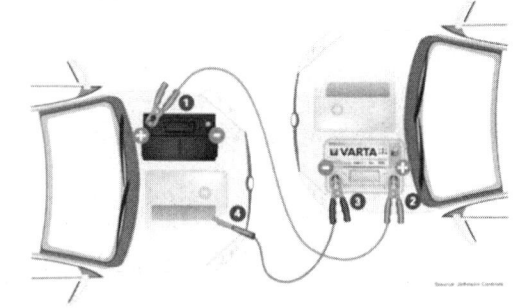

图 2.45 跨接起动步骤

【任务实施】

前述案例中，经检查，蓄电池及充电系统正常，熄火后，静态电流为 103mA，偏大，怀疑中控屏可能没有进入休眠，把中控屏保险丝拔掉，静电流降到 19mA，检修中控屏电路后，未再出现亏电现象。

【延伸阅读】

铅酸蓄电池与环境保护

1859 年，法国著名物理学家普兰特在两个铅箔中间加入布条，将其浸入到硫酸溶液中制成了世界上第一块铅酸蓄电池，经过 160 多年的发展，作为世界上产量最大的电池产品，铅酸蓄电池因其成熟安全的技术、价格低廉的材料、良好的再循环能力和可靠的充放电性能在市场竞争中占据了绝对优势，在二次电源中占 80%以上的市场份额，在交通、通信、电力、军事、航海、航空和航天各个领域，铅酸蓄电池都起着重要作用。

铅酸蓄电池经过一定使用期限后，或者由于使用不当，导致电池将无法维持原有的充/放电性能，就需要进行报废处理。完整的报废后的铅酸蓄电池通常由液态的电解液和固态的有机物、金属铅、铅膏或者渣泥等几类物质组成。报废以后的铅酸蓄电池一般要收集后集中处理。

但是一些小作坊把电池拆开后，将含铅酸液随地一倒，露天支起坩埚就炼铅，造成严重的环境污染，废电解液使土壤和水系酸性化或碱性化，冶炼加工过程也会产生大量的含铅烟尘或重金属废水，通过各种途径进入人类的食物链，在人体内聚集，引起神经衰弱、手足麻木、消化不良、血液中毒和肾损伤等。

随着世界各国对环保要求的提高，民众环保意识逐步增强，各国纷纷出台了较为完善、行之有效的政策、法规或标准，在用户、回收商、再生铅厂、蓄电池厂之间逐步形成了良性的"闭路"循环，如以旧换新、抵押金制、规定特殊标志、征收环保税等。

2019 年 1 月，我国生态环境部、发改委、工信部、公安部以及司法部等 9 部委联合发布《废铅蓄电池污染防治行动方案》，规定了铅蓄电池生产者责任延伸制度，规范回收废铅蓄电池行业。

2019 年 4 月，国家市场监督管理总局、国家标准化管理委员会联合发布《废铅酸蓄电池回收技术规范》，规定了废铅酸蓄电池的收集、贮存、运输、转移过程的处理方法及管理措施。

2019 年 8 月，国家发改委组织起草了《铅蓄电池回收利用管理暂行办法(征求意见稿)》，要求到 2025 年底，铅蓄电池规范回收率达到 60%以上。

"绿水青山就是金山银山"，废旧蓄电池的无害化处理和综合利用对保护环境、节约资源意义重大，功在当代，利在千秋。

企业案例 2

1. 维护不当损坏蓄电池，导致起动机无力

（1）故障车型：捷达 GiX。

（2）故障症状：起动机运转无力，发动机不能起动。

（3）故障检测。经检查发现电解液液面偏低，极板露出；观察到其表面有一层白霜，这说明有硫化现象。用密度计测得电解液密度为 $1.28g/cm^3$，正常。用 V.A.G1498 检查，测得负载电压为 5.5V，这说明蓄电池电量严重不足。V.A.G1498 是一个高率放电计，测量时将其连接至蓄电池两接线柱上，以 110A 的电流放电 5～10s，正常时蓄电池端电压的读数应在 9.6V 以上。

（4）故障分析。询问用户得知，蓄电池液面降低后，其及时补加了电解液，但很快又被消耗了，这样多次补充，便出现了上述故障。由此可见，故障原因是用户保养不当。电解液消耗是因为充电时将电解液中的水电解，补充时应加注蒸馏水或专用补充液，补加电解液会造成密度过高，加速蓄电池硫化。蓄电池硫化后，又使电解液过早出现沸腾现象，加快了电解液的消耗，补充电解液后还加速了极板硫化，这样恶性循环导致蓄电池损坏。

（5）故障排除。更换蓄电池，故障排除。

2. 蓄电池问题导致起动困难

（1）故障车型：捷达 GiX。

（2）故障症状：用户说两三天需充一次电，早晨起动或长时间停车后起动困难，有时用人

推车才能起动发动机。

（3）故障检测：首先测量发电机充电电压，怠速测量结果为 13.9～14V。踩下加速踏板提高转速，测量结果为 14～14.5V。两次测量结果表明该车发电机输出电压正常。检查该车蓄电池接线柱，无锈蚀现象。检查发电机、起动机、蓄电池之间的接线，也无松动现象。检查电解液液面，高出极板 15mm 左右，这表示电解液液面在正常范围内。关闭点火开关，取下蓄电池正极接线，串联接入电流表测得电流只有 10mA，表明电器和线路不漏电。

（4）故障分析：起动机转速低为蓄电池电量不足所致。主要故障原因如下。

① 充电系统故障。

② 电器或线路有漏电现象。

③ 蓄电池本身有问题，容量下降或自放电严重。

（5）故障排除：经检测，前两个故障原因不存在，可以判断是蓄电池有问题。更换蓄电池，上述故障不再出现。

3．继电器触点黏连形成漏电流导致发动机无法起动

（1）故障车型：捷达 GL。

（2）故障症状：车辆放置几小时后，起动机转动速度慢，无法起动发动机。

（3）故障检测：检查蓄电池电解液液面高度及密度均正常，测得发电机输出电压为 13.8V，正常。

（4）故障分析：蓄电池亏电的原因如下。

① 蓄电池损坏而容量下降或自放电严重。

② 充电系统有故障。

③ 线路或电器绝缘不良。

④ 开关或继电器触点黏连。

检查了前两项，没有发现问题，应再对后两项进行检查。

（5）故障排除：关闭点火开关和所有用电设备，拆开蓄电池电缆夹，发现电缆夹与极柱之间有强烈电火花，说明有漏电。不经点火开关的用电设备有散热器风扇、点烟器、收音机、制动灯、门灯、小灯等，逐一拔掉上述用电设备的熔丝，漏电电流仍存在。拔下继电器盒上的所有熔丝，漏电电流还存在。这说明有使用 30 号线而又不经过熔丝的用电设备漏电，逐一拔掉所有继电器。当拔掉 12 号进气管预热继电器后，漏电电流消失。用手摸继电器表面，发热严重。拆开继电器，发现其内触点烧蚀黏连，使进气管预热器永久通电而将蓄电池的电能消耗殆尽。更换继电器后，漏电消失，蓄电池不再亏电。

4．熔丝接触电阻大导致蓄电池总亏电

（1）故障车型：宝来 1.8T。

（2）故障症状：停驶一夜后，第二天早上起动时，蓄电池电力不足。

（3）故障检测：用另一辆车的蓄电池并联起动该车，起动后测得蓄电池两个极柱间电压为 12.2V，测得发电机电枢接柱"B1+"与外壳间电压 13.5V，这说明电枢接柱与蓄电池正极柱间的线路产生了 1.3V 电压降。用手摸蓄电池上方的 S177 号（110A）熔丝感觉烫手，该熔丝是充电电路熔丝，仔细看熔丝下面的塑料已熔化，热量是由熔丝两端的接触电阻产生的。

（4）故障分析：此故障是 S177 号（110A）熔丝两端的接触电阻导致的发电机不能对蓄电池进行有效充电，最终导致蓄电池亏电。

（5）故障排除：更换蓄电池上方的熔断器盒，测量蓄电池两极柱间电压正常，故障排除。

测试练习题 2

一、选择题

1. 关于蓄电池的使用，下列选项中说法错误的是（　　）。
   A. 蓄电池在存放期间应远离热源，避免阳光直射
   B. 蓄电池的搭铁极性必须与发电机的一致
   C. 应根据季节与地区的变化及时调整电解液的密度
   D. 当发现电解液液面下降时，应向蓄电池中添加稀硫酸

2. 6-QW-105D 型蓄电池，其中"W"表示（　　）。
   A. 蓄电池壳体的颜色为白色　　　　　　B. 蓄电池的用途
   C. 蓄电池的类型为免维护　　　　　　　D. 蓄电池的低温起动性能好

3. 蓄电池在补充充电过程中，第一阶段的充电电流应选取其额定容量的（　　）。
   A. 1/10　　　　　B. 1/15　　　　　C. 1/20　　　　　D. 1/25

4. 下列关于蓄电池的说法不正确的是（　　）。
   A. 北方寒冷地区应选择冷起动电流较大的蓄电池
   B. 蓄电池的额定容量应与整车电气设备的功率相适应
   C. 选择较大额定容量的蓄电池可以使起动更加可靠，所以容量越大越好
   D. 选择较小额定容量的蓄电池会导致起动性能差

5. 蓄电池常见技术状况检查及维护不包含（　　）。
   A. 检查极柱是否清洁无腐蚀
   B. 检查蓄电池内部穿壁联条连接是否松动
   C. 检查蓄电池充电状况
   D. 检查蓄电池极板厚度

6. 免维护蓄电池的优点有（　　）。
   A. 在整个使用过程中不需要补加蒸馏水　　B. 自放电少
   C. 使用寿命长　　　　　　　　　　　　　D. 在整个使用过程中不需要补充充电

7. 下列关于免维护蓄电池的使用，说法正确的有（　　）。
   A. 免维护蓄电池不需要初充电
   B. 免维护蓄电池起动性能比普通电池好，但容易自放电
   C. 有的免维护蓄电池内部装有液体密度计，可自动显示蓄电池的充电状态和电解液的液面高低
   D. 所有免维护蓄电池均不需要维护

8. 以下哪些方法可以用来判断蓄电池的充电状况（　　）。
   A. 用玻璃管测量电解液液面高度　　　　B. 用密度计检查电解液的密度
   C. 用高率放电计测量发电电压　　　　　D. 用万用表测量起动电压

9. 关于静电流的说法正确的是（　　）。
   A. 一般小于 50mA　　　　　　　　　　B. 一般小于 150mA
   C. 一般小于 250mA　　　　　　　　　　D. 一般小于 350mA

10. 关于 EFB 蓄电池与 AGM 蓄电池，说法不正确的是（　　）。
    A. EFB 与 AGM 蓄电池都不可以添加蒸馏水

  B．EFB 蓄电池为富液式，AGM 蓄电池为贫液式

  C．都可用于带起停系统的车辆

  D．同等容量下，AGM 蓄电池更贵一些

二、综合题

1．简述蓄电池在燃油汽车上的用途。

2．简述蓄电池放电终了的特征。

3．选用铅酸蓄电池时应遵循什么原则？

4．当车辆因为存在漏电流导致蓄电池亏电时，如何查找故障？

5．简述跨接起动的步骤。

学习情境三

充电系统故障诊断与维修

【能力目标】

● 描述充电系统的功能、组成和工作原理；
● 解释发电机的标识；
● 测量发电机的电气参数；
● 检测电压调节器；
● 识读充电系统电路图；
● 检测充电系统相关电路；
● 制定充电系统故障诊断方案，进行故障诊断，排除故障；
● 描述能量管理系统的功能、结构和工作原理；
● 诊断能量管理系统的故障；
● 诊断新能源汽车 DC/DC 变换器的故障。

【学习内容】

● 充电系统的功能、组成和工作原理；
● 发电机的标识；
● 发电机参数的测量方法；
● 电压调节器的检测方法；
● 充电系统电路图；
● 充电系统的故障原因；
● 充电系统的故障诊断与故障排除方法；
● 能量管理系统的功能、结构和工作原理；
● 能量管理系统的逻辑化故障查询；
● DC/DC 变换器的原理与检测方法。

【任务导入】

一辆别克君威轿车，累计行驶里程约为 8 万千米，偶尔出现发动机怠速过高、车窗不能升降、后窗除雾不能开启、空调鼓风机只能低速旋转、仪表盘显示"电瓶电量低，请起动发动机"等故障现象。经维修技师诊断，该故障为蓄电池电流传感器信号失准导致电能管理系统故障。

学习单元 3.1　交流发电机的结构与选型

交流发电机的作用、型号和分类

3.1.1　交流发电机的作用、型号和分类

1. 交流发电机的作用

交流发电机是汽车的主要电源，发电机转子由曲轴通过皮带驱动运转进行发电。电源系统构成如图 3.1 所示。交流发电机的主要任务是在发动机正常运转时向所有的用电设备（起动机除外）供电，同时向蓄电池充电。交流发电机必须配装电压调节器，电压调节器对发电机的输出电压进行控制，使其保持基本恒定，以满足汽车电器的需求。

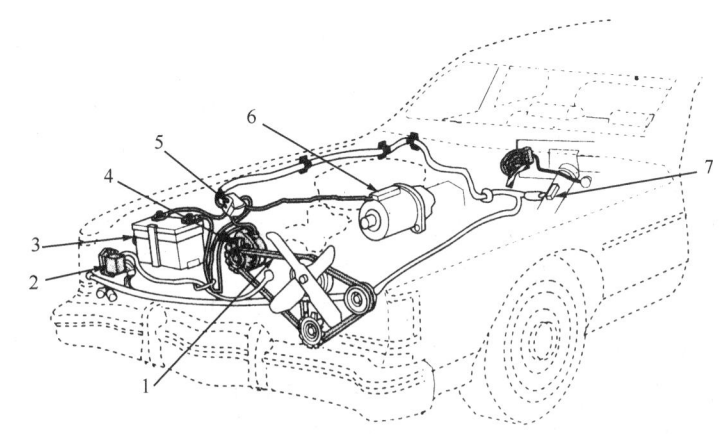

1—传动带；2—电压调节器；3—蓄电池；4—交流发电机；5—继电器；6—起动机；7—点火开关。

图 3.1　电源系统构成

2. 交流发电机的型号

根据中华人民共和国汽车行业标准 QC/T 73—1993《汽车电气设备产品型号编制方法》的规定，汽车交流发电机的型号如下：

| 1 | 2 | 3 | 4 | 5 |

1——产品代号。交流发电机的产品代号有四种，分别是：JF——交流发电机，JFZ——整体式交流发电机，JFB——带泵交流发电机，JFW——无刷交流发电机。

2——电压等级代号。用 1 位阿拉伯数字表示，1——12V，2——24V，6——6V。

3——电流等级代号。用 1 位阿拉伯数字表示，如表 3.1 所示。

表 3.1　电流等级代号

电流等级代号	1	2	3	4	5	6	7	8	9
电流/A	≤19	20~29	30~39	40~49	50~59	60~69	70~79	80~89	≥90

4——设计序号。按产品的先后顺序，用阿拉伯数字表示。

5——变形代号。交流发电机以调整臂的位置作为变形代号。从驱动端看，Y——右边，Z——左边，无——中间。

例如，桑塔纳、奥迪 100 型轿车所使用的 JFZ1913Z 型交流发电机，其含义为电压等级为 12V，输出电流大于 90A，第 13 次设计，调整臂位于左边的整体式交流发电机。

3．交流发电机的分类

（1）按照发电机总体结构的不同，交流发电机可分为普通交流发电机、整体式交流发电机、带泵交流发电机、无刷交流发电机、永磁交流发电机 5 种，如图 3.2 所示。

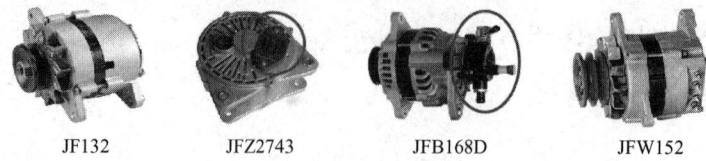

| JF132 | JFZ2743 | JFB168D | JFW152 |

图 3.2　不同类型的交流发电机

普通交流发电机，结构上没有任何的特殊点，使用时需要配装电压调节器才能正常工作，例如 JF132（EQ140 用）。整体式交流发电机的特点是发电机和调节器集成在一起，如 JFZ2743。带泵交流发电机与普通交流发电机的区别是其后端盖的外部装有真空泵，真空泵与发电机转子同步旋转，为制动系的真空增压器提供真空源，主要用于没有真空源的柴油机，如 JFB168D。无刷交流发电机中无电刷与滑环结构，如 JFW152。永磁交流发电机的特点是磁极由永久磁铁制成，如 JFY161Z。

（2）根据磁场绕组搭铁形式的不同，交流发电机可以分为内搭铁型发电机和外搭铁型发电机 2 种。

内搭铁型交流发电机的特点是其磁场绕组的一端直接搭铁。外搭铁型交流发电机的特点是磁场绕组没有直接搭铁，而是通过电压调节器后才搭铁。

（3）按整流器内部整流二极管数目的不同，交流发电机可以分为 6 管交流发电机、8 管交流发电机、9 管交流发电机和 11 管交流发电机。

（4）按照冷却方式的不同，交流发电机可以分为风冷式和水冷式 2 种。

风冷式发电机主要依靠自身风扇带动空气进行冷却。根据风扇数量又可以分为单风扇式和双风扇式两种。水冷式交流发电机利用冷却水来代替风扇进行冷却。

3.1.2　交流发电机的基本结构

目前国内外生产的汽车交流发电机结构基本相同，主要由转子、定子、整流器、端盖、风扇与带轮等组成。图 3.3 为别克轿车交流发电机的整体结构图，图 3.4 为别克轿车交流发电机的分解图。

　　　　　　　　　　　　　　　　　　　　　交流发电机的基本结构　　发电机的拆装与调整

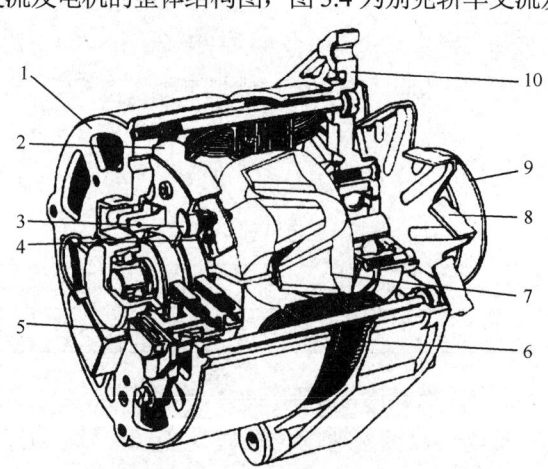

1—后端盖；2—元件板总成；3—功率二极管；4—电刷及电压调节器；5—整流板；

6—定子；7—转子；8—风扇；9—V 形带轮；10—前端盖。

图 3.3　别克轿车交流发电机的整体结构图

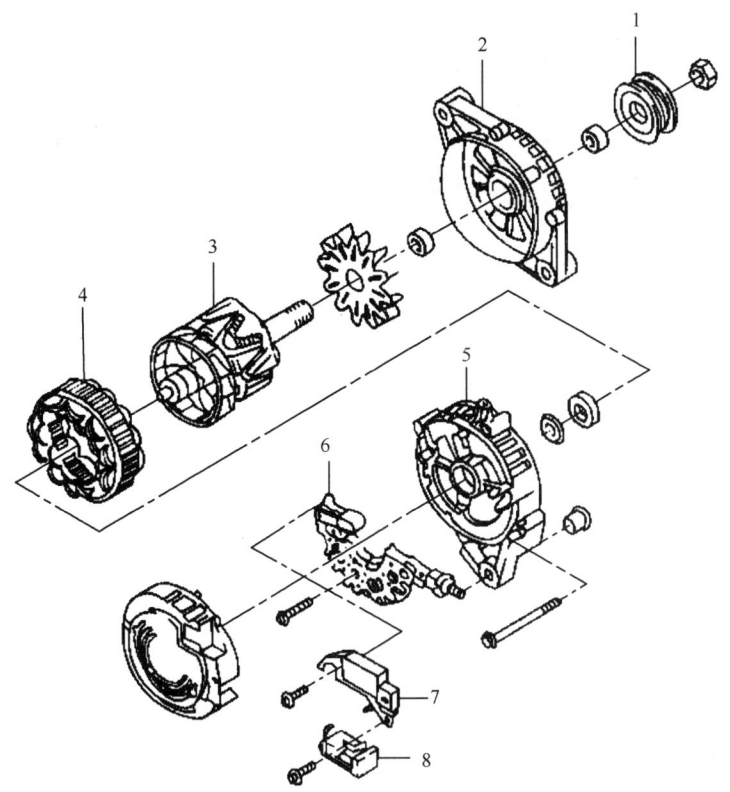

1—带轮；2—前端盖；3—转子；4—定子；5—后端盖；6—整流器；7—电压调节器；8—电刷。

图 3.4 别克轿车交流发电机的分解图

1. 转子

转子的功用是产生旋转的磁场。转子主要由两个爪极、磁轭、磁场绕组、滑环、转子轴组成，如图 3.5 所示。

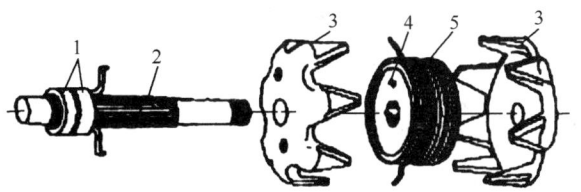

1—滑环；2—转子轴；3—爪极；4—磁轭；5—磁场绕组。

图 3.5 转子结构图

转子轴上压装有两个鸟嘴形的爪极，爪极空腔内装有导磁用的磁轭，其上绕有励磁绕组。两个铜质滑环压装在转子轴的一端，彼此间绝缘且与转子轴绝缘，磁场绕组两端的引线分别焊接在两个滑环上。两个电刷装在电刷架内，在电刷弹簧的作用下紧压在滑环上。当发电机工作时，电刷将直流电经滑环引入磁场绕组，两个爪极分别被磁化成 S 极和 N 极，从而形成相互交错的 N、S 极，磁极一般有 4～8 对。转子每转一周，定子的每相绕组中就产生周期个数等于磁极对数的交流电动势。转子磁场的磁力线分布与磁场电路原理如图 3.6 所示。

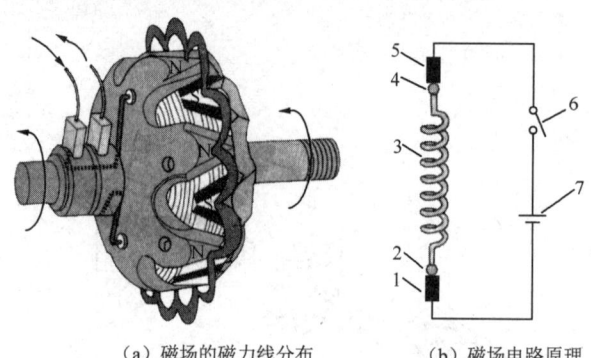

（a）磁场的磁力线分布　　　（b）磁场电路原理

1、5—电刷；2、4—滑环；3—磁场绕组；6—点火开关；7—蓄电池。

图3.6　转子磁场的磁力线分布与磁场电路原理

2. 定子

定子的功用是产生交流电。定子由定子铁芯和定子绕组构成。

定子铁芯由相互绝缘的内圆带槽的硅钢片叠成，定子槽内置有三相对称绕组，三相绕组的连接方法有 Y 形和△形两种，如图 3.7 所示。定子套在转子的外面，与发电机的前、后端盖固定在一起，当转子在其内部转动时，旋转的磁场扫过定子绕组，使三相定子绕组切割磁力线，从而在其中产生大小相等、相位互差 120°电角度的交流感生电动势。

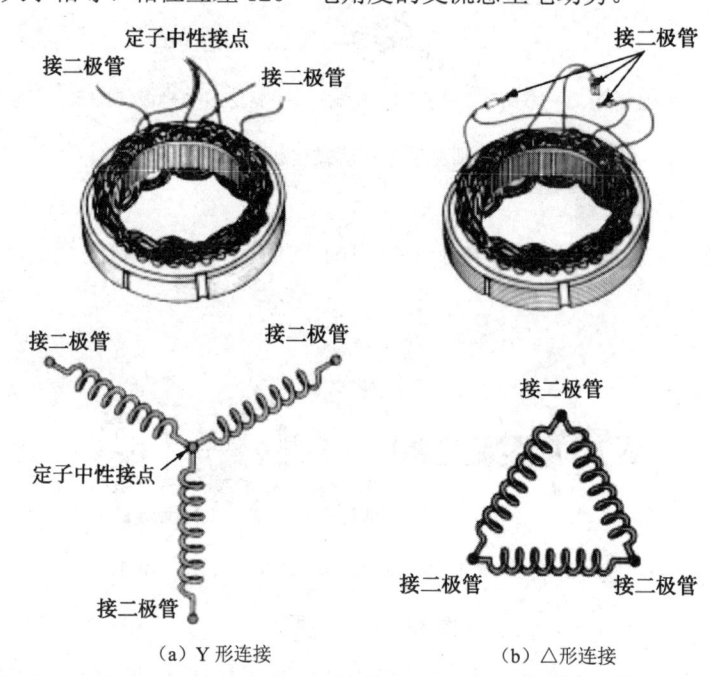

（a）Y 形连接　　　　　　　　　（b）△形连接

图3.7　定子绕组的连接方法

3. 整流器

整流器的作用是将定子内产生的交流电转变成直流电对外输出。整流器由两块相互绝缘的整流板和压装（或焊装）在整流板上的6～11个整流二极管构成。

6 管交流发电机的整流器结构如图3.8所示。整流板由易于散热的铝合金制成，与发电机输出接柱相连的整流板为正整流板，装于其上的 3 个二极管即为正二极管；与发电机外壳（搭铁端）相连的整流板为负整流板，装于其上的 3 个二极管即为负二极管。6 个二极管组成三相桥式整流电路，整流器与定子绕组的连接如图3.9所示。有些发电机还有3个小功率励磁二极管和2个中性点二极管。

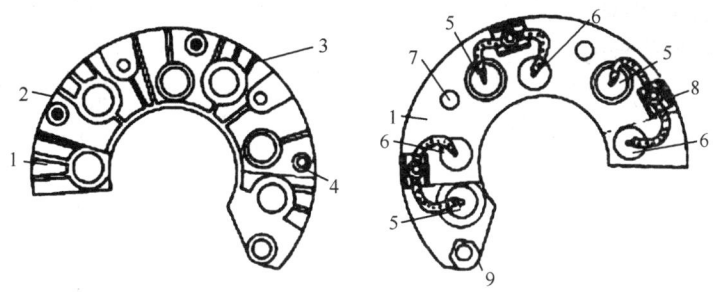

1—负整流板；2—正整流板；3—散热片；4—螺栓孔；5—正极管；

6—负极管；7—安装孔；8—绝缘垫；9—电枢接柱安装孔。

图3.8 6管交流发电机的整流器结构

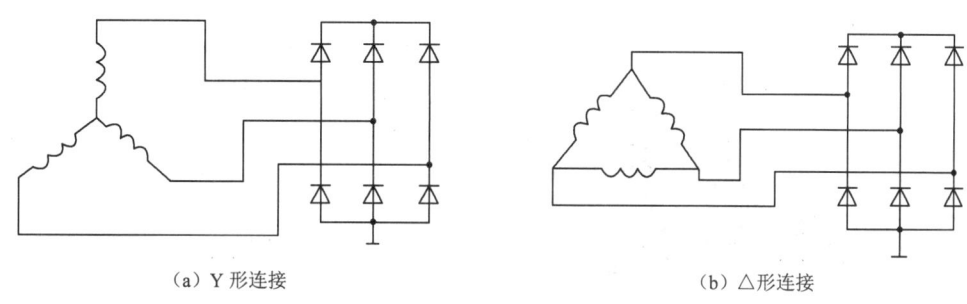

（a）Y形连接 （b）△形连接

图3.9 整流器与定子绕组的连接

4．端盖与电刷总成

端盖的作用是支撑转子、定子、整流器和电刷组件，端盖由前、后端盖两部分构成。端盖一般由铝合金铸造，既可以有效防止漏磁，又具有良好的散热性。前、后端盖用3～4个螺栓与定子紧固在一起。发电机前端装有带轮，由发动机通过皮带驱动，带轮后面装有风扇，靠风扇的离心作用给发电机强制通风。后端盖上装有电刷组件。

电刷组件由电刷、电刷架和电刷弹簧组成。电刷的作用是将电源通过滑环引入磁场绕组。目前国产交流发电机的电刷架有两种结构形式：一种电刷架可直接从发电机外部进行拆装，如图3.10（a）所示；另一种电刷架则不能直接在发电机外部进行拆装，如图3.10（b）所示，若需要更换电刷，必须将发电机拆开。

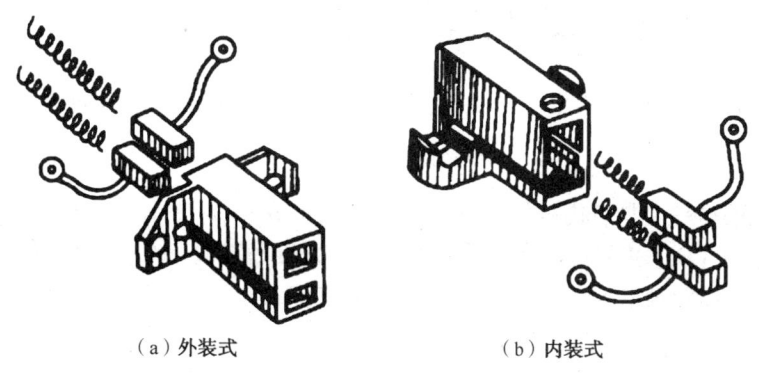

（a）外装式 （b）内装式

图3.10 电刷组件

交流发电机工作时，两个电刷靠弹簧压力紧压在旋转的滑环上，电刷与滑环间相互磨损易导致接触不良，造成励磁不稳定或发电机不发电等故障，因此有些发电机取消了滑环和电刷。图 3.11 为爪极式无刷交流发电机结构图。爪极式无刷交流发电机的磁场绕组是静止的，它通过一个磁轭托架固定在后端盖上。一个爪极直接固装在转子轴上，另一个爪极用非导磁材料焊接在前一个爪极上，两个爪极随转子轴一起转动。当给磁场绕组通电时，爪极被磁化，形成旋转的磁场，磁路如图 3.12 所示。爪极式无刷交流发电机结构简单、维护方便、工作可靠，但爪极间的连接工艺难度大，由于磁路中间隙大，在相同的发电机输出功率下需增大励磁电流。

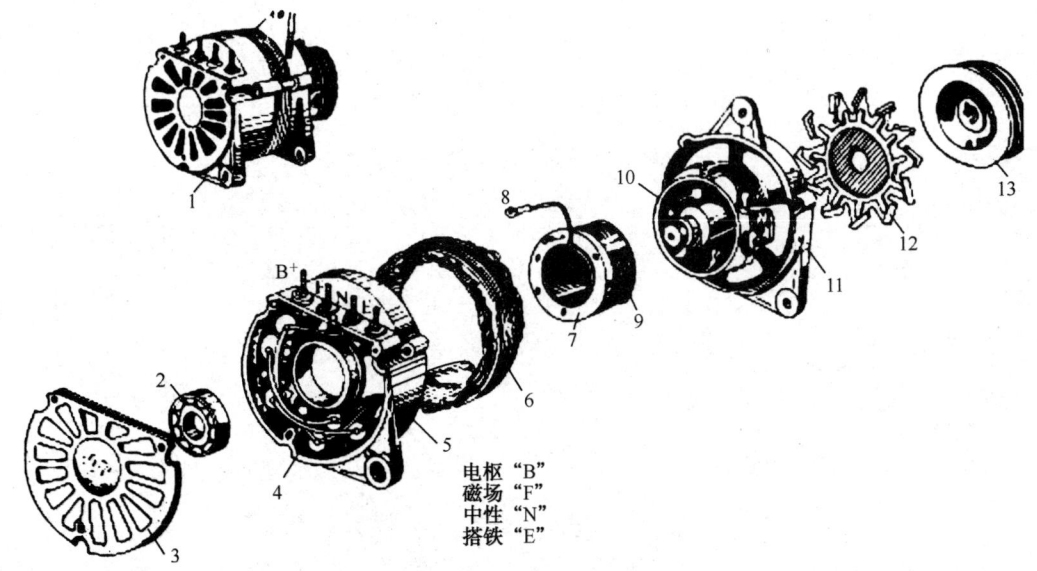

1—外形；2—后轴承；3—防护罩；4—整流器；5—壳体；6—定子；7—磁轭；

8—磁场绕组接头；9—磁场绕组；10—爪极；11—前端盖；12—风扇；13—带轮。

图 3.11　爪极式无刷交流发电机结构图

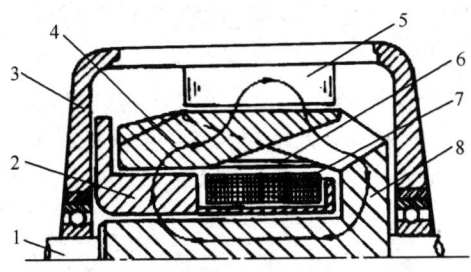

1—转子轴；2—磁轭托架；3—端盖；4—爪极；5—定子铁芯；6—非导磁连接环；7—磁场绕组；8—转子磁轭。

图 3.12　爪极式无刷交流发电机的磁路

交流发电机的搭铁类型有内搭铁和外搭铁两种，如图 3.13 所示。在图 3.13（a）中，磁场绕组的一端经负电刷（E）引出后直接与后端盖相连（直接搭铁），称为内搭铁型交流发电机。在图 3.13（b）中，磁场绕组的两端（F_1、F_2）均和端盖绝缘，称为外搭铁型交流发电机。

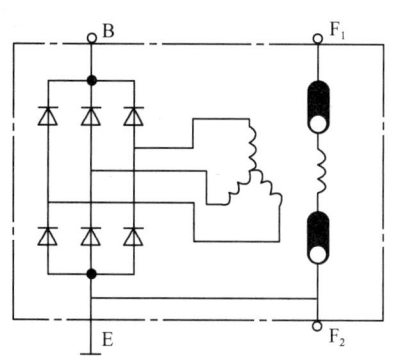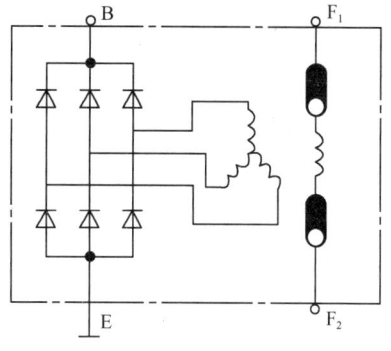

（a）内搭铁型交流发电机 　　　　　（b）外搭铁型交流发电机

图 3.13　交流发电机的搭铁类型

交流发电机的发电原理

3.1.3　交流发电机的发电原理

交流发电机利用电磁感应原理来发电，其原理示意图如图 3.14 所示。当给旋转的磁场绕组通电时，将形成一个旋转的运动的磁场，使定子绕组切割磁力线，从而在定子绕组内产生交流感应电动势。由于转子磁极呈鸟嘴形，其磁场的分布近似呈正弦规律，所以交流电动势也近似呈正弦规律。

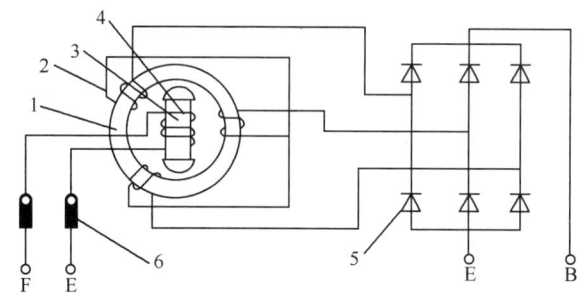

1—定子铁芯；2—定子绕组；3—转子；4—磁场绕组；5—整流二极管；6—电刷。

图 3.14　交流发电机发电原理示意图

车用交流发电机一般为三相交流发电机，即定子铁芯上绕有彼此间隔 120° 电角度的三相绕组，当磁场旋转时，三相绕组内就产生同频、同幅、相位互差 120° 的正弦交流电压。三相绕组所产生的感应电动势可用下列方程式表示：

$$e_{U} = E_{m} \sin(\omega t) = \sqrt{2}E_{\phi} \sin(\omega t) \tag{3-1}$$

$$e_{V} = E_{m} \sin(\omega t - 120°) = \sqrt{2}E_{\phi} \sin(\omega t - 120°) \tag{3-2}$$

$$e_{W} = E_{m} \sin(\omega t - 240°) = \sqrt{2}E_{\phi} \sin(\omega t - 240°) \tag{3-3}$$

式中，ω 为电角速度（$\omega = 2\pi f$）；E_{m} 为电动势的最大值；E_{ϕ} 为相电动势的有效值。

E_{ϕ} 为

$$E_{\phi} = 4.44KfN\phi \tag{3-4}$$

式中，K 为定子绕组系数（与发电机定子绕组的绕线方式有关）；f 为感应电动势的频率（$f = pn/60$：p 为磁极对数，n 为转速）；N 为每相绕组的匝数；ϕ 为磁极的磁通。

式（3-4）表明，当发电机的结构一定时，相电动势的大小与发电机转速和磁通成正比。

3.1.4 交流发电机的整流原理

交流发电机的整流是利用二极管的单向导电性，通过 6～11 个二极管组成的三相桥式整流电路实现的。6 管整流电路如图 3.15（a）所示，三相绕组感应电动势波形及整流后输出波形如图 3.15（b）所示。

交流发电机的整流原理

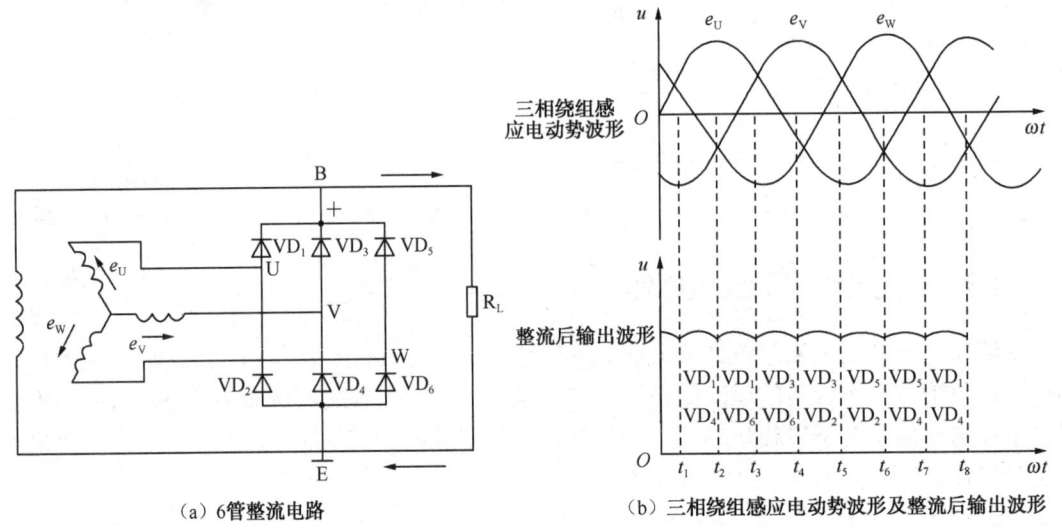

| (a) 6 管整流电路 | (b) 三相绕组感应电动势波形及整流后输出波形 |

图 3.15 交流发电机整流原理图（6 管）

（1）二极管的导通原则。二极管具有单向导电性，当给二极管加正向电压时二极管导通，加反向电压时则截止。二极管的导通原则如图 3.16 所示。

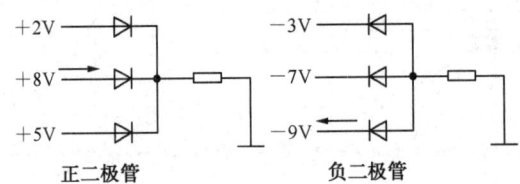

图 3.16 二极管的导通原则

当 3 个二极管的负极端连接在一起时，称为正二极管，其正极电位最高者导通。

当 3 个二极管的正极端连接在一起时，称为负二极管，其负极电位最低者导通。

（2）整流过程分析。如图 3.15 所示，三相桥式整流电路的特点是每个时刻导通的二极管有两个，即该时刻正极电位最高的正二极管和负极电位最低的负二极管导通。在图 3.15 中，O～t_1 段内，W 相电压最高，与其相连的正二极管 VD_5 导通，V 相电压最低，与其相连的负二极管 VD_4 导通，其余二极管截止。W、V 相绕组电压叠加后向负载供电。同理，t_1～t_2 段内，U 相电压最高，V 相电压最低，此时 VD_1、VD_4 导通，其余二极管截止。U、V 相绕组电压叠加后向负载供电。三相桥式整流电路中的二极管依次导通，使得负载两端得到一个比较平稳的脉动电压。

（3）8 管整流电路。当交流发电机三相定子绕组采用 Y 形接法时，三相绕组的公共接点称为中性点 N，如图 3.17 所示。中性点电压 U_N 是通过 3 个负二极管整流后得到的直流电压，所以该点的平均电压等于发电机输出电压 U_B 的一半，即 $U_N=U_B/2$。中性点电压通常用来控制各种用途的继电器，如磁场继电器、充电指示继电器等。

中性点电压不仅具有直流成分，还包含交流成分。当发电机有电流输出时，电枢反应和漏磁、铁磁物质的磁饱和等因素，会使发电机内的磁通分布变为非正弦分布，因此定子内的感应电动势波形发生畸变，如图 3.18 所示。由谐波分析可知，畸变波形是由一系列不同频率的正弦波叠加而成的，这些正弦波的频率依次为一次谐波（基波）频率的奇数倍，除基波外，三次谐波（波形频率为基波频率的 3 倍）的幅值最大，可近似认为畸变波形是由基波与三次谐波叠加而成的。

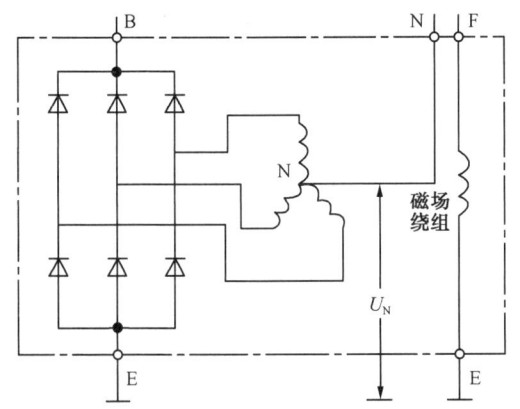

图 3.17　带有中性点 N 的交流发电机

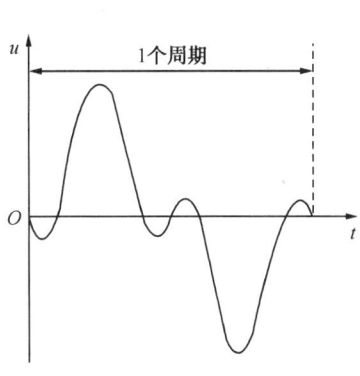

图 3.18　畸变波形

如图 3.19 所示为发电机三相绕组相电压分解后得到的基波与三次谐波波形。由图可见，尽管各相电压的基波相位互差 120° 电角度，然而各相的三次谐波电压却大小相等、相位相同，可以互相抵消，所以发电机对外输出的电压不能反映出三次谐波电压。但从中性点测量的相电压可以反映出三次谐波电压，其值为各相绕组电压中三次谐波分量之和，且其幅值随发电机转速升高而升高，如图 3.20 所示。当发电机转速超过 2000r/min 时，三次谐波交流分量的最高瞬时值可能超过发电机的输出电压 U_B，最低瞬时值可能低于发电机搭铁端电压（0V）。

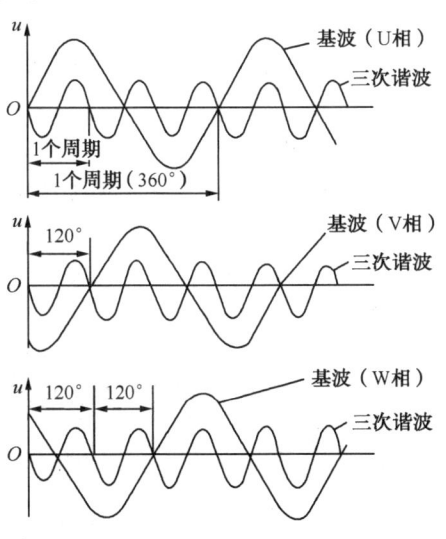

图 3.19　基波与三次谐波波形

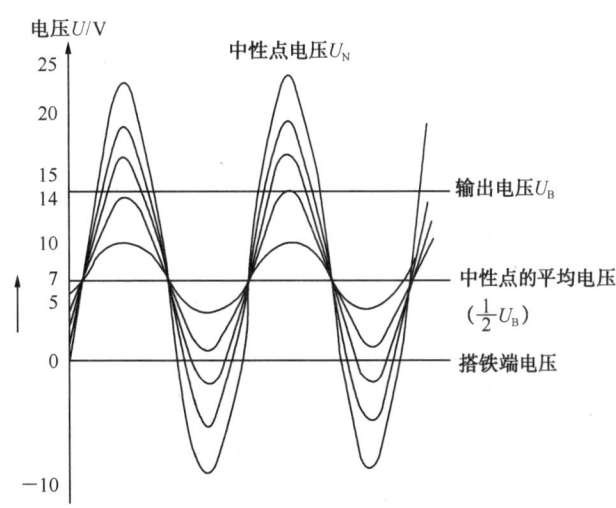

图 3.20　中性点电压波形

有些交流发电机除了具备 3 个正二极管和 3 个负二极管，在 "N" 与 "B"、"N" 与 "E" 之间分别加装了一个整流二极管构成 8 管交流发电机，其整流电路如图 3.21 所示，当三次谐波交流分量高于发电机输出电压 U_B 或低于 0V 时就可以通过 VD_7 或 VD_8 参与对外输出，其输出功率可以提高 10%～15%。

3.1.5　交流发电机的励磁

除了永磁式交流发电机不需要励磁，其他的交流发电机都需要励磁。车用交流发电机在输出电压建立前后分别采用了他励和自励两种不同的励磁方式。图 3.22 为交流发电机的励磁电路。

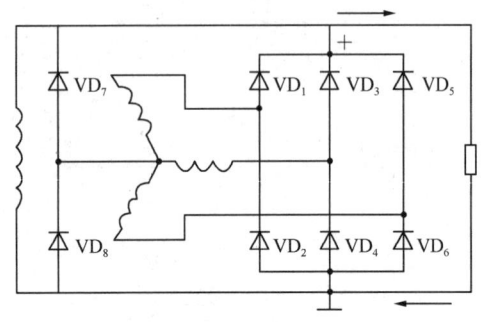
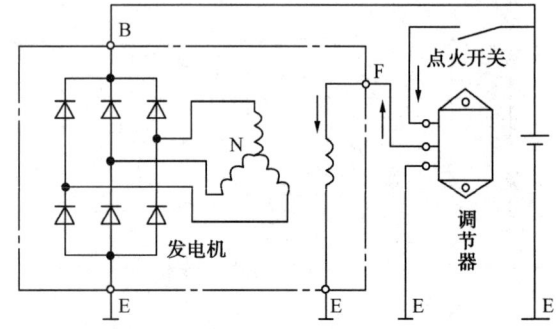

图 3.21　8 管交流发电机的整流电路　　　　图 3.22　交流发电机的励磁电路

发动机在低速运转时，为了保证用电设备的用电要求，此时应采用他励方式，即由蓄电池提供励磁电流，增强磁场，从而使交流发电机输出电压随转速的升高而快速上升，这就是交流发电机低速充电性能好的主要原因。此时，励磁电路为：蓄电池正极→点火开关→调节器→磁场绕组→蓄电池负极。

当发电机输出电压高于蓄电池电压时（一般发电机的转速达到 1000r/min 左右时），励磁电流便由发电机自身供给，这种励磁方式称为自励。此时励磁电路为：发电机 "B" 接柱→点火开关→调节器→磁场绕组→发电机 "E" 接柱。

若在 6 管交流发电机的基础上，增设 3 个小功率的二极管，与 3 个负二极管组成三相桥式整流电路专门供给磁场电流的发电机称为 9 管交流发电机，所增设的 3 个小功率管称为磁场二极管。

如图 3.23 所示为 9 管交流发电机充电系统电路。接通点火开关 SW，当发电机不发电时，蓄电池经点火开关、充电指示灯、调节器给磁场绕组供电，充电指示灯亮，指示蓄电池放电。发动机起动后，发电机电压高于蓄电池电压，定子绕组中产生的三相交流电动势经 VD_1～VD_6 整流后，输出电压 U_B 向负载供电和对蓄电池充电；发电机的磁场电流由磁场二极管 VD_7～VD_9 与负二极管 VD_4～VD_6 整流后输出的直流电压 U_{D+} 供给，此时由于 "D_+" 端与 B 点电位相等，因此充电指示灯熄灭，表示发电机正常发电。当发动机熄火时，充电指示灯亮说明蓄电池在放电，提醒驾驶员关闭点火开关；当车辆运行时，充电指示灯亮则说明充电系统有故障，提醒驾驶员应及时维修。

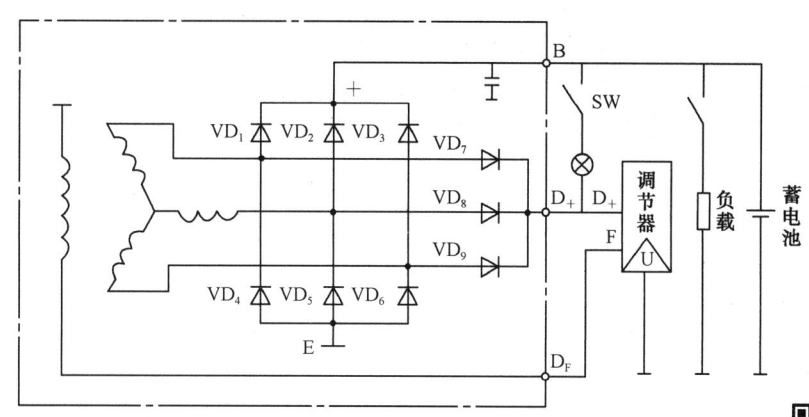

图 3.23　9 管交流发电机充电系统电路

交流发电机的调压原理

3.1.6　交流发电机的调压原理

由于交流发电机的转子是由发动机通过皮带驱动旋转的，因此发电机的转速变化范围非常大，将使发电机的输出电压发生较大变化，无法满足汽车用电设备的工作要求。为了满足用电设备恒定电压的要求，交流发电机必须配用电压调节器，使其输出电压在发动机所有工况下基本保持恒定。

目前车辆上使用的电压调节器多为晶体管式电压调节器和集成电路式电压调节器，如图 3.24 所示。晶体管式电压调节器利用晶体管的开关特性来控制发电机的电压，通常由环氧树脂封装，不可拆，具有质量轻、寿命长、电波干扰小、可靠性高等优点。集成电路式电压调节器除具有晶体管式电压调节器的优点外，还具有超小型等特点，通常与电刷架制成一个整体，组成整体式发电机，减少了外部接线，因此故障率大大降低，现广泛应用于本田、别克等多种品牌的轿车上。

由于交流发电机有内搭铁、外搭铁之分，所以调节器也有内搭铁、外搭铁之分。在使用过程中，最好采用汽车说明书中指定的晶体管式电压调节器，如果采用其他型号替代，除标称电压等规定参数需与原调节器一致外，待用调节器必须与原调节器的搭铁类型相同，否则发电机将由于励磁电路不通而不能正常工作。由于集成电路式调节器是专用的，所以不能由其他型号替代。

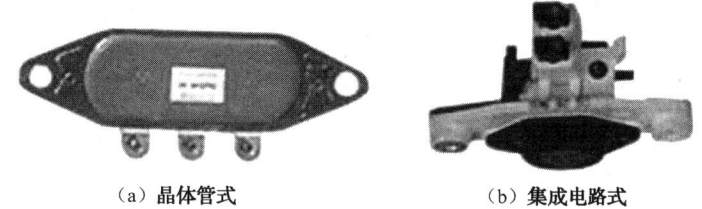

（a）晶体管式　　　　　　　　（b）集成电路式

图 3.24　电压调节器

1. 电压调节器的基本工作原理

由交流发电机的工作原理可知，交流发电机所产生的感应电动势与转子转速和磁极磁通成正比。当发电机转速变化时，电压调节器可通过改变励磁电流（磁极磁通与励磁电流成正比）的大小来控制发电机的输出电压 U_B 保持不变。

2. 外搭铁型电子电压调节器基本工作原理

（1）基本电路。

各种型号的电子电压调节器内部电路各不相同，这里介绍电子电压调节器的基本电路，实际电路要复杂得多，但其工作原理可参考基本电路的工作原理去理解。

外搭铁型电子电压调节器的基本电路如图 3.25 所示，主要由 3 个电阻（R_1、R_2、R_3）、2 个晶体管（VT_1、VT_2）、1 个稳压管（VS）和 1 个二极管（VD）组成。

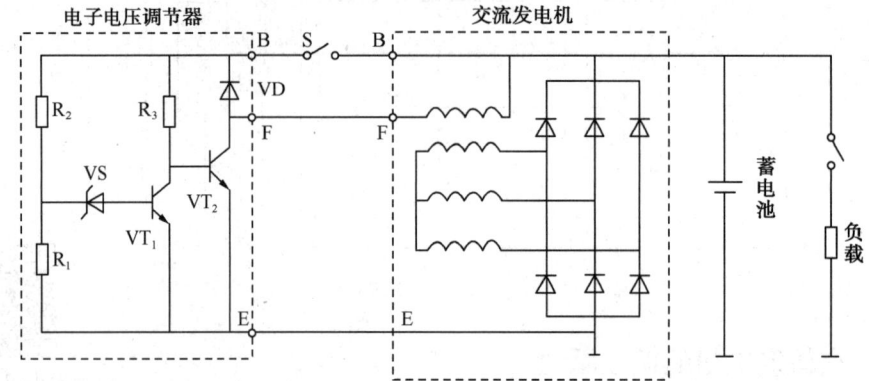

图 3.25　外搭铁型电子电压调节器的基本电路

电阻 R_1 和 R_2 串联组成一个分压器，接在发电机 "B" 与 "E" 之间，用于监测发电机的输出电压 U_B，分压电阻 R_1 两端的电压 U_{R1} 为

$$U_{R1} = \frac{R_1}{R_1 + R_2} U_B \tag{3-5}$$

由此可见，R_1 两端电压与发电机输出电压 U_B 成正比，U_{R1} 可反映发电机输出电压 U_B 的变化。

电阻 R_3 既是 VT_1 的分压电阻，又是 VT_2 的偏流电阻。

稳压管 VS 与 VT_1 的发射结串联后并联于分压电阻 R_1 的两端，组成电压检测电路，监测发电机输出电压 U_B 的变化。

VT_1 为小功率晶体管（NPN 型），用来放大控制信号。VT_2 为大功率晶体管（NPN 型），和发电机的励磁绕组串联，取其开关性能，用来接通与切断发电机的励磁电路。

电路的设计原理如下。

当发电机输出电压 U_B 升高至调节电压上限 U_{B2} 时，分压电阻 R_1 两端的电压 U_{R1} 恰好能使稳压管 VS 反向击穿，为 VT_1 提供基极电流，使 VT_1 导通，即

$$U_{R1} = \frac{R_1}{R_1 + R_2} U_{B2} = U_{VS} + U_{be1} \tag{3-6}$$

U_{VS} 为 VS 的击穿电压，U_{be1} 为基极电压，此式为稳压管 VS、晶体管 VT_1 的导通条件。

当发电机输出电压 U_B 下降至调节电压下限 U_{B1} 时，U_{R1} 不能使稳压管 VS 反向击穿，VT_1 因无基极电流而截止，即

$$U_{R1} < U_{VS} + U_{be1} \tag{3-7}$$

此式为稳压管 VS、晶体管 VT_1 的截止条件。

VD 是续流二极管，励磁绕组由接通变为断开状态时，产生的自感电动势（F 端高电位，B 端低电位）经二极管 VD 构成放电回路，防止晶体管 VT_2 被击穿损坏。

（2）工作原理。

① 接通点火开关 S，发动机不转，发电机不发电，蓄电池电压加在分压电阻 R_1、R_2 上，此时因 U_{R1} 较低不能使稳压管 VS 反向击穿，VT_1 截止，VT_2 导通，发电机励磁电路接通，发电机他励，此时由蓄电池供给磁场电流，励磁电路为：蓄电池正极→励磁绕组→调节器 "F" 接

柱→晶体管 VT_2→调节器"E"接柱→搭铁→蓄电池负极。

② 起动发动机，发电机定子内感应电动势随转速升高而增大，当其大于蓄电池电压时（发电机转速大约为 900r/min），发电机自励发电并开始对蓄电池充电。如果此时发电机输出电压 U_B 小于调节器调节电压上限 U_{B2}，VT_1 继续截止，VT_2 继续导通，此时的磁场电流由发电机供给，励磁电路为：发电机正极→励磁绕组→调节器"F"接柱→晶体管 VT_2→调节器"E"接柱→搭铁→发电机负极。由于励磁电路一直导通，发电机电压随转速升高而迅速增大。

③ 当发电机电压升高到等于调节电压上限 U_{B2} 时，调节器开始对发电机输出电压进行控制。此时电阻 R_1 上的分压 $U_{R1}=U_{VS}+U_{be1}$，VS 导通，VT_1 导通，VT_2 截止，发电机励磁电路被切断，磁极磁通下降，发电机输出电压下降。

④ 当发电机电压下降到等于调节电压下限 U_{B1} 时，电阻 R_1 上分压 $U_{R1}<U_{VS}+U_{be1}$，VS 截止，VT_1 截止，VT_2 重新导通，励磁电路重新被接通，发电机电压上升。

发电机电压上升到调节电压上限 U_{B2} 时，VT_2 就截止，励磁电路被切断，发电机输出电压 U_B 下降；发电机电压降到等于调节电压下限 U_{B1} 时，励磁电路接通，发电机输出电压 U_B 上升，周而复始，发电机输出电压 U_B 被控制在一定范围内。这就是外搭铁型电子电压调节器的工作原理。

实际上，对于电子电压调节器来说，由于晶体管 VT_2 的开关频率很高，U_{B2} 和 U_{B1} 之间的差距非常小，发电机的输出电压 U_B 波动非常小，再加上电容的滤波，所以发电机的输出电压很稳定。

3. 内搭铁型电子电压调节器基本工作原理

内搭铁型电子电压调节器的基本电路如图 3.26 所示。该电路的特点是晶体管 VT_1、VT_2 采用 PNP 型，发电机的励磁绕组连接在 VT_2 的集电极和搭铁端"E"之间，电路工作原理和结构与前述外搭铁型电子电压调节器类似，故不再赘述。

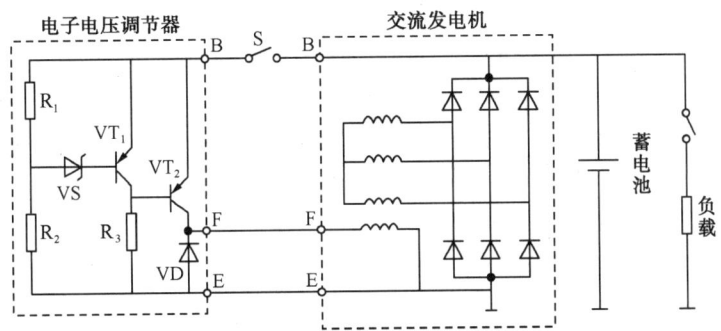

图 3.26　内搭铁型电子电压调节器的基本电路

4. 电压调节器电压检测点的选择

电压调节器检测电路根据检测点的不同，可分为发电机电压检测电路和蓄电池电压检测电路两类，如图 3.27 所示。

发电机电压检测电路如图 3.27（a）所示，分压器 R_1、R_2 从发电机"D_+"端得到电压。检测点 P 加到稳压管 VS 上的电压与发电机输出电压成正比，所以该电路称为发电机电压检测电路（检测点在发电机上）。

蓄电池电压检测电路如图 3.27（b）所示，分压器 R_1、R_2 从蓄电池正极"BAT"得到电压。检测点 P 加到稳压管 VS 上的电压与蓄电池的端电压成正比，所以该电路称为蓄电池电压检测电路（检测点在蓄电池上）。

相比而言，在发电机电压检测电路中，因检测点选在发电机上可使发电机的引出线减少一根，但当发电机"B"端至蓄电池正极"BAT"上电压降较大时，可能导致蓄电池充电不足。因此，一般大功率发电机多采用蓄电池电压检测电路。对于蓄电池电压检测电路，因其检测点直接选在蓄电池上，可保证蓄电池的充电电压；当调节器"S"端至蓄电池正极"BAT"导线断路时，将转为发电机电压检测电路。

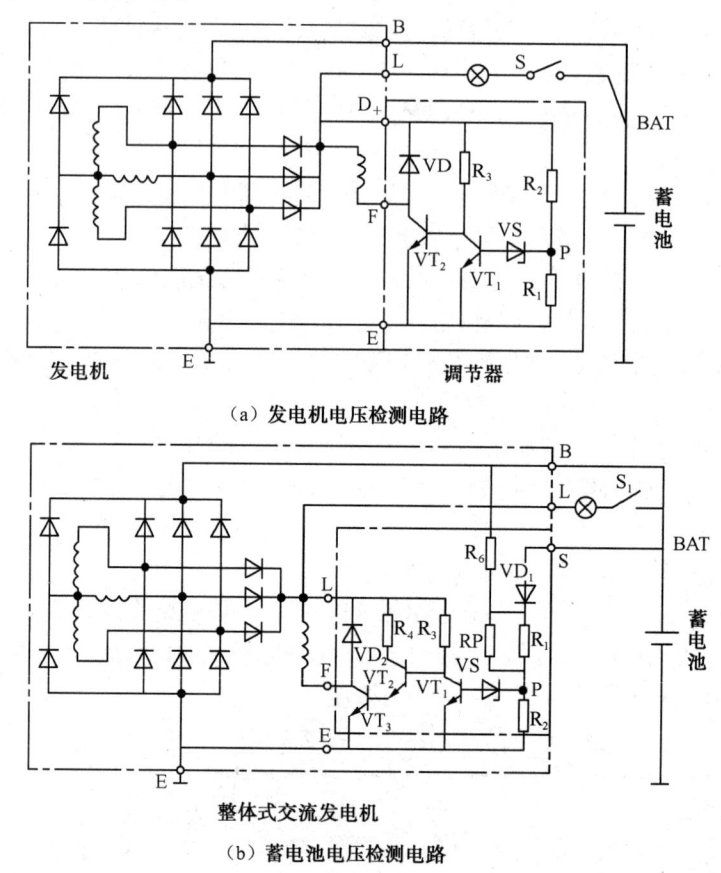

（a）发电机电压检测电路

（b）蓄电池电压检测电路

图 3.27　电压调节器电压检测点的位置

3.1.7　交流发电机的工作特性

汽车用交流发电机的转速变化范围很大，其转速一般在 1000～15000r/min 变化，由交流发电机的端电压变化规律可知，要研究和表征硅整流发电机的特性，应以转速为基础进而分析各有关量的变化。交流发电机的特性有空载特性、输出特性和外特性，其中以输出特性最为重要。

1．空载特性

空载特性是指无负荷时，发电机的端电压与转速之间的关系。空载特性曲线如图 3.28 所示。

从曲线可以看出，随着转速升高，端电压上升较快，由他励转入自励发电时，发电机就可以向蓄电池进行补充充电，这说明交流发电机低速

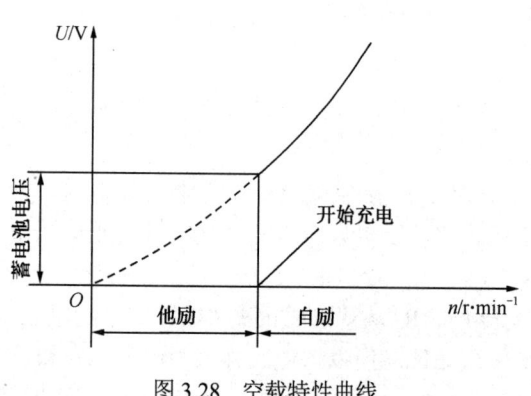

图 3.28　空载特性曲线

充电性能很好。空载特性是判定交流发电机充电性能是否良好的重要依据。

2. 输出特性

输出特性也称负载特性或输出电流特性，它是指发电机输出电压保持一定时，发电机的输出电流与转速之间的关系。一般对标称电压为 12V 的交流发电机，其输出电压恒定在 14V，对标称电压为 24V 的发电机，其输出电压恒定在 28V。通过试验可以测得一条 $I=f(n)$ 的输出特性曲线，如图 3.29 所示。

（1）发电机达到额定电压时的初始转速 n_1 为空载转速，空载转速值是选定发电机与发动机传动比的主要依据。

（2）发电机达到额定电流时的转速 n_2 为满载转速，此时发电机可输出额定功率的电能。

空载转速和满载转速是判断发电机技术性能优劣的重要指标，发电机出厂技术说明书中均有规定。使用时，只要测得这两个数据，与规定值相比即可判断发电机性能是否良好。

（3）当转速升到某一定值后，输出电流就不再随转速的升高和负荷的增多而继续增大了，因此交流发电机具有自动控制输出电流的功能。交流发电机的最大输出电流约为额定电流的 1.5 倍。交流发电机能自动限制最大输出电流的原因如下。

交流发电机定子绕组的阻抗为

$$Z = \sqrt{R^2 + X_{\mathrm{L}}^2} \tag{3-8}$$

式中，R 为每相绕组的电阻；X_{L} 为每相绕组的感抗，其值为

$$X_{\mathrm{L}} = 2\pi f L \tag{3-9}$$

式中，L 为一相定子绕组的电感；f 为感应电动势的频率（$f=pn/60$，p 为磁极对数）。

由于 X_{L} 与 n 成正比，故发电机定子绕组的阻抗 Z 随发电机转速的升高而增大。高速时由于 R 与 X_{L} 相比可忽略不计，故认定 Z 与 n 成正比。此外，随着发电机输出电流增大，电枢反应加强，磁场减弱，使定子绕组中的感应电动势下降。两者共同作用导致发电机的转速达到某一值后，继续增加转速，发电机的输出电流不再增大。

3. 外特性

外特性是指转速保持一定时，发电机的端电压与输出电流的关系。在经过不同的恒定转速试验后，可以绘出一组相似的 $U=f(I)$ 外特性曲线，如图 3.30 所示。

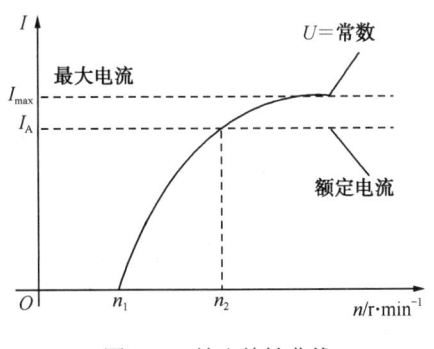

图 3.29　输出特性曲线

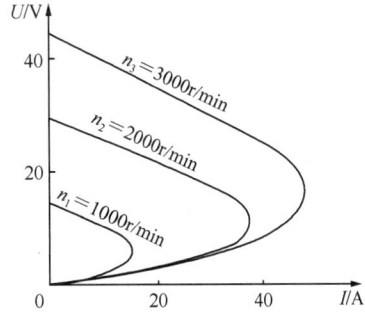

图 3.30　外特性曲线

由外特性曲线可以看出，交流发电机端电压受转速和负载变化的影响较大，因此必须配用电压调节器才能保持恒定的电压值。当发电机处于高速运转状态时，如果突然失去负载，则其端电压会急剧升高，这时发电机中的硅二极管及调节器中的电子元器件有被击穿的危险，因此应避免外电路断路的现象。

学习单元 3.2 充电系统的维护与检测

3.2.1 交流发电机的使用注意事项

（1）汽车交流发电机均为负极搭铁，蓄电池的搭铁极性必须与此相同，否则，蓄电池将通过整流二极管放电，使整流二极管立即烧坏。

（2）发电机工作时，不能用试火的方法检查发电机是否发电，否则将损坏发电机的整流器。

（3）发电机正常工作时，不可任意拆卸发电机火线接柱上的导线，以防止引起电路中的瞬时过电压，损坏电子元器件。

（4）发动机熄火时，应及时关闭点火开关，以防止蓄电池通过励磁电路放电。

（5）当发现发电机不发电或发电量小时，应及时检修，否则将导致蓄电池充电不足。

3.2.2 充电系统基本检查及发电状态测试

交流发电机在使用中应定期进行以下检查和维护，以保证电源系统正常工作，减少故障，延长各部件的使用寿命。

充电系统基本检查及发电状态的检测

1. 检查发电机驱动皮带

（1）检查外观。观察驱动皮带有没有如图 3.31 所示的裂纹或磨损现象，若有应更换皮带。

（2）检查皮带的挠度。在交流发电机与曲轴皮带轮之间皮带的中心点施加 100N 的力，测量皮带中心的挠度。例如，本田雅阁轿车新皮带的挠度为 4.0～6.0mm，旧皮带的挠度为 7.0～9.0mm，测量方法如图 3.32 所示。

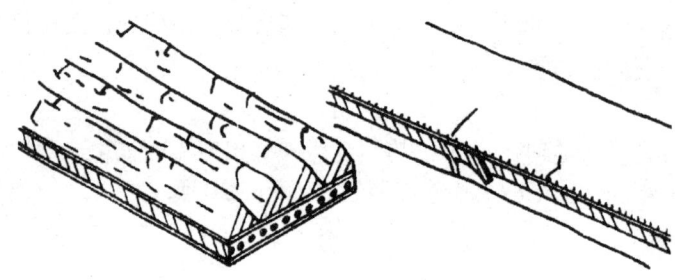

图 3.31 检查驱动皮带的外观

（3）检查皮带的张力。用专用工具皮带张力仪进行测量。例如，本田雅阁轿车新皮带张力为 1030～1130N，旧皮带张力为 490～590N，测量方法如图 3.33 所示。

由于驱动皮带的挠度和张力都能反映发电机的驱动情况，因此，有的汽车规定只检查其中的一项，使用中按维修手册要求而定。若检测结果不符合规定，应进行调整。方法是：拧松发电机固定螺栓的锁紧螺母，转动调节螺栓到合适的松紧度，然后拧紧锁紧螺母和固定螺母，再次检查皮带张力和挠度，直到符合规定。

2. 检查导线连接

（1）检查各导线的连接是否正确牢靠。

（2）发动机"B"端子必须加弹簧垫圈紧固。

（3）采用插接器连接的发电机，其插座与线束插头必须锁紧，不能松动。

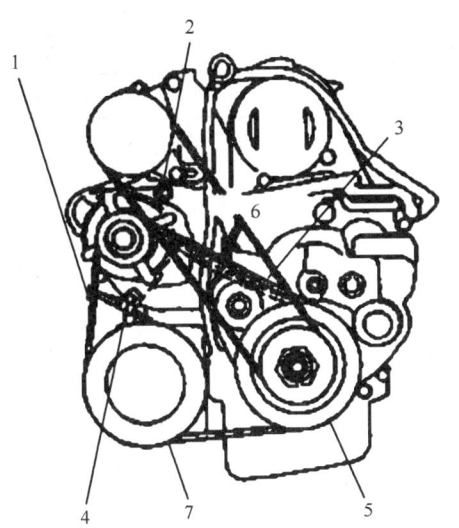

1—调节螺栓；2—贯穿螺栓（44N·m）；

3—交流发电机皮带；4—调节张紧螺母（22N·m）；

5—曲轴皮带轮；6—在此处测量；7—空调压缩机。

图 3.32　测量皮带挠度的方法

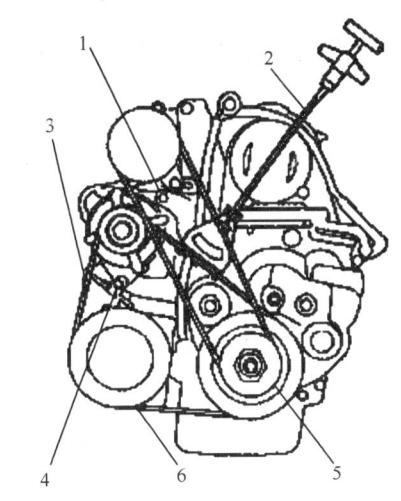

1—贯穿螺栓（44N·m）；2—皮带张力仪 07JGG—0010A；

3—调节螺栓；4—调节锁紧螺母（22N·m）；

5—曲轴皮带轮；6—空调压缩机。

图 3.33　测量皮带张力的方法

3．检查发电机运转有无噪声

当发电机出现故障（特别是机械故障），如轴承破损、转子轴弯曲等，发电机运转时会发出异常噪声。检查时，逐渐加大发动机油门，使发电机转速逐渐升高，监听有无异常噪声，如有异常噪声应及时检修。

4．检查发电机能否正常发电

发电机能否正常发电，直接影响蓄电池的起动性能和使用寿命，检查方法如下。

（1）观察充电指示灯的熄灭情况：点火开关接通后，充电指示灯点亮，起动发动机并逐渐提高转速，当发动机转速达到怠速转速时，发电机发电，充电指示灯应熄灭。若充电指示灯一直亮着，则说明电源系统有故障，应及时维修。

（2）用万用表直流电压挡测量电压：首先在发电机未转动时测量蓄电池的端电压，然后起动发动机并将转速提高到怠速以上的转速，再次测量蓄电池电压，若高于前一次的测量值，则说明发电机能发电。

3.2.3　交流发电机的检测与试验

当发现发电机不发电或发电量不足等故障时，应首先判断故障发生在外电路还是发电机内部，若初步判定故障在发电机内部，则应将发电机从车上拆下来，对其进行检测、修理。

交流发电机试验

1．交流发电机静态检测

整机静态测试即用万用表测量发电机"B"与"E"、"F"与"E"、"B"与"F"接柱之间的正、反向电阻值，以判断发电机内部的技术状况。表 3.2 中列出了几种交流发电机各接柱之间的标准电阻值。

表 3.2　几种交流发电机各接柱之间的标准电阻值（使用机械式万用表）　　　　　（单位：Ω）

交流发电机型号	"F"与"E"接柱之间的电阻值	"B"与"E"接柱之间的电阻值		"B"与"F"接柱之间的电阻值	
		正向	反向	正向	反向
JF11 JF13 JF21	5～6	40～50	>10k	50～60	>10k
JF12 JF22 JF23 JF26	19.5～21	40～50	>10k	50～70	>10k

　　若"B"与"E"、"B"与"F"接柱之间的正向电阻值小于标准值，则表示有硅二极管短路；若接近标准值，但进行负载试验时测得的电流很小，则表示有硅二极管断路。

　　若"F"与"E"接柱之间的电阻值过大，则表明电刷与滑环接触不良或磁场绕组断路；若电阻值过小，则说明磁场绕组有匝间短路。

　　通过测量各接柱之间的电阻值不能确定交流发电机有无故障时，应进行动态测试。

2. 交流发电机动态测试

（1）实验台动态测试。交流发电机的空载试验和负载试验是在汽车电器万能实验台上进行的，测试电路如图 3.34 所示。

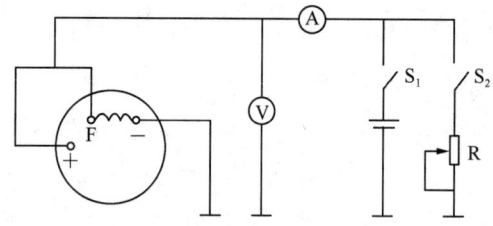

图 3.34　交流发电机的空载和负载测试电路

　　① 空载试验：空载试验即在交流发电机不带任何负载（不对外输出电流）的情况下，在实验台上进行的初步测定发电机是否有故障的试验。

　　试验方法：按照图 3.34 所示进行连线，检查无误后开启实验台上的调速电动机，闭合开关 S_1，由蓄电池（或实验台上的直流电源）给发电机提供励磁电流，逐步提高调速电动机的转速，当转速上升到 500～800r/min 时，发电机开始自励发电，继续提高转速，观察电压表的读数。当电压达到额定值时，若转速高于空载转速（参看发电机说明书），则说明发电机有故障，应进行解体检测。若通过空载试验仍不能确定发电机是否有故障时，应进行负载试验。

　　② 负载试验：负载试验即在发电机带有负载的情况下进行的进一步测定发电机性能的试验。

　　交流发电机的某些故障在没有电流输出的条件下是表现不出来的，所以在空载试验正常的情况下，应进行负载试验。负载试验可以接着空载试验进行。当交流发电机转速达到空载转速时，接通 S_2，提高发电机转速并调节负载，增大负载电流。当达到额定转速时，若输出电流能达到额定电流，说明发电机性能良好，否则说明发电机有故障，应解体检修。

　　（2）用示波器观察输出电压的波形（在有条件的情况下）。

　　当交流发电机有故障时，其输出电压波形将出现异常，因此，在有条件的情况下，可利用示波器观察发电机输出电压波形。根据电压波形可判断交流发电机内部的故障是整流器的故障还是定子绕组的故障。其出现各种故障时输出的电压波形如图 3.35 所示。

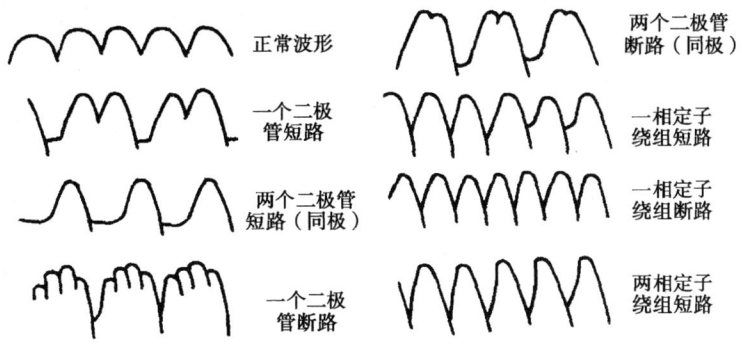

图 3.35　交流发电机出现各种故障时输出的电压波形

3.2.4　电压调节器的检测

电压调节器的检测

为交流发电机配用调节器时，交流发电机的电压等级必须与调节器电压等级相同，交流发电机的搭铁类型必须与调节器搭铁类型一致，调节器的功率不得小于发电机的功率，否则系统不能正常工作。

1. 电压调节器搭铁类型的检测

如图 3.36 所示，将可调直流电源正极接在调节器 "B"（或 "+"）端，负极接在调节器 "E"（或 "-"）端，将小灯泡一端接 "F"，另一端暂时悬空，稳压电源电压调到 12V（28V 调节器则调到 24V）。

（1）将小灯泡悬空的一端搭在电源 "B" 上，接通开关 S，若灯泡亮，则调节器为外搭铁型。若灯泡不亮，关断开关 S，进入下一步。

（2）将小灯泡悬空的一端搭在搭铁端 "E" 上，接通开关 S，若灯泡亮，则调节器为内搭铁型。

若两种情况下灯泡都不亮，则接线有问题或调节器损坏。

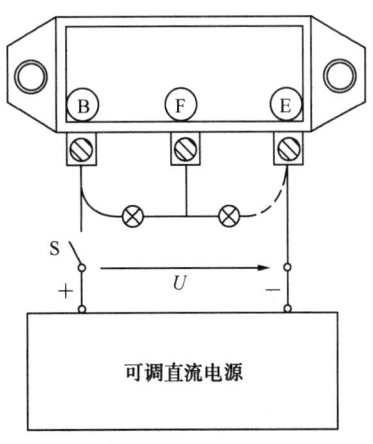

图 3.36　电压调节器搭铁类型检测电路

2. 电压调节器性能好坏的测试

将电压调节器按搭铁类型分类接线，其性能检测电路如图 3.37 所示。连好电路后，先将可调直流电源电压调至 12V（14V 调节器）或 24V（28V 调节器），接通开关 S，此时灯泡应点亮，然后逐渐调高电压，灯泡的亮度应随电压的升高而增强，当电压升到调节电压（14V 电压调节器为 13.5～14.5V，28V 电压调节器为 27～29V）时，若灯泡熄灭，则电压调节器性能良好，若灯泡始终发亮，则电压调节器已损坏。

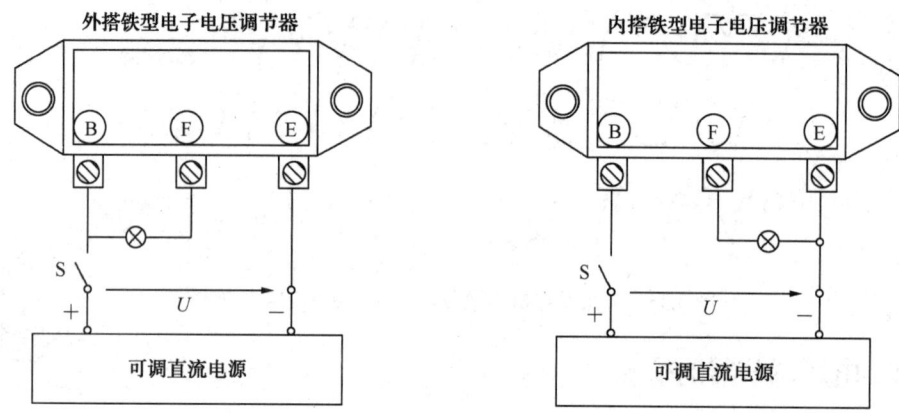

图 3.37　电压调节器性能检测电路

学习单元 3.3　典型充电系统的故障诊断

3.3.1　丰田轿车电源系统

1. 丰田轿车电源系统的构成

丰田轿车电源系统如图 3.38 所示，主要包括几个部分。

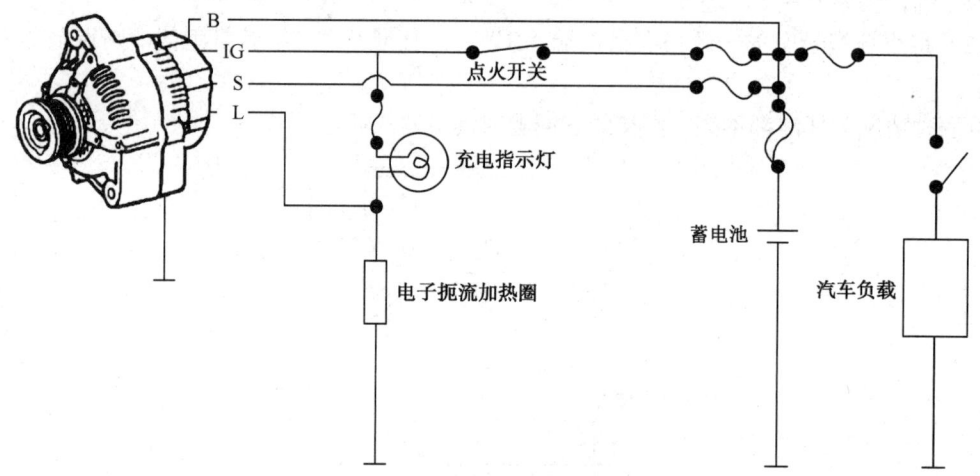

图 3.38　丰田轿车电源系统

（1）点火开关。点火开关处于 ON 位置时，蓄电池电流为交流发电机提供能量。

（2）交流发电机。机械能通过凹槽驱动皮带从引擎传输到交流发电机。通过电磁感应，发电机把机械能转换成电能，再通过整流器把产生的交流电转换成直流电，整流器是由一组只允许电流单向通过的二极管组成的。

（3）电压调节器。如果没有调节器，那么交流发电机总是在最大输出下工作，这样会导致某些部件损坏及蓄电池过度充电。调节器通过控制交流发电机输出来避免充电过度或充电不足。在一些旧的车型上，此功能是由一个单独的机电部件来完成的，这个机电部件通过线圈及触点打开、关闭交流发电机电路。在现代车型中，此功能是由内置的电子设备来完成的。

（4）蓄电池（电瓶）。蓄电池通过电流为交流发电机提供能量。在充电过程中，蓄电池把来自交流发电机的电能转换成化学能。蓄电池活性物质就被储存起来，蓄电池在系统中同时扮演着减振器和电压稳定器的角色来防止汽车电气系统中敏感部件的损坏。

（5）充电指示灯。丰田轿车上的充电指示灯大多数是开/关预警灯，通常呈"关闭"状态。当灯路检查点火打开时，充电指示灯会亮。如果充电系统充电不足，这时发动引擎，充电指示灯也会亮。

（6）熔断器。易熔线和一些单独的熔断器在充电系统中用来保护电路。

2. 丰田轿车电源系统的工作原理

当点火开关为开时，蓄电池通过连接在开关和端子"IG"之间的导线为调节器提供电压。当交流发电机充电时，端子"B"和蓄电池之间的导线中有电流通过。同时，MIC 电压调节器通过端子"S"监测蓄电池电压。这样，调节器根据需要增大或减小转子磁场能量。指示灯电路通过端子"L"连接起来。其工作过程如下。

（1）点火开关处于 ON 位置，发动机不工作。发电机不发电，蓄电池供电，MIC 电压调节器控制 Tr_1 导通，转子线圈通电励磁；同时 MIC 电压调节器控制 Tr_2 截止，Tr_3 导通，充电指示灯亮，如图 3.39 所示。

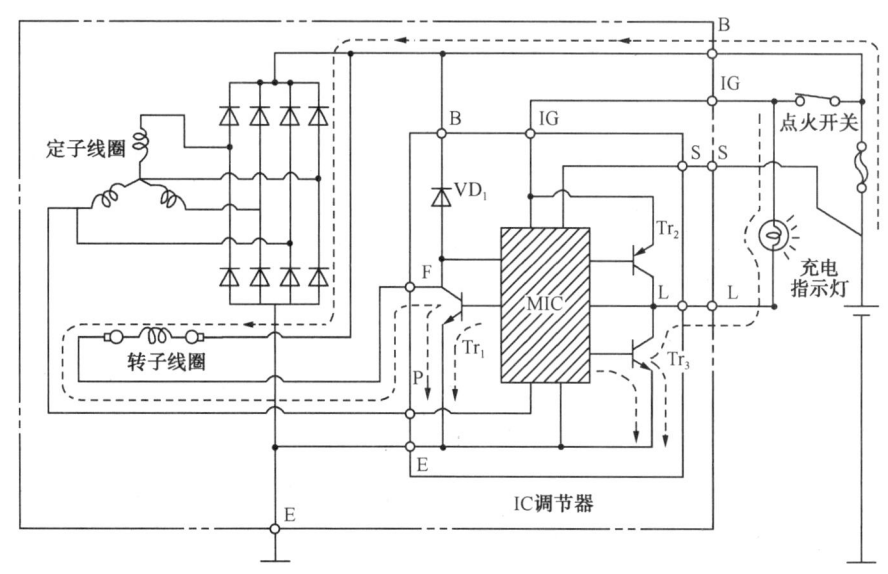

图 3.39 点火开关处于 ON 位置，发动机不工作

（2）发动机工作，未达到调节电压。发电机发电并供电，但未达到调节电压，MIC 电压调节器控制 Tr_1 导通，转子线圈继续通电励磁；同时 MIC 电压调节器控制 Tr_2 导通，Tr_3 截止，充电指示灯灭，如图 3.40 所示。

（3）发动机工作，达到调节电压。发电机供电电压上升并达到调节电压（14.5V），MIC 电压调节器控制 Tr_1 截止，转子线圈断电，发电机供电电压下降；当 MIC 电压调节器监测到"S"端的电压低于 14.5V 时，MIC 电压调节器控制 Tr_1 导通，转子线圈通电励磁；发电机供电电压上升，MIC 电压调节器控制 Tr₁ 截止，转子线圈断电，发电机供电电压下降；如此往复，发电机供电电压被控制在 14.5V，如图 3.41 所示。

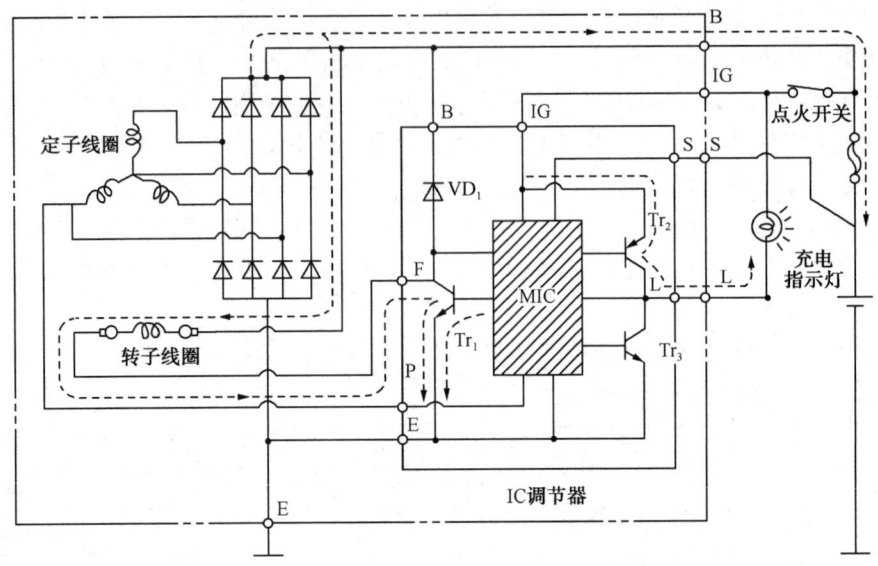

图 3.40　发动机工作，未达到调节电压

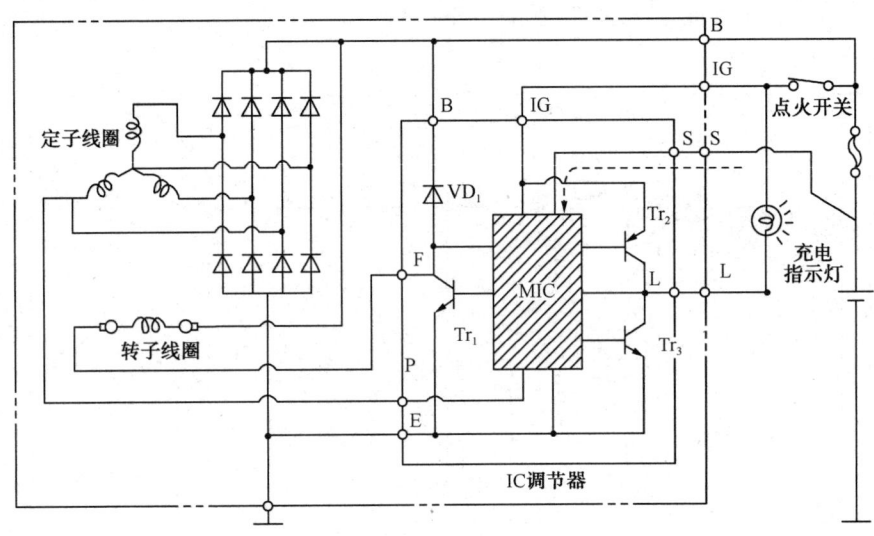

图 3.41　发动机工作，达到调节电压

（4）"S"端电压检测线断路。当"S"端电压检测线断路时，MIC 电压调节器监测不到"S"端的电压，MIC 电压调节器控制 Tr₂ 截止，Tr₃ 导通，充电指示灯亮，提示充电系统故障；同时，MIC 电压调节器通过"P"端监测单线圈输出电压，当"P"端电压低于 16V 时，MIC 电压调节器控制 Tr₁ 导通，转子线圈通电励磁，"P"端电压上升；当"P"端电压上升到 16V 时，MIC 电压调节器控制 Tr₁ 截止，转子线圈停止励磁，"P"端电压下降；如此往复，保证发电机供电，如图 3.42 所示。

（5）"B"端线断路。当"B"端线断路时，MIC 电压调节器监测到"S"端电压约为 13V（蓄电池电压），同时，MIC 电压调节器监测到"P"端电压约为 16V，则 MIC 电压调节器控制 Tr₂ 截止，Tr₃ 导通，充电指示灯亮，提示充电系统故障，如图 3.43 所示。

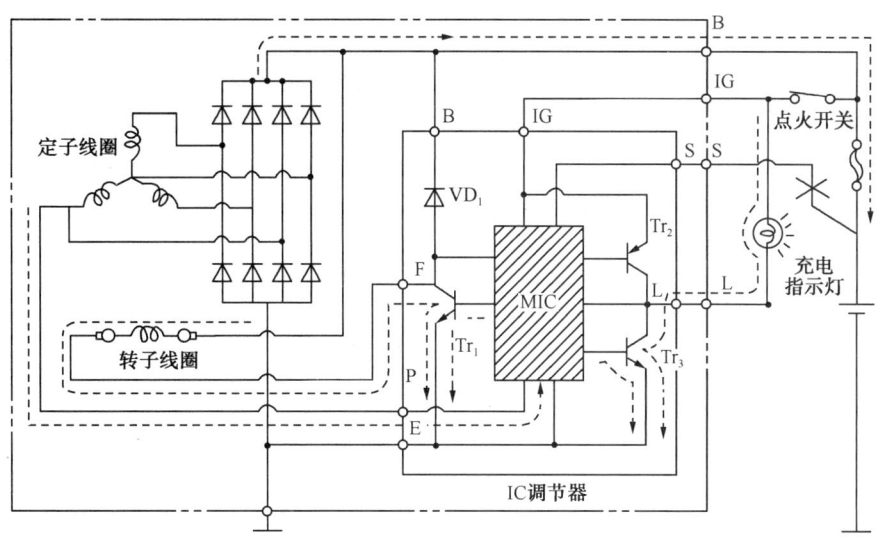

图 3.42 "S"端电压检测线断路

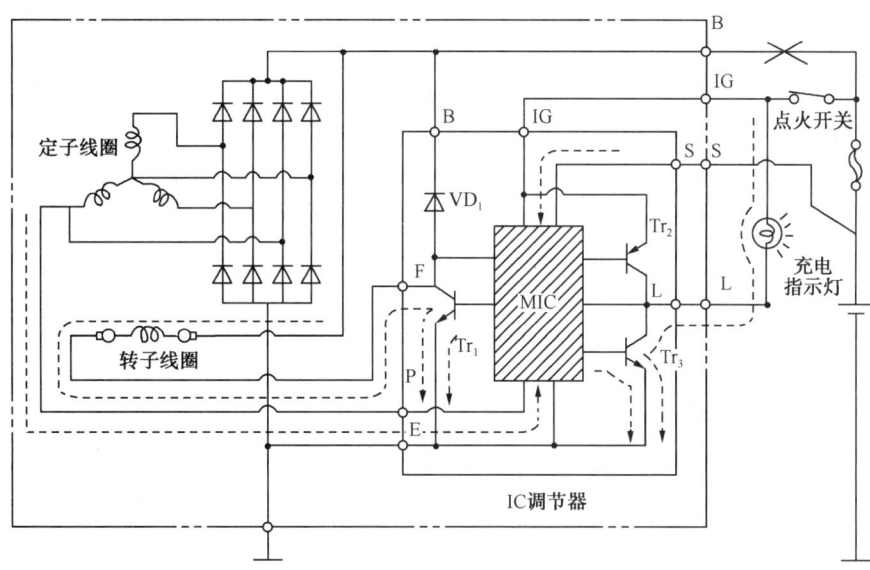

图 3.43 "B"端线断路

3．丰田轿车电源系统检修方法

充电系统需要定期检查与维修，表 3.3 中列出了常见故障与可能引起的原因及维修措施。

表 3.3 常见故障与可能引起的原因及维修措施

故 障	可能引起的原因	维修措施
在打开点火开关、发动机不工作的情况下，预警灯不亮	(1) 熔断器烧断； (2) 灯泡烧坏； (3) 导线接头松动； (4) 继电器坏； (5) 调节器坏	(1) 检查充电、点火开关及引擎熔断器，如果原因确凿，请更换熔断器； (2) 更换灯泡； (3) 检查电路中的电压降，拧紧松动的接头； (4) 检查使用的继电器的导通性及工作情况； (5) 检查交流发电机输出

续表

故　障	可能引起的原因	维修措施
在发动机工作、蓄电池过度充电或未充满电的情况下，预警灯未亮	（1）传动带松动或磨损； （2）蓄电池或蓄电池接头坏； （3）熔断器或易熔线烧断； （4）继电器、调节器或交流发电机损坏； （5）导线损坏	（1）检查传送带，如原因确凿，请调整或更换； （2）检查蓄电池及蓄电池接头； （3）检查熔断器和易熔线； （4）检查充电系统输出和部件的工作情况； （5）检查电压降
有噪声	（1）传动带松动或磨损； （2）交流发电机轴承磨损； （3）二极管损坏	（1）检查传动带，如有需要，请调整或更换； （2）更换交流发电机

3.3.2　本田雅阁轿车电源系统

1．本田雅阁轿车电源系统构成

本田雅阁轿车（L4 发动机）电源系统电路如图 3.44 所示。

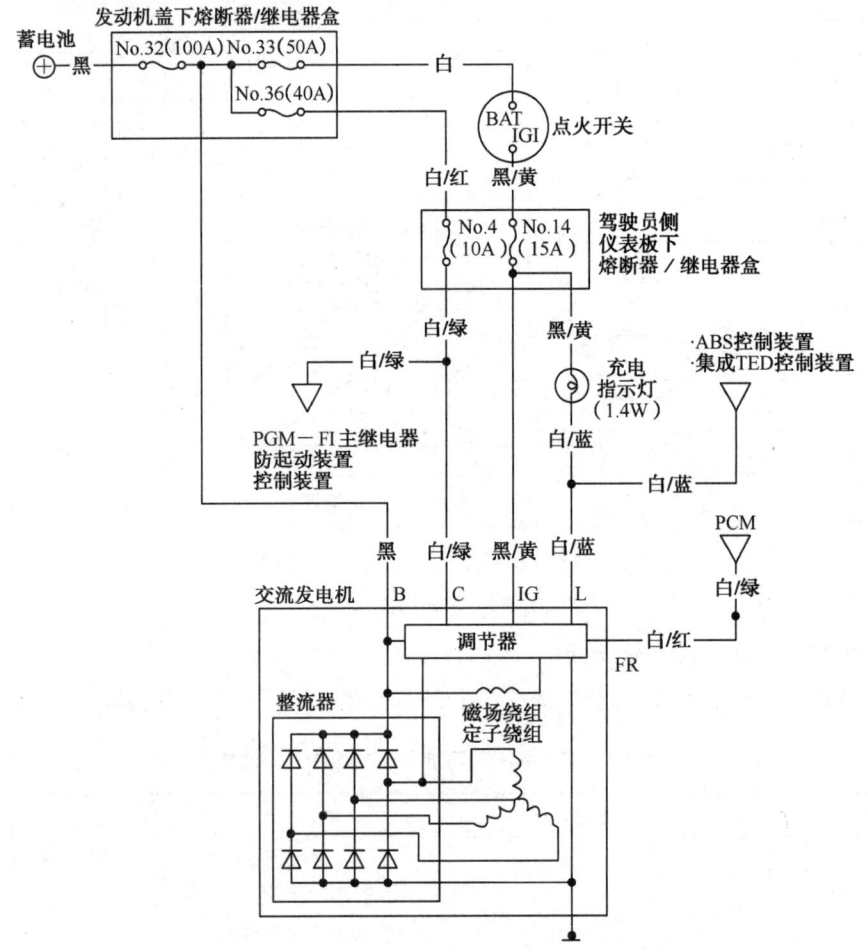

图 3.44　本田雅阁轿车（L4 发动机）电源系统电路

2．本田雅阁轿车电源系统工作原理

该系统调节器为内装式外搭铁型，由发电机微电脑控制。在汽车电路中有一个负载检测仪，

将电路中总负载电流信号送给微电脑，调节器"C"端子送发电机电压信号到微电脑，微电脑根据这两个信号判断磁场电路应该接通还是断开，输出控制信号到"FR"端子，驱动调节器的控制电路，适时地接通和断开磁场绕组电路，以此控制发电机的输出电压。

在发动机起动前，首次将点火开关转至 RUN 位置时，蓄电池电压通过熔丝加到充电系统指示灯上，该指示灯通过交流发电机的端子"L"搭铁，此时充电指示灯点亮。发动机运转时，交流发电机工作正常，蓄电池电压仍然通过熔丝加在充电指示灯上，同时，交流发电机通过端子"L"供给充电指示灯电压，充电指示灯两侧电压相等，充电指示灯熄灭。当发动机运转，而交流发电机未发电时，充电指示灯通过交流发电机端子"L"搭铁，此时，充电指示灯点亮，警告驾驶员电源系统不正常。

3．本田雅阁轿车电源系统检修方法

（1）充电指示灯故障检测。本田雅阁轿车充电指示灯故障检测流程如图 3.45 所示。

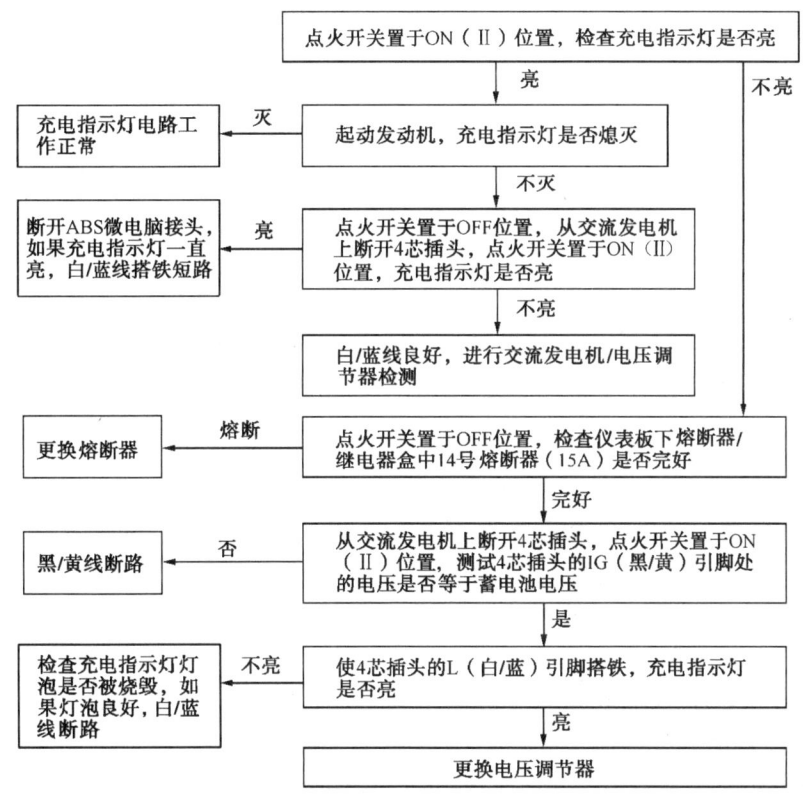

图 3.45　本田雅阁轿车充电指示灯故障检测流程

（2）交流发电机/电压调节器的检测。本田雅阁轿车交流发电机/电压调节器故障检测流程如图 3.46 所示。注意，确保蓄电池充足电后再进行检查。

3.3.3　别克君威轿车电源系统

1．别克君威轿车电源系统构成

别克君威轿车电源系统电路如图 3.47 所示。

充电系统典型电路分析

别克轿车使用的蓄电池型号为 Globe，是免维护蓄电池，冷起动电流为 600A，负载测试电流可达 300A。发电机型号为 Valeo，额定输出电流为 140A，负载测试电流为 98A。调节器安装于发电机内部，有"S""L""F""P"四个外部连接端子，其作用分别如下。

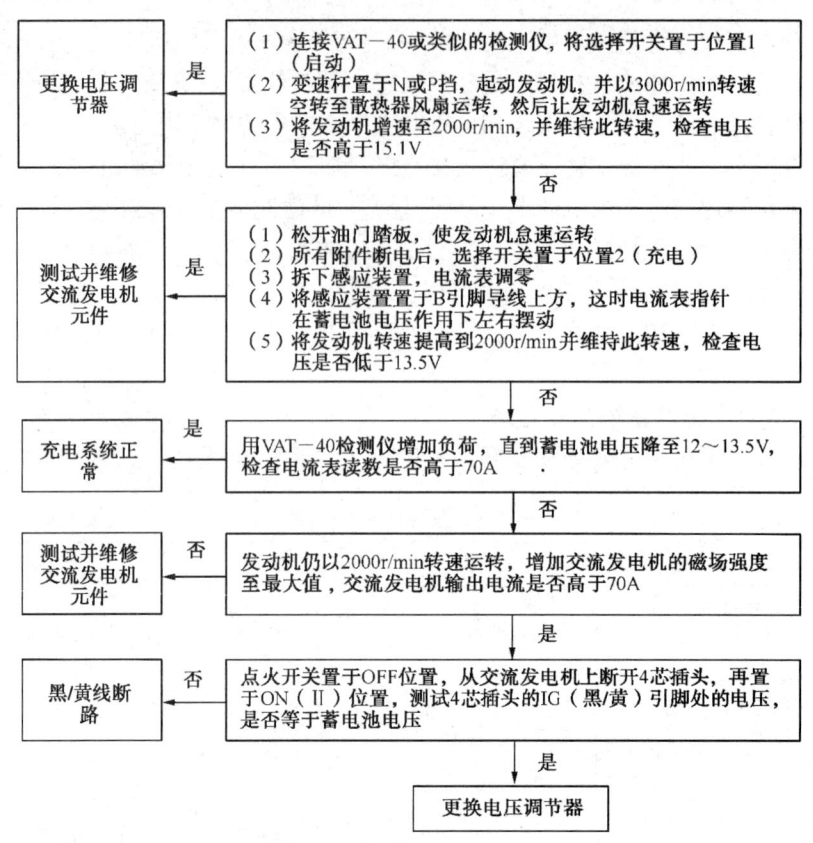

图 3.46　本田雅阁轿车交流发电机/电压调节器故障检测流程

"S"端子——接外部参考电源，向调节器提供调节参考电压，调节器根据该端子电压的变化而输出不同宽度的磁场脉冲。

"L"端子——调节器的控制端子，当该端子无电压且发电机不运转时，调节器的磁场脉冲输出端子关闭。另外，当"S"端子断电，发电机不转，系统电压低于 11.2V 或高于 16.5V 时，"L"端子接地，向外电路提供报警信号。

"F"端子——磁场脉冲输出端子，供外部测量或检测。

"P"端子——发电机转速信号脉冲输出端子。

2．别克君威轿车电源系统工作原理

由图 3.47 可见，发电机"P"端子未使用。发电机内调节器是否工作取决于其"L"端子的指令，在发动机正常运转时，动力系统控制模块 PCM 向发电机"L"端子提供 5V 电压，调节器根据发电机电压向励磁绕组提供具有合适占空比的励磁脉冲；当点火开关接通但发动机没有运转或发动机转速过低时，PCM 切断向"L"端子的电压输出，此时调节器将切断励磁绕组的电流，以减小不必要的额外负荷。

发电机"F"端子是磁场脉冲数据输出端子，动力系统控制模块 PCM 用该数据计算发电机 PWM（脉宽调制）。PCM 利用发电机 PWM 信号辅助控制怠速稳定。

充电报警控制：别克君威轿车充电报警灯是由动力系统控制模块 PCM 通过 2 级串行数据总线控制的，仪表上的报警灯与发电机之间没有直接连线。PCM 控制报警灯点亮的条件是 PCM 插头 C2 的 61 脚检测到发电机"L"端子接地。在发电机内部，调节器有一个直流电压输入端子（DC in）和一个交流电压输入端子（AC in）。直流电压输入端子可以在发电机插头未连接时

（S、L、F、P 断开），向调节器提供工作电源和调节参考电压；调节器通过交流电压输入端子感知发电机是否运转。在以下情况中，调节器控制"L"端子接地，PCM 收到此信号后，通过 2 级串行数据总线控制充电报警灯点亮。

① 系统电压低于 11.2V。

② 系统电压高于 16.5V。

③ 发电机不转。

④ "S"端子参考电压丢失。

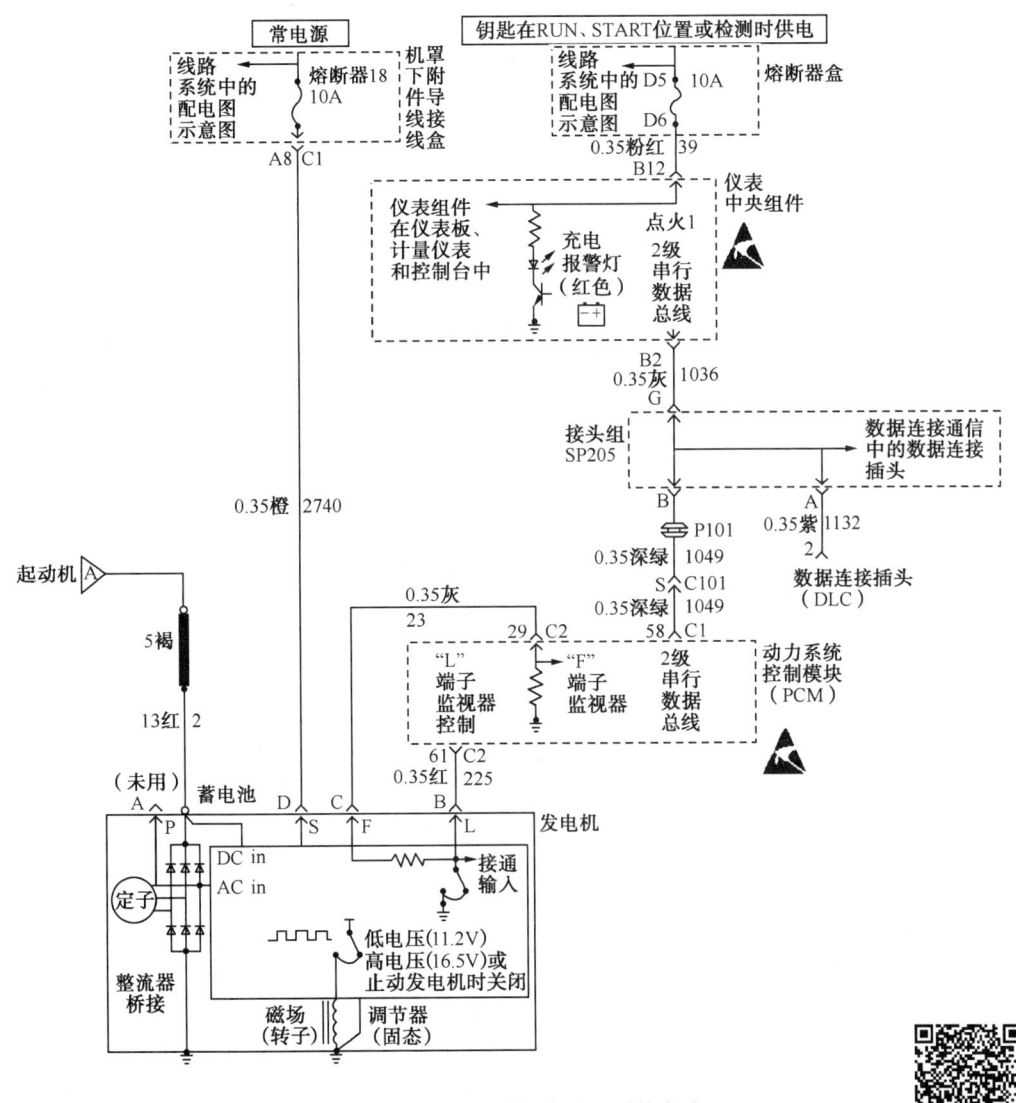

图 3.47 别克君威轿车电源系统电路

3. 别克君威轿车电源系统检修方法

（1）蓄电池亏电。蓄电池亏电是指蓄电池因过度放电或其本身损坏而存电不足的现象。蓄电池轻微亏电会造成起动无力，严重亏电会造成发动机不能起动。蓄电池的充电状态可以通过观察蓄电池上的充电状态指示器来初步判断。要准确判断蓄电池的充电状态，需用负载测试表（高率放电计）进行测量，如图 3.48 所示，以 300A 的电流给蓄电池放电 5～10s 后，蓄电池的端子电压应不低于 9.6V（常温下测试），最低电压值与测试温度有关，温度对测试电压的影响如表 3.4 所示。

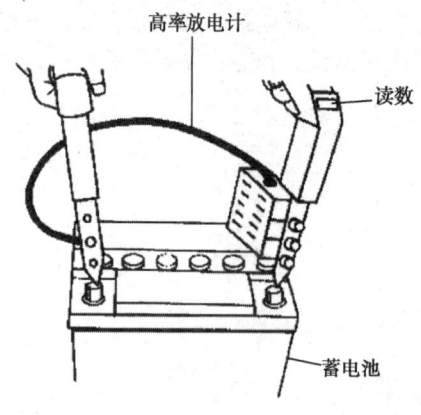

图3.48　用负载测试表测量蓄电池的充电状态

表3.4　温度对测试电压的影响

温度/℃	电压值/V
21	9.6
16	9.5
10	9.4
4	9.3
-1	9.1
-7	8.9
-12	8.7
-18	8.5

造成蓄电池亏电的原因有：忘记关闭用电设备，使蓄电池过度放电；蓄电池故障，如极板硫化、严重自放电等，造成储电能力不足；充电系统电压不足；线路或用电设备有过大的漏电电流。

漏电电流即用电设备在静态 OFF 时的电流消耗。测量整车的漏电电流时需在蓄电池负极与搭铁之间串联一块电流表，其读数即为整车的漏电电流值。别克君威轿车规定的最大漏电电流约为 25mA，当测量值超过规定值时，可逐一拔掉各用电设备的熔丝，如果拔掉某用电设备的熔丝后，漏电电流恢复正常，说明该用电设备或相关线路有故障。主要用电设备的允许漏电电流如表 3.5 所示。

表3.5　主要用电设备的允许漏电电流　　　　　（单位：mA）

用 电 设 备	一 般 电 流	最 大 电 流
动力系统控制模块（PCM）	5.0	7.0
车身控制模块（BCM）	1.0	1.5
电子制动控制模块（EBCM）	—	1.5
辅助充气保护装置模块（SDM）	0.75	1.0
仪表组件（IP）	4.0	6.0
音响	5.0	7.0
防盗控制模块	0.75	1.0

（2）不充电或充电报警灯点亮。充电报警灯点亮或发电电压不正常，可按以下步骤检查。

① 测量外电路。

关闭点火开关，拔下发电机插头，测量"S"端子电压应为 12V，且不受点火开关控制。

接通点火开关，用 TECH2 驱动发电机"L"端子在 OFF、ON 之间变换，测量插头中"L"端子电压应在 0～5V 变化。

起动发动机，测量插座中"L"端子电压应为 5V。

以上检查都正常，基本可以判断是发电机故障，应进行下一步检查。

② 发电机解体测量。

转子绕组的测量：用万用表测量两滑环之间的电阻值应为 2.8～3.0Ω，爪极与任一滑环之间的阻值应趋于无穷大，不得短路。

定子绕组的测量：用万用表测量三相绕组中任意两相之间的阻值，指针式万用表读数应近似为 0，数字万用表测量值应在 0.3Ω左右，不得断路；三相绕组的抽头与铁芯之间的阻值应趋于无穷大，不得短路。

整流二极管的测量：用数字式万用表测量时，选择二极管测量挡（红表笔接表内电池的正极，黑表笔接表内电池的负极），红表笔接二极管的正极，黑表笔接负极，测量读数是二极管的 PN 结的压降，正常读数为 0.4～0.6V。用指针式万用表测量时，可用 $R\times100$ 或 $R\times1k$ 挡（红表笔接表内电池的负极，黑表笔接表内电池的正极），黑表笔接二极管的正极，红表笔接负极，正常读数应为 1～5kΩ，对调两表笔，测量结果应趋于无穷大，表针应无明显摆动。

学习单元 3.4　车载电能管理系统的诊断

现代电控汽车安装的用电设备越来越多，耗电量也越来越大。另外，即便在发动机熄火期间，电子控制单元、电子防盗系统及电子时钟等仍然需要蓄电池提供电能，因此现代汽车对整车电能的管理和控制提出了非常高的要求。为确保整车电能供应，保证汽车能够正常使用，又降低燃油消耗，现代电控汽车装备了新型的电能管理系统。

3.4.1　车载电能管理系统主要功能与原理

电控汽车的电能管理系统主要包括两部分：一部分是对汽车电源设备（包括发电机和蓄电池）的输出进行控制和调节，另一部分则是对用电设备的弃用和集中控制。

车载电能管理系统主要
功能及基本原理

1．监控蓄电池的性能参数

全面监控蓄电池的性能参数，包括放电电流（I）、端电压（V）、电解液温度（T）、电容量及充电电流等。

2．车载电能管理系统对发电机的控制

对于电控汽车来说，影响发电机输出电压的因素包括蓄电池的容量、发动机电控单元（ECM）及外界温度等。在确保蓄电池使用寿命的前提下，要根据蓄电池的充电状态和电解液温度，控制发电机的充电电流，实现蓄电池的快速充电，其基本电路如图 3.49 所示。

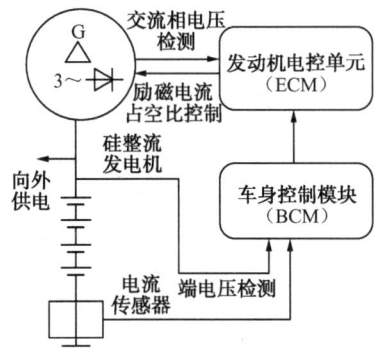

图 3.49　车载电能管理系统基本电路

（1）如果 ECM 监测到蓄电池的电压过低，会自动提高发动机的转速，以此来提高发电机的输出电压，为蓄电池提供足够的电量。

（2）车载电能管理系统对发电机的控制，主要是通过控制进入励磁线圈电流的占空比，来调节励磁电流的大小，从而控制发电机输出电压的。

3．车载电能管理系统对用电设备的弃用和集中控制

对用电负荷采取分级放电管理方式，适时关闭可以暂时停用的舒适系统的用电，保证蓄电池至少具备起动发动机的电量，满足车辆急加速工况的需求，从而提高整车的燃油经济性。

当车载电能管理系统检测到蓄电池的容量小于一定值时，系统将采取"弃用集中控制"方式，首先考虑那些关乎汽车基本功能的系统（如点火系统）对电能的需求，而像舒适系统等只能置于次要地位。另外，当驾驶员希望汽车达到比较大的加速度时，就关闭或调小舒适系统的用电，如调小空调鼓风机的转速，或者调低座椅加热器的温度等。

4．车载电能管理系统的其他控制

（1）有的车载电能管理系统还用来控制发动机的起动/停止系统，如果蓄电池的 SOC（荷电状态）值显示蓄电池的电量不足，则使发动机的智能起动/停止系统暂时不工作。

（2）在仪表盘上即时显示对电源（蓄电池和发电机）系统的诊断和监控信息，以提醒相关人员注意。

3.4.2　车载电网管理系统的实例

随着汽车的不断发展，车辆上应用的电子和电气部件数量在不断增加，为车载电源的供电提出了更高的要求，传统的中央继电器盒模式已经难以适应中高档车的供电要求。因此，新型的车载电网管理系统应运而生，例如，宝马、奥迪、大众等车系的中高档车都装配了车载电网管理系统。下面以一汽大众速腾轿车为例，简单阐述车载电网管理系统的结构原理。

车载电网管理系统主要由熔断器盒、继电器盒和中央电器控制单元 J519 组成，如图 3.50 所示；中央电器控制单元 J519 实现电能管理的功能电路如图 3.51 所示。

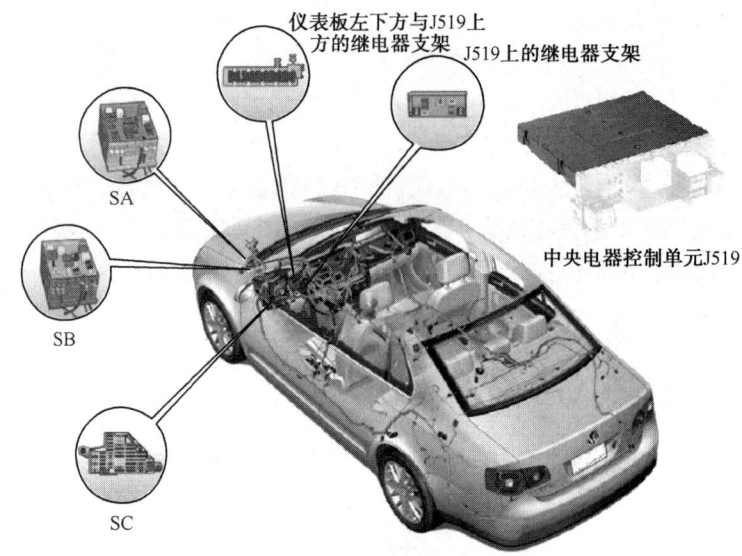

图 3.50　车载电网管理系统

1．主要管理功能

（1）用电负荷管理。

（2）外部灯光的控制及灯光缺陷的检测。

（3）内部灯光的控制。

（4）后风窗加热控制。

（5）舒适灯光控制（离家、回家功能）。

（6）转向信号控制。

（7）供电端子控制（30、15、75）。

（8）燃油泵预工作控制。

（9）照明指示灯的控制（58d）。

（10）发电机励磁功能。

（11）雨刷电动机。

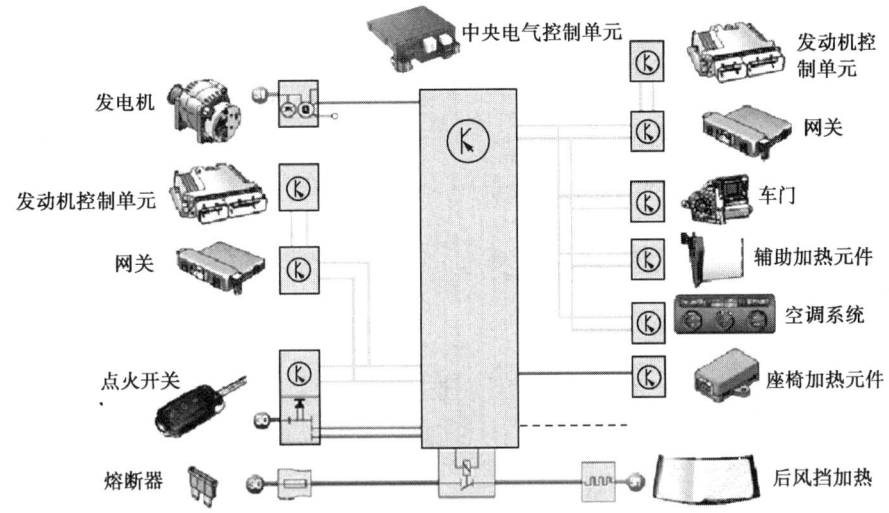

图 3.51 中央电器控制单元 J519 实现电能管理的功能电路

2. 中央电器控制单元与中央继电器盒对比的优势

对宝来轿车的中央继电器盒与速腾轿车的中央电器控制单元 J519 进行比较，如图 3.52 所示。J519 不仅有供电功能，而且具备了更加强大的监控功能。

（1）对用电设备进行更强的控制。

（2）节省电量消耗。

（3）对用电设备进行监控。

（4）用电设备之间的电子通信。

（5）电能管理。

（6）程序化设置。

（7）返修便利。

（8）带有自诊断功能。

（a）宝来轿车的中央继电器盒　　　　　（b）速腾轿车的中央电器控制单元

图 3.52 宝来轿车的中央继电器盒与速腾轿车的中央电器控制单元 J519 的比较

3．电能管理的模式

为了确保蓄电池有足够的电能使发动机顺利起动和正常运转。控制单元根据相关数据进行评估：发动机转速、蓄电池电压、发电机的 DF 信号，在保证安全行驶的前提下，适当地关闭舒适功能的用电设备。中央电器控制单元 J519 实现电能管理的模式有 3 种，如表 3.6 所示。

表 3.6　中央电器控制单元 J519 实现电能管理的 3 种模式

管理模式 1	管理模式 2	管理模式 3
15 号线接通并且 发电机处于工作状态	15 号线接通并且 发电机处于停机状态	15 号线断开并且 发电机处于停机状态
如果蓄电池的电压低于 12.7V，则控制单元要求发动机怠速提升。 如果蓄电池的电压低于 12.2V，则以下的用电设备将被关闭： 座椅加热； 后风窗加热； 后视镜加热； 方向盘加热； 脚坑照明； 门内把手照明； 全自动空调耗能降低或空调关闭； 信息娱乐系统关闭并有关闭警示	如果蓄电池的电压低于 12.2V，以下用电设备将被关闭： 空调耗能降低或空调关闭； 脚坑照明； 门内把手照明； 上/下车灯； 离家功能； 信息娱乐系统关闭并有关闭警示	如果蓄电池的电压低于 11.8V，以下用电设备将被关闭： 车内灯； 脚坑照明； 门内把手照明； 上/下车灯； 离家功能； 信息娱乐系统关闭
	备注： （1）这 3 种管理模式的不同之处在于，用电设备被关闭的次序不同； （2）在第 3 种模式中，一些用电设备将会被立即关闭； （3）如果关闭的条件取消，用电设备将会被重新激活； （4）如果用电设备因为电能管理的原因被关闭，则 J519 中有故障存在	

4．电能管理的工作过程

中央电器控制单元 J519 实现电能管理的工作过程如图 3.53 所示。

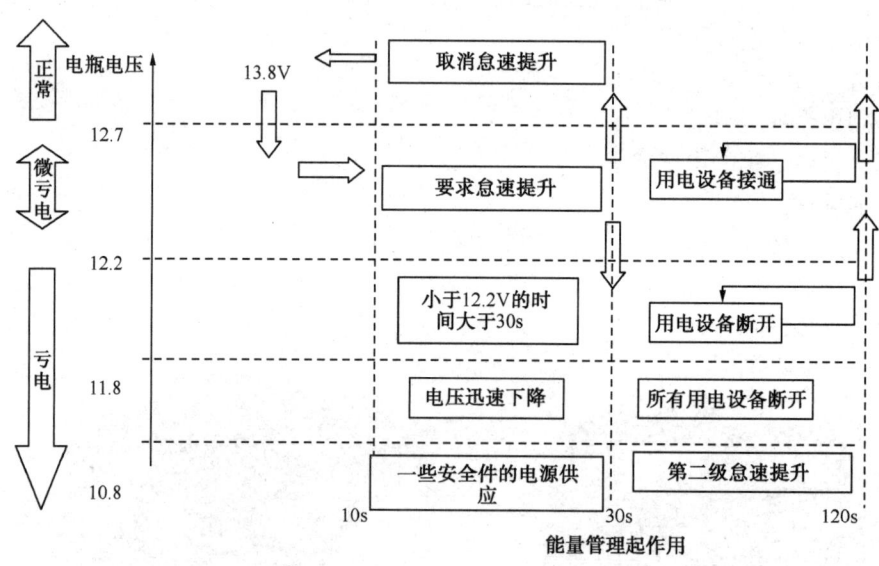

图 3.53　中央电器控制单元 J519 实现电能管理的工作过程

3.4.3　车载电能管理系统的诊断

当车载电能管理系统失效时，一般具有以下特征：组合仪表中只有充电指示灯点亮、发动机偶尔起动困难、蓄电池静态放电的电流不大等。

对车载电能管理系统的检测，可以采取下列方法：

（1）检查蓄电池的性能与技术状态，若蓄电池故障则更换蓄电池。

（2）检查车辆的静态电流是否符合要求，若静态电流过大则查找故障原因。

（3）检查发电机是否发电，若其工作正常，则进行下一步检查。

可读取汽车运行时的数据流，查看发电机励磁电流的占空比，其应当为 50%~90%，如果小于 50% 或者大于 90%，都不正常，如表 3.7 所示。

表 3.7 通用林荫大道轿车发电机的输出电压与励磁电流占空比的对应关系

发电机输出电压/V	检测	11	11.56	12.12	12.68	13.25	13.81	14.37	14.94	15.5	检测
磁场电流占空比	0~5%	10%	20%	30%	40%	50%	60%	70%	80%	90%	95%以上

（4）检测蓄电池电流传感器的输出电压，如图 3.54 所示。当蓄电池不充电和不放电时，电流传感器产生的基准电压为 2.5V。如果检测到电流传感器的输出电压在 2.6~2.8V 波动，说明蓄电池的充电电流过小，车载电能管理系统失常。

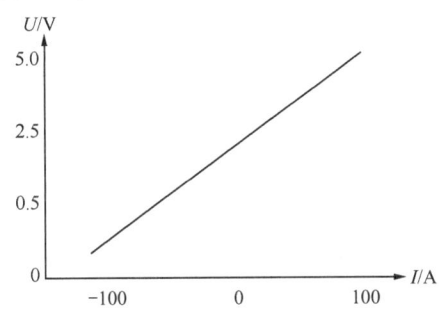

图 3.54 霍尔式电流传感器产生的电压与蓄电池充放电电流关系

学习单元 3.5 DC/DC 变换器的诊断

3.5.1 DC/DC 变换器的概念

DC/DC 变换器是指能够将一个直流电压值的电能变换为另一个直流电压值的电能的装置（GB/T 24347—2021）。北汽 EV160 DC/DC 变换器的位置如图 3.55 所示。

图 3.55 北汽 EV160 DC/DC 变换器的位置

3.5.2　新能源汽车 DC/DC 变换器的类型

新能源汽车 DC/DC 变换器一般分为升压型、降压型和稳压型三种。

1．降压型

降压型 DC/DC 变换器几乎在每辆新能源汽车上都会搭载，其主要作用是将动力电池的高压电变换成低压电向低压蓄电池充电并给整车低压电气设备供电。其在新能源汽车中的位置和功能如图 3.56 所示，作用类似于燃油车上的发电机。

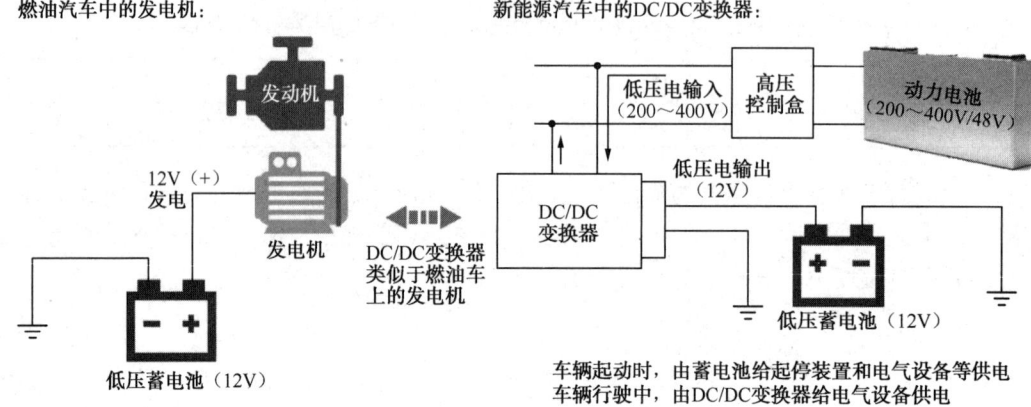

图 3.56　降压型 DC/DC 变换器在新能源汽车中的位置和功能

2．稳压型（12V 电压稳定器）

12V 电压稳定器主要用在部分起停系统中，在起动中避免电压波动对一些敏感的负载造成影响或损坏，例如用户可见的负载、车内照明、收音机和显示屏等，电压稳定器的功率等级随着用电器负荷而定，一般是 200～400W。

3．升压型

为了提高动力系统的效率，常选用一个升压器来提高逆变输入的电压，这个部件是动力总成的一部分，集成在动力总成中。如果采用锂离子蓄电池作为动力蓄电池，升压器是一个十分重要的部分。

3.5.3　典型车型的 DC/DC 变换器

1．比亚迪 E6 的 DC/DC 变换器

比亚迪 E6 的 DC/DC 变换器主要用于降压和升压控制，安装在前机舱内。

降压功能：负责将动力电池 318V 的高压电转换成 12V 电压。DC/DC 变换器在主接触吸合时工作，输出的 12V 电压供给整车用电器工作，并且在低压电池亏电时给低压电池充电。

升压功能：当动力电池电量不足时，DC/DC 变换器将发电机发出的电，供整车低压用电器使用后多余的量升压后给动力电池充电及供空调用电。

比亚迪 E6 的 DC/DC 变换器位置与接口连接关系如图 3.57 所示。

2．丰田普锐斯 DC/DC 变换器

丰田普锐斯混合动力汽车的 DC/DC 变换器内置于变频器中，并用一个内部控制线路操控。高压从一侧与内部控制线路连接，内部控制线路控制晶体管。12V 直流电的输出直接给备用电池充电，在备用电池短路时保护 DC/DC 变换器，变换器可以通过输出端子测量实际输出电压的一个反馈信号。DC/DC 的变换过程及变换原理示意图如图 3.58 和图 3.59 所示。

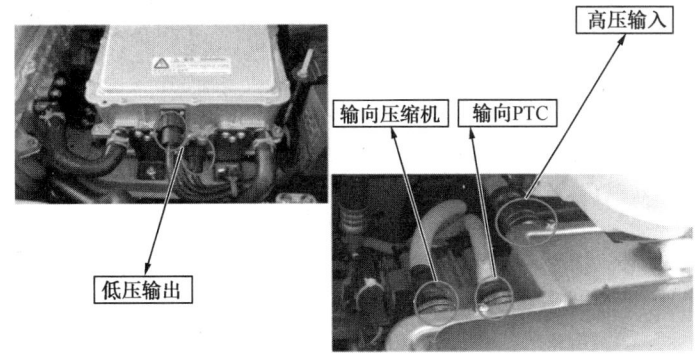

图 3.57 比亚迪 E6 的 DC/DC 变换器位置与接口连接关系

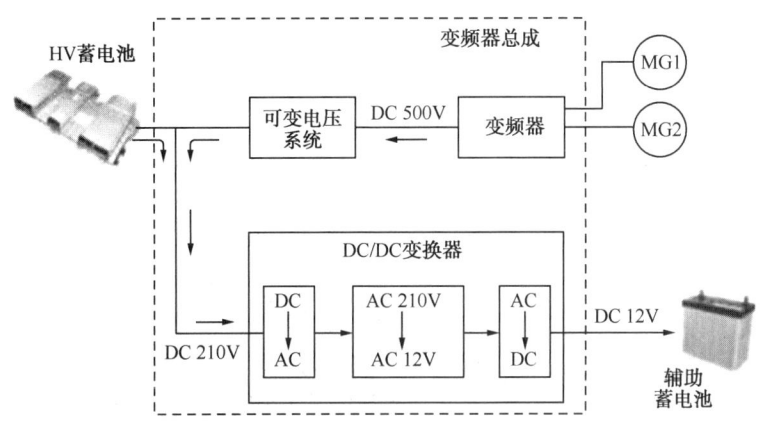

图 3.58 DC/DC 的变换过程示意图

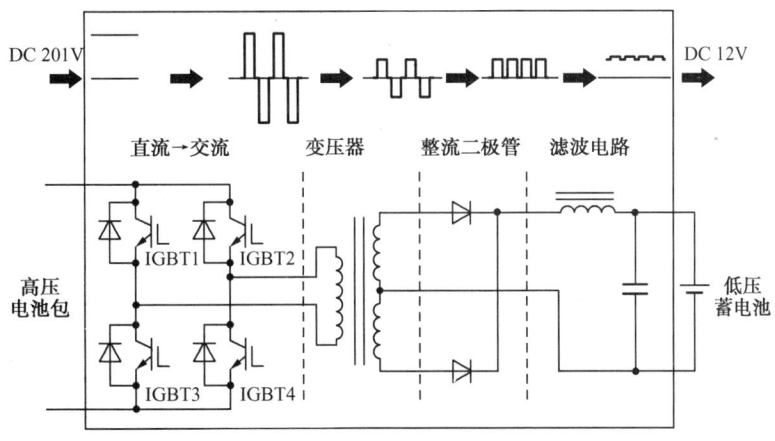

图 3.59 DC/DC 的变换原理示意图

　　DC/DC 变换器内部分为 DC/AC、变压、整流、滤波四部分。

　　在 DC/AC 部分有 4 个 IGBT，IGBT 叫作绝缘栅双极型晶体管，是由双极型晶体管和绝缘栅型场效应管组成的复合全控型电压驱动式功率半导体器件，具有驱动功率小而饱和压降低的优点。IGBT 在电路中相当于一个数字开关，加正向栅极电压可使 IGBT 导通，加反向栅极电压可使 IGBT 关断。DC/DC 变换器内部的 4 个 IGBT 分为两组，IGBT1 和 IGBT4 为一组，IGBT2 和 IGBT3 为另一组。一组 IGBT 导通时，则另一组 IGBT 截止，两组 IGBT 高频率地轮流导通和截止，把输入的高压直流电转变成高频率的高压交流电。最后经过变压器降压，并由两个二极管整流和电容、电感进一步滤波后，高压直流电转换成低压直流电。

3. 北汽 EV160 DC/DC 变换器

（1）北汽 EV160 DC/DC 变换器端口定义

北汽 EV160 DC/DC 变换器的位置、电路连接图及端口定义分别如图 3.55、图 3.60 图和图 3.61 所示。

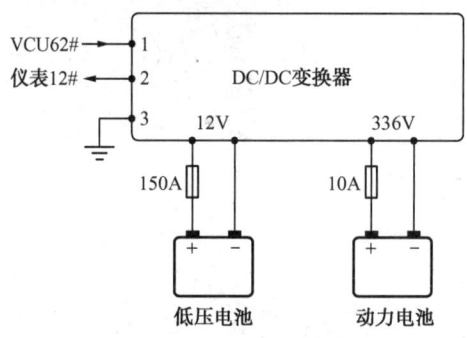

图 3.60 北汽 EV160 DC/DC 变换器电路连接图

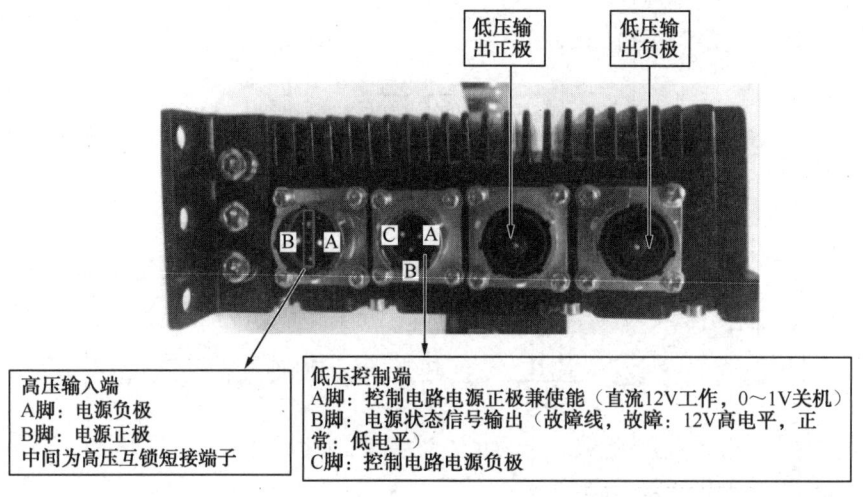

图 3.61 北汽 EV160 DC/DC 变换器的端口定义

北汽 EV160 整车控制器 VCU 的 62 脚发出使能信号（正常为 9～14V）给 DC/DC 变换器，当 DC/DC 变换器收到使能信号电压后，将高压直流电转换为低压直流电，给用电器供电以及给低压蓄电池充电。VCU 通过监测 DC/DC 变换器的电源状态信号输出端子（即故障信号线）的电平值判断 DC/DC 变换器是否有故障，其值如为 12V 说明有故障，如为低电平说明工作正常，发现故障后通过组合仪表点亮故障指示灯。

（2）DC/DC 变换器为低压蓄电池充电的条件

上电后，VCU 检测工作正常后，发出使能信号后，DC/DC 变换器正常工作。

下电后，车辆进行慢充充电时，慢充确认连接后，发出唤醒信号给充电机，充电机将 VCU 唤醒后发出使能信号，DC/DC 变换器开始工作。

车辆进行快充充电时，DC/DC 变换器不工作。

3.5.4 DC/DC 变换器的诊断方法

首先在保证整车线束正常连接的情况下，上电前使用万用表测量铅酸蓄电池端电压，应为

11～12.8V，将点火开关置于 ON 位置，整车上电，继续读取万用表数值，查看变化情况，如果数值为 13.8～14V，可判断 DC/DC 变换器工作正常。

【任务实施】

故障检测：

（1）测量蓄电池电压，为 12.8V，且发动机能够正常起动，可以排除蓄电池故障的可能。

（2）将发动机转速提高到 2000r/min 时测量蓄电池电压，为 14.6V，可以排除发电机故障的可能。

（3）使用故障检测仪读取电源管理系统数据流，发现当蓄电池电压显示为 9.9V（见表 3.8）时，故障再现，当蓄电池电压显示为 14.5V（见表 3.9）时，故障消失。蓄电池电压由电流传感器测量，由此推断电流传感器信号失准。

表 3.8 故障时的电源管理系统数据流

参 数 名 称	数 值	单 位
发动机转速	912	r/min
所需的怠速转速	900	r/min
发动机冷却液温度传感器	90	℃
蓄电池电压	9.9	V
蓄电池电流传感器	10.12	A
怠速增压水平 2 计数器	5	
怠速增压水平 3 计数器	5	
负载减少水平 2 计数器	0	
负载减少水平 3 计数器	0	

表 3.9 正常时的电源管理系统数据流

参 数 名 称	数 值	单 位
发动机转速	683	r/min
所需的怠速转速	680	r/min
发动机冷却液温度传感器	89	℃
蓄电池电压	14.5	V
蓄电池电流传感器	12.12	A
怠速增压水平 2 计数器	0	
怠速增压水平 3 计数器	0	
负载减少水平 2 计数器	0	
负载减少水平 3 计数器	0	

故障排除：更换电流传感器后试车，故障现象未再出现，故障排除。

汽车电源管理系统通过电流传感器检测蓄电池电压，当电压不足时，组合仪表提示驾驶人，并调节发电机的占空比，使其达到最大发电量；当电压依旧不足时，电源管理模块调整怠速转速以补偿高电气负载，甚至会减少负荷。怠速提高与减负荷是根据蓄电池电压计算值逐级激活的，具体的控制策略见表 3.10。

表 3.10　怠速提高与减负荷的控制策略

功　　能	蓄电池电压计算值	采取的措施
怠速提高 1	低于 13V	请求第 1 级怠速提高
怠速提高 2	低于 12.4V	请求第 2 级怠速提高
怠速提高 3	低于 10V	请求第 3 级怠速提高
减负荷 1	低于 12.3V	后窗除霜器、加热型座椅、空调按 20%循环关闭
减负荷 2	低于 12.1V	后窗除霜器、加热型座椅、空调按 50%循环关闭
减负荷 3	低于 11.9v	后窗除霜器、加热型座椅、空调按 100%循环关闭，同时组合仪表提示"蓄电池电量低"

【延伸阅读】

电压调节器的坚守

无论发动机的转速如何变化，电压调节器总是牢牢坚守本心，时刻保持发电机输出电压不变，保障电气系统正常工作。

人的一生中难免会遇到各种外在的、环境的因素影响，无论在什么情况下，都要坚守自己的底线，坚持做人做事的原则，不随外界变化而改变。

当我们设置了一个目标，便要全力去达成，坚持初心，不因外界的变化、环境的转换以及身边人和事的干扰，而随意改变自己的目标，改变自己的想法。设定好的目标，不要因为今天刮风，明天下雨，今天这个朋友说这样做更好，明天那个朋友说你这样不行，就去改变目标，改变方向。只有坚持，才能获得成功。

企业案例 3

1．发电机电刷过度磨损导致发动机起动困难

（1）故障车型：捷达 CL。

（2）故障症状：捷达轿车连续几天出现发动机起动困难，故障多发于早晨，起动机不转或运转无力。

（3）故障检测：首先检查起动线路，一切正常且各接点接触良好。当点火开关置于起动挡时，发现起动机运转无力，连续起动几次，只能听到电磁开关的"嗒嗒"声。据此判断故障原因是起动机故障或蓄电池亏电严重。用另一个电量充足的蓄电池与车上蓄电池并联后试验，起动正常，且多次起动再无故障发生。这说明起动机工作正常，问题出在蓄电池上。蓄电池出现这类故障的原因，一是蓄电池自身储电不良，二是发电机充电不足。为此，检查发电机的发电情况。用另一块蓄电池并联起动后，测量发电机的电压，仅为 13V，明显不足。检查发电机的传动带，张力正常；分解发电机，检查其电刷，发现已大量磨损。更换一组新电刷后，测量电压，可达 13.9V 以上。

（4）故障分析：看似为起动系统故障，实质却是充电系统故障。发动机起动时，是以蓄电池作为单一电源的，如果蓄电池有故障或充电不足，会影响起动机转速。蓄电池的电量依靠充电系统来维持，如果长期充电不足，会造成蓄电池亏电严重，起动时不能有足够的电流输出，致使起动机转速低或不能转动，从而出现起动困难。

（5）故障排除：拆下蓄电池进行充电，安装修复的发电机试验并观察数天，故障排除。

2．电枢绕组断路导致发电机功率下降

（1）故障车型：捷达 GiX。

（2）故障症状：发动机起动后，充电指示灯熄灭，但因蓄电池亏电造成起动机转速低，有时发动机不能起动。

（3）故障检测：关闭所有用电设备，当发动机怠速或低速运转时充电指示灯暗红，中速或高速运转时充电指示灯熄灭，测量发电机输出电压最高只有 12.5V。

（4）故障分析：由于充电指示灯工作正常，所以充电指示灯电路和发电机励磁电路（包括 3 个励磁二极管）无问题。分解发电机，测量 6 个整流二极管结果良好，测量三相电枢绕组发现有一相断路，在只有两相绕组发电的情况下，发电机输出功率下降，造成蓄电池亏电。充电指示灯是否点亮，是由蓄电池电压和 D_+ 端子电压的差值确定的。发电机正常工作时，D_+ 端子电压是 D7、D8、D9 和 D2、D4、D6 6 个二极管组成的三相桥式整流电路的输出电压。此电压用来提供励磁电流，与发电机输出端子电压相等，充电指示灯熄灭。当有一相绕组断路后，发动机怠速及低速运转时，D_+ 端子电压也下降，造成充电指示灯暗红。当发动机转速提高后，由两相整流电路输出的电流刚好能够提供励磁电流时，D_+ 端子电压与蓄电池电压相等，此时充电指示灯熄灭。

（5）故障排除：更换发电机，故障排除。

3．电压调节器损坏导致发电机不发电

（1）故障车型：捷达 GiX。

（2）故障症状：打开点火开关，充电指示灯不亮，蓄电池亏电。

（3）故障检测：从发电机 D_+ 接柱上拆下蓝色电线并将之搭铁，充电指示灯亮，引一条火线直接接触 D_+ 接柱，没有火花出现。

（4）故障分析：以上试验说明充电指示灯电路正常，发电机电压调节器、电刷或励磁绕组有故障。

（5）故障排除：分解发电机，检查电刷、滑环、励磁绕组正常。更换电压调节器，故障排除。

4．电压调节器失控导致蓄电池、点火放大器损坏

（1）故障车型：捷达 GL。

（2）故障症状：高速行驶中发动机突然熄火，再次起动，起动机不转，发现蓄电池处有硫酸味并发热，发电机处有焦煳味。

（3）故障检测：蓄电池缺少电解液，极板翘曲变形。更换蓄电池，发动机仍不能起动，检查无高压火花，更换点火放大器后，发动机起动正常。

（4）故障分析：首先是发电机电压调节器失效，发电机输出电压得不到控制，当连续行驶时，发动机长时间运转，发电机由于过载而发热烧毁，蓄电池因充电电流过大，使电解液温度升高。电解液快速蒸发导致极板损坏；点火放大器由于供给电压过高而发热损坏。

（5）故障排除：更换发电机后，测得发电机输出电压为 14V，故障排除。

测试练习题 3

一、判断题

（　　）1．在硅整流发电机上装上电压调节器可使负载得到较为稳定的电压。

（　　）2．交流发电机电刷磨损过度会导致发电机电压不稳甚至不发电故障。

（　　　）3．用示波器测试交流发电机的整流波形，也可以判定定子绕组和整流电路的故障。

（　　　）4．当发电机运转时，严禁用刮火法检查发电机是否发电。

（　　　）5．在电子式电压调节器中，末一级大功率晶体管被击穿短路后，充电系统电压会失控。

（　　　）6．新能源汽车里的DC/DC变换器的功能相当于传统燃油车中的发电机。

二、选择题

1．下列说法中错误的是（　　　）。

    A．当3个二极管的负极端连接在一起时，称为正二极管，其正极电位最高的导通

    B．当交流发电机工作时，可以用试火的方法检查发电机是否发电

    C．发动机熄火时应及时关闭点火开关，防止蓄电池通过励磁绕组放电

    D．电子电压调节器是利用晶体管的开关特性通过调节励磁绕组的平均电流值来控制发电机输出电压的

2．发电机由（　　　）发出交流电。

    A．电枢   B．整流   C．定子   D．转子

3．发电机电压调节器是通过调整下列哪项来调整发电机电压的？（　　　）

    A．发电机的转速   B．发电机的励磁电流

    C．发电机的输出电流   D．发电机的皮带

4．硅整流二极管的反向电阻值应在多少以上？（　　　）

    A．10kΩ   B．5kΩ   C．10Ω   D．5Ω

5．交流发电机的转子线圈断路会导致（　　　）。

    A．充电电流过大   B．充电电流过小   C．不发电   D．发电机异响

6．下面说法有误的是（　　　）。

    A．传统燃油汽车交流发电机利用发动机的旋转发电，发出的电提供给用电器并为蓄电池充电。

    B．纯电动汽车以动力电池为电源，能够利用DC/DC变换器为低压蓄电池充电，从而可以省去原来的交流发电机。

    C．纯电动汽车的电源分为主电源和辅助电源。

    D．纯电动汽车的辅助电源（低压的铅酸蓄电池）是指车载各种仪表、控制系统提供的直流低压电源。

7．目前在新能源汽车里的DC/DC变换器有（　　　）种类型。

    A．5   B．2   C．4   D．3

三、综合题

1．按序号填写图中部件名称。

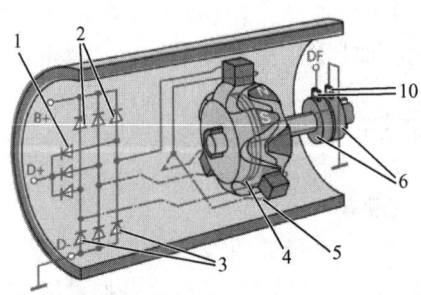

① _____ ② _____ ③ _____
④ _____ ⑤ _____ ⑥ _____
⑦ _____ ⑧ _____ ⑨ _____
⑩ _____ ⑪ _____ ⑫ _____

2. 查阅某款车型充电系统电路，画出电流走向，分析工作原理。

3. 如果上题中查阅的某车型充电指示灯常亮，请分析一下造成该故障的可能原因。

4. 请在图中标出当发电机的功率足够供应车载电网和蓄电池时的电流方向。

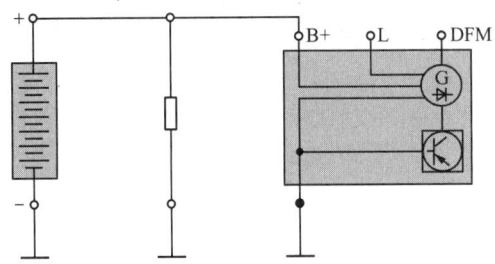

5. 请在图中标出当发电机的功率不足以供应车载电网和蓄电池时的电流方向。

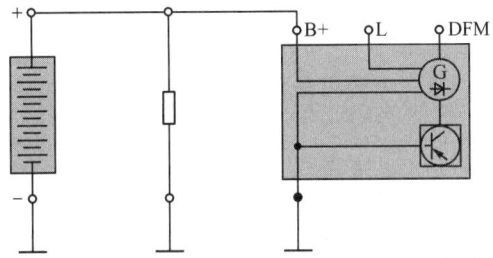

6. 测量发电机功率时，电流钳应必须连接在什么地方？电流钳的箭头应朝向什么方向？在图中标出。

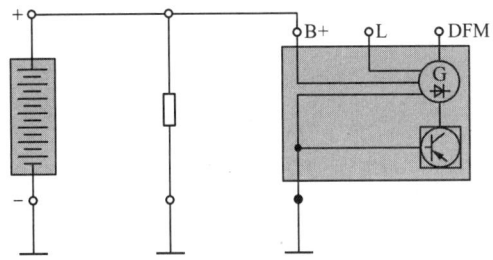

7. 测量蓄电池充电电流时，电流钳应连接在什么地方？电流钳的箭头应朝向什么方向？在图中标出。

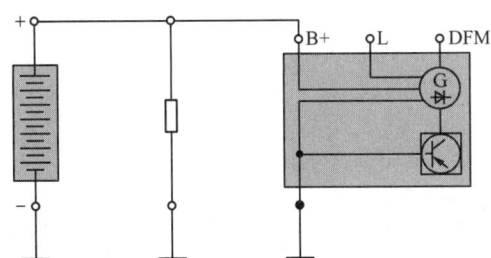

8. 简述车载电能管理系统的作用及工作原理。

学习情境四

起动系统故障诊断与维修

【能力目标】
- 描述起动系统的功能、组成和工作原理;
- 解释起动机的标识;
- 测量起动机的电气参数;
- 识读起动系统电路图;
- 检测起动系统部件及相关电路;
- 制定起动系统故障诊断方案,进行故障诊断,排除故障。

【学习内容】
- 起动系统的功能、组成和工作原理;
- 起动机的标识;
- 起动机的电气参数测量方法;
- 起动系统电路图;
- 起动系统的故障原因;
- 起动系统部件及相关电路检测方法;
- 起动系统故障诊断与排除方法。

【任务导入】
一辆 2012 款长安福特福克斯 2.0L 轿车,装备自动变速器,车辆在熄火约 20min 后发动机无法重新起动,经检查发现,该车起动机不运转。经维修技师诊断,该车起动机内部存在短路故障。

学习单元 4.1 起动系统认知与应用

4.1.1 起动系统的功用与组成

1. 发动机起动原理

起动系统认识

要使发动机由静止状态过渡到工作状态,必须用外力转动发动机的曲轴,使汽缸内吸入(或形成)可燃混合气并燃烧膨胀,工作循环才能自动进行。曲轴在外力作用下开始转动到发动机开始自动怠速运转的全过程称为发动机的起动。

起动发动机时,必须克服汽缸内被压缩气体的阻力和发动机本身及其附件相对运动的零件之间的摩擦阻力。克服这些阻力所需的力矩称为起动转矩。保证发动机顺利起动所必需的曲轴转速称为起动转速。车用汽油机在 0～20℃的温度下,一般最低起动转速为 30～40r/min。为使发动机能在更低的温度下迅速起动，要求起动转速能达到 50～70r/min。转速过低时，压缩行程内的热量损失过多，且进气流速过低，将使汽油雾化不良，导致汽缸内混合气不易着火。车用柴油机所要求的起动转速较高，为 150～300r/min（采用直接喷射式燃烧室时的起动转速较低；采用涡流室或预燃室式燃烧室时的起动转速较高）。这一方面是为了防止汽缸漏气和热量散失过多，以保证压缩终了时汽缸内有足够的压力和温度；另一方面是为了使喷油泵能建立足够高的喷油压力和在汽缸内造成足够强的空气涡流，否则柴油雾化不良，混合气品质不好，也难以着火。

由于柴油机的压缩比较汽油机的大，因此起动转矩也较大，同时起动转速也比汽油机的高，所以柴油机所需的起动功率比汽油机的大。

转动发动机曲轴使发动机起动的方法有很多。汽车发动机常用的有电动机起动和手摇起动两种。发动机起动是用电动机作为机械动力的，当将电动机轴上的齿轮与发动机飞轮周缘的齿圈啮合时，动力就传到飞轮和曲轴上，使之旋转。电动机本身又用蓄电池作为能源。目前绝大多数汽车发动机都采用电动机起动。

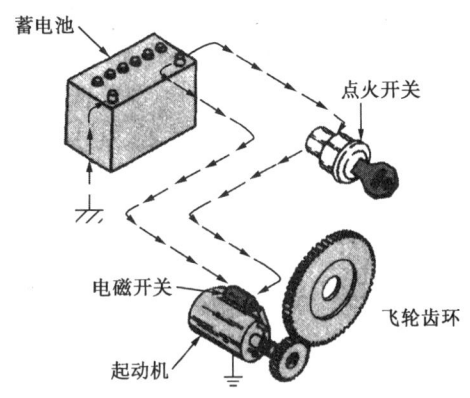

图 4.1 典型的起动系统组成

2. 起动系统的组成

典型的起动系统由蓄电池、点火开关、起动线路、起动机等部件组成，如图 4.1 所示。有些车型在起动系统电路中设置了起动安全开关。在许多较大功率起动机的起动系统电路中，安装了起动继电器，起动系统电路如图 4.2 所示。

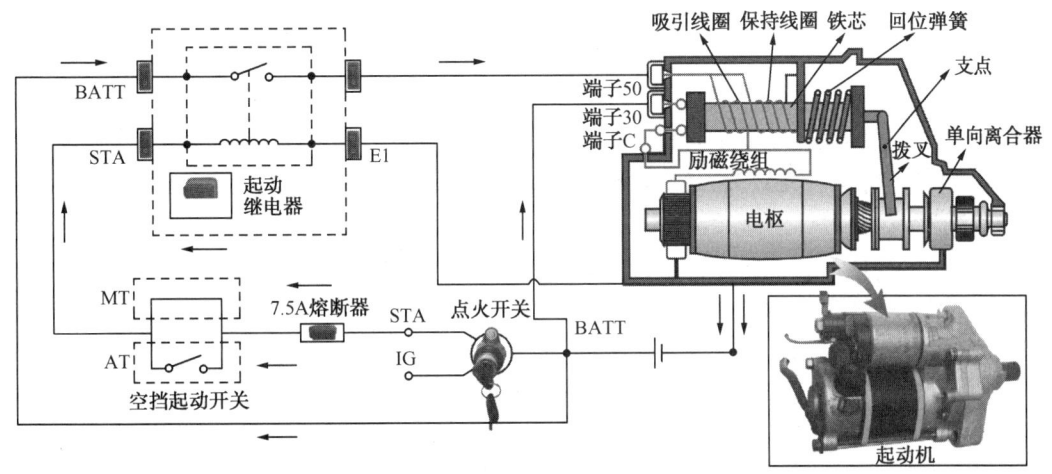

图 4.2 起动系统电路

（1）蓄电池和电线

蓄电池和电线是为起动机提供电能的部件。多数与起动系统有关的故障都和蓄电池及其相关部件有关。因此，在查找起动系统故障时，应首先检查蓄电池及其相关部件。

（2）点火开关

点火开关是汽车大部分电气系统的电源分配点。一般的点火开关有 5 个位置。

（3）起动安全开关（在 AT 和许多 MT 车上使用）

起动安全开关的作用是防止变速器不在空挡位置时汽车被起动。只有变速器在空挡位置时，起动安全开关才是闭合的。

（4）起动机

起动机是起动系统的核心部件。它的作用是将来自蓄电池的电能转变成机械能，然后传给发动机飞轮，使发动机开始运转。

4.1.2 起动机的工作原理与特性

起动机的工作原理

1. 起动机的工作原理

起动机的工作原理可以通过其主要部件直流电动机的工作原理来说明。

直流电动机是将电能转变为机械能的设备，它是以带电导体在磁场中受到电磁力作用这一原理为基础制成的。其工作原理如图 4.3 所示。

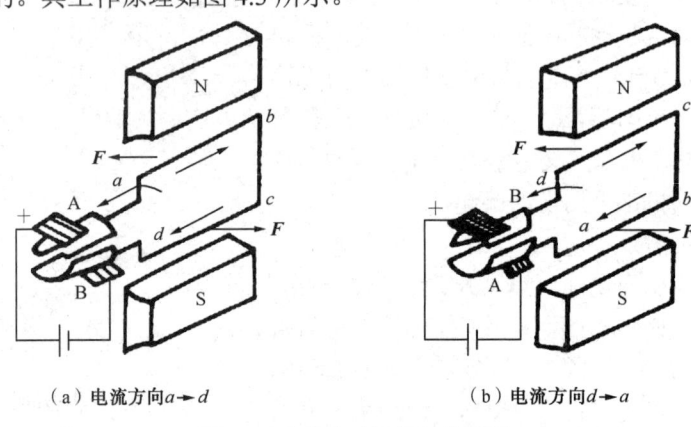

（a）电流方向 $a \rightarrow d$ 　　　　　　（b）电流方向 $d \rightarrow a$

图 4.3 直流电动机的工作原理

电动机的电刷与直流电源相接触，电流由正电刷和换向片 A 流入，从换向片 B 和负电刷流出（见图 4.3（a）），此时绕组中的电流方向为 $a \rightarrow d$，按左手定则可确定导线 ab 受到向左的电流力 F，导线 cd 受到向右的电磁力 F，从而使整个线圈受到逆时针方向的转矩而转动。当电枢转过半周时（见图 4.3（b）），换向片 B 与正电刷相接触，换向片 A 与负电刷相接触，线圈电流的方向变为 $d \rightarrow a$，因此在 N 极和 S 极下面导体中的电流方向保持不变，电磁转矩的方向也就不变，使电枢仍按原来的逆时针方向继续转动。

由于一个线圈所产生的转矩太小，且转速不稳定，因此实际上电动机的电枢上绕有很多线圈，换向片数也随线圈的增多而相应增加，从而保证产生足够大的转矩和稳定的转速。

2. 起动机的工作特性

直流电动机按励磁绕组与电枢绕组的连接方式的不同，可分为串激式、并激式和复激式三种。汽车用的起动机大多采用串激式直流电动机，其特点如下。

（1）起动转矩大

串激式直流电动机的电磁转矩在磁路未饱和时与电枢电流的平方成正比，只有在磁路饱和后，磁通几乎不变，电磁转矩才与电枢电流呈直线关系，如图 4.4 所示。这是串激式电动机的一个重要特点。可见在电枢电流相同的情况下串激式电动机的转矩要比并激式的大得多。

特别是在起动瞬间，由于发动机的阻力矩很大，起动机处于完全制动的情况下，此时电枢电流将达最大值（称为制动电流），产生最大扭矩（称为制动扭矩），从而使发动机易于起动。这是起动机采用串激式电动机的主要原因。

（2）机械特性软（即轻载时转速高、重载时转速低）

如图 4.5 所示，由于串激式直流电动机具有较软的机械特性，即轻载时转速高、重载时转速低，故对起动发动机十分有利。因为重载时转速低，可使起动安全、可靠，这是起动机采用串激式的又一个原因。

串激式直流电动机在轻载时转速很高，易造成"飞车"事故。因此，功率较大的串激式直流电动机不允许在轻载或空载下运行。

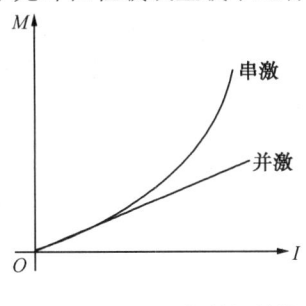
图 4.4　直流电动机转矩特性

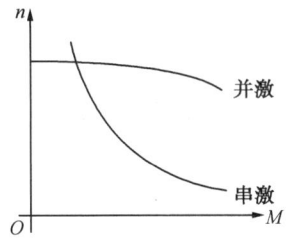
图 4.5　直流电动机机械特性

（3）起动机的特性曲线

起动机的转矩、转速、功率与电流的关系称为起动机的特性曲线。如图 4.6 所示为起动机的特性曲线。

① 当完全制动时，相当于刚接入起动机的情况，此时转矩也达最大值（称为制动扭矩）。

② 在起动机空转时，电流（称为空转电流）、转速（称为空转转速）达最大值。

③ 在电流接近制动电流的一半时，起动机的功率最大。

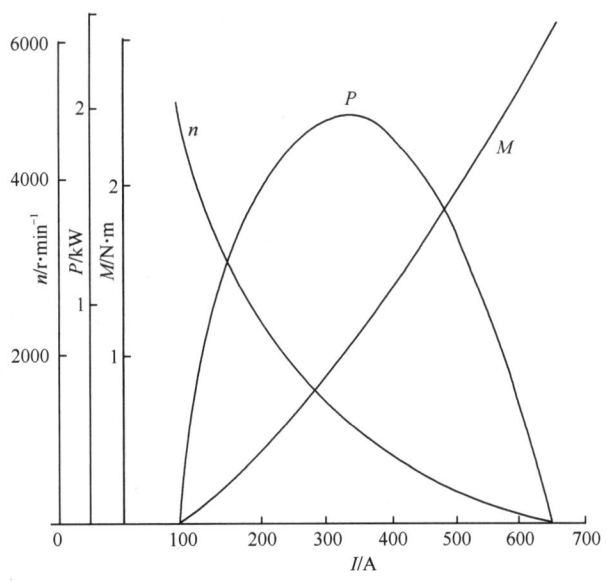
图 4.6　起动机的特性曲线

学习单元 4.2　起动机的结构与选型

4.2.1　起动机的分类及型号

1. 起动机的分类

按传动机构啮入方式的不同，起动机可分为以下几种。

起动机的分类和型号

（1）惯性啮合式：起动机旋转时，驱动齿轮借惯性力自动啮入飞轮齿环。

（2）强制啮合式：靠人力或电磁力拉动杠杆，强制拨动驱动齿轮啮入飞轮齿环。

（3）电枢移动式：靠磁极磁通的电磁力使电枢轴向飞轮齿环方向移动，将驱动齿轮啮入飞轮齿环。

（4）齿轮移动式：靠电磁开关推动安装在电枢轴孔内的啮合杆而使驱动齿轮啮入飞轮齿环。

（5）同轴式起动机：靠与起动机同轴安装的电磁开关直接吸动驱动齿轮与飞轮齿环啮合。

除上述外，还有磁极为永久磁铁的永磁式起动机及内装减速齿轮的减速起动机等。

2．起动机的型号

根据 QC/T 73—93《汽车电气设备产品型号编制方法》的规定，起动机型号的编制方法如图4.7所示。

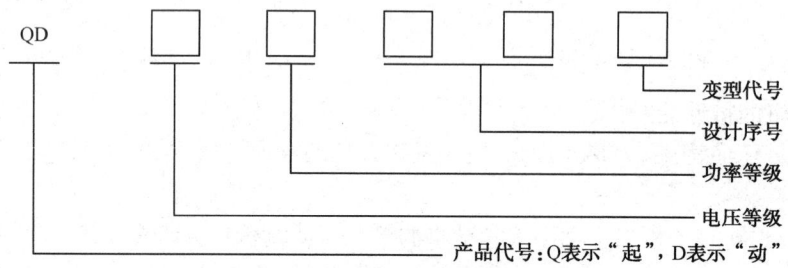

图4.7 起动机型号的编制方法

QDJ表示减速起动机；QDY表示永磁起动机（包括永磁减速起动机）；J、Y分别表示"减"和"永"。

电压等级：1代表12V；2代表24V。

功率等级：含义如表4.1所示。

表4.1 起动机功率等级含义

功率等级代号		1	2	3	4	5	6	7	8	9
功率/kW	起动机 减速起动机 永磁起动机	~1	>1~2	>2~3	>3~4	>4~5	>5~6	>6~7	>7~8	>8

如QD124，表示额定电压为12V、功率为1~2kW、第4次设计的起动机。

起动机的结构

4.2.2 起动机的结构

起动机的功用是将蓄电池的电能转换为机械能，再通过传动机构将发动机拖转起动。起动机一般由直流电动机、传动机构和电磁开关三部分组成，如图4.8所示。

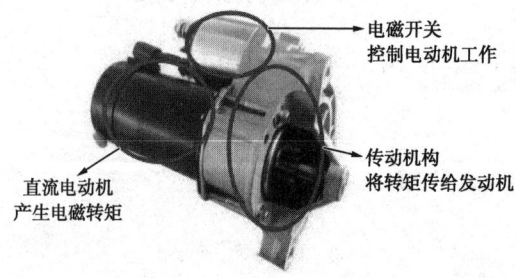

图4.8 起动机的组成

1. 串激式直流电动机

串激式直流电动机，其作用是产生转矩。直流电动机的组成如图 4.9 所示。

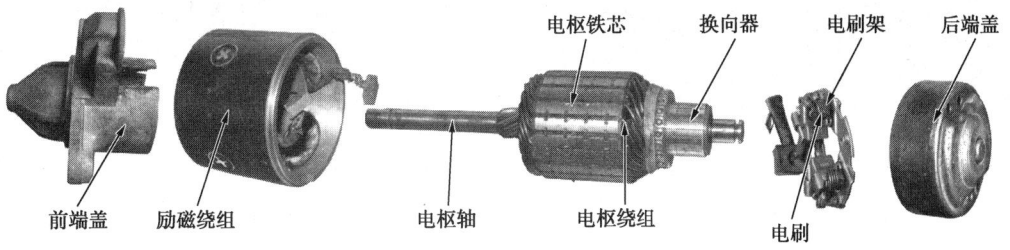

图 4.9　直流电动机的组成

（1）电枢

电枢用来产生电磁转矩，它由电枢铁芯、电枢绕组、电枢轴及换向器组成，如图 4.10 所示。电枢铁芯由多片互相绝缘的硅钢片叠成；电枢绕组的电流一般为 200~600A，因此电枢绕组采用很粗的扁铜线，一般用波绕法绕制而成；换向器的铜片较厚，相邻铜片之间用云母片绝缘，如图 4.11 所示。

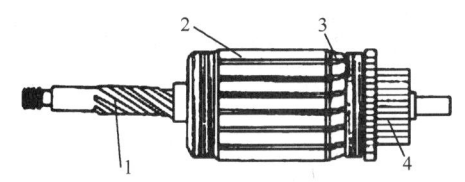

1—电枢轴；2—电枢铁芯；3—电枢绕组；4—换向器。

图 4.10　电枢

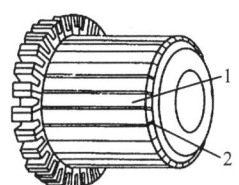

1—铜片；2—云母片。

图 4.11　换向器

（2）磁极

磁极由铁芯和励磁绕组构成，其作用是在电动机中产生磁场，铁芯一般由低碳钢制成，并且通过螺钉固定在电动机外壳上。磁极一般是 4 个，由 4 个励磁绕组形成两对磁极并两两相对，常见的励磁绕组一般与电枢绕组串联在电路中，故称为串激式。

（3）电刷和电刷架

电刷和电刷架的作用是将电流引入电枢中，使电枢产生连续转动。电刷一般可以用铜和石墨压制而成，有利于减小电阻及增加耐磨性。电刷装在电刷架中，借弹簧压力紧压在换向器上。通常电动机内装有 4 个电刷架，如图 4.12 所示，其中两个电刷架与外壳直接相连构成电路搭铁，称为搭铁电刷；另外两个连接励磁绕组和电枢绕组，与外壳绝缘，称为绝缘电刷。有些电动机通过励磁绕组与外壳连接构成搭铁电路，故这种电动机的所有电刷都与机壳绝缘，称为绝缘刷架。

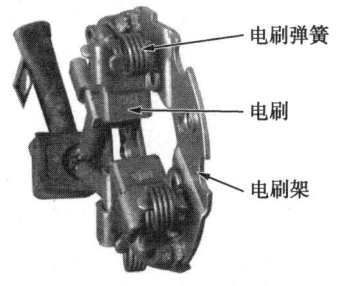

图 4.12　电刷和电刷架

后端盖　壳体　前端盖

图 4.13　外壳

（4）外壳

外壳由低碳钢卷制而成，或者由铸铁铸造而成，如图 4.13 所示。起动机工作时间很短，所以一般采用青铜石墨轴承或铁基含油滑动轴承。减速起动机由于其电枢的转速很高，电枢轴承则采用滚柱轴承或滚珠轴承。

2．传动机构

传动机构（或称啮合机构），其作用是在发动机起动时，使起动机驱动齿轮啮入飞轮齿环，将起动机转矩传给发动机曲轴；而在发动机起动后，使驱动齿轮打滑与飞轮齿环自动脱开。起动机的传动机构主要由拨叉、单向离合器等组成，如图 4.14 所示。电磁开关驱动拨叉，拨叉推动驱动齿轮和飞轮啮合。

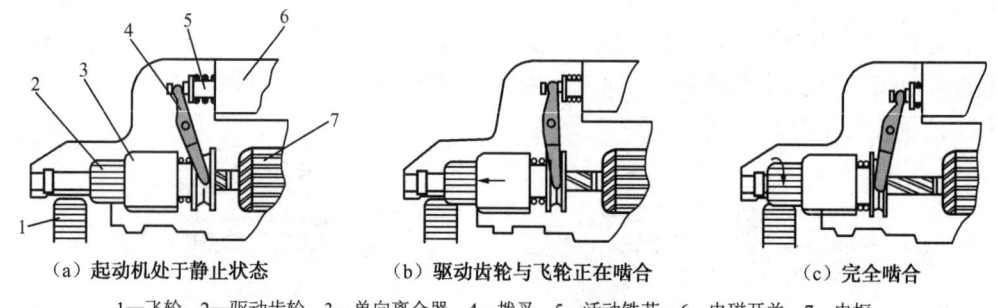

（a）起动机处于静止状态　（b）驱动齿轮与飞轮正在啮合　（c）完全啮合

1—飞轮；2—驱动齿轮；3—单向离合器；4—拨叉；5—活动铁芯；6—电磁开关；7—电枢。

图 4.14　传动机构工作示意图

单向离合器在起动发动机时将起动机的转矩传给发动机曲轴，而当发动机起动后它又能自动打滑，不使飞轮齿环带动起动机电枢旋转，以免损坏起动机。因为飞轮齿环与起动机驱动齿轮的传动比为 1∶10～1∶15，发动机起动后，如果不及时将起动机与发动机分离，则起动机的电枢就会被发动机曲轴带动，以 10 000～15 000r/min 的转速高速旋转，导致电枢线圈从电枢槽中甩出，造成"飞散"事故，而使电枢损坏。

单向离合器有滚柱式、摩擦片式、弹簧式、棘轮式等不同类型。其中，摩擦片式的单向离合器多用于大功率起动机。滚柱式单向离合器结构如图 4.15 所示。

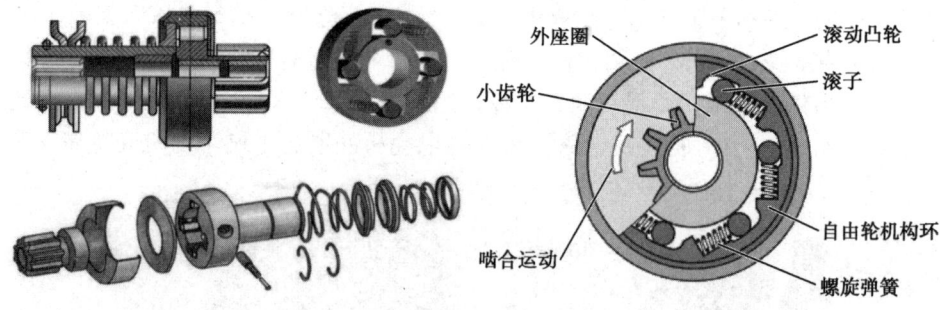

外座圈　滚动凸轮　滚子　小齿轮　自由轮机构环　啮合运动　螺旋弹簧

图 4.15　滚柱式单向离合器结构

3．电磁开关

电磁开关即电磁操纵机构，每个起动机都有一个电磁开关，控制电路就是通过电磁开关来接通或关闭起动电路的。电磁开关直接安装在起动机顶上。起动机上的电磁开关有两个作用：一个是接通蓄电池和电动机之间的电路；另一个是拨动起动机小齿轮啮入飞轮齿环。在有些汽车上，其还具有接入和旁路点火线圈附加电阻的作用。如图 4.16 所示是起动机电磁开关电路。其主要由吸引线圈、保持线圈、驱动杠杆、起动开关、接触片等组成。

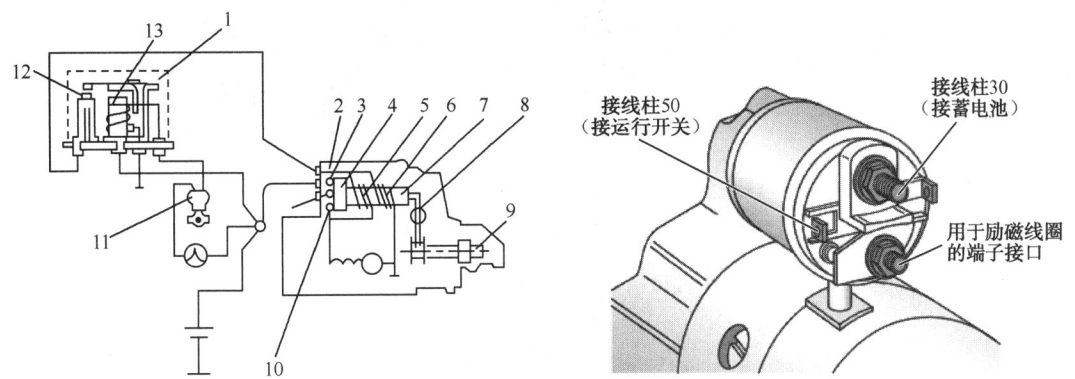

1—起动继电器；2—起动机；3—蓄电池接线柱；4—接触片；5—吸引线圈；6—保持线圈；7—铁芯；8—驱动杠杆；
9—小齿轮；10—电动机接线柱；11—起动开关；12—起动继电器触点；13—起动继电器线圈。

图 4.16　起动机电磁开关电路

起动时，接通起动开关，起动继电器线圈通电，使起动继电器的触点闭合，接通起动机继电器的吸引线圈（与直流电动机串联）、保持线圈（与电动机并联）电路。两个线圈的磁场产生很强的磁力，吸引铁芯向左移，并带动驱动杠杆绕其销轴转动，使小齿轮移出与飞轮齿环啮合。与此同时，由于吸引线圈中的电流通过电动机的励磁绕组，所以电枢开始旋转，小齿轮在旋转中移出，减小在与飞轮啮合时的冲击。当铁芯左移到接触盘将电动机接线柱与蓄电池接线柱接通时，起动机开始起动发动机。此时，与电动机接线柱相连的吸引线圈被短路，失去作用。但这时起动机开关已接通，保持线圈所产生的磁力足以维持铁芯处于开关吸合位置。

起动后，及时松开起动开关，起动继电器线圈断电，磁场消失，在回位弹簧的作用下铁芯右移回到原位，起动机电路切断。与此同时，驱动杠杆也在弹簧的作用下回位，并使齿轮退出啮合。

4.2.3　减速起动机的结构和原理

目前，采用减速起动机的汽车越来越多，减速起动机和常规起动机相比有如下优点。

（1）单位质量的输出功率增加。

（2）体积和质量减小。

（3）提高了起动转矩，易于低温起动。

（4）减轻蓄电池负担，延长其寿命。

减速起动机与常规起动机的主要区别是：在传动机构和电枢轴之间安装了一套齿轮装置，通过减速装置把力矩传递给单向离合器，可以降低电动机的速度并增大输出力矩，减小起动机的体积和质量。齿轮减速装置主要有平行轴式和行星齿轮式两种形式。

1．平行轴式减速起动机

平行轴式减速起动机的结构如图 4.17 所示。其主要包括电动机、减速装置、传动机构和控制装置。

（1）电动机

该电动机四个励磁绕组相互并联后再与电枢绕组串联，仍为串励式电动机，如图 4.18 所示。基本部件与常规起动机相似。此处不再赘述其工作原理。

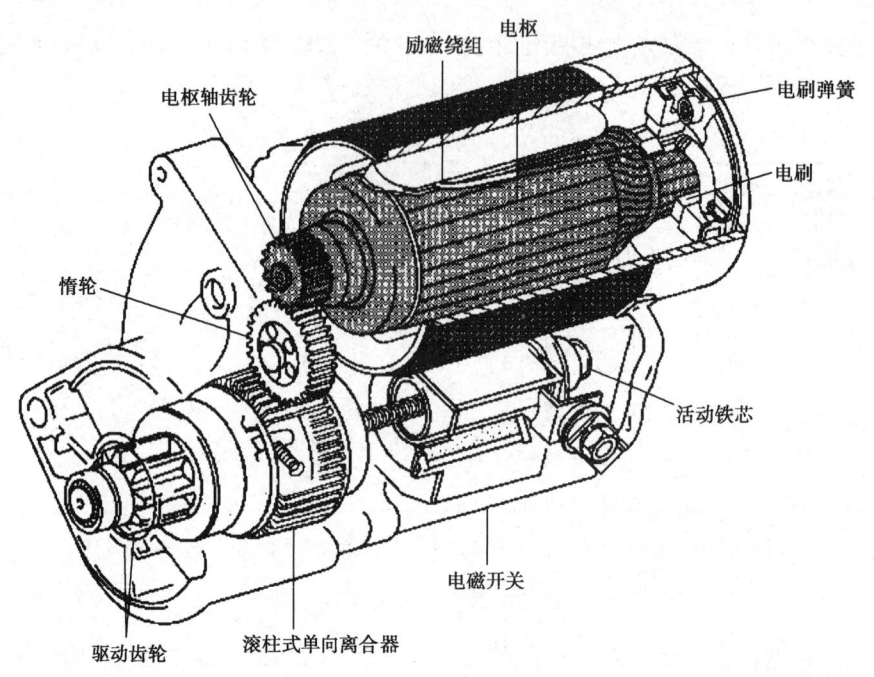

图 4.17　平行轴式减速起动机的结构

（2）传动机构及减速装置

如图 4.19 所示为减速齿轮的啮合关系和单向离合器示意图。

滚柱式单向离合器设置在减速齿轮内毂中，内毂制成楔形空腔，传动导管装入时，将空腔分割成 5 个楔形腔室，腔室内放置滚柱和弹簧。平时在弹簧张力的作用下，滚柱滚向楔形腔室窄端，传递动力时，由滚柱将传动导管和减速齿轮卡紧成一体。离合器的工作原理和常规起动机中的滚柱式单向离合器工作原理相同，此处不再进行分析。

此传动机构采用了平行轴式外啮合齿轮减速装置，其中有 3 个齿轮，即电枢轴齿轮、惰轮（中间齿轮）及减速齿轮。从图 4.19 可以看出，与常规起动机相比，该减速装置传动比较大，输出力矩也较大。

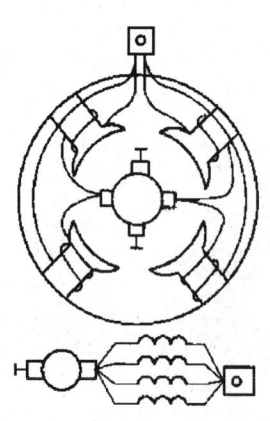

图 4.18　励磁绕组的连接

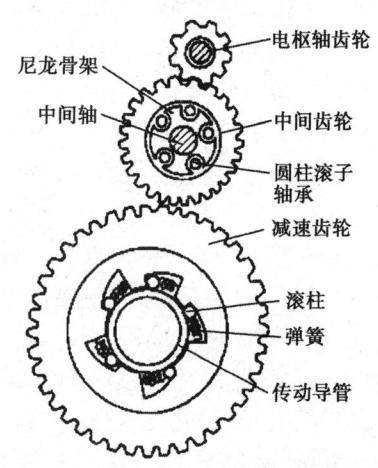

图 4.19　减速齿轮的啮合关系和单向离合器

（3）控制装置及工作过程

如图 4.20 所示为丰田花冠轿车中平行轴式减速起动机结构。其控制装置的结构与传统式电磁控制装置大致相同,不同之处在于活动铁芯的左端固装着挺杆,经钢球推动驱动齿轮轴,引铁右端绝缘地固装着接触片。起动机不工作时,接触盘与触点分开,驱动齿轮与飞轮分离。其具体工作过程与前述电磁开关控制过程相似,此处不再赘述。

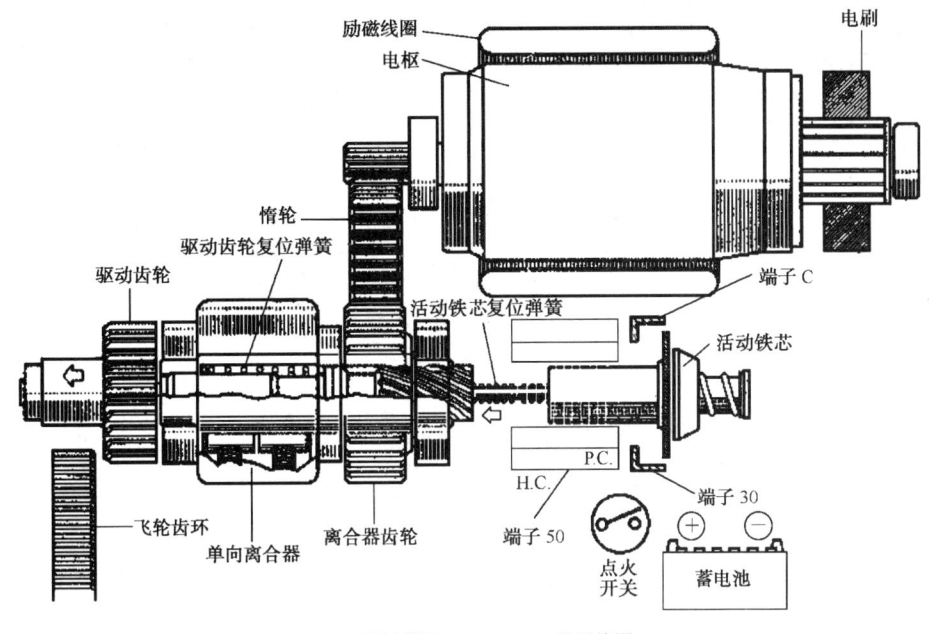

H.C.:保持线圈　　　　P.C.:吸引线圈

图 4.20　丰田花冠轿车中平行轴式减速起动机结构

2. 行星齿轮式减速起动机

行星齿轮式减速起动机的结构如图 4.21 所示。下面简单介绍其电动机、传动机构及减速装置。

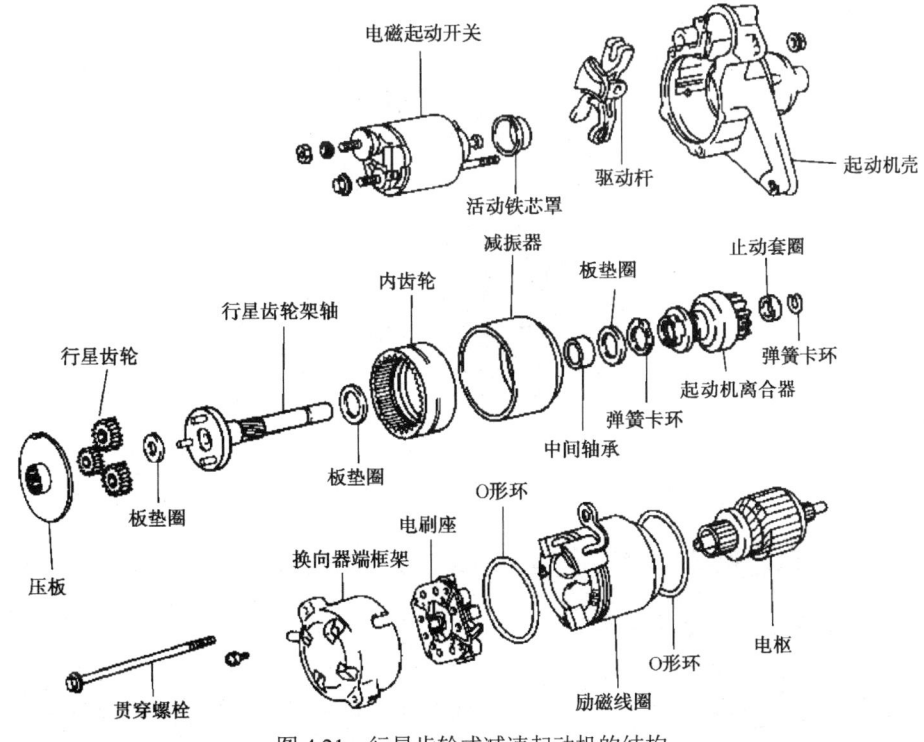

图 4.21　行星齿轮式减速起动机的结构

（1）电动机

该电动机的结构有两类，一类与常规起动机类似，采用励磁线圈产生磁场；另一类采用永久磁铁磁场代替励磁绕组，减小了起动机的体积，提高了起动性能。

（2）传动机构及减速装置

该起动机的传动机构采用滚柱式单向离合器，用拨叉拨动驱动齿轮使之移动。其结构与工作过程和常规起动机类似。行星齿轮式减速装置中设有3个行星齿轮、1个太阳轮（小齿轮）及1个固定的内齿轮，其结构如图4.22所示。

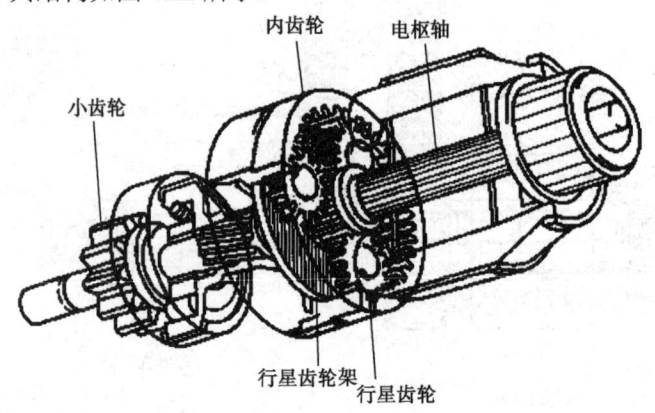

图4.22　行星齿轮式减速装置结构

内齿轮固定不动，行星齿轮架是一个具有一定厚度的圆盘，圆盘和驱动齿轮轴制成一体。3个行星齿轮连同齿轮轴一起压装在圆盘上，行星齿轮在轴上可以边自转边公转。驱动齿轮轴一端制有螺旋键齿，与离合器传动导管内的螺旋键槽配合。

为防止起动机中过大的扭力对齿轮造成损坏，弹簧垫圈把离合器片压紧在内齿轮上，当内齿轮受到过大的扭力时，离合器片和弹簧垫圈可以吸收过大的扭力，如图4.23所示。

该起动机的控制装置和前述起动机相似，此处不再分析。

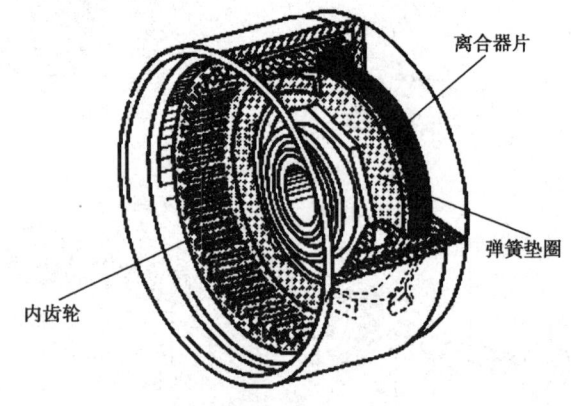

图4.23　减速装置中内齿轮的结构

4.2.4　自动起停系统与增强型起动机

1. 自动起停系统对起动机的要求

自动起停系统是指车辆在行驶过程中临时停车时自动熄火，当需要继续前进时，系统自动重新起动发动机的一套系统。汽车自动起停系统具有可以在等红绿灯或短时停车时减少排放和降低油耗的功能。

对于没有装设自动起停系统的车辆来说，外出时，在停车场起动 1 次，办好事情后到下一个目的地又起动 1 次，回家时再起动 1 次，就这样一天起动 10 次左右，可以按此来要求起动机的耐久性。如果这样用 10 年，起动机的使用次数约为 36 500，加上一点余量的话，要求起动机能够使用 5 万次，可以认为这就是对起动机耐久性的要求。

对装设了带自动起停系统的车辆来说，可通过在传统发动机上植入具有怠速起停功能的增强型起动机，使汽车在满足怠速停车条件时，发动机完全熄火不工作。当整车需要起动继续前进时，自动起停系统迅速响应驾驶员的命令，快速起动发动机，瞬时衔接，从而大大降低油耗和减少废气排放。因此，除上述的使用次数外，还要加上等待信号时的起动次数及堵车时的起动次数，需要起动机能够承受 25 万次以上的使用次数，这对起动机的耐久性提出了挑战。

2. 增强型起动机的耐久性

决定起动机耐久性的因素有以下 3 个方面。

（1）电刷的耐磨能力。

（2）起动机的结构稳定性。

（3）旋转部件尤其是轴承的耐磨损能力。

提高起动机耐久性的方法也有 3 种。

（1）使用六电刷结构，同时采用双层电刷，电刷与换向器的配合优化（包含材料、电位角的选择等）。

（2）保证起动机本身的稳定性，提高部件的加工精度和同轴度。

（3）采用耐磨能力更强的滚针轴承。

为将起动机的寿命提高一个数量级，汽车制造厂一直在不懈努力，有些厂家已获得了丰硕的成果，例如，德国博世公司研发的自动起停系统用增强型起动机的耐久性已达到 40 万次，如图 4.24 所示。

图 4.24 增强型起动机

学习单元 4.3 起动机的检测、试验及维护

4.3.1 起动机的检测

起动机的拆检

1. 电枢的检测

电枢绕组常见的故障是匝间短路、断路或搭铁、绕组接头与换向器铜片脱焊等。检查绕组是否搭铁，可用万用表欧姆挡检测换向器铜片和电枢轴之间的电阻。

换向器铜条与电枢轴之间的绝缘检测如图 4.25 所示，用电阻表的 $R×1k$ 挡，测量换向器的每个铜条与电枢轴之间的电阻，其值应趋于无穷大，否则表示换向器铜条有短路现象，应更换电枢。

2. 电刷与电刷架的检测

电刷的最小长度为 11.5mm，电刷弹簧的张力可用弹簧秤检测，应为 18～20N。电刷架的电气测试如图 4.26 所示。

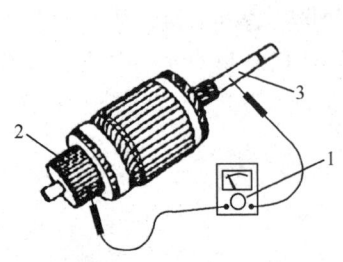

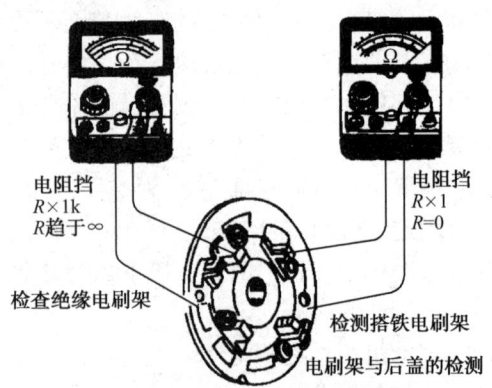

电阻挡
R×1k
R趋于∞

检查绝缘电刷架

电阻挡
R×1
R=0

检测搭铁电刷架

电刷架与后盖的检测

1—电阻表；2—换向器；3—电枢轴。

图 4.25　换向器铜条与电枢轴之间的绝缘检测

图 4.26　电刷架的电气测试

3. 磁场线圈的检测

励磁绕组的常见故障有接头脱焊、绕组短路、断路或搭铁等。接头脱焊故障在解体后可直接看到。绕组搭铁故障诊断可用万用表的欧姆挡测量绕组端子与外壳之间的电阻。

磁场线圈断路检测如图 4.27 所示，用电阻表的 R×1k 挡测量磁场线圈的正极端与碳刷之间的电阻，其值应为 0Ω，否则说明磁场线圈断路，应予以更换。

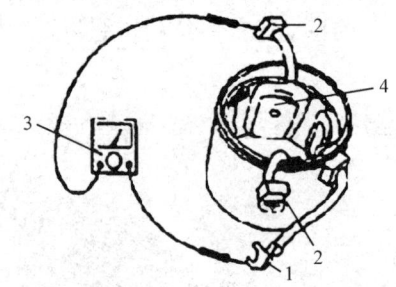

1—磁场线圈的正极端；2—碳刷；3—电阻表；4—磁场线圈。

图 4.27　磁场线圈断路检测

磁场线圈对地短路检测。用电阻表的 R×1 挡测量磁场线圈的正极端与定子壳体之间的电阻，其值应趋于无穷大，否则表示磁场线圈与壳体短路，应更换。

4. 电磁开关线圈的检测

电磁开关线圈断路检测如图 4.28 所示，从接线柱上拆下电磁线圈正极端后，用电阻表的 R×1 挡测量电磁开关的接线柱（50）与电磁开关的壳体之间的电阻，其值应为 0Ω，否则表示线圈断路，应更换电磁开关。

电磁开关吸引线圈断路检测。从接线柱（60）上拆下磁场线圈正极端，用电阻表的 R×1 挡，测量电磁开关的接线柱（50）与接线柱（60）之间的电阻，其值应为 0Ω，否则表示吸引线圈断路，应更换电磁开关。

5. 小齿轮及单向离合器的检测

如图 4.29 所示，在确保小齿轮无损坏的情况下，握住单向离合器外座圈，转动小齿轮，正常情况是往一个方向能顺利转动，往另一个方向不能转动，否则就是单向离合器有故障，需更换。

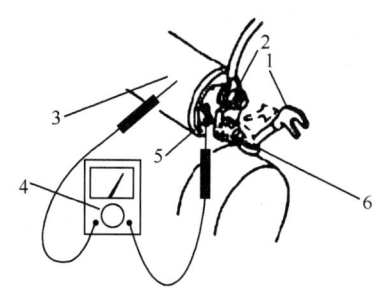

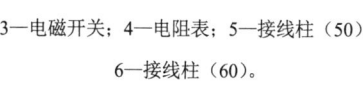

1—磁场线圈正极端；2—接线柱（30）；
3—电磁开关；4—电阻表；5—接线柱（50）；
6—接线柱（60）。

图4.28 电磁开关线圈断路检测

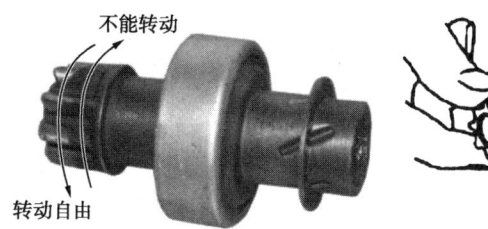

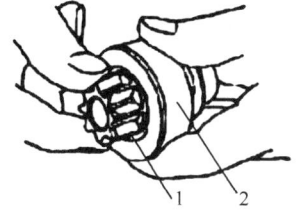

1—小齿轮；2—单向离合器外座圈。

图4.29 单向离合器和小齿轮检测

4.3.2 起动机的试验

起动机试验

起动机性能是否良好，可通过起动机电气特性试验来检验。

试验时，选取适当的温度、湿度、气压（具体数值参照 GB/T 26674—2011 中的规定）。将起动机放入如图4.30所示试验台并夹紧，起动机通过一个合适的联轴节与试验装置轴向连接，起动机外伸轴承的驱动端盖可用专用的带轴承的支架代替，应保证联轴器与起动机轴可靠连接。根据起动机的标称功率和标称电压，选定电压/电流特性值。接通起动机电源，使起动机在增加扭矩负载的情况下连续运转，同时记录扭矩、电流、电压和转速。所得数值应符合图4.31所示起动机特性曲线。

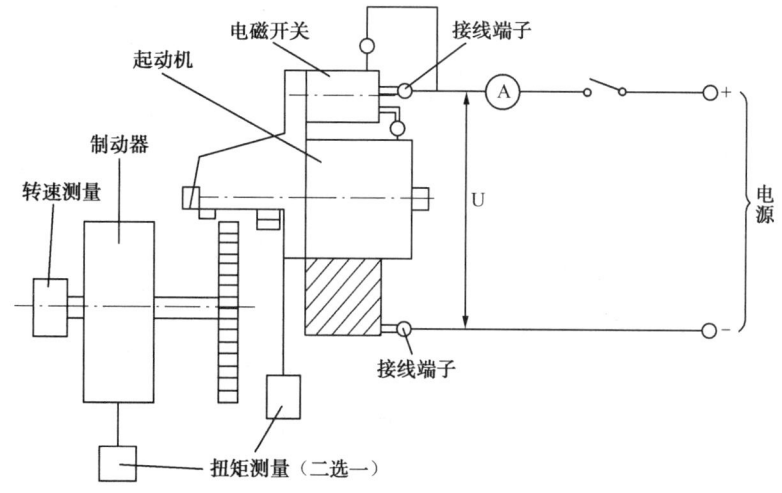

图4.30 起动机试验台

将记录的数值与标准值进行比较，根据起动机制动现象与测试数据分析起动机电气性能。

空载时，如果电流大于标准值而转速低于标准值，则可能是起动机装配过紧，电枢绕组、励磁绕组有短路或搭铁故障；如果电流和转速都低于标准值，则说明起动机内部电路有接触不良之处。

全制动时，若测得的扭矩小、电压低而电流大，则说明电枢绕组或励磁绕组有短路或搭铁故障；若测得的扭矩和电流都小而电压高，则说明外电路中有接线接触不良、电刷与换向器接触不良或电磁开关触点接触不良等；若测得的扭矩和电流都小且电压也低，则说明蓄电池状况不良；若试验过程中驱动齿轮不转而电枢轴有缓慢转动，说明单向离合器打滑。

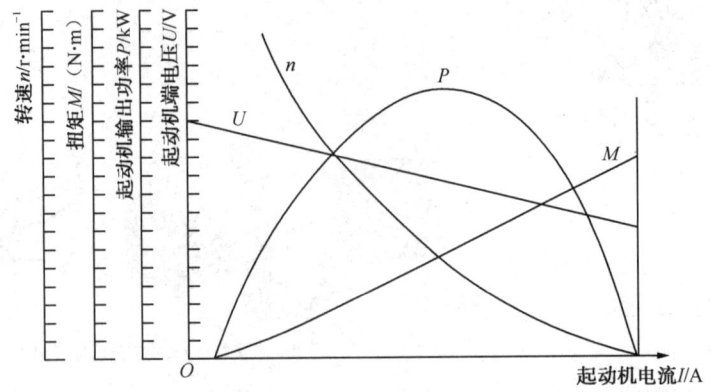

图 4.31　起动机特性曲线

注意：使用设定的电源，起动机进行 7 个循环试验，每个循环起动机运行 30s，休息 30s。冷却至室温（23±5）℃后，起动机仍能工作，且性能下降不应超过 6%，24V 减速系列的起动机，性能下降允许在 10% 以内。

推荐的起动机额定功率及电压/电流特性值如表 4.2 所示。

表 4.2　推荐的起动机额定功率及电压/电流特性值

电压/电流特性编号	额定电压/V	电流 I_2/A	起动机额定功率 P_{nom}/kW
1	12	400	$P_{nom} \leq 1.7$
2		600	$1 < P_{nom} \leq 2.5$
3		800	$1.5 < P_{nom} \leq 3.4$
4		1000	$2 < P_{nom} \leq 4.2$
5		1200	$2.5 < P_{nom} \leq 5$
6		1500	$3 < P_{nom} \leq 6.3$
7		2000	$3.8 < P_{nom} \leq 8.4$
8		3000	$P_{nom} > 5$
9	24	600	$P_{nom} \leq 5$
10		800	$3 < P_{nom} \leq 6.7$
11		1000	$4 < P_{nom} \leq 8.4$
12		1200	$5 < P_{nom} \leq 10$
13		1500	$6 < P_{nom} \leq 12.6$
14		1700	$7.5 < P_{nom} \leq 14.3$
15		2000	$8.3 < P_{nom} \leq 16.8$
16		2400	$P_{nom} > 10$

4.3.3　起动机使用与维护

1. 起动机的使用注意事项

（1）起动机是按短时间工作的要求设计的，工作时间短时电流很大，一般为几十到几百安，有些柴油机则高达 1000A，因此每次接通起动机的时间不应超过 5s，重复起动时应停歇 2min，连续第三次起动时，应在检查排除故障的基础上停歇 15min 后再使用，否则会严重影响蓄电池和起动机的使用寿命。

（2）冬季和低温地区冷车起动时，应先预热发动机，再使用起动机。

（3）起动发动机，应踩下离合器踏板或将变速杆置于空挡，严禁挂挡起动来移动车辆。

（4）起动发动机后，应立即松开点火开关（或起动按钮），使起动机停止工作，以减少对单向离合器不必要的磨损。

（5）发动机工作时，严禁拧点火开关至起动挡（一般点火开关上设有防起动保护装置），使起动机工作。

（6）当发动机连续几次不能起动时，应对起动电路及发动机有关系统进行检查，排除故障后再起动。

（7）起动发动机后，如果起动机不能停转，应立即关闭电源总开关，或者拆除蓄电池搭铁线，查找故障。

2. 起动机的维护要点

（1）经常检查起动电路各导线连接是否牢固，绝缘是否良好。

（2）经常保持起动机机体和各部件的清洁干燥。

（3）汽车每行驶 5000～6000km，应检查电刷的磨损程度及电刷弹簧压力。

（4）经常检查传动机构和控制装置的活动部件，并按规定加以润滑。

（5）起动机一般每年应进行一次维护性检修，可视实际情况适当缩短或延长。

学习单元 4.4　典型起动系统电路分析

4.4.1　别克威朗起动系统控制电路

手动挡汽车起动
系统电路分析

手动挡起动系统
电路检测

2016 款自动挡别克威朗起动系统控制电路如图 4.32 所示。

当打开点火开关以起动车辆时，点火开关转到 ON 位置，将向车身控制模块（BCM）提供一个离散信号。车身控制模块向发动机控制模块（ECM）发送已经请求起动的信息。接着，发动机控制模块确认制动踏板被踩下和变速器挂驻车挡/空挡，若如此，则发动机控制模块向起动继电器控制电路提供 12V 电压。这时，蓄电池电压通过起动继电器的开关触点提供至起动机电磁线圈，起动机电磁线圈吸合，起动机开始工作。

出现以下情况，PCM 收到起动信号后并不接通起动机。

（1）发动机起动 5s 后。

（2）起动机连续工作 15s。

（3）防盗口令不正确。

4.4.2　北汽 X55 起动系统控制电路

自动挡起动系统
典型电路分析

自动挡起动系统
电路检测

如图 4.33 所示为北汽 X55 起动系统控制电路，工作情况是：当点火开关位于 SRART 位置/无钥匙起动控制单元发出起动信号时，起动继电器 J110 线圈通过发动机控制单元进行搭铁，此时继电器 J110 触点吸合将电源 30 引入起动控制继电器 J139，自动变速器控制单元则依据驻车/空挡位置信号，控制继电器 J139 线圈搭铁。此时，电源 30 通过串联的继电器 J110 和 J139 接通起动机吸引线圈和保持线圈，由于吸引线圈、保持线圈中通过电流后使铁芯产生吸力，吸动衔铁前移，接通电动机主电路使电枢通电旋转，产生的电磁转矩经传动机构、驱动齿轮传给曲轴飞轮，起动发动机，同时吸引线圈断电。发动机起动后，点火开关退出 SRART 挡位/松开无钥匙起动按钮，保持线圈电路切断，吸力消失，衔铁回放，起动机停止工作。

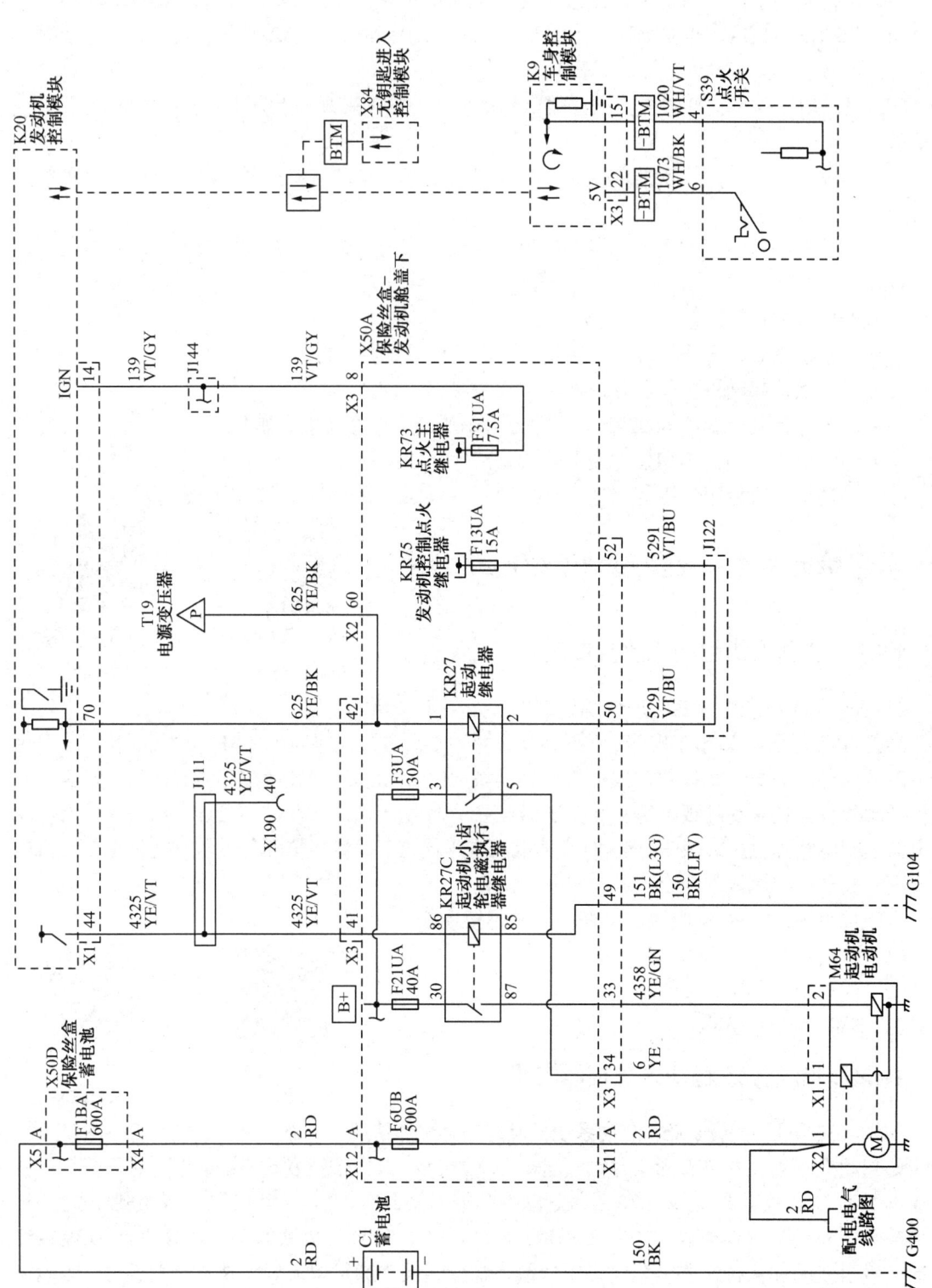

图4.32 2016款自动挡别克威朗启动系统控制电路

前舱电器盒FB、前舱电器盒保险丝EF19/EF33/EF37/EF38、起动继电器J110、起动控制继电器J139、起动
机ST、自动变速器控制单元U107、无钥匙起动控制单元U122

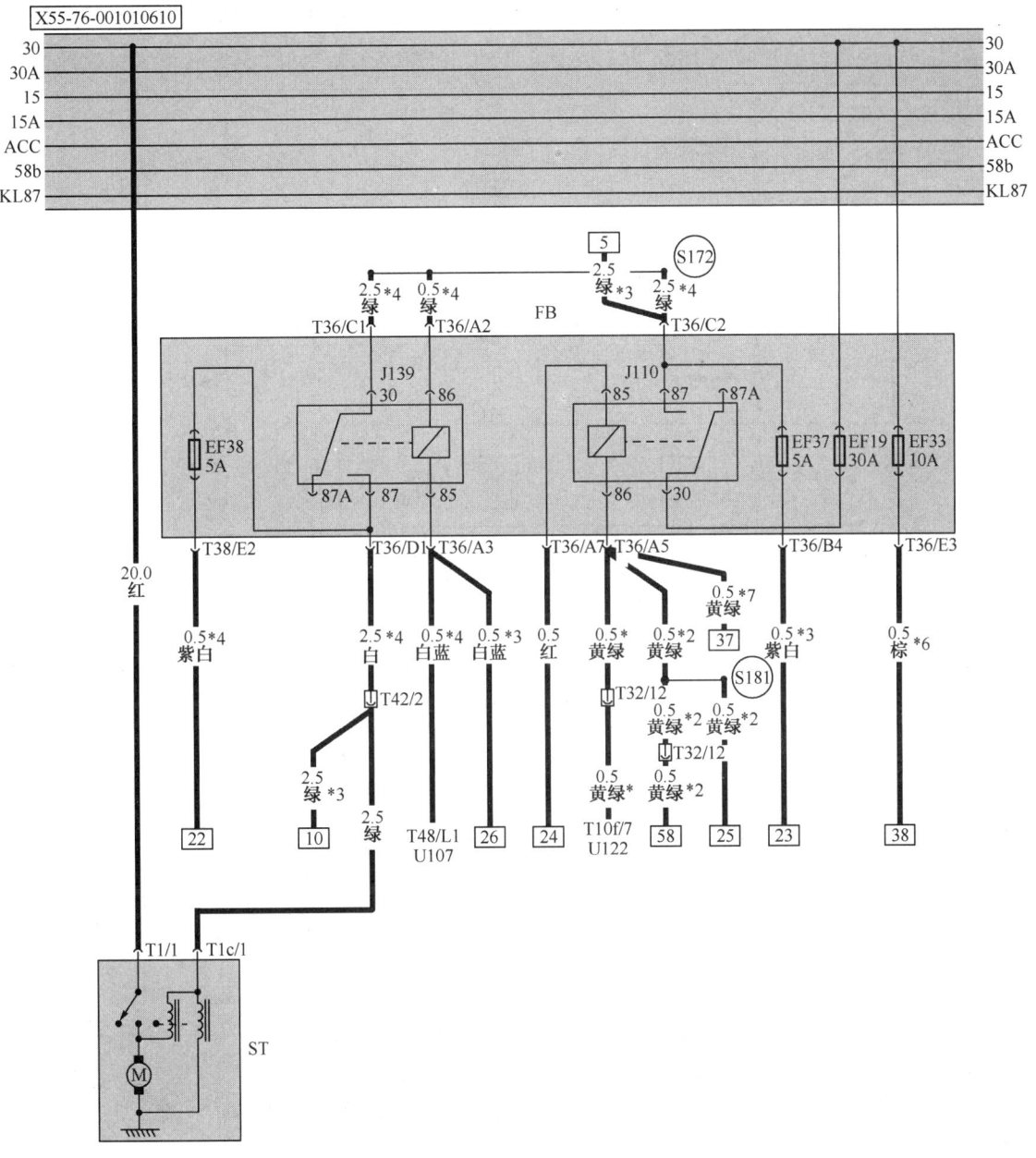

图4.33 北汽X55起动系统控制电路

*用于装配无钥匙起动系统的汽车。*2用于不装配无钥匙起动系统和不装配怠速起停的汽车。*3用于装配MT发动机和装配
怠速起停的汽车。*4用于装配自动变速箱的汽车。*6用于装配怠速起停的汽车。*7用于不装配无钥匙起动系统和装配怠速
起停的汽车。

4.4.3 日产天籁起动系统控制电路

日产天籁起动系统控制电路如图 4.34 所示，常火线供电通过 40A 熔断线（标有字母 F，位于熔断器和熔断线盒中）至点火开关端口 1，通过 15A 熔断器（No.71，位于 IPDM E/R）至 IPDM E/R 的中央处理器，通过 15A 熔断器（No.78，位于 IPDM E/R）至 IPDM E/R 的中央处理器。

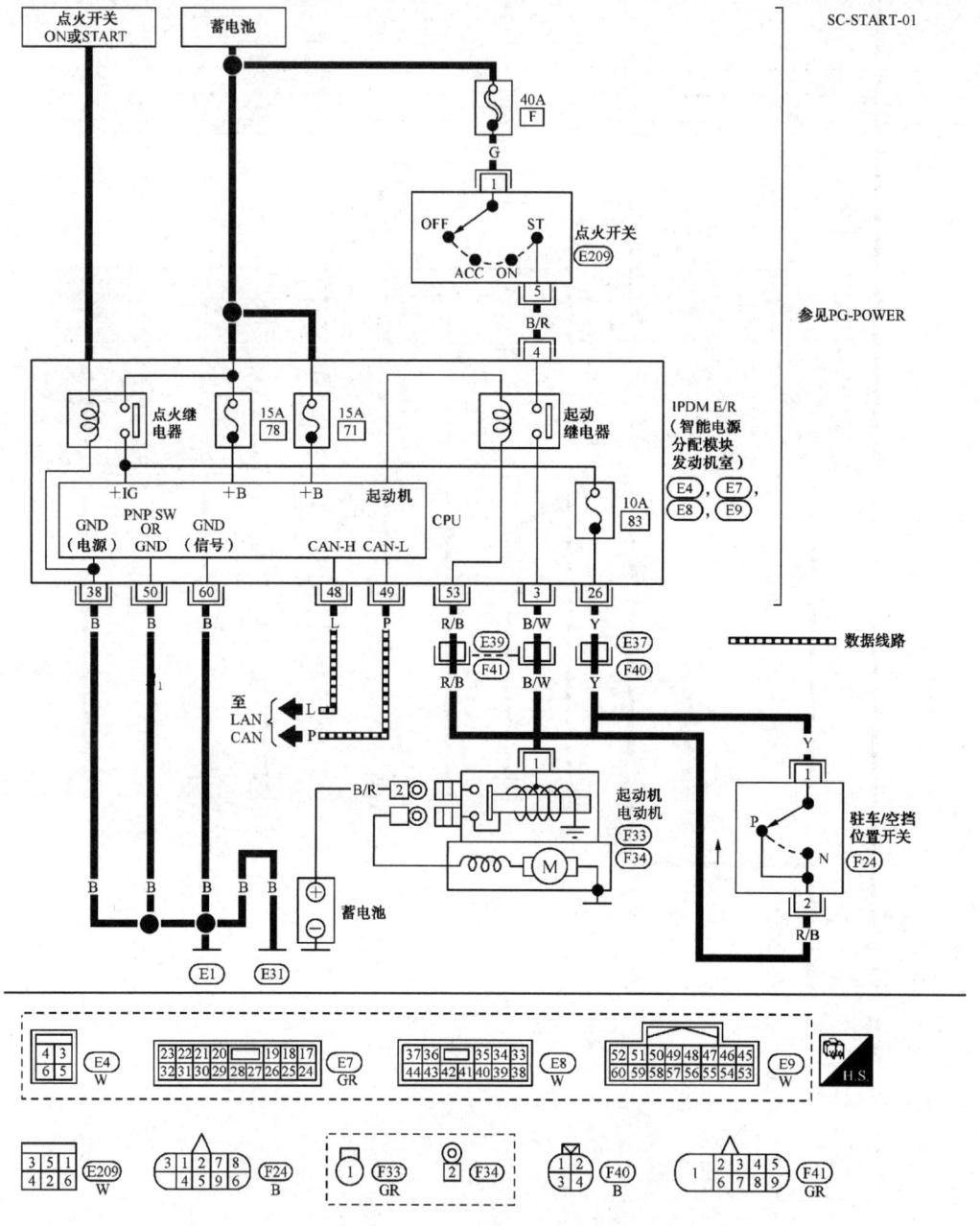

图 4.34 日产天籁起动系统控制电路

当点火开关在 ON 或 START 位置时，供电从点火继电器通过 10A 熔断器（No.83，位于 IPDM E/R），通过 IPDM E/R 端口 26 至驻车/空挡位置开关端口 1。

当选挡杆位于 P 或 N 位置时，通过驻车/空挡位置开关端口 2 至 IPDM E/R 端口 53。IPDM E/R 模块控制起动继电器电路从 IPDM E/R 端口 38、50 和 60 至接地 E1 和 E31。起动继电器将转为 ON。

当点火开关在 START 位置时，IPDM E/R 被激活并开始供电：从点火开关端口 5 至 IPDM E/R 端口 4 并通过 IPDM E/R 端口 3 至起动机电动机端口 1。起动机电动机的电磁开关闭合，在蓄电池和起动机电动机之间提供了闭环线路。起动机电动机连接至发动机体接地，提供了电源和接地后，起动机转动曲轴，发动机起动。

4.4.4　一键起动保持电路

汽车一键起动是一个实现简约打火的装置，其也可以实现熄火。一类是按钮式，点火按钮位于中控台伸手可及之处；另一类是旋钮式，一般位于原始的钥匙插口处，但是无须插车钥匙，直接拧动旋钮即可起动。配备一键起动功能的车辆只要随身携带感应钥匙即可直接开启或锁闭车门，并且按下一键起动按钮即可起动或关闭发动机，无须将遥控钥匙插入点火开关。

装配一键起动功能的起动系统需要起动控制电路，如图 4.35 所示，踩下制动踏板及按下起动开关时，制动信号和起动开关信号传输至主车身 ECU；主车身 ECU 通过端子 STSW 将起动开关信号传输至发动机 ECU，且通过端子 STR2 输出 12V 电压，同时通过端子 IG2D 控制起动机切断继电器闭合，若此时换挡杆位于 P 挡或 N 挡，P/N 挡位开关闭合，起动继电器吸合，起动机运转，发动机 ECU 通过端子 STA 接收起动信号；松开起动开关时，主车身 ECU 端子 STR2 不再输出 12V 电压，而发动机 ECU 通过端子 STSW 接收到主车身 ECU 的起动开关信号，因此发动机 ECU 端子 STAR 持续输出 12V 电压，保持起动继电器吸合，当发动机 ECU 通过发动机转速信号（大于 500r/min）判断发动机已起动时，切断端子 STAR 的输出电压。另外，在起动机运转时，主车身 ECU 会切断 ACC 继电器。

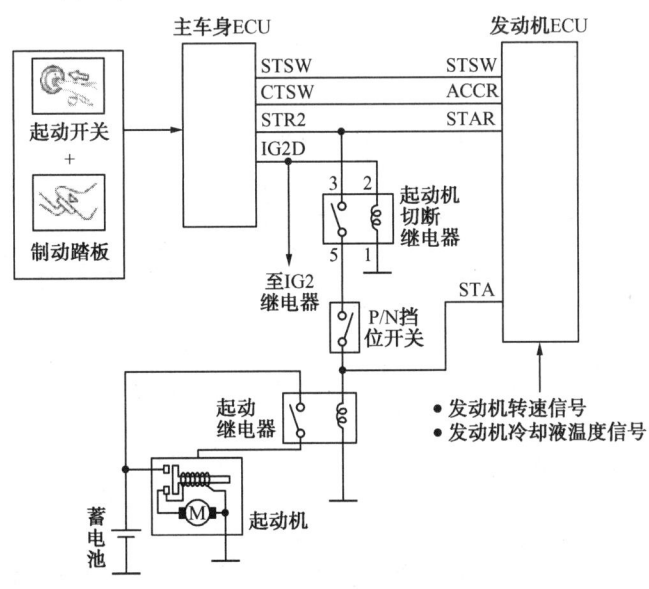

图 4.35　起动控制电路

学习单元 4.5　起动系统故障诊断

发动机不能起动的故障诊断流程如图 4.36 所示。

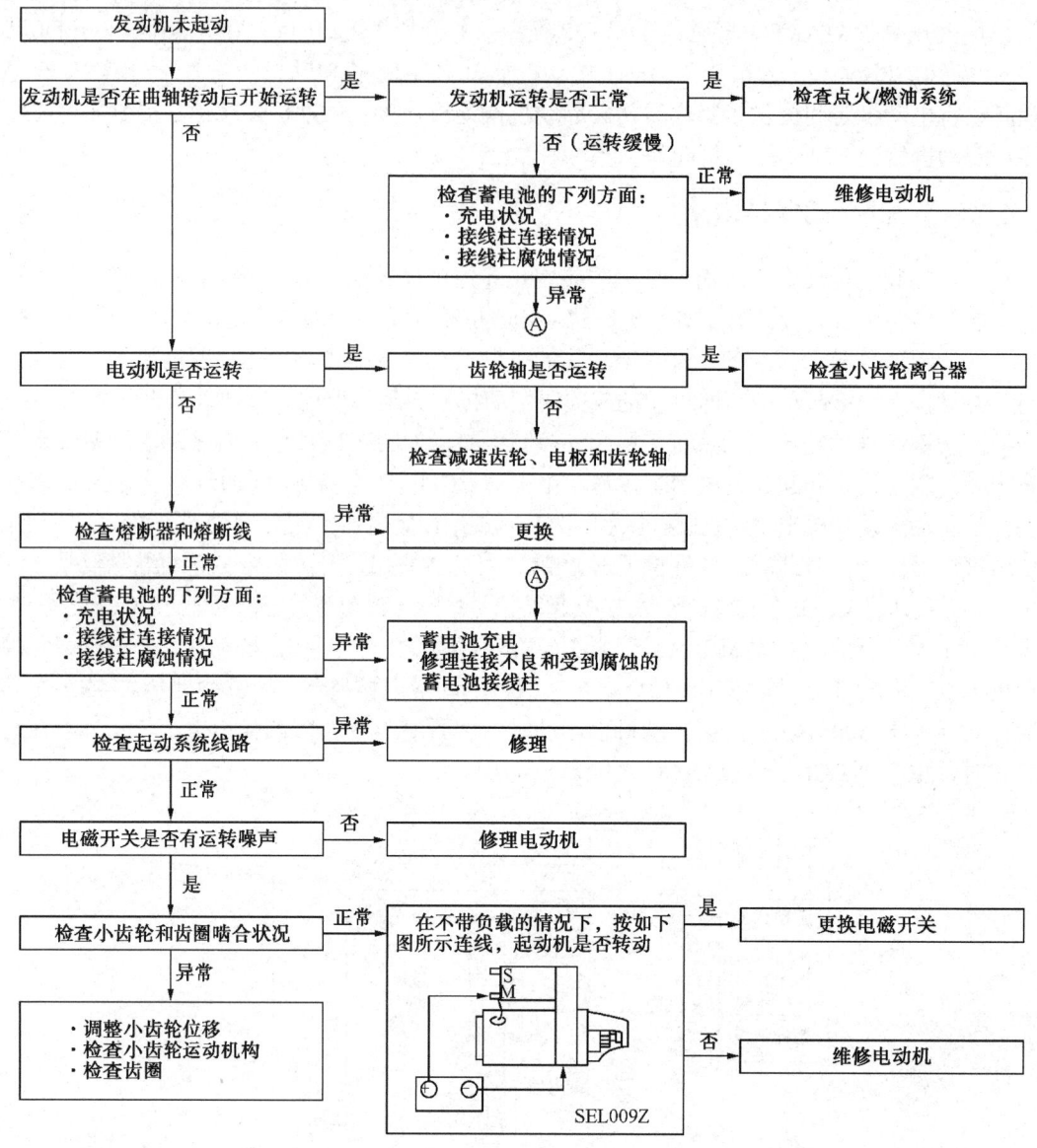

图 4.36　发动机不能起动的故障诊断流程

4.5.1　起动机不转故障诊断

1．故障现象与故障原因

起动时，起动机不转动，无动作迹象，可能故障如下（以有起动继电器的起动系统为例）。

（1）电源故障。蓄电池严重亏电或极板硫化、短路等，蓄电池极柱脏污、与线夹接触不良，起动电路导线连接处松动而接触不良等。

（2）起动机故障。换向器与电刷接触不良，励磁绕组或电枢绕组断路或短路，绝缘电刷搭铁，电磁开关线圈断路、短路、搭铁或其触点烧蚀而接触不良等。

（3）起动继电器故障。起动继电器线圈断路、短路、搭铁或其触点接触不良。

（4）点火开关故障。点火开关接线松动或内部接触不良。

（5）起动系统线路故障。起动线路中有断路、导线接触不良或松脱等现象。

（6）电磁开关主触点因烧蚀或调整不当而不能闭合。

2．故障诊断流程

在确保蓄电池有电、起动机电磁开关各接线及各搭铁线接触良好的前提下，按图4.37所示进行故障诊断。

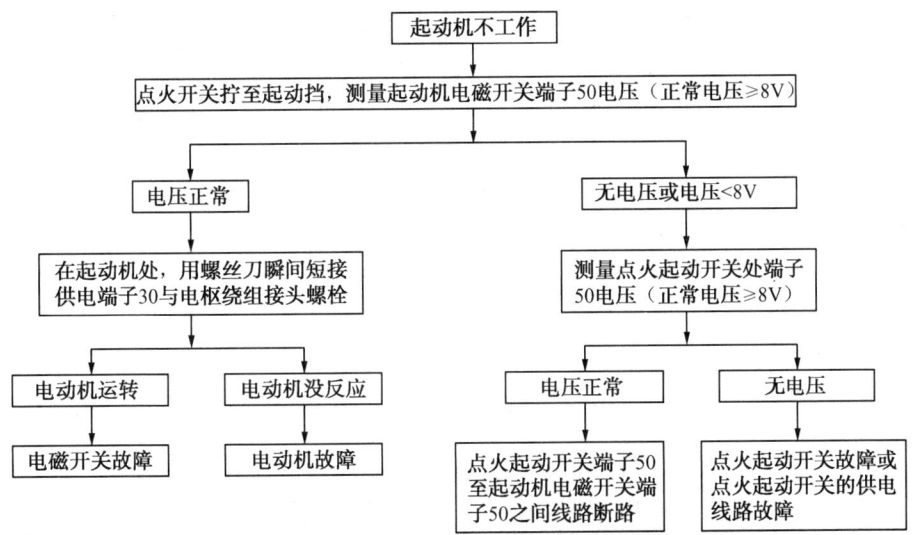

图 4.37　起动机不工作故障诊断流程

3．相关操作步骤

（1）检查电源。按喇叭或开前照灯，如果喇叭声音小或嘶哑，灯光比平时暗淡，则说明电源有问题。应先检查蓄电池极柱和线夹及起动电路导线接头处是否松动，触摸导线连接处是否发热。若某连接处松动或发热，则说明该处接触不良。如果线路连接无问题，则应对蓄电池进行检查。

（2）检查起动机。如果判断电源无问题，用螺丝刀将起动机电磁开关上连接蓄电池和电动机导电片的接线柱短接，如果起动机不转，则说明起动机内部有故障，应拆检起动机；如果起动机空转正常，则进行后面的检查。

（3）检查电磁开关。用螺丝刀将电磁开关上连接起动继电器的接线柱与连接蓄电池的接线柱短接，若起动机不转，则说明起动机电磁开关有故障，应拆检电磁开关；如果起动机运转正常，则说明故障在起动继电器或有关的线路上。

（4）检查起动继电器。用螺丝刀将起动继电器上的"电池"和"起动机"两接线柱短接，若起动机转动，则说明起动继电器内部有故障，否则应再做下一步检查。

（5）检查点火开关及线路。将起动继电器的"电池"接线柱与点火开关用导线直接相连，若起动机能正常运转，则说明故障在起动继电器至点火开关的线路中，可对其进行检修。

4.5.2　起动机运转无力故障诊断

1．故障现象与故障原因

起动时，起动机转速明显偏低甚至停转，可能有如下故障。

（1）电源故障。蓄电池亏电或极板硫化短路，起动电源导线连接处接触不良等。

（2）起动机故障。换向器与电刷接触不良，电磁开关接触盘和触点接触不良，电动机励磁绕组或电枢绕组有局部短路等。

（3）发动机起动阻力过大，如大小轴瓦太紧及缸壁间隙过小等。

2．故障诊断流程

如果起动机运转无力，首先应检查起动机电源，如果起动机电源无问题，则应拆检起动机。首先检查电磁开关接触盘、换向器与电刷的接触情况；其次检查励磁绕组和电枢绕组。其诊断流程如图 4.38 所示。

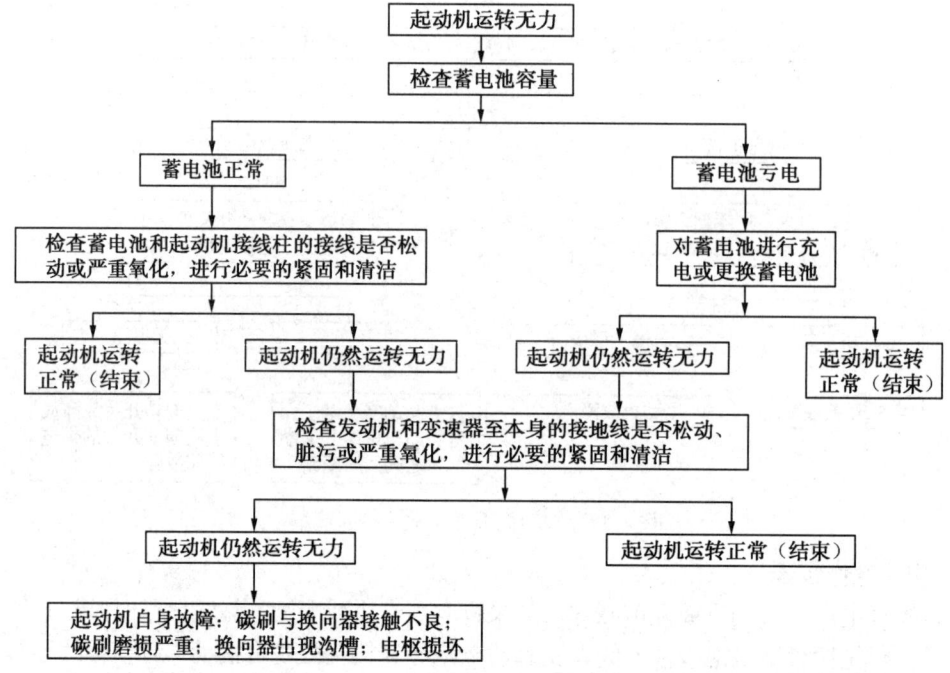

图 4.38　起动机运转无力故障诊断流程

4.5.3　起动机空转故障诊断

1．故障现象与故障原因

接通起动开关后，只有起动机快速旋转而发动机曲轴不转。这种现象表明起动机电路畅通，故障在起动机的传动装置和飞轮齿环等处。

2．故障诊断方法

（1）若在起动机空转的同时伴有齿轮的撞击声，则表明飞轮齿环轮齿或起动机小齿轮轮齿严重磨损或已损坏，不能正确地啮合。

（2）起动机传动装置故障有：单向啮合器弹簧损坏，单向啮合器滚子严重磨损，单向啮合器套管的花键槽锈蚀。这些故障会阻碍小齿轮的正常移动，造成不能与飞轮齿环准确啮合等。

（3）有的起动机传动装置采用一级行星齿轮减速装置，其结构紧凑、传动比大、效率高，但使用中常会出现载荷过大而被烧毁卡死。有的采用摩擦片式离合器，若压紧弹簧损坏、花键锈蚀卡滞、摩擦离合器打滑，也会造成起动机空转。

【任务实施】

接车后，询问并记录车辆维修历史，利用诊断仪对车辆进行诊断并读取故障码，发现无故障码。检查蓄电池电量充足，起动继电器工作正常，F12 熔丝完好，变速器挡位信号正常。维修技师怀疑起动机有问题，于是拆下起动机将其在蓄电池上搭接，起动机运转正常。此时再用万用表检查蓄电池到起动机的线路，发现该线路发生断路现象。经仔细观察，发现该线束靠近蓄电池极柱处的熔断器熔断。经查阅维修资料，得知这是一个150A的熔断器。根据该熔断器多次熔断的情况，可以判定起动机内部存在着内部短路的情况。在更换起动机和线束后，故障彻底排除。福特福克斯起动系统电路图如图4.39所示。

起动系统-1.8/2.0L Duratec-HE（MI4），自动变速器，2009年起车型

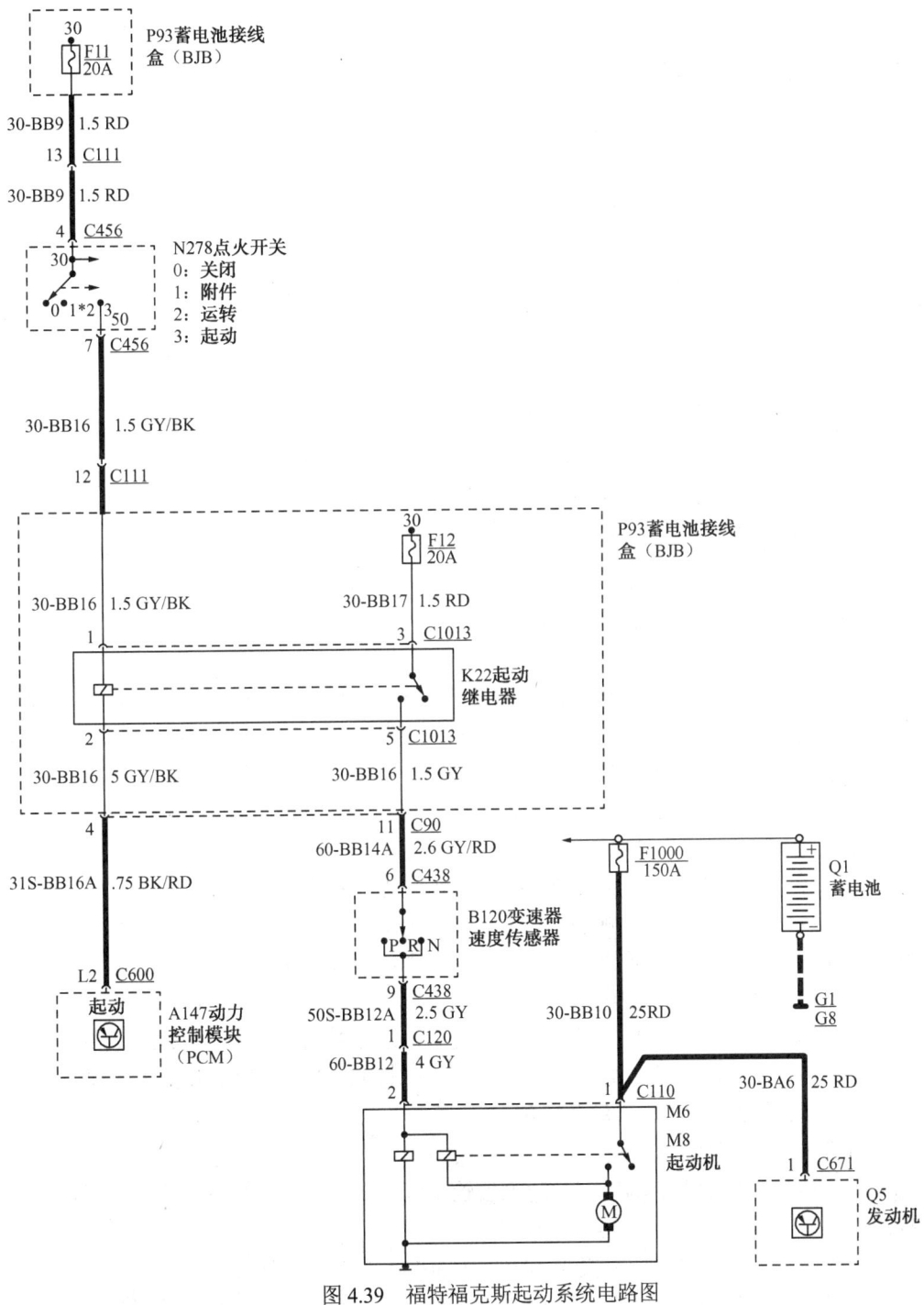

图4.39 福特福克斯起动系统电路图

【延伸阅读】

要有善于发现的眼睛

汽车在行驶时发动机高速运转，底盘系统、转向系统、行驶系统也都在不停地工作，但是有一个零件不一样，它比较"懒"，往往在别的零件忙着工作时它在休息，可以说是汽车上最"懒"的零件——起动机。

为什么说它最"懒"呢？因为起动机每次工作的时间很短，它的作用就是让发动机由静止状态变成运动状态，在汽车开始工作之后它又开始休息了，这样算来一次起动的时间大约是两秒，也就是说每次起动汽车它只工作两秒，那车主一天早、中、晚上下班起动 6 次车，它工作的时间不过 12 秒，就算用车比较多，那加起来起动机一年也就工作几十分钟。

但是，别以为它"懒"，汽车中就可以摒弃不用了。起动机可以将蓄电池的电能转换为机械能，驱动发动机的飞轮旋转，从而起动发动机。没有它的大功率输出，汽车无法实现运转，也因为每次的大功率输出，十年加起来它的工作寿命也只是几十小时。原来它的"懒"是为了养精蓄锐，以便于下次还能卖力地工作，只是我们没有发现而已。

同样的道理，我们在与他人相处的过程中，不能因为没有发现别人的闪光点而忽视他，就像我们不能因为看不到起动机的付出，就忽视它一样。"尺有所短，寸有所长。"每个人都有自己的优点，我们要用善于发现他人优点的眼睛去观察，这样才能奋发上进、提升自己、受益终生。

企业案例 4

1. 接地线接触不良导致起动机转速低

（1）故障车型：捷达 GTX。

（2）故障症状：因起动机转速低而无法起动发动机，还曾出现行驶中加速滞后、排气管放炮等现象，并同时出现冷却液温度警报灯和机油压力警报灯闪亮。关闭发动机后，重新起动，恢复正常。此故障的发生没有规律，有时行驶数十千米不出现，有时行驶几千米便出现多次。

（3）故障检测：一个人起动发动机，另一个人用万用表测量给起动机供电的各点电压。蓄电池空载电压为 12.2V，起动时电压为 12V。

（4）故障分析：起动机转速低的原因有①蓄电池电能不足；②起动机故障；③起动机的正电源线或接地线接触不良。经检测蓄电池无故障。由于是新车，起动机损坏的可能性也不大。考虑到警报灯同时报警反映的不是真实情况，只有当接地线接触不良或发电机有整流管击穿故障时才会发生，所以应检查第三个方面。

（5）故障排除：检查蓄电池负极电缆接至发动机后端的接地点时，发现紧固螺栓松动，用手就能拧下来。把此螺栓拧紧，将车辆交付用户，经电话跟踪，上述故障未再出现。

2. 铜套损坏导致起动机小齿轮不回位

（1）故障车型：捷达 GiX。

（2）故障症状：起动发动机后，起动机齿轮不回位，并且有齿轮继续啮合的异响，有时起动机打滑空转。

（3）故障检测：拆下起动机，检查飞轮齿环和小齿轮未见异常。

（4）故障分析：起动机小齿轮不回位的原因有①飞轮齿环或小齿轮的轮齿损坏；②起动机损坏；③起动机小齿轮端的铜套过度磨损。捷达起动机小齿轮端的铜套轴承安装在离合器壳体上，如果因磨损松动，则会改变起动机小齿轮与曲轴的中心距，当起动机转动时，会使小齿轮与齿环卡住。

（5）故障排除：观察离合器壳体上的铜套轴承，发现其严重磨损，有一侧已经露出离合器壳体。由于此铜套不作为备件供应，加工一个铜套，镶到离合器壳体上并加适量润滑脂，将保养过的起动机装到车上，试车后故障排除。

3．电刷过度磨损导致起动机不转动

（1）故障车型：捷达 GTX。

（2）故障症状：用户陈述近几天起动机转速低或不转，发动机起动困难。

（3）故障检测：将点火开关置于 ST 挡，起动机无反应。测量起动机电磁开关插头与地间电压，即黑/红线与地间电压为 12.5V，说明起动机 50 号线没问题；测量起动机正极电缆线和接地线良好。

（4）故障分析：起动机不转动的故障原因有①蓄电池电能不足；②点火开关的起动触点接触不良；③起动机正极电源线有故障；④起动机接地线有故障；⑤起动机故障。对前四项进行了检查，下面应检查起动机。

（5）故障排除：拆下起动机进行分解，测量电磁开关线圈、电枢线圈、励磁绕组没问题，发现电刷磨损严重，电刷与引线脱落。更换电刷，故障排除。

测试练习题 4

一、判断题

（　　）1．电刷与换向器的接触率不应少于 75%，电刷的高度不应低于标准的 2/3。

（　　）2．起动机每次接通的时间不应超过 5s，重复起动时应停歇 2min。

（　　）3．起动机离合器的作用是当起动发动机时，起动机通过离合器把转速传递给小齿轮，小齿轮再把转速传递给飞轮，当发动机正常工作后切断小齿轮与起动机的联系。

（　　）4．减速起动机中的减速装置可以起到降速增扭的作用。

（　　）5．从车上拆下起动机前应首先关断点火开关，拆下蓄电池搭铁电缆。

（　　）6．起动机电缆线应尽可能长些。

二、选择题

1．在起动过程中，电磁开关中将会被短路的线圈是（　　）。

    A．吸引线圈   B．保持线圈   C．电枢绕组   D．励磁绕组

2．小功率起动机广泛使用（　　）离合器。

    A．滚柱式   B．摩擦片式   C．蝶形弹簧式   D．周布弹簧式

3．需传递较大转矩且起动机尺寸较大时，应使用（　　）单向离合器。

    A．滚柱式   B．摩擦片式   C．蝶形弹簧式   D．周布弹簧式

4．以下有关起动机拆解检修操作错误的是（　　）。

    A．必须更换磨损过度的电刷   B．可以目视检查转子的好坏

    C．需要清理换向器槽内的金属粉屑   D．必须拆解清洗单向离合器

5．某轿车起动时发现起动机发烫但是电动机不转，最可能的原因是（　　）。

    A．直流电动机内部对搭铁短路   B．电磁开关触点烧蚀

    C．起动继电器触点黏连   D．换向器片间断路

6．在进行起动机起动电流测试时，起动机的电流比平常时的高，可能的原因是（　　）。

    A．润滑不足或发动机有故障不易起动

    B．起动机驱动机构与飞轮齿环没有啮合

    C．蓄电池极柱接触不良

    D．起动继电器有故障

7．有关减速起动机的检修操作不正确或不规范的是（　　）。

    A．在电磁开关的蓄电池接线柱上涂润滑脂防止氧化、腐蚀

    B．用汽油清洗减速齿轮机构内的油泥

    C．给电刷和换向器之间加润滑油以减少磨损

    D．给单向离合器内部加清洁的润滑油

8．以下故障原因可以导致起动机运转无力的是（　　）。

    A．蓄电池与起动机的搭铁线搭铁不良

    B．电磁开关两主电路接线柱或接触盘存在烧蚀的情况

    C．蓄电池存电量不足

    D．定子线圈或转子线圈存在短路情况

三、综合题

1．按序号填写图中部件名称。

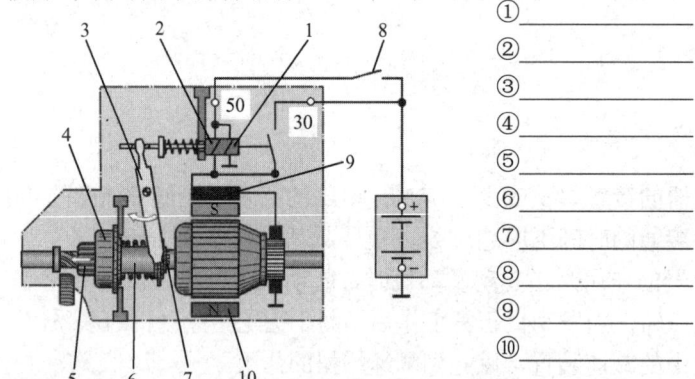

① _____

② _____

③ _____

④ _____

⑤ _____

⑥ _____

⑦ _____

⑧ _____

⑨ _____

⑩ _____

2．影响起动机工作性能的因素有哪些？

3．画出下图所示起动系统电路电流走向，分析其工作原理。

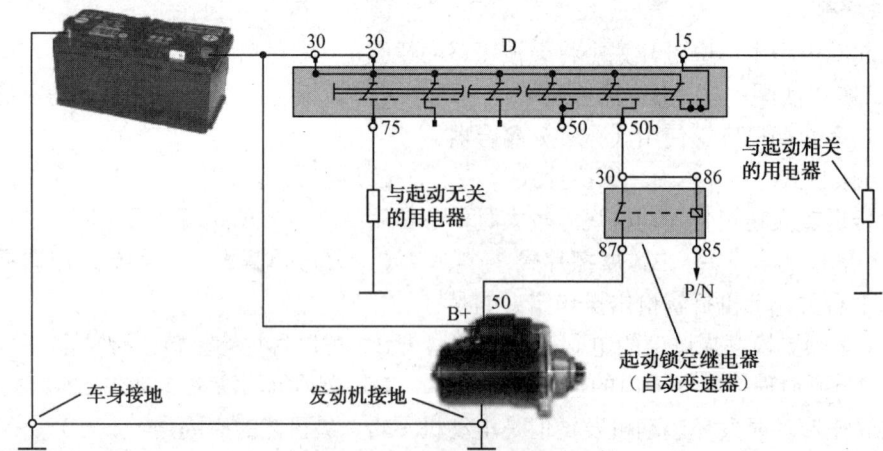

4．如果上题所示起动系统不工作，请分析造成该故障的可能原因。

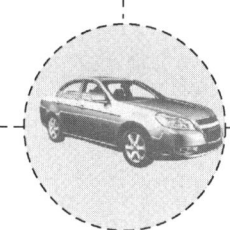

学习情境五

照明与信号系统故障诊断与维修

【能力目标】

● 描述各种照明灯和信号灯的结构类型、功能和工作原理；

● 按制造商规定选取并更换合适的照明灯和信号灯；

● 调整前照灯；

● 识读各种照明灯和信号灯电路图；

● 制定各种照明灯和信号灯故障诊断方案，进行故障诊断，排除故障；

● 描述电喇叭的功能和结构；

● 识读电喇叭电路图；

● 制定电喇叭故障诊断方案，进行故障诊断，排除故障。

【学习内容】

● 白炽灯、卤素灯、气体放电灯和 LED 灯的结构、功能和工作原理；

● 各种照明灯和信号灯的功率参数、规格型号；

● 前照灯调整方法；

● 各种照明灯和信号灯电路图；

● 各种照明灯和信号灯故障诊断与排除方法；

● 电喇叭的功能和结构；

● 电喇叭电路图；

● 电喇叭故障诊断与排除方法；

● 新能源汽车声音模拟器的标准。

【任务导入】

一辆宝来 1.8 MT，车主反映所有转向灯不亮，打开危险警告开关各转向灯也不亮。经维修技师诊断，这是典型的闪光继电器故障导致的转向灯不工作。

学习单元 5.1　汽车灯光系统认识

5.1.1　全车车灯功能与分类

全车车灯操作　　常用车灯型
号及特征

1. 全车车灯的分类

汽车灯光系统可分为内部灯光系统和外部灯光系统。外部灯光系统包括前照灯、雾灯、转向灯、驻车灯、倒车灯、制动灯、牌照灯等。如图 5.1 所示为汽车前外部灯，如图 5.2 所示为汽车后外部灯。内部灯光系统包括阅读灯、行李舱灯、仪表照明灯、开关照明灯、门控灯等。

1—右侧转向信号灯；2—右前转向信号灯；3—右前照灯（近光）；4—右前照灯（远光）；5—右前日行灯/驻车灯；
6—左侧转向信号灯；7—左前转向信号灯；8—左前照灯（近光）；9—左前照灯（远光）；10—左前日行灯/驻车灯。

图 5.1　汽车前外部灯

1—左后制动灯；2—左后驻车灯；3—左后转向信号灯；4—左后雾灯；5—左倒车灯；6—高位制动灯；
7—右后制动灯；8—右后驻车灯；9—右后转向灯；10—右倒车灯；11—牌照灯。

图 5.2　汽车后外部灯

汽车灯光系统按照用途分为照明灯和信号灯两大类，如图 5.3 所示。

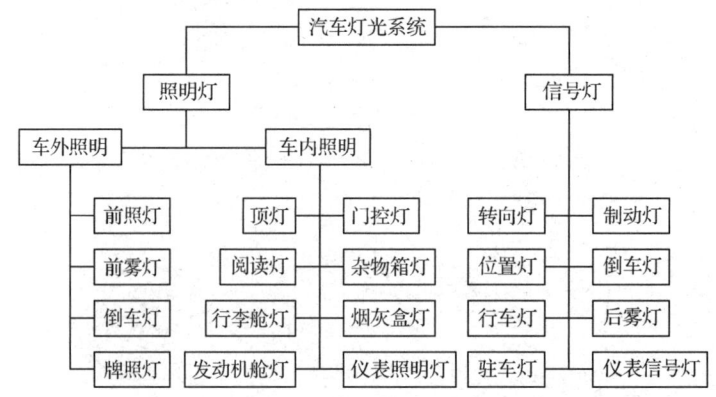

图 5.3　汽车灯光系统

　　汽车照明灯是为了在光线不好的条件下提高车辆行驶的安全性而设置的。汽车照明灯根据安装位置和用途不同，一般可分为车外照明灯和车内照明灯。汽车信号灯是汽车使用中用于指示其他车辆或行人的灯光信号（或标志），以保证汽车行驶的安全性。汽车上常用的信号灯有转向灯、驻车灯、制动灯、倒车灯等。

一般来说，汽车照明信号系统除了用于照明与信号指示，还用于汽车装饰。随着汽车电子技术应用程度的不断提高，车灯系统正在向智能化方向发展。

2. 全车车灯的功能

按照 GB 4785—2019《汽车及挂车外部照明和光信号装置的安装规定》，车辆外部灯具的定义及光色要求如表 5.1 所示。

表 5.1　汽车外部灯具定义及光色要求

灯具名称	光色	定义
远光灯	白色	用于车辆前方远距离道路照明的灯具。应配备 2 只或 4 只
近光灯	白色	用于车辆前方道路照明，对来车驾驶员和其他使用道路者不造成眩目或不舒适感的灯具。应配备 2 只
前雾灯	白色或选择性黄色	用于改善在雾天或类似低能见度情况下车辆前方道路照明的灯具。应配备 2 只
牌照灯	白色	用于照明后牌照板空间区域的装置，该装置可由几个光学元件组成
制动灯	红色	向车辆后方其他使用道路者表明车辆正在制动的灯具
前位灯	白色	从车辆前方观察，表明车辆存在和宽度的灯具
后位灯	红色	从车辆后方观察，表明车辆存在和宽度的灯具
后雾灯	红色	在雾天或类似低能见度情况下，从车辆后方观察，使得车辆更为易见的灯具。应配备 1 只或 2 只
倒车灯	白色	用于照明车辆后方道路和警告其他使用道路者，车辆正在或即将倒车的灯具
转向信号灯	琥珀色	用于向其他使用道路者表明车辆将向右或向左转向的灯具
危险警告信号	琥珀色	同时打开车辆上所有的转向信号灯。以向其他使用道路者表明，车辆暂时具有某种特殊危险
驻车灯	前面白色，后面红色	在车辆驻车状态时开启，用于引起人们注意，在某区域内有一静止车辆存在的灯具
侧标志灯	琥珀色	从车辆侧面观察时，表明车辆存在的灯具
示廓灯	前面白色，后面红色	安装位置尽可能靠近车辆外缘和车顶位置，用来表明车宽的灯具
昼间行驶灯	白色	昼间行驶时，使得车辆更为易见的一种面向前方的灯具
后回复反射器	红色	通过反射外来光源照射的光，向位于光源附近的观察者表明车辆存在的装置

3. 车灯操作

如图 5.4 所示为照明总开关，如图 5.5 所示为雨刮及灯光控制拨杆，如图 5.6 所示为危险警告灯开关。

1—侧灯、车牌和仪表盘照明；2—后雾灯开关；3—右侧驻车灯开关；4—左侧驻车灯开关；
5—大灯自动模式，由光线传感器控制；6—近光灯/远光灯开关；7—开关及仪表照明灯亮度调节旋钮。

图 5.4　照明总开关

1—远光灯开关；2—右转向信号灯开关；3—大灯闪烁器开关；4—左转向信号灯开关。

图 5.5　雨刮及灯光控制拨杆

图 5.6　危险警告灯开关

（1）远光灯操作：远光灯在前照灯开关位于 ON（打开）位置或处于 AUTO（自动）位置并存在近光灯自动启动的条件时才可以同时或成对开启（间歇地打开远光灯开启发出警告信号除外）。远光灯可以随时手动开启或关闭，也可以自动控制，远光灯自动控制功能应可以手动关闭。所有可同时开启的远光灯，其最大发光强度之和应不超过 430 000 cd。

近光灯关闭时，远光灯也应关闭。从远光变为近光时，应同时关闭所有的远光灯。远光灯打开时，允许近光灯也开着。

（2）近光灯操作：从远光切换为近光时，应同时关闭所有的远光灯。远光灯打开时，近光灯也允许开着。气体放电光源近光灯，在远光灯打开时，应保持打开。近光灯的开关可以是自动的，也能随时手动操作。

（3）转向信号灯操作：转向信号灯的开关应独立于其他灯具。在车辆同一侧的所有转向信号灯由一个开关控制同时打开或同时关闭，并同步闪烁。

若某一转向信号灯发生故障（短路除外），其他转向信号灯应继续工作，但闪烁频率可以不同于上述规定的频率。危险警告信号灯应由单独配置的手动开关打开，并同步闪烁。

在车辆发生碰撞或紧急制动信号关闭后，危险警告信号灯允许自动开启。在这种情况下，应能够手动关闭该信号灯。

（4）后雾灯操作：当远光灯、近光灯或前雾灯被打开时，后雾灯才能被打开。后雾灯可以独立于任何其他灯具而关闭。

5.1.2　灯光系统行业标准

由于汽车灯光对于保证行车安全非常重要，汽车灯光的标准在汽车标准中占有非常重要的地位。这些标准分别适用于不同光源或用途的汽车灯光，对灯光的一般要求、颜色、配光性能及试验方法、配光性能稳定性试验、材料等技术要求做出规定。目前我国适用于汽车灯光产品的国家标准如下。

GB/T 7922—2008　　《照明光源颜色的测量方法》
GB/T 10485—2007　　《车辆外部照明和光信号装置的环境耐久性》
GB 15766.1—2008　　《道路机动车辆灯泡尺寸、光电性能要求》
GB 18408—2015　　《汽车及挂车后牌照板照明装置配光性能》
GB 18409—2013　　《汽车驻车灯配光性能》

GB 18099—2013	《机动车及挂车侧标志灯配光性能》
GB 23255—2019	《机动车昼间行驶灯配光性能》
GB 25991—2010	《汽车用 LED 前照灯》
GB 4599—2007	《汽车用灯丝灯泡前照灯》
GB 4660—2016	《机动车用前雾灯配光性能》
GB 11554—2008	《机动车和挂车用后雾灯配光性能》
GB 15235—2007	《汽车及挂车倒车灯配光性能》
GB 17509—2008	《汽车及挂车转向信号灯配光性能》
GB 11564—2008	《机动车回复反射器》
GB 4785—2019	《汽车及挂车外部照明和光信号装置的安装规定》
GB 19151—2003	《机动车用三角警告牌》
GB 21259—2007	《汽车用气体放电光源前照灯》
GB 21260—2007	《汽车用前照灯清洗器》
GB 5920—2019	《汽车及挂车前位灯、后位灯、示廓灯和制动灯配光性能》

5.1.3 常用车灯种类、型号及特征

常用车灯按发光原理分为热辐射光源（白炽灯、卤素灯）、气体放电灯、LED 灯和激光大灯等。

常用车灯种类

1．热辐射光源

（1）白炽灯

普通灯泡的灯丝用钨丝制成，玻璃泡内抽出空气，然后充以包含 86%氩气和 14%氮气的混合惰性气体，以减少钨丝受热蒸发，延长其使用寿命，灯丝制成紧密的螺旋状。灯泡在长期使用后发黑，表明灯丝的损耗依然存在，因此并不能完全阻止钨丝的蒸发。汽车用普通白炽灯灯泡，有 P21W、P21/5W、W5W、W16W、R10W 等型号，如图 5.7 所示。按灯泡玻璃体形状可分圆锥形、球形、柱形、楔形四种，如图 5.8 所示。它们广泛应用于前照灯外的其他汽车灯具上。

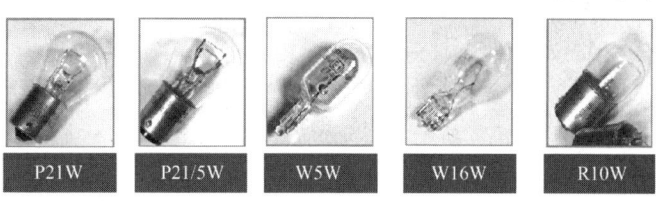

图 5.7 汽车用普通白炽灯灯泡

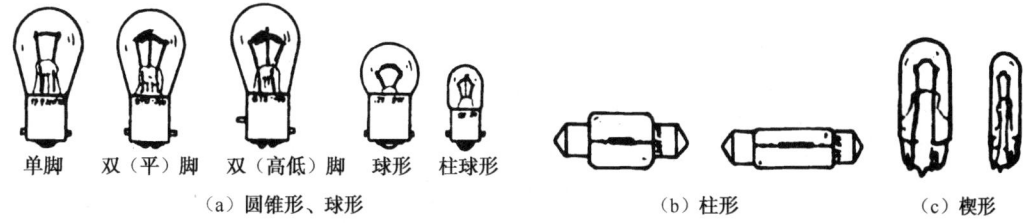

图 5.8 各种形状的白炽灯灯泡

（2）卤素灯

卤素灯是在惰性气体中加入了一定量的卤族元素（如碘、溴），使得从灯丝上蒸发出来的气

态钨与卤族元素反应生成了一种挥发性的卤化钨，在扩散到灯丝附近的高温区域后又受热分解，使钨重新回到灯丝上，如此循环防止了钨的蒸发和灯泡黑化的现象，如图5.9所示。白炽灯灯泡发光效能一般为8～12lm/W（流明每瓦），卤素灯灯泡发光效能可达18～20lm/W，比白炽灯灯泡高20%以上。由于卤素灯灯泡体积小、耐高温、发光强度高、使用寿命长，目前得到广泛应用。其型号标志中含"H"，如H1、H4、H7、HB3、HB4、H11等，如图5.10所示。

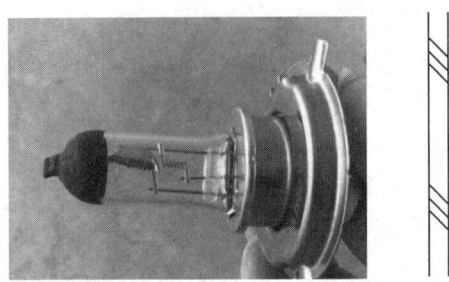 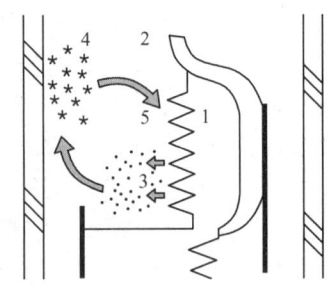

1—钨丝；2—充碘或溴卤素；3—钨蒸发物；4—钨卤化物；5—钨沉淀物。

图5.9 卤素灯

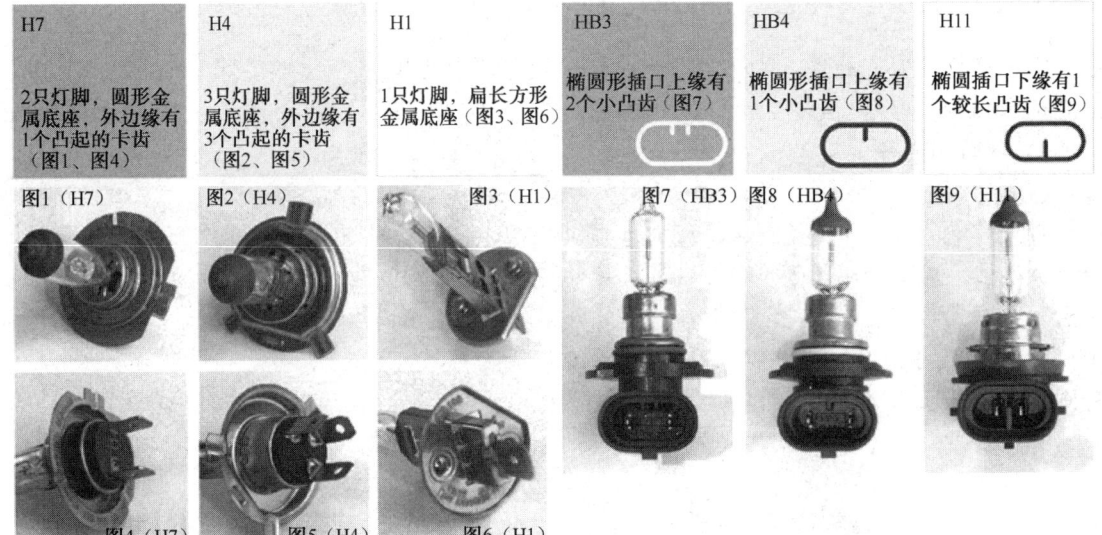

H7	H4	H1	HB3	HB4	H11
2只灯脚，圆形金属底座，外边缘有1个凸起的卡齿（图1、图4）	3只灯脚，圆形金属底座，外边缘有3个凸起的卡齿（图2、图5）	1只灯脚，扁长方形金属底座（图3、图6）	椭圆形插口上缘有2个小凸齿（图7）	椭圆形插口上缘有1个小凸齿（图8）	椭圆插口下缘有1个较长凸齿（图9）

图5.10 不同型号的卤素灯泡

2. 气体放电灯

（1）气体放电灯的特点

气体放电灯是一种充有氙气的新型前照灯，又称氙气灯或高强度放电灯，英文缩写为HID。气体放电灯亮度大，照明区域大，如图5.11所示，发出的亮光色调与太阳光比较接近，消耗功率低，可靠性高，不受车上电压波动的影响。因此，安装气体放电灯不但可以减少电能消耗，还相应提高了车辆的性能，这对于轿车而言具有很重要的意义。氙气灯光相对于传统的灯光技术有非常大的优点。

① 灯泡的使用寿命超过2500h。

② 一个35W气体放电灯的发光效率是一个55W的卤素灯的两倍。

③ 较高的清晰度和射程长度。

④ 在近程内有较宽的散射区。

（2）气体放电灯的结构与型号

气体放电灯灯泡的玻璃用坚硬的耐温耐压石英玻璃（二氧化硅）制成，灯内充入高压氙气缩短灯被点亮的时间，灯的发光颜色则由充入灯泡内的氙气、水银蒸气和少量金属卤化物所决定。

在气体放电灯中，光线是两电极在一个豌豆大小的充气壳之间产生的弧光，如图 5.12 所示。气体全部充在灯泡壳里，光线以高亮度的绿色和蓝色发出。灯泡的气体室长度小于 1cm，带有氙气并混合充入金属卤化盐。该灯需要一个超过 1kV 的高压脉冲来产生弧光，电压在预置装置中产生。

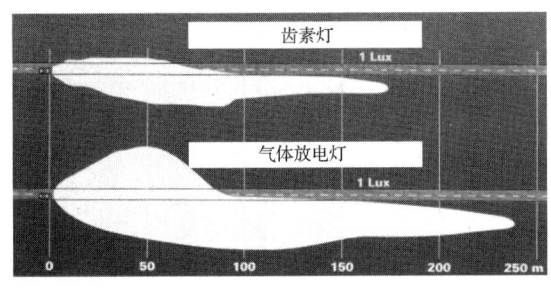 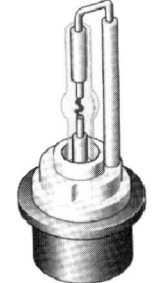 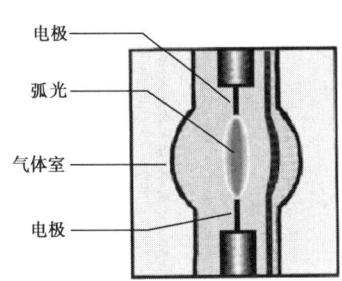

图 5.11 气体放电灯和卤素灯的照明区域　　　　　　图 5.12 气体放电灯

在点火时充气灯在 3s 内以高电流工作，同时灯泡以最小的延迟时间 0.3s 达到最大的亮度。在很短的过电流阶段，弧光稳定且灯泡达到其应有的亮度，灯泡功率通过电子预置装置在 35W 内调节，即限制在 35W 内。

氙气灯的型号一般由 3 个字符 "D*X" 表示，如 D1S、D2S、D1R、D2R。其中，"D" 表示氙气。"*" 为数字：1、2、3、4，其中 1、2 为有汞设计，3、4 为无汞设计，1、3 表示带启辉器（高压包），2、4 表示不带启辉器。D1、D2 电压是 85V，D3、D4 电压是 45V。"X" 为字母：S、R，S 表示玻璃管上没有涂层，用于透镜；R 表示玻璃上面有涂层，用于反光碗，防眩目用。

（3）气体放电灯系统

气体放电灯系统主要包括灯泡单元、控制器等，如图 5.13 所示。该系统具有产生点火电压和工作电压两种功能。控制器的主要功能是限制灯泡的工作电流，向灯泡提供 20kV 以上的点火电压和维持工作的低电压（80V 左右）。气体放电前照灯电路和卤素前照灯电路如图 5.14 所示，气体放电前照灯内集成了控制模块。

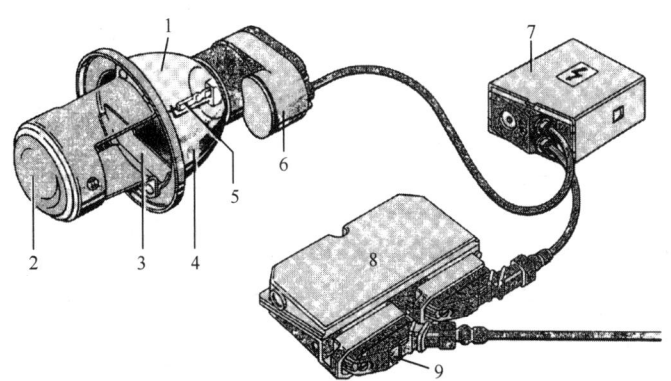

1—灯泡单元；2—前照灯玻璃；3—屏蔽板；4—反射镜；5—氙气灯泡；6—连接插座；7—点火装置；8—控制器；9—插接器。

图 5.13 气体放电灯系统

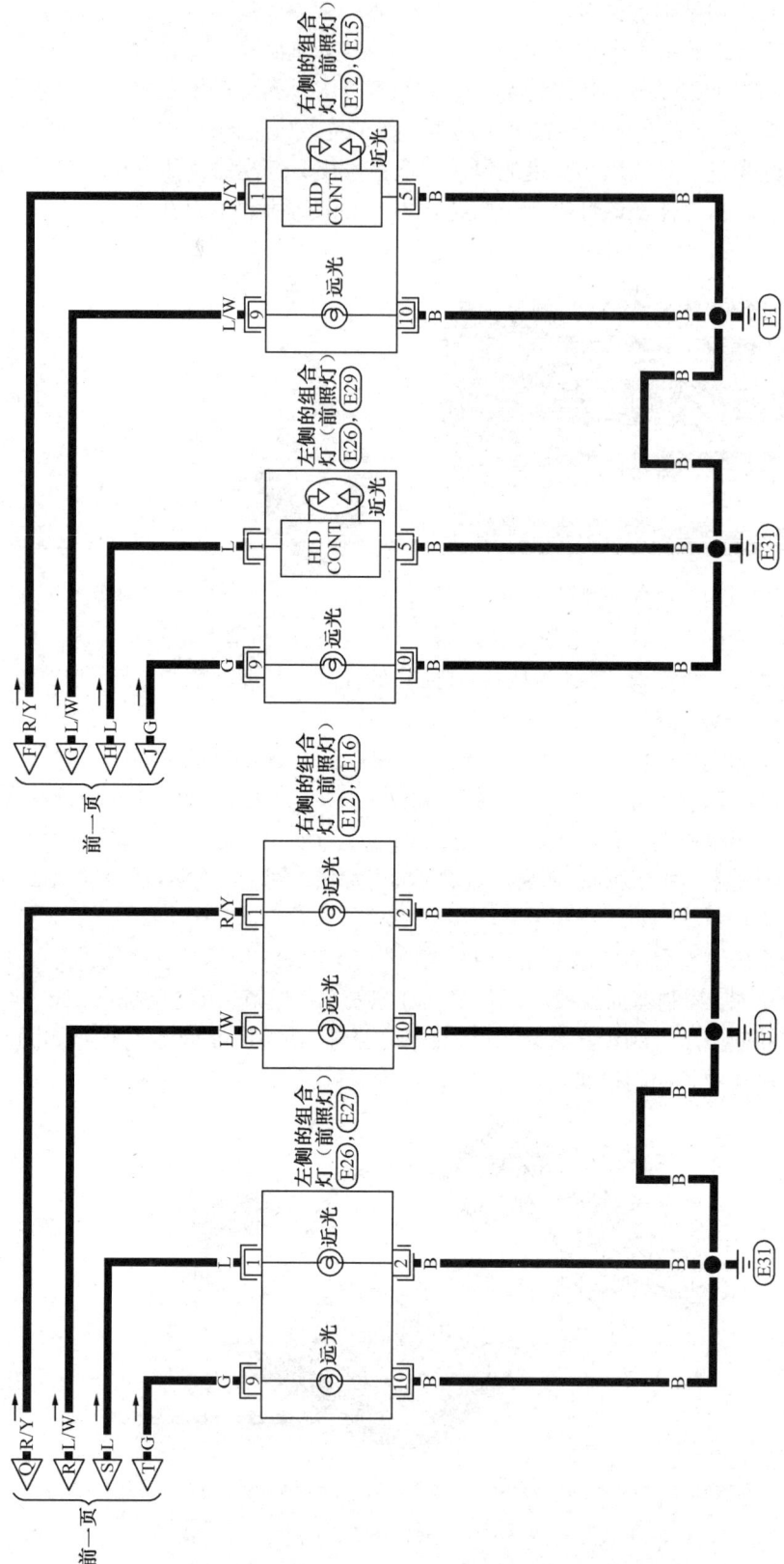

图5.14 气体放电前照灯电路和卤素前照灯电路

3. LED 灯

经常使用的汽车照明灯有白炽灯、卤素灯、气体放电灯等。除前照灯外，其他灯具如小灯、指示灯、车内照明灯等多采用白炽灯，但近年来 LED 灯开始替代部分白炽灯。如图 5.15 所示，奔驰 E 级车豪华版车型上采用全LED前照灯，包括两条 LED 日间行车灯带、8 只 LED 转向灯及 LED 远近光灯。

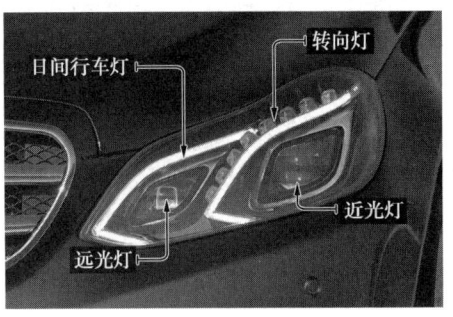

图 5.15　奔驰 E 级车豪华版车型上采用全 LED前照灯

（1）LED 灯的优点

LED 灯与白炽灯相比有显著的优点：①寿命长，一般可达几万小时至十万小时，有人认为如果汽车照明灯使用 LED 灯，整个汽车使用期限内不用更换灯具；②节能，比同等亮度的白炽灯至少省电 50%以上；③光线质量高，基本上无辐射，属于"绿色"光源；④结构简单，内部采用支架结构，四周用透明的环氧树脂密封，抗振性能好；⑤不需要热启动时间，亮灯响应速度快，适用于移动速度快的物体使用；⑥适用电压为 6～12V，完全可以应用在汽车上；⑦LED 灯占用体积小，设计者可以随意变换灯具模式，令汽车造型多样化。汽车厂商青睐 LED 灯，完全是由 LED 灯本身的优点所决定的。

（2）LED 灯的原理

LED 灯是一种可以自身发光的包含 PN 结的固体半导体器件。LED 灯的芯片是由 P 型半导体和 N 型半导体组成的晶片，在 P 型半导体和 N 型半导体之间有一个过渡层，称为PN 结。当采用砷化镓（红外线）、砷磷化镓（红到黄）、磷化镓（绿）等半导体材料时，在这些半导体材料的 PN 结中，注入的少数载流子与多数载流子复合时会把多余的能量以光的形式释放出来，从而把电能直接转换为光能。为 PN 结施加正向电压，电流从 LED 灯的阳极流向阴极时，半导体晶体就发出从紫外到红外不同的光线，光的强弱与电流大小有关。

（3）LED 灯的成本和效能

由于 LED 灯发光功率很小，一般将许多只 LED 灯做成阵列式，以小积大的形式作为实用性的指示灯。但是，这样一来成本就会迅速上升。因为一只高品质的 LED 灯价格约为 1.5 元，几十只集合在一起的价格远远超过白炽灯。由于 LED 灯发光亮度与电流成正比，输入电流越大，发光亮度越高，因此，提高 LED 灯额定电流、提高输出功率为研究开发的重点。只有提高单只 LED 灯发光功率，才能减少阵列式的 LED 灯数目，甚至只用单只 LED 灯，以降低成本。

（4）LED 灯在汽车上的应用

① 车内灯。LED 灯在汽车内最先用在仪表板指示灯、开关照明灯和仪表照明灯中。近年来，由于价格的下降，LED 灯的应用领域已经拓展到了车内阅读灯、足下灯等。

② 信号灯。LED 高位制动灯的应用已经有二十多年的时间，到目前为止，全球 LED 高位制动灯的占有率约为 40%。2000 年，凯迪拉克首先将 LED 应用于车尾灯组，开启了 LED 在车外光源上的新应用。近年来，利用 LED 灯作为汽车后端光源的风潮有扩大的倾向，许多欧洲和日本厂商都有相关产品推出，包括奥迪、宝马、奔驰，以及丰田、三菱等厂商，且其应用有由高价车向平民车发展，由单一光源的使用转变为全尾灯组均使用 LED 灯的趋势。

③ 前照灯。前照灯光源是汽车用光源中要求较高的部分，商业化应用的 LED 前照灯已经在一些高端产品上应用。2014 款奔驰 S400 全车照明系统均使用 LED 灯，其右侧前照灯组电路如图 5.16 所示。

整体而言，汽车用 LED 灯在市场上还处于起步阶段，但由于其自身所具有的良好特性，它在汽车上的应用前景是十分光明的。据调查，目前国内LED中央高位制动灯的生产和配套都已经比较普遍，而市场规模更庞大、前景更广阔的LED组合尾灯还处于起步阶段。主要由小系、海拉、法雷奥、斯坦雷等中外合资企业在进行汽车LED组合尾灯的批量生产，国内其他车灯企业也已经开始了汽车LED组合尾灯的研发工作。汽车LED组合尾灯在未来几年内，将是汽车市场的热点之一。

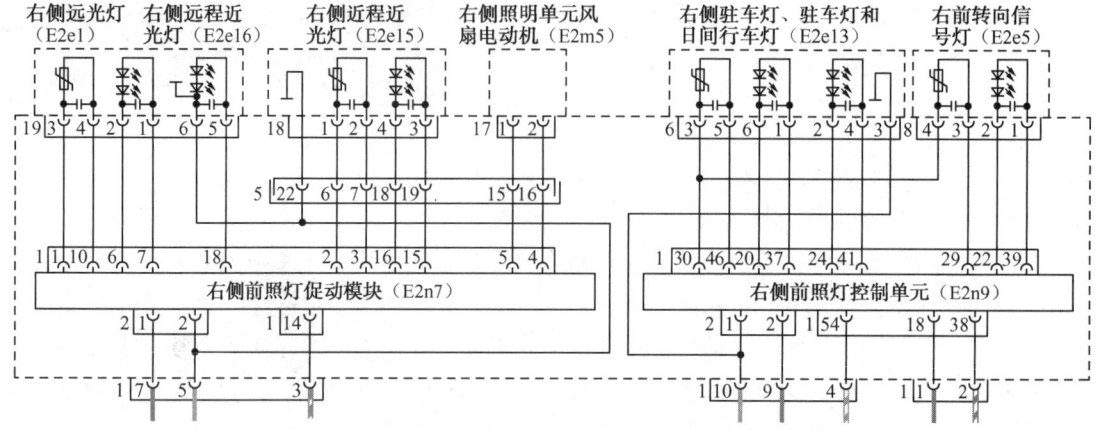

图 5.16　2014 款奔驰 S400 右侧前照灯组电路

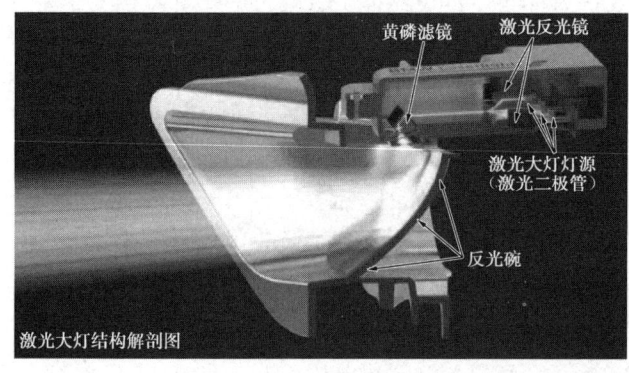

图 5.17　激光大灯

4．激光大灯

继 LED 灯之后激光大灯被称为"合理的下一步"，它更加节能，更加省油。这种激光大灯不是电影里的那种炫目的激光，甚至一点都不耀眼。其原理是激光二极管的蓝光灯将会贯穿前大灯单元内的荧光粉材料，将其转换成扩散的白光，发光的同时对眼睛也更加友好，如图 5.17 所示。

激光大灯拥有 LED 灯大部分的优点，如响应速度快、亮度衰减少、体积小、能耗低、寿命长等。激光大灯相对于传统 LED 灯的优势是明显的，传统 LED 灯的发光强度是 100cd，而激光大灯达到了每瓦 170 流明。这意味着当满足同样照明条件时，使用激光大灯的能耗不到 LED 灯的 60%，进一步减少了能量消耗，也更加符合节能环保趋势。LED 灯与激光大灯照明效果对比如图 5.18 所示。

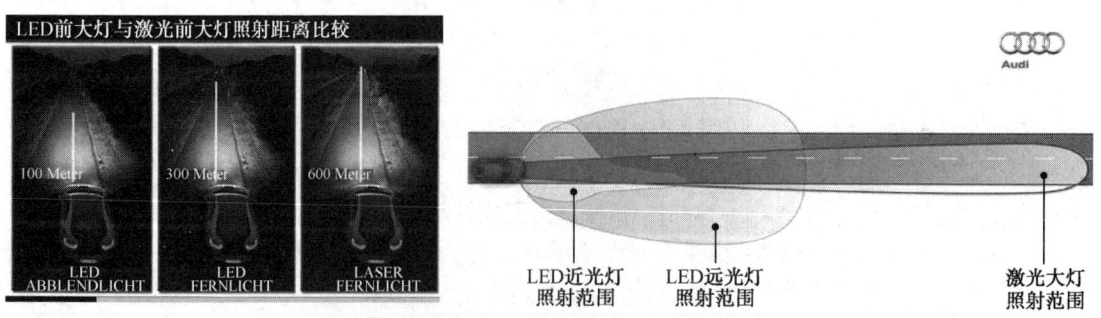

图 5.18　LED 灯与激光大灯照明效果对比

5.1.4 汽车灯常用规格与参数

1. 常用车灯型号

从前照灯的型号来看，前照灯大致分为H1、H3、H4、H7、9005（HB3）、9006（HB4）等。日本车的车灯灯泡型号大多为H4，欧洲车的车灯灯泡型号是H1、H3、H7、D2S/R，美国车的车灯灯泡型号则为9005（HB3）、9006（HB4）。H4灯泡内部有远光和近光两根灯丝，H1、H3、H7、H11、9005（HB3）、9006（HB4）灯泡为单灯丝灯泡，常用作前照灯近光、远光或前雾灯光源。其他灯光型号多以功率和灯泡形状命名，某车型全车车外照明光源配型如图5.19所示。

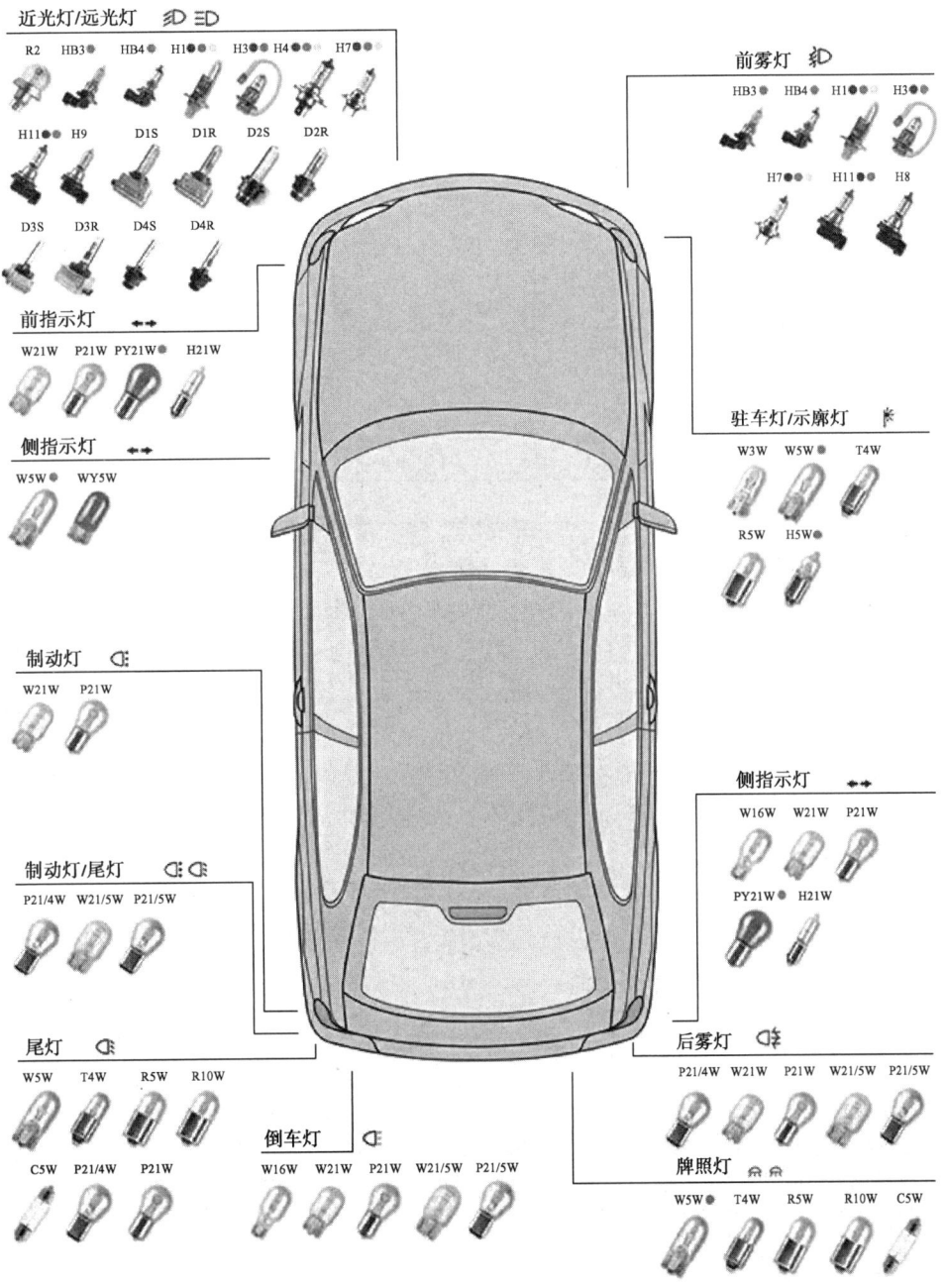

图 5.19 某车型全车车外照明光源配型

2．光学参数

（1）光通量。光通量是指由光源发出的、波长在可见范围内的光，其度量单位为流明（lm）。汽车用灯泡数据（部分）参数如表5.2所示。

表5.2　汽车用灯泡数据（部分）参数

用　　途	类　　别	额定电压/V	额定功率/W	光通量（规定值）/lm
前雾灯、远光灯、在四灯制上的近光灯	H1	12	55	1550
		24	70	1900
前雾灯、远光灯	H3	12	55	1450
		24	70	1750
远光灯、近光灯	H4	12	60/55	1650/1000
		24	75/70	1900/1200
远光灯、在四灯制上的近光灯、前雾灯	H7	12	55	1500
在四灯制上的近光灯	HB4	12	55	1100
在四灯制上的远光灯	HB3	12	60	900
制动灯、转向灯、后雾灯、倒车灯	P21W	12	21	460
		24		
制动灯、尾灯	P21/5W	12	21/5	440/35
		24	21/5	440/40
牌照灯、尾灯	C5W	12	5	45
		24		
在四灯制上的近光灯	D2S	85	35	3200

（2）光视效能。光视效能（lm/W）表示光度效率，是供电功率的函数。对于人眼而言，最敏感的是555nm的黄光，1W的功率如果全部转换成波长为555nm的光，则其光通量为683lm。如果全部转换成波长为650nm的光（橙光），那么1W仅相当于73lm。如果有一半转换成555nm的光，而另一半全变成热量损失了（如830nm），则1W只相当于341.5lm。

同一类型不同额定功率的光源，自然是功率大的光通量高。不同类型的光源，即使额定功率相同，其光通量也不尽相同（光效不同）。如真空白炽灯泡的光视效能是10～18lm/W；卤素灯泡由于灯丝温度较高，光视效能为22～26lm/W。85lm/W的D25和D2R气体放电灯显著地改善了近光照明。

（3）发光强度。发光强度是一种用来比较的标准。发光强度是指光源投向特定方向的可见光辐射。发光强度（I）的单位是坎德拉（cd），为在包含该方向的立体角内发出的光通量（符号为Φ）除以立体角（符号为Ω）之商，$I=\mathrm{d}\Phi/\mathrm{d}\Omega$。立体角是表示空间范围的一个量。

对于点光源，发光强度和光通量的关系为：1lm=1cd×1sr。发光强度为1cd的对称辐射型点光源，在单位立体角（1球面度，即1sr）内，光通量为1lm。这里有3个"1"，而光源的总光通量为4π，因为整个球面有4π个球面度，即光强为1cd的点光源其发射的光通量为12.56lm。因此，有人将光通量比作压力，而把发光强度比作压强。

1cd大致相当于一支蜡烛发出的光。被照射的表面根据反射性质、发光强度和离开光源的距离，亮度会各有不同。

以下是几个规定的发光强度（单位是cd）的例子：

● 制动灯（单侧）为60～185；

- 尾灯（单侧）为 4～12;
- 雾灯（单侧）为 150～300;
- 远光灯（全部最大值）为 22500。

学习单元 5.2　汽车前照灯检测

汽车前照灯的照明效果直接关系着夜间行车的安全，因此世界各国交通管理部门都以法律形式规定了汽车前照灯的照明标准，以确保行车安全。其要求如下。

（1）前照灯应保证车前有明亮而均匀的照明，使驾驶员能够辨明车前 100m（或更远）内道路上的任何障碍物。

（2）前照灯应具有防炫目的装置，以免夜间会车时，使对方驾驶员目眩而发生事故。

5.2.1　前照灯的光学结构

汽车前照灯一般由光源（灯泡）、反射镜（器）、配光镜三部分组成。根据汽车灯具的构造特点，可将常用的光学系统分为投射型和反射型，反射型光学系统是指灯泡发出的光经过反射器反射，各部分的光线照射到接收屏上对应的区域，达到预期的近光灯效果；投射型光学系统是指以光学镜像理论为基础，来重新调整和控制灯泡发出的光束，得到预期的灯光效果，投射型的前照灯主要应用于近光的光学设计。

汽车前照灯组成

1. 反射镜（器）

反射镜的作用是将灯泡的散射（直射）光反射成平行光束，使光度大大增强，增大几百倍乃至上千倍，以保证汽车前方 150～400m 范围内有足够的照明，如图 5.20 所示。

早期的反射镜几乎全是抛物面形的，如今为了适应不同的需求采用了不同的结构设计，如阶梯式（渐变式）反射镜、无级型反射镜和多椭圆体反射镜。

（1）抛物面反射镜。早期的反射镜（器）的表面形状呈旋转抛物面，如图 5.21 所示，一般由 0.6～0.8mm 的薄钢板冲压而成或由玻璃、塑料制成，其内表面镀银、铝或铬，然后抛光处理。目前反射镜内面采用真空镀铝的较多。

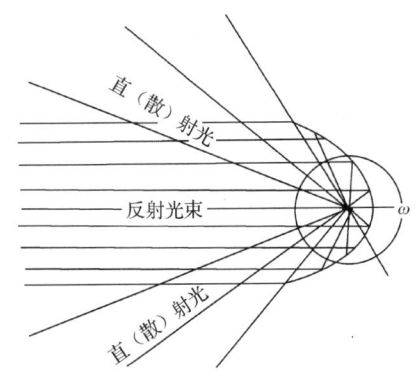

图 5.20　反射镜的作用

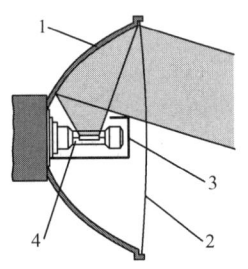

1—抛物面反射镜；2—散光玻璃；3—遮光板；4—灯泡。

图 5.21　抛物面反射镜

（2）阶梯式反射镜。阶梯式（或渐变式）反射镜是由多个抛物面和/或椭圆抛物面小区构成的反射镜，用来提供不同的焦距。这种反射镜保持了深反射镜的优点，体积又小，适用于安装口径较狭长的透镜（见图 5.22）。这种反射镜由基面反射镜和辅助面反射镜组成（见图 5.22，位置 1a 和 1b）。因为两个反射镜共同使用一个焦点，焦距比单个基面反射镜要短，对有效光通量有重要影响。从辅助面反射区射出的光改善了近距离和侧面的照明，但投射距离并不增加。该反射镜适用于使用 H4 双丝灯泡（远近光兼有）。

（3）无级型反射镜。在设计无级型反射镜过程中，专门开发的计算机程序 CAL（计算机辅助照明）起着很好的作用。这种反射镜没有抛物面小区，所以又称为变焦反射镜（VFR）。反射镜内各区的焦点可改变反射镜相对光源的位置，这样就可充分利用总的反射面积，如图 5.23 所示。

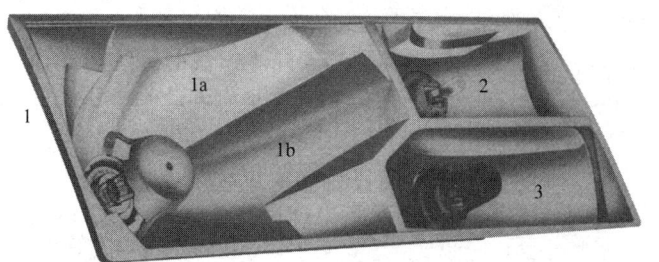 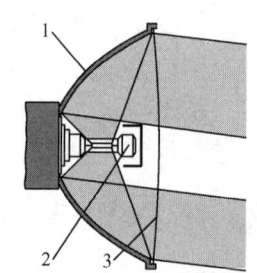

1—共焦反射镜；1a—基面反射镜；1b—辅助面反射镜；
2—远光反射镜；3—雾灯反射镜。

图 5.22　阶梯式反射镜实例

1—无级型反射镜；2—灯泡；3—防尘盖。

图 5.23　无级型反射镜

（4）多椭圆体反射镜。如图 5.24 所示，多椭圆体反射镜近似于椭圆形状，它有两个焦点。第一个焦点处放置灯泡，第二个焦点是由光线形成的，凸形配光镜聚集成第二个焦点，再将聚集的光投射到前方。

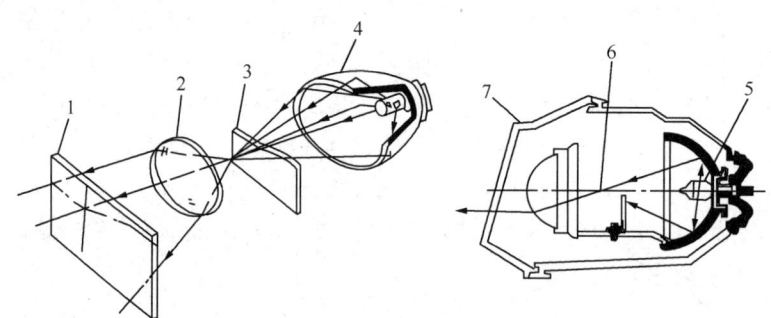

1—屏幕；2—凸形配光镜；3—遮光板；4—多椭圆体反射镜；5—第一个焦点（F1）；6—第二个焦点（F2）；7—总成。

图 5.24　多椭圆体反射镜

第二个焦点附近设有遮光板，可遮挡上半部分光，形成明暗分明的配光。由于它具有这种配光特性，因此也可用于雾灯。

多椭圆体反射镜（由 CAL 设计）和光学投射技术，使多椭圆体系统（PES）前照灯只需要不超过 28cm² 的发射表面来投射光分布图案，而此前的常规前照灯却要很大的发射面才能做到。成像光屏能投射出精确的明暗分界。过渡区的反差可强可弱，而且几乎无限制地适用于各种特殊的几何图形，如图 5.25（a）所示。

PES 前照灯与常规的远光灯、示廓灯和 PES 辅助前照灯可以组成一个只有约 80mm 的光带区。

PES-PLUS 的设计是让一部分光射向光屏下方，以增强近距离的照明，如图 5.25（b）所示。生成的光分布图案还会被放大，以减少引起视觉反应的眩光。有环状反射镜的 PES-PLUS 如图 5.25（c）所示。

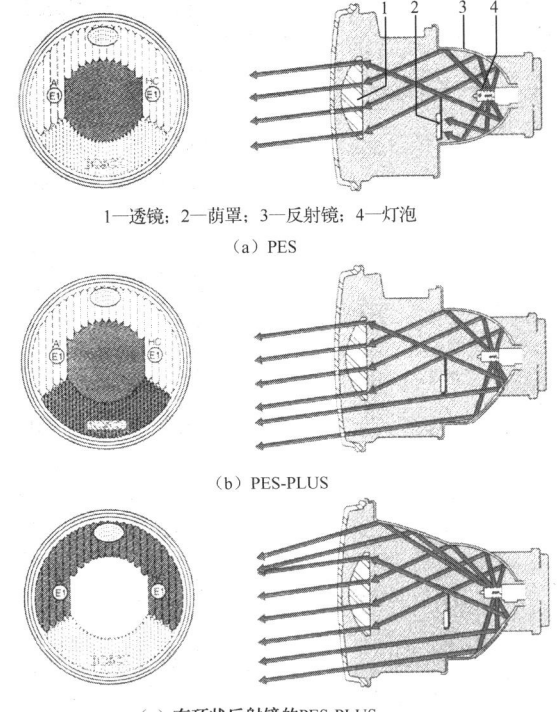

1—透镜；2—葫罩；3—反射镜；4—灯泡

（a）PES

（b）PES-PLUS

（c）有环状反射镜的PES-PLUS

图 5.25　多椭圆体系统（PES）近光装置投射光分布图样

2. 配光镜

配光镜又称光学散射镜，是多块特殊棱镜和透镜的组合，外形一般为圆形或矩形，如图 5.26 所示。配光镜的作用是将反射镜反射出的平行光束进行折射、扩散和会聚，在路面上形成所期望的光影图案，使车前的路面有良好而均匀的照明，如图 5.27 所示。

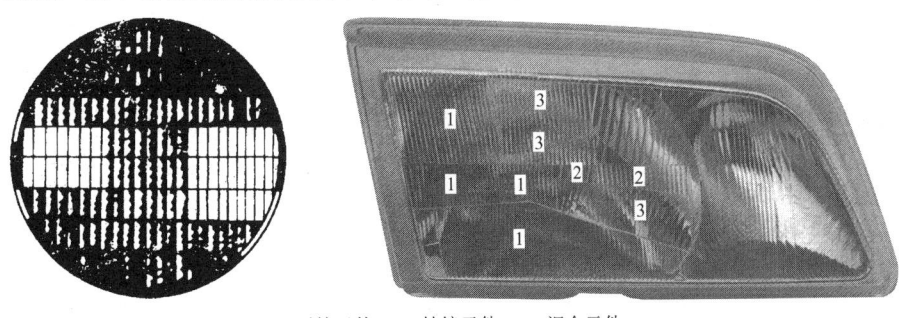

1—透镜元件；2—棱镜元件；3—混合元件。

图 5.26　配光镜的结构

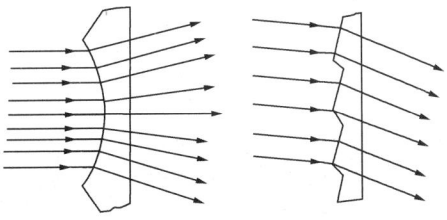

图 5.27　配光镜的作用

常规透光镜由高纯度透光玻璃压制而成，要绝对没有气泡或条纹。为减轻质量，现在也常把塑料作为透光镜材料，外表面加一层罩光漆，以防止透镜老化和刮擦。

5.2.2 前照灯防眩目的措施

当前照灯射出的强光束突然映进人的眼睛时，会对视网膜产生刺激，瞳孔来不及收缩而造成视盲的现象，称为眩目。夜间行车时，强烈光束会使对面行来的车辆驾驶员眩目，容易引发交通事故。为避免此类现象发生，前照灯采取了以下防眩目的措施。

1. 采用双丝灯泡

如图 5.28 所示，会车时采用近光灯丝，无对面来车时采用远光灯丝。

2. 采用带遮光罩的双丝灯泡

带遮光罩的双丝灯泡如图 5.29 所示。

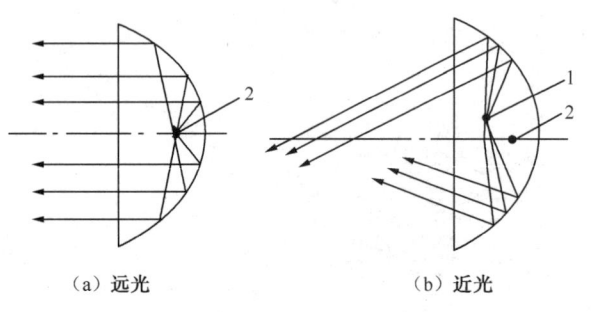

（a）远光　　　　　（b）近光

1—近光灯丝；2—远光灯丝。

图 5.28　双丝灯泡的远、近灯丝

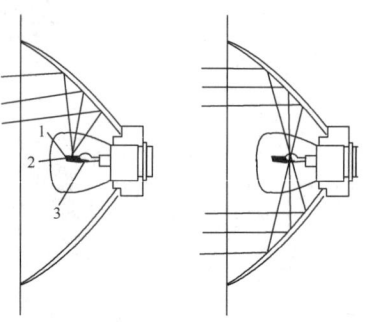

1—近光灯丝；2—遮光罩；3—远光灯丝。

图 5.29　带遮光罩的双丝灯泡

3. 采用非对称光形

为了达到既能防止眩目，又不影响会车速度的目的，我国参照 ECE（联合国欧洲经济委员会）标准，汽车的前照灯近光采用不对称光形。前照灯的光影如图 5.30 所示。在非对称光形中，可以看到一条明显的明暗截止线，明暗截止线上方是一个明显的暗区，明暗截止线下方是亮区，如图 5.31 所示，大大地增加了近光沿路边的照射距离，却不会产生使迎面开来的车辆驾驶员看不见东西的眩光，如图 5.32 所示。

近光灯　　　　　　　远光灯　　　　　　　雾灯

图 5.30　前照灯的光影

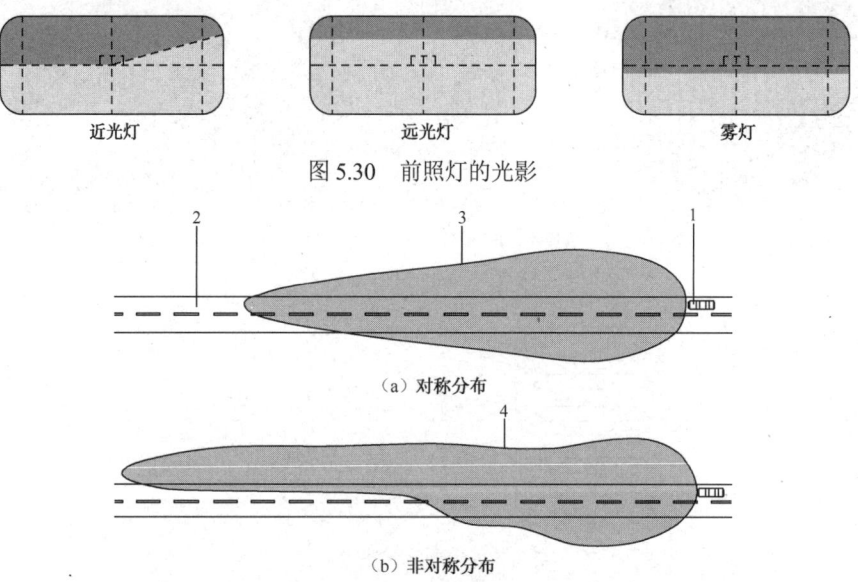

（a）对称分布

（b）非对称分布

1—车辆；2—路面；3—对称的近光光束（已不再通用）；4—非对称的近光光束（当前的标准）。

图 5.31　近光光束的对称和非对称分布图样

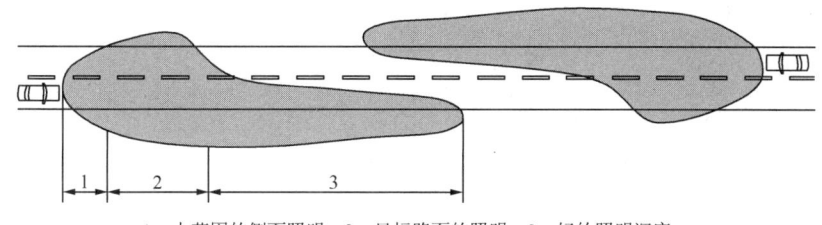

1—大范围的侧面照明；2—目标路面的照明；3—好的照明深度。

图 5.32　两车夜间会车时的路面照明

5.2.3　前照灯的类型

前照灯的分类形式有很多，具体如下。

1．按照安装数量分

按照安装数量的不同可分为两灯制前照灯和四灯制前照灯，如图 5.33 所示，前者每只灯具有远、近光双光束；后者外侧一对灯为远、近双光束，内侧一对灯为远光单光束。

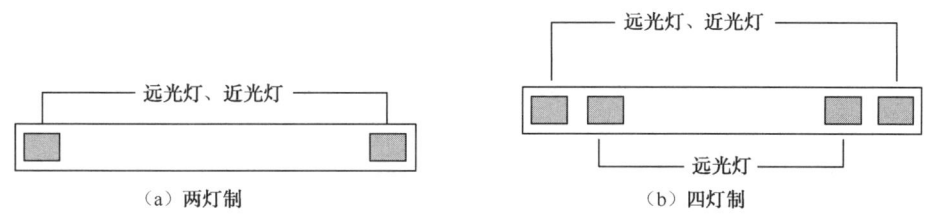

图 5.33　前照灯分类

2．按照安装方式分

按照安装方式的不同可分为外装式前照灯和内装式前照灯。前者整个灯具在汽车上外露安装；后者灯壳嵌装于汽车车身内，装饰圈、配光镜裸露在外。

3．按照灯的配光镜形状分

按照灯的配光镜形状不同可分为圆形、矩形和异形前照灯三类。

4．按照发射的光束类型分

按照发射的光束类型不同可分为远光前照灯、近光前照灯和远近光前照灯三类。

5．按照前照灯光学组件的结构分

（1）可拆式前照灯。可拆式前照灯由于反射镜和配光镜分别安装而构成组件，因此气密性差，反射镜易受湿气和尘埃污染而降低反射能力，严重影响照明效果，目前已很少采用。

（2）半封闭式前照灯。半封闭式前照灯的结构如图 5.34 所示，其配光镜靠卷曲反射镜边缘上的"牙齿"而紧固在反射镜上，两者之间垫有橡胶密封圈，灯泡只能从反射镜后端装入。当需要更换损坏的配光镜时，应先撬开反射镜外缘的"牙齿"，安上新的配光镜后再将"牙齿"复原。

由于这种灯具减少了对光学组件的影响因素，维修方便，因此得到广泛使用。

（3）封闭式前照灯。封闭式前照灯（又称真空灯）的反射镜和配光镜用玻璃制成一体，形成灯泡，里面充以惰性气体。灯丝焊在反射镜底座上，反射镜的反射面经真空镀铝，其结构如图 5.35 所示。

由于封闭式前照灯可完全避免反射镜被污染，因此其反射效率高，照明效果好，使用寿命长，很快得到了普。但当灯丝被烧断后，需要更换整个总成，成本高，因此限制了它的使用范围。

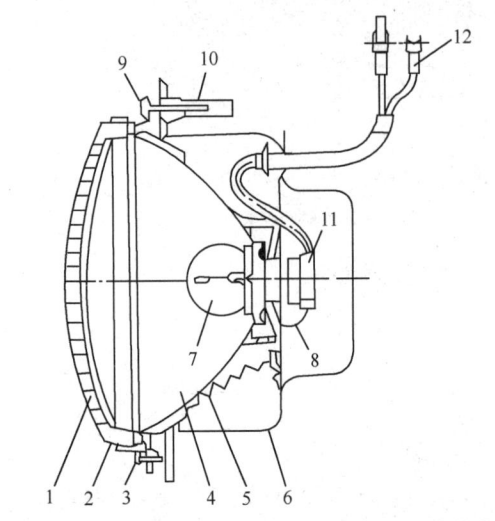

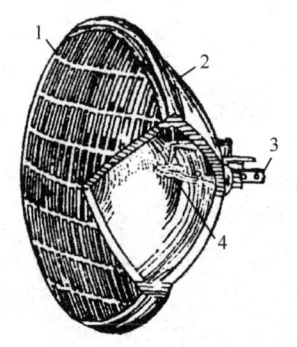

1—配光镜；2—固定圈；3—密封圈；4—反射镜；5—拉紧弹簧；

6—灯壳；7—灯泡；8—防尘罩；9—调节螺钉；

10—调整螺母；11—胶木插座；12—接线片。

图5.34　半封闭式前照灯的结构

1—配光镜；2—反射镜；3—插头；4—灯丝。

图5.35　封闭式前照灯的结构

5.2.4　前照灯的智能控制

传统的前照灯系统由近光灯、远光灯、行车灯和前雾灯组合而成。在实际使用中，传统的前照灯系统存在着诸多问题。例如，车辆在转弯时存在照明的暗区，严重影响了驾驶员对弯道上障碍物的判断；车辆在雨天行驶时，地面积水反射前照灯的光线，产生反射眩光等。

美国公路损失数据研究所对美国车辆事故保险索赔进行了研究，研究显示，安装了自适应（智能）前照灯的车辆比安装传统前照灯车辆的事故率要低近10%。在众多汽车照明灯中，自适应前照灯能够在最大程度上减少交通事故的发生率，如果驾驶员在夜间视野更清晰，那么夜间撞车事故发生率也会相应减小。

自适应前照灯系统AFS，是指汽车的前照灯能够根据汽车所处的环境条件，包括天气条件（干燥、潮湿、下雨、下雪、雾天）、道路条件（高速公路、弯曲的乡村道路、城镇道路）、周围照明情况（白天、黎明、公共照明、夜晚）及自身的状态（载荷引起的倾斜、加减速引起的俯仰、转向、车速、离地高度），自动产生一种符合该环境条件的光束，以达到最佳照明效果的一种汽车前照灯系统。它既能满足驾驶员对道路照明的要求，轻松地看清道路状况，又不会对其他道路的使用者造成影响。

汽车前照灯的智能控制

1．AFS照明模式

AFS前照灯系统的输出光形可以根据不同的道路状况和周围的环境进行自动改变。其照明模式大概可以分为6种，分别是基础照明模式、高速公路照明模式、乡村道路照明模式、城市道路照明模式、恶劣天气照明模式、弯道照明模式。具体介绍如下。

（1）基础照明模式。基础照明模式是指车辆在行驶时前照灯的垂直照射角度可以随着汽车车身的倾斜角度变化而变化。在行车过程中，车辆会由于加减速或载荷分配等原因造成车身俯仰角度的变化，而车身俯仰角一旦改变就会改变前照灯的原有照射方向，如图5.36所示。

当车身后仰时，前照灯的垂直照射角度会抬高，这很可能会给对向来车造成炫目，影响行车安全；同理，当车身前倾时，前照灯的垂直照射角度会降低，导致前方照明距离缩短，影响行车安全。为了弥补这个不足，智能前照灯可以根据车身的俯仰角度变化来及时调整车灯的照射角度，以使车灯的照射方向保持最佳的照射角度，给驾驶员提供安全充足的照明距离。

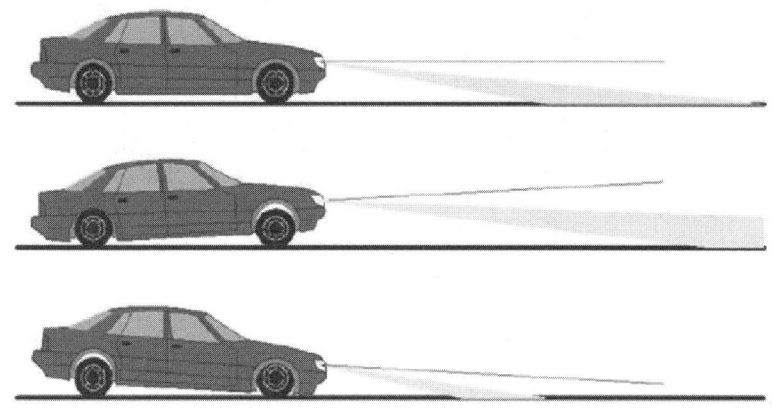

图 5.36　车身倾斜时前照灯照明角度的变化情况

（2）高速公路照明模式。车辆在高速公路上行驶的特点是车速快，车流量小，道路上没有干扰，没有与行人的交叉，所以远而集中的照明光形更加适合车辆在高速公路上行驶。车辆一般可以借助 GPS 导航功能来判断车辆的位置，当发现车辆驶入高速公路时，智能前照灯立即开启高速公路照明光形，为驾驶员提供更远、更集中的照明光束，并可以根据车速的变化而不断改变照明距离以满足驾驶员的视野要求，从而提高行车安全性。如图 5.37（b）所示为装有智能前照灯车辆在高速公路照明模式下的输出光形。这种光形具有更充足的照明深度和照明集中度，照明效果明显优于图 5.37（a）所示的传统前照灯的照明效果。

（a）装有传统前照灯车辆在高速公路照明模式下的输出光形　　　（b）装有智能前照灯车辆在高速公路照明模式下的输出光形

图 5.37　高速公路照明对比

（3）乡村道路照明模式。乡村道路的特点是夜间没有照明灯，路面崎岖不平，道路狭窄且岔路口较多，行人多穿行于道路之间，当车辆驶入这种道路环境时，智能前照灯则自动输出更加明亮且侧向照明范围更宽的光形。在行车过程中，如果在前方岔路口出现行人，这种宽范围的照明光形可以更多地照到道路边沿以帮助驾驶员提早发现岔路口的行人并提前采取避让措施。其照明对比如图 5.38 所示。

（4）城市道路照明模式。城市道路的特点是照明良好，路面状况良好，且人流量大，十字路口众多，所以车辆在城市道路中行驶时前照灯不需要输出强光，以尽量不给对向来车和行人造成眩目影响。城市道路照明模式下输出的照明光柔和且照射角度较低，会车时光强一般不超过 1000cd。

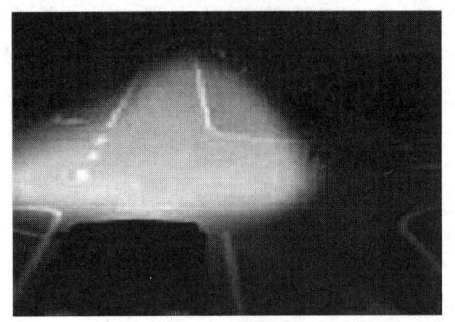 

（a）传统前照灯乡村道路照明模式　　　　　　　　（b）智能前照灯乡村道路照明模式

图 5.38　乡村道路照明模式对比

（5）恶劣天气照明模式。在行车过程中，传统前照灯并不能满足各种不良天气下的照明需求，如在下雨天，地面的雨水会反射前照灯灯光，给对向来车造成眩目的不良影响，如图 5.39（a）所示。而 AFS 前照灯可以根据路面湿度、轮胎滑移和雨量传感器来判断系统是否进入雨天照明模式，雨天照明模式下系统会发出如图 5.39（b）所示的特殊光形，减弱地面可能对会车产生眩光区域的光强，从而避免眩目，提高驾驶员的行车安全性。

（a）雨天积水反射的前照灯光线（侧视）　　　　　　（b）雨天积水反射的 AFS 特殊光形（俯视）

图 5.39　雨天积水照明对比

（6）弯道照明模式。当车辆驶入弯道时，传统前照灯是沿着弯道的切线方向照射的，这就在弯道内侧形成了照明盲区，如图 5.40（a）所示，此时如果在弯道内侧有障碍物出现很可能会出现危险，故存在较大的安全隐患。而智能前照灯的灯光照射角度是可以随车速和转弯半径实时调整的，让车辆在任意一个弯道和车速下都能得到照射角度合适的照明灯光，如图 5.40（b）所示。

（a）传统前照灯弯道照明模式　　　　　　　　　（b）智能前照灯弯道照明模式

图 5.40　弯道照明对比

2. AFS 系统方案

AFS 系统通过各种车载传感器来获取车辆行驶状态和周围天气情况,并且将信号传递给 AFS 控制器以进行信号处理,通过预设模型和控制算法来得到合适的前照灯照射角度。汽车 AFS 系统原理图如图 5.41 所示。

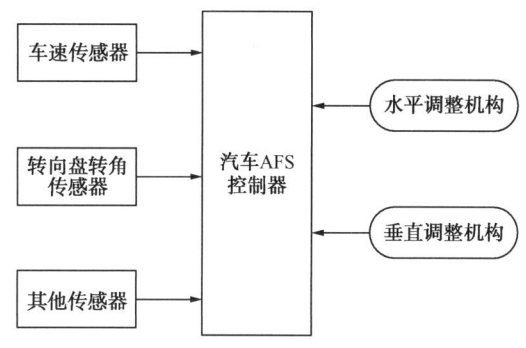

图 5.41　汽车 AFS 系统原理图

由图 5.41 可以看出,汽车 AFS 系统的执行机构可对照明光线进行水平方向和垂直方向上的调整,该调整过程是自动进行的。AFS 系统可以做到非常智能且功能强大,但实现的功能越多,控制系统就越复杂,保证系统的稳定性就越困难。根据工作原理的不同,目前汽车智能前照灯系统大致可分为以下几种。

(1)侧向补光型智能前照灯系统:利用汽车上增设的补光灯具来实现弯道补光功能,当车辆进入弯道时,弯道内侧的补光灯会自动开启,对弯道内侧进行补光;当车辆驶出弯道后,该灯则自动关闭以节约电能。

(2)随动转向型智能前照灯系统(随动前照灯):通过车速传感器和方向盘转角传感器采集车速和转向盘转角信号,AFS 控制器通过相应模型对输入信号进行处理和计算得到灯光的目标照射角度,并通过相应的算法得到输出值从而驱动步进电动机转动,实现调整前照灯照射角度的目的,从而解决弯道内侧照明不足的问题。

(3)LED 点阵式智能前照灯系统:利用 LED 点阵式光源来提供照明,通过改变各 LED 灯的亮度来调节不同方向上的照明情况以实现不同的照明模式,由于 LED 灯组射出的是平行光线,为了实现所需的输出光形,需要对前照灯的透镜进行专门的匹配设计。LED 型的 AFS 前照灯系统是很有前景的发展方向之一。

5.2.5　前照灯典型电路分析

1. 一汽大众宝来轿车前照灯电路分析

前照灯典型电路分析

如图 5.42 所示为一汽大众宝来轿车前照灯电路,一汽大众宝来轿车的前照灯控制系统由灯光开关直接控制。当点火开关置于 ON 位置时,将前照灯光开关置于 ON 位置,前照灯开关 1 和 4 号端子处于接通状态,电源经点火开关、前照灯开关加至前照灯变光开关,如果此时前照灯光变光开关处于近光位置,则电源经近光触点分别经 21 号和 20 号熔断器分别向两只前照灯近光灯丝供电。最后形成搭铁回路,近光灯点亮。当变光开关处于远光位置时,电源经远光触点分别经 19 号和 18 号熔断器分别向两只前照灯远光灯丝供电。最后形成搭铁回路,远光灯点亮。当前照灯变光开关转至会车位置(超车)时,远光灯电源由前照灯会车开关 1 号端子供电,该电源不受前照灯开关控制。

2. 科鲁兹轿车前照灯电路分析

如图 5.43 所示为科鲁兹轿车前照灯电路。

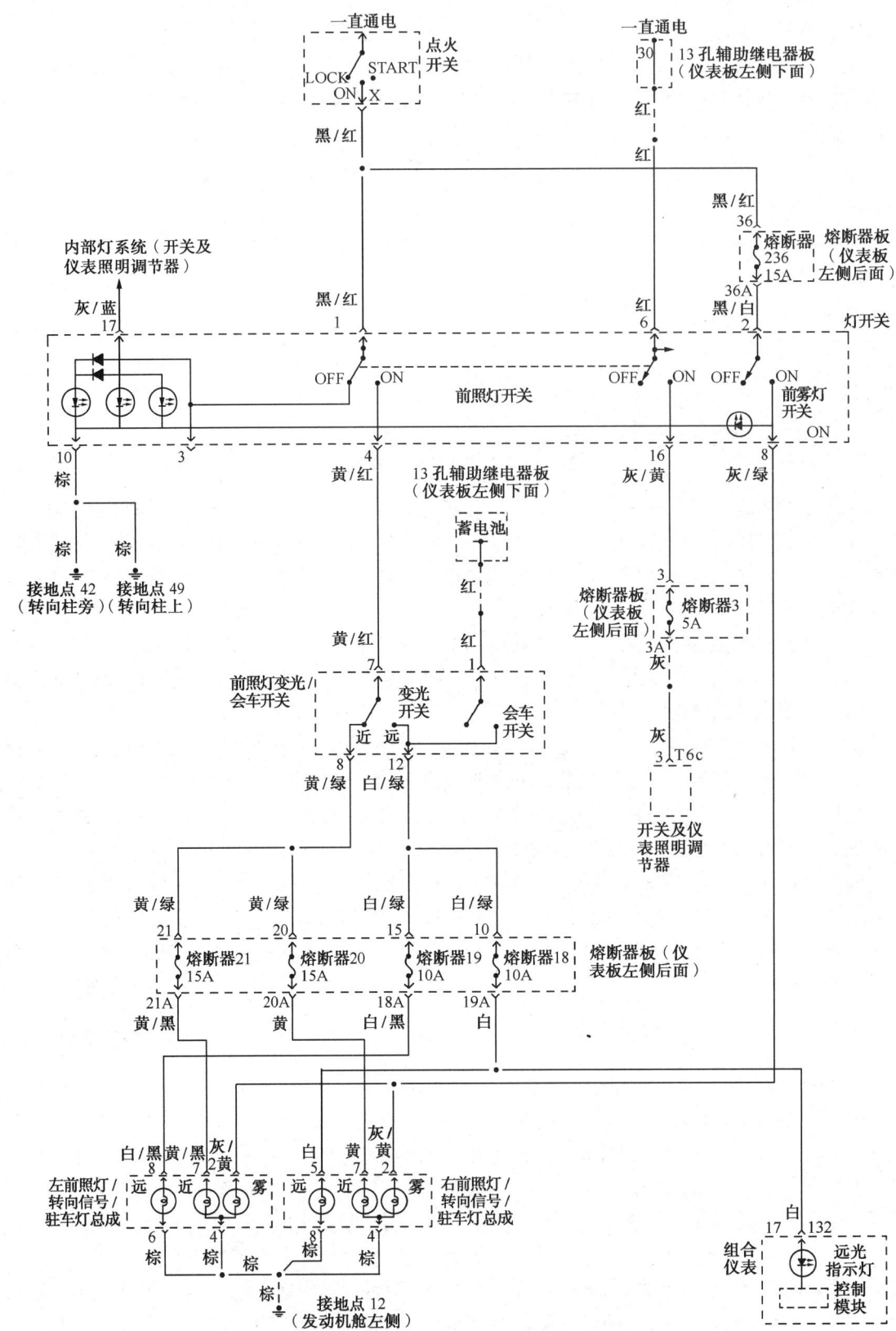

图 5.42　一汽大众宝来轿车前照灯电路

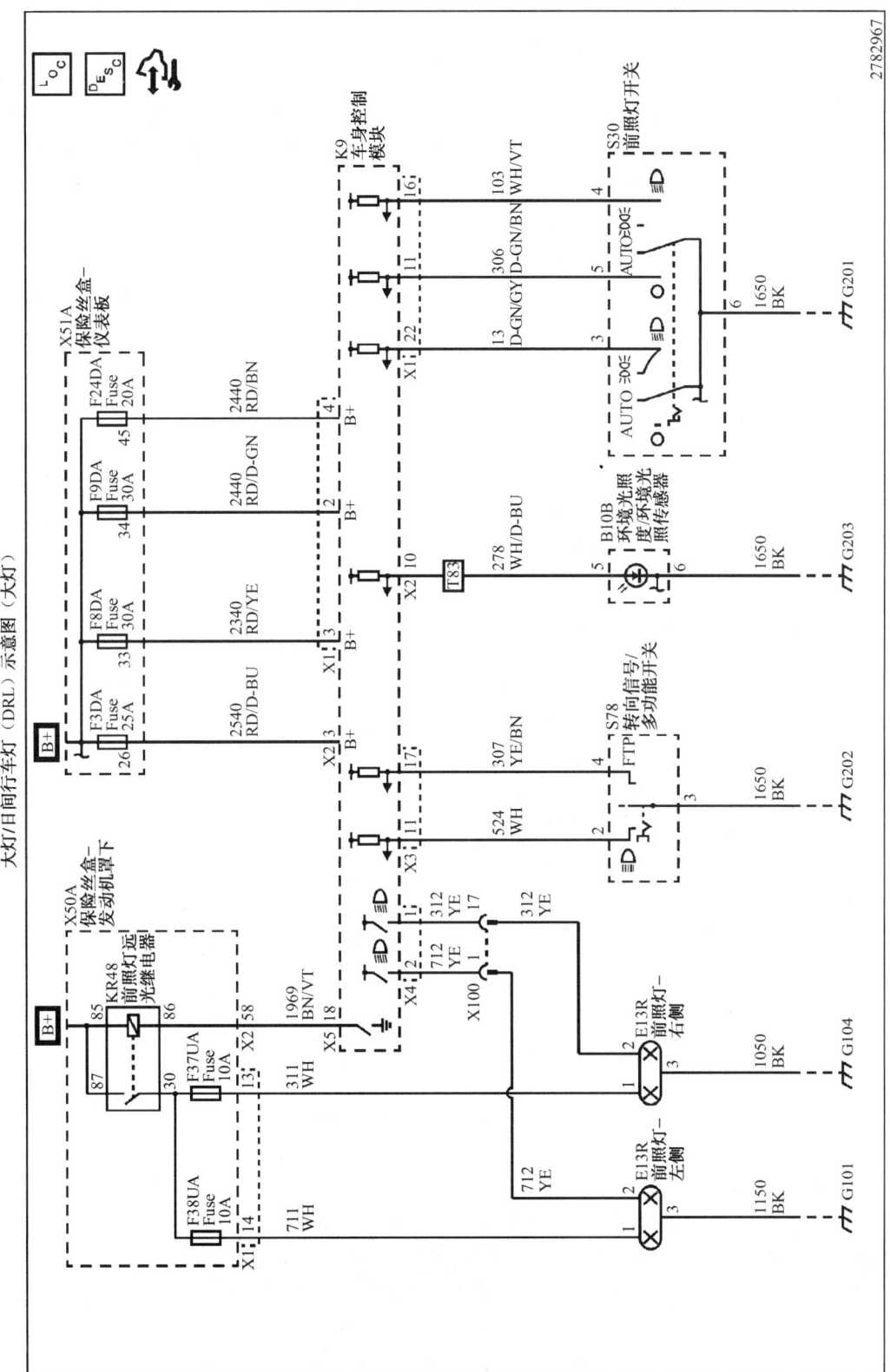

图5.43 科鲁兹轿车前照灯电路

近光灯控制：车辆大灯由车身控制模块（BCM）根据来自大灯开关和转向信号/多功能开关的输入信号来控制。大灯开关有四个位置：关闭、自动、驻车灯和近光。对于装备有环境光照传感器的车辆，大灯开关默认位置为自动，通过此位置，车身控制模块使用环境光照传感器以确认何时需要大灯。置于关闭位置时，大灯开关将大灯熄灭信号电路搭铁，提示车身控制模块熄灭大灯。大灯开关位于驻车灯位置时将仅点亮车辆驻车灯。大灯开关位于近光位置时将点亮驻车灯和大灯。大灯开关置于近光位置时，大灯开关的大灯点亮信号电路搭铁，促使车身控制模块点亮大灯，而不考虑其他因素（如环境光照）。

远光灯控制：远光大灯由闪光超车开关和大灯变光器开关控制，它们位于转向信号/多功能开关上。闪光超车开关是瞬时型开关，只要按住开关就可点亮远光灯。开关闭合时，闪光超车开关信号电路搭铁，促使车身控制模块点亮远光灯。大灯变光器开关允许操作者在全天候远光或近光操作之间选择。与闪光超车开关不同，它不是瞬时型开关。当大灯变光器开关在远光位置时，大灯变光器开关远光信号电路搭铁，促使车身控制模块点亮远光灯。

5.2.6 前照灯电路检测

前照灯电路检测 1　　　　前照灯电路检测 2　　　　前照灯电路检测 3　　　　前照灯电路检测 4

前照灯的故障主要有：前照灯不亮、远光灯或近光灯不亮、灯光变暗等，这些故障一般是由灯泡损坏、灯丝烧断、电路断路、开关损坏和控制失效等引起的，如表 5.3 所示。

表 5.3　前照灯常见故障及原因

故 障 现 象	故 障 原 因
所有灯都不亮	蓄电池至总开关之间的火线断路；灯总开关损坏；电源总熔断器熔断；电子自动变光器损坏（对于电子控制前照灯）；远光灯或近光灯的导线都断路或接触不良；前照灯搭铁不良
远光灯或近光灯不亮	变光开关或自动变光器损坏；远光灯或近光灯的导线有一根断路；双丝灯泡的远光或近光灯丝有一根烧断；灯光继电器损坏
前照灯灯光暗淡	熔断器松动；导线接头松动；前照灯开关或继电器触点接触不良；发动机输出电压低；用电设备漏电；负荷过大
一侧前照灯亮，另一侧前照灯暗	前照灯暗的一侧搭铁不良或变光开关接触不良
灯泡经常烧坏	发电机输出电压过高

下面以科鲁兹轿车前照灯电路为例，说明前照灯电路检测过程。

1. 电路/系统检验

（1）连接通用 GDS 诊断仪，将点火开关置于 ON（打开）位置，在打开和关闭位置之间切换大灯开关的同时，观察故障诊断仪的"大灯点亮开关"参数，参数应在"激活"和"未激活"之间切换。如果参数不在规定值之间切换，应检修大灯开关及其相关线路。

（2）点亮近光灯，拉动并松开转向信号/多功能开关时，观察故障诊断仪的"大灯闪光开关"参数，参数应在"激活"和"未激活"之间切换。点亮近光灯，在近光和远光位置之间切换转向信号/多功能开关时，观察故障诊断仪的"远光选择开关"参数，参数应在"激活"和"未激活"之间切换。如果参数不在规定值之间切换，则应检修转向信号/多功能开关及其相关线路。

（3）使用故障诊断仪指令近光点亮和熄灭，确认近光大灯点亮和熄灭。如果近光大灯不在指令的状态之间切换，则应检修近光大灯及其相关线路。

（4）使用故障诊断仪指令远光点亮和熄灭，确认远光大灯点亮和熄灭。如果远光大灯不在指令的状态之间切换，则应检修远光大灯及其相关线路。

2．大灯开关及其相关电路检测

（1）将点火开关置于 OFF（关闭）位置，断开 S30 大灯开关的线束连接器。

（2）测量搭铁电路端子 6 与搭铁之间的阻值应小于 5Ω。如果高于规定值，则测试搭铁电路是否开路/电阻过大。

（3）准备一条带 3A 保险丝的跨接线，连接故障诊断仪，将点火开关置于 ON（打开）位置，当用跨接线连接驻车灯点亮信号电路端子 3 和搭铁端子时，故障诊断仪的"驻车灯开关"参数应从"未激活"切换至"激活"；当用跨接线连接近光灯点亮信号电路端子 4 和搭铁端子时，故障诊断仪的"大灯点亮开关"参数应从"未激活"切换至"激活"；当用跨接线连接自动大灯停用信号电路端子 5 和搭铁端子时，故障诊断仪"自动大灯停用开关"参数应为简短"激活"。

如果某个参数始终为"未激活"，则测试该信号电路是否对电压短路或开路/电阻过大，如果电路测试正常，则更换 K9 车身控制模块。

如果某个参数始终为"激活"，则测试该信号电路是否对搭铁短路，如果电路测试正常，则更换 K9 车身控制模块。

（4）如果所有电路测试正常，则更换 S30 大灯开关。

3．转向信号/多功能开关及其相关电路检测

（1）点火开关置于 OFF 位置，断开 S78 转向信号/多功能开关的线束连接器。

（2）测试搭铁电路端子 3 和搭铁之间的电阻是否小于 5Ω。如果高于规定值，则测试搭铁电路是否开路/电阻过大。

（3）将点火开关置于 ON（打开）位置，故障诊断仪锁定"大灯闪光开关""远光选择开关"参数：在信号电路端子 4 和搭铁之间安装一条带 3A 保险丝的跨接线，故障诊断仪的"大灯闪光开关"参数应从"未激活"变为"激活"；将跨接线连接在信号电路端子 2 和搭铁之间，故障诊断仪的"远光选择开关"参数应从"未激活"变为"激活"。

若某个参数始终为"激活"，则测试该信号电路是否对搭铁短路，如果电路测试正常，则更换 K9 车身控制模块。

若某个参数始终为"未激活"，则测试该信号电路是否对电压短路或开路/电阻过大，如果电路测试正常，则更换 K9 车身控制模块。

（4）如果所有电路测试都正常，更换 S78 转向信号/多功能开关。

4．近光灯电路检测

（1）将点火开关置于 OFF（关闭）位置，断开相应的大灯上的线束连接器。

（2）测试大灯搭铁电路线束连接器端子 3 和搭铁之间的电阻是否小于 5Ω，如果大于规定值，则测试搭铁电路是否开路/电阻过大。

（3）在大灯控制电路线束连接器端子 2 和搭铁之间连接一个测试灯。用故障诊断仪指令相应的大灯近光点亮和熄灭以进行测试。切换不同的指令状态时，测试灯应点亮和熄灭。

如果测试灯始终点亮，则测试控制电路是否对电压短路。如果电路测试正常，则更换 K9 车身控制模块。

如果测试灯始终熄灭，则测试控制电路是否对搭铁短路或开路/电阻过大。如果电路测试正常，则更换 K9 车身控制模块。

（4）如果所有电路测试都正常，则更换相应的大灯。

5．远光灯电路检测

（1）将点火开关置于 OFF（关闭）位置，断开相应的大灯上的线束连接器。

（2）测试大灯搭铁电路线束连接器端子 3 和搭铁之间的电阻是否小于 5Ω。如果大于规定值，则测试搭铁电路是否开路/电阻过大。

（3）拆下下列大灯相应的保险丝：F38UA 左远光灯、F37UA 右远光灯，确认大灯未点亮。如果大灯点亮，则测试控制电路是否对电压短路。

（4）在相应的保险丝输出触点和 B₊之间安装一条带 10A 保险丝的跨接线，确认相应的远光灯点亮。如果远光灯未点亮，则测试控制电路是否对搭铁短路或开路/电阻过大。如果电路测试正常，则更换相应的灯泡。

（5）断开 X50A 发动机舱盖下保险丝盒中的 X2 线束连接器。在控制电路端子 58 X2 和 B₊之间连接一个测试灯。将点火开关置于 ON（打开）位置，使用 S78 转向信号/多功能开关点亮和熄灭远光灯，测试灯应点亮和熄灭。

如果测试灯始终点亮，则测试控制电路是否对搭铁短路。如果电路测试正常，则更换 K9 车身控制模块。

如果测试灯始终熄灭，则测试控制电路是否对电压短路或开路/电阻过大。如果电路测试正常，则更换 K9 车身控制模块。

（6）如果所有电路测试正常，则更换 X50A 发动机舱盖下保险丝盒。

5.2.7 前照灯使用注意事项及维护

1．前照灯使用注意事项

汽车使用中对前照灯的要求是：既要有良好的照明，又要避免使迎面来车的驾驶员眩目，因此使用前照灯时应注意以下几点。

（1）保持前照灯配光镜清洁，尤其在雨雪天气行驶时，泥尘等污垢会使前照灯的照明性能降低 50%。有的车型装有前照灯刮水器和喷水器。

（2）夜间会车时，要关闭前照灯远光，换用近光，以保证行车安全。

（3）为保证前照灯的各项性能，在更换前照灯后或汽车每行驶 10000km 后，应对前照灯光束进行检查、调整。

（4）定期检查灯泡和线路插座及搭铁有无氧化和松动现象，保证插接件接触性能良好，搭铁可靠。如果接点松动，在接通前照灯时，会因电路的通断产生电流冲击，从而烧坏灯丝，如果接点氧化，则会因接点压降增大而使灯泡亮度降低。

2．前照灯的维护

如果发现反射镜上稍有灰尘，可用压缩空气吹干净，如果吹不干净，则应根据镀层的不同，采取不同的方法将灰尘清除。

反射镜为镀铬的，可用柔软的皮蘸少量酒精，由反光镜的中心向外围呈螺旋形轻轻地仔细擦拭。

如果反光镜是镀银或镀铝的，可用棉花蘸清水清洗（不要擦拭），然后用压缩空气吹干。

有的反射镜表面由制造厂预先涂了一层很薄的保护层，擦拭时一定不要破坏它。如果反射镜经常有污物，则应更换橡胶密封圈。

5.2.8 前照灯光束检测与调整

前照灯的检测与调整

前照灯是车辆夜间照明的主要灯具，它的性能与行车安全息息相关，因此各国都制定了相应的标准来确保车辆的前照灯性能符合使用要求。我国国标 GB 7258—2017《机动车运行安全技术条件》对前照灯的光束强度和照射位置做了明确的要求。

1．前照灯基本要求

《机动车运行安全技术条件》中 8.5 条规定，机动车装备的前照灯应有远、近光变换功能；当远光变为近光时，所有远光应能同时熄灭。同一辆机动车上的前照灯不应左、右的远、近光灯交叉开亮；所有前照灯的近光均不应眩目；机动车前照灯光束照射位置在正常使用条件下应保持稳定；汽车应具有前照灯光束高度调整装置/功能，以方便地根据装载情况对光束照射位置进行调整；该调整装置如为手动的，应坐在驾驶座上就能被操作。

2．远光光束发光强度要求

机动车每只前照灯的远光光束发光强度应达到表 5.4 所示的要求；同时打开所有前照灯（远光）时，其总的远光光束发光强度应符合 GB 4785 的规定。测试时，电源系统应处于充电状态。

表 5.4　前照灯远光光束发光强度最小值要求　　　　　　　单位：cd

机动车类型		检 查 项 目					
		新 注 册 车			在 用 车		
		一灯制	二灯制	四灯制 [a]	一灯制	二灯制	四灯制 [a]
三轮汽车		8 000	6 000	—	6 000	5 000	—
最大设计车速小于 70km/h 的汽车		—	10 000	8 000	—	8 000	6 000
其他汽车		—	18 000	15 000	—	15 000	12 000
普通摩托车		10 000	8 000	—	8 000	6 000	—
轻便摩托车		4 000	3 000	—	3 000	2 500	—
拖拉机运输机组	标定功率>18kW	—	8 000		—	6 000	
	标定功率≤18kW	6 000 [b]	6 000		5 000 [b]	5 000	

[a] 四灯制是指前照灯具有四个远光光束；采用四灯制的机动车其中两只对称的灯达到两灯制的要求时视为合格。

[b] 允许手扶拖拉机运输机组只装用一只前照灯。

3．光束照射位置要求

（1）在车空载状态下，汽车、摩托车前照灯近光光束照射在距离 10m 的屏幕上，近光光束明暗截止线转角或中点的垂直方向位置，对近光光束透光面中心（基准中心，下同）高度小于等于 1000mm 的机动车，应不高于近光光束透光面中心所在水平面以下 50mm 的直线且不低于近光光束透光面中心所在水平面以下 300mm 的直线；对近光光束透光面中心高度大于 1000mm 的机动车，应不高于近光光束透光面中心所在水平面以下 100mm 的直线且不低于近光光束透光面中心所在水平面以下 350mm 的直线。除装用一只前照灯的三轮汽车和摩托车外，前照灯近光光束明暗截止线转角或中点的水平方向位置，与近光光束透光面中心所在处面相比，向左偏移应小于等于 170mm，向右偏移应小于等于 350mm。前照灯近光光束照射位置要求如图 5.44 所示。

（2）在车空载状态下，对于能单独调整远光光束的汽车、摩托车前照灯，前照灯远光光束照射在距离 10m 的屏幕上，其发光强度最大点的垂直方向位置，应不高于远光光束透光面中心所在水平面（高度为 H）以上 100mm 的直线且不低于远光光束透光面中心所在水平面以下 $0.2H$ 的直线。除装用一只前照灯的三轮汽车和摩托车外，前照灯远光发光强度最大点的水平位置，与远光光束透光面中心所在垂直面相比，左灯向左偏移应小于等于 170mm 且向右偏移应小于等于 350mm，右灯向左和向右偏移均应小于等于 350mm。前照灯远光光束照射位置要求如图 5.45 所示。

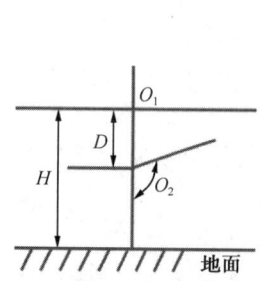

O_1：近光光束透光面中心在屏幕上的投影
O_2：屏幕上近光光束明暗截止线的转角
H：O_1 对地距离
D：O_1 与 O_2 垂直距离

$H \leqslant 1\text{m}$ 时：$50\text{mm} \leqslant D \leqslant 300\text{mm}$
$H > 1\text{m}$ 时：$100\text{mm} \leqslant D \leqslant 350\text{mm}$

前照灯近光光束垂直位置要求

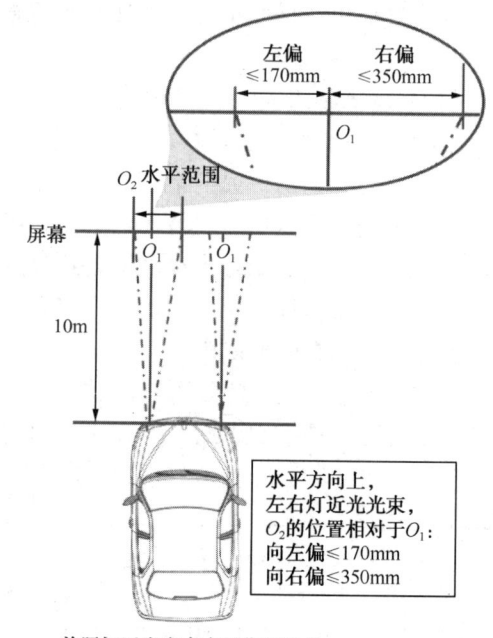

水平方向上，左右灯近光光束，O_2 的位置相对于 O_1：
向左偏 $\leqslant$ 170mm
向右偏 $\leqslant$ 350mm

前照灯近光光束水平位置要求

图 5.44　前照灯近光光束照射位置要求

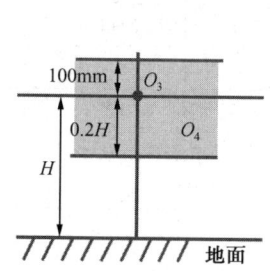

O_3：远光光束透光面中心在屏幕上的投影
O_4：屏幕上远光光束发光强度最大点
H：O_3 对地距离
▨：O_4 垂直方向范围

垂直方向上，O_4 在 O_3 之上 100mm 以内，在 O_3 之下 $0.2H$ 以内

前照灯远光光束垂直位置要求

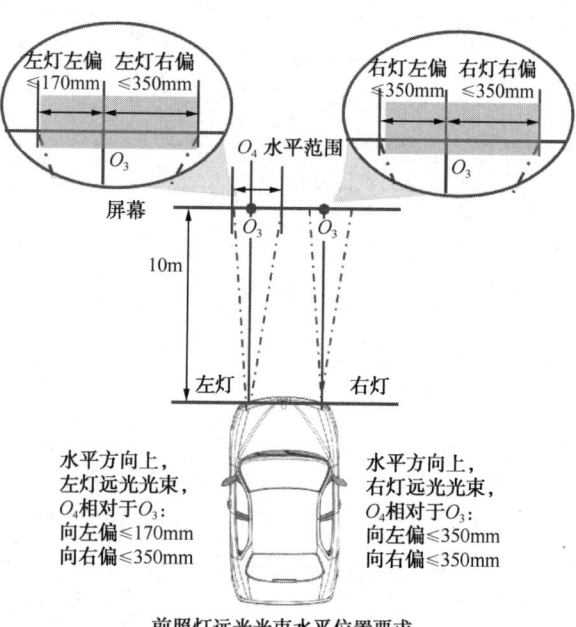

水平方向上，左灯远光光束，O_4 相对于 O_3：
向左偏 $\leqslant$ 170mm
向右偏 $\leqslant$ 350mm

水平方向上，右灯远光光束，O_4 相对于 O_3：
向左偏 $\leqslant$ 350mm
向右偏 $\leqslant$ 350mm

前照灯远光光束水平位置要求

图 5.45　前照灯远光光束照射位置要求

4. 前照灯的检测与调整

前照灯光束的检测方法通常有以下两种：屏幕检测法和使用前照灯检测仪检测。前照灯检测仪可以同时检测光轴偏斜量和照度,常见的前照灯检测仪有聚光式、屏幕式、投影式、自动追踪光轴式。不同厂家的前照灯检测仪的使用方法和要求参见厂家具体的说明。屏幕检测法只能检测照射位置,下面介绍屏幕检测法的检测步骤。

(1)准备被测车辆

① 轮胎气压应符合汽车制造厂的规定。

② 冷却液、机油要适量,油箱要装满。

③ 将车辆停放在平整的地面上。

④ 除了驾驶员(也可以在驾驶室放置与驾驶员质量相当的物体,通常为 60kg),不要在车上放置任何载荷。

⑤ 汽车蓄电池应处于充足电状态。

⑥ 清除前照灯上的污垢。

(2)屏幕检测法检测步骤

① 将车辆停置于屏幕前,并与屏幕垂直,使前照灯基准中心距屏幕 10m。

② 在屏幕上确定出左、右前照灯近光透光面中心的投影位置。

③ 开启前照灯近光,遮住一侧车灯,检测另一边,检测结果应符合 GB 7258—2017《机动车运行安全技术条件》中的要求。

④ 可单独调整远光光束的车辆按照同样的方法检测远光光束位置。

(3)前照灯光束位置的调整

前照灯光轴偏斜量是通过调整反光镜的角度来调节的。

早期的车型只能人工手动调节,可以掀开发动机舱盖,然后使用螺钉旋具进行调节,如图 5.46 所示。

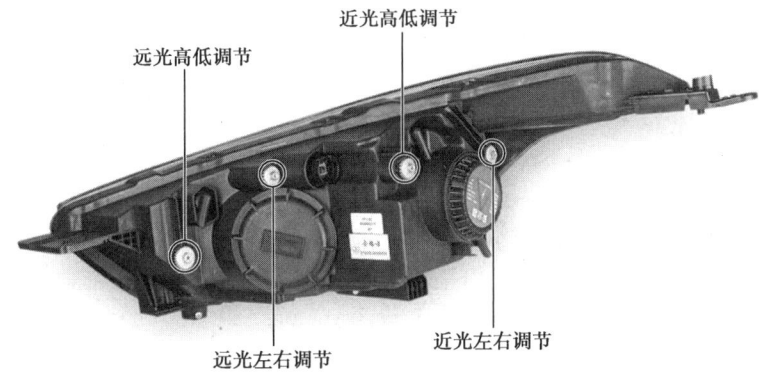

图 5.46 前照灯照射角度机械调节

带有前照灯高度调节开关的车型,可以通过旋转开关调节前照灯照射的高度。如图 5.47 所示为科鲁兹轿车的前照灯高度调节开关,若想根据车辆载重调节前照灯照明范围以防止眩光,需要按下列情况将旋钮转至所需的位置:0=前排座椅有人乘坐;1=所有座椅均有人乘坐;2=所有座椅均有人乘坐,且行李舱中装有物品;3=驾驶员座椅有人乘坐,且行李舱中装有物品。

带有自适应前照灯系统 AFS 的车辆,可由装在前轴和后轴上的水平传感器(又称倾斜传感器)将车身高度

图 5.47 科鲁兹轿车前照灯高度调节开关

转变成电信号，输送给前照灯照程自动调节控制单元，前照灯照程自动调节控制单元指令执行器（伺服电动机）转动，带动前照灯（或反光镜）上下摆动一定的角度，以适应汽车加速、制动及轴荷变化引起的照程变化。若前照灯照程自动调节系统发生故障，前照灯的照程将不能自动调节，只能进行人工调节。

学习单元 5.3　其他照明灯检测

雾灯电路分析

5.3.1　前雾灯

1．前雾灯的结构及配光性能

雾灯是在有雾、下雪、暴雨或尘土弥漫的行驶条件下，为改善照明条件，提高能见度而设置的照明设备，其也可起到信号标志灯的作用。雾灯多使用穿透力强的黄色灯，其灯泡或配光镜制成黄色。

雾灯的结构与前照灯相近，其种类也有半封闭式和封闭式，常用的是半封闭式。其灯泡有白炽灯泡和卤素灯泡，如奥迪轿车采用的白色卤素灯泡为雾灯光源，其反光镜镀黄色。一般雾灯多用卤素灯泡，灯丝为单丝，如图 5.48 所示为前雾灯的组成图。雾灯的安装高度较低，多安装在车外保险杠上。雾灯的配光镜具有较好的横向散射能力，其反射镜的纵深也较浅，雾灯光束也略偏左方。

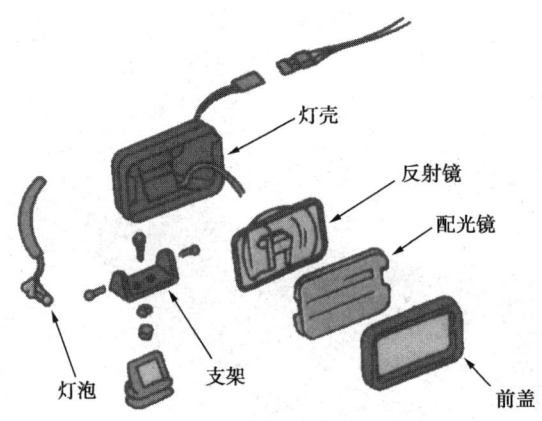

图 5.48　前雾灯的组成图

前雾灯在我国可以选装，目前分为两种级别，即 B 级和 F3 级，B 级前雾灯的光源以卤素光源为主，而 F3 级前雾灯以 LED 光源为主。对应前雾灯的国家标准是 GB 4660—2016《机动车用前雾灯配光性能》，此标准已于 2017 年 1 月 1 日正式发布实施，对前雾灯照亮路面的要求和防眩目的要求比以前提升了很多。

如表 5.5 所示，F3 级前雾灯的光源在同样的工作电压下，所消耗的功率是 B 级前雾灯光源的 1/3，但光通量却是 B 级前雾灯的 133%；光效比方面，F3 级前雾灯是 B 级前雾灯的 4.2 倍。F3 级前雾灯消耗能量更少但更亮，既节能又高效。LED 光源具有节能、色温高、寿命长等特点，因此，市场越来越青睐 F3 级前雾灯。

表 5.5　两种前雾灯光电参数比较

测 试 样 品	光　源	试验电压/V	试验电流/A	光通量/lm	功率/W	光效/lm/W
B 级前雾灯	H8　2V　35W	12	2.642	826.3	31.7	26.0
F3 级前雾灯	LED　12V	12	0.843	1103.4	10.1	109.2

2. 前雾灯典型控制电路

如图 5.49 所示为科鲁兹轿车前雾灯控制电路。前雾灯继电器始终由蓄电池供电。按下前雾灯开关，使前雾灯开关信号电路瞬时搭铁。车身控制模块（BCM）通过向前雾灯继电器控制电路提供搭铁，使前雾灯继电器通电。当前雾灯继电器通电时，继电器开关触点闭合，通过前雾灯保险丝提供蓄电池电压至前雾灯电源电压电路，从而点亮前雾灯。

前雾灯示意图（前雾灯）

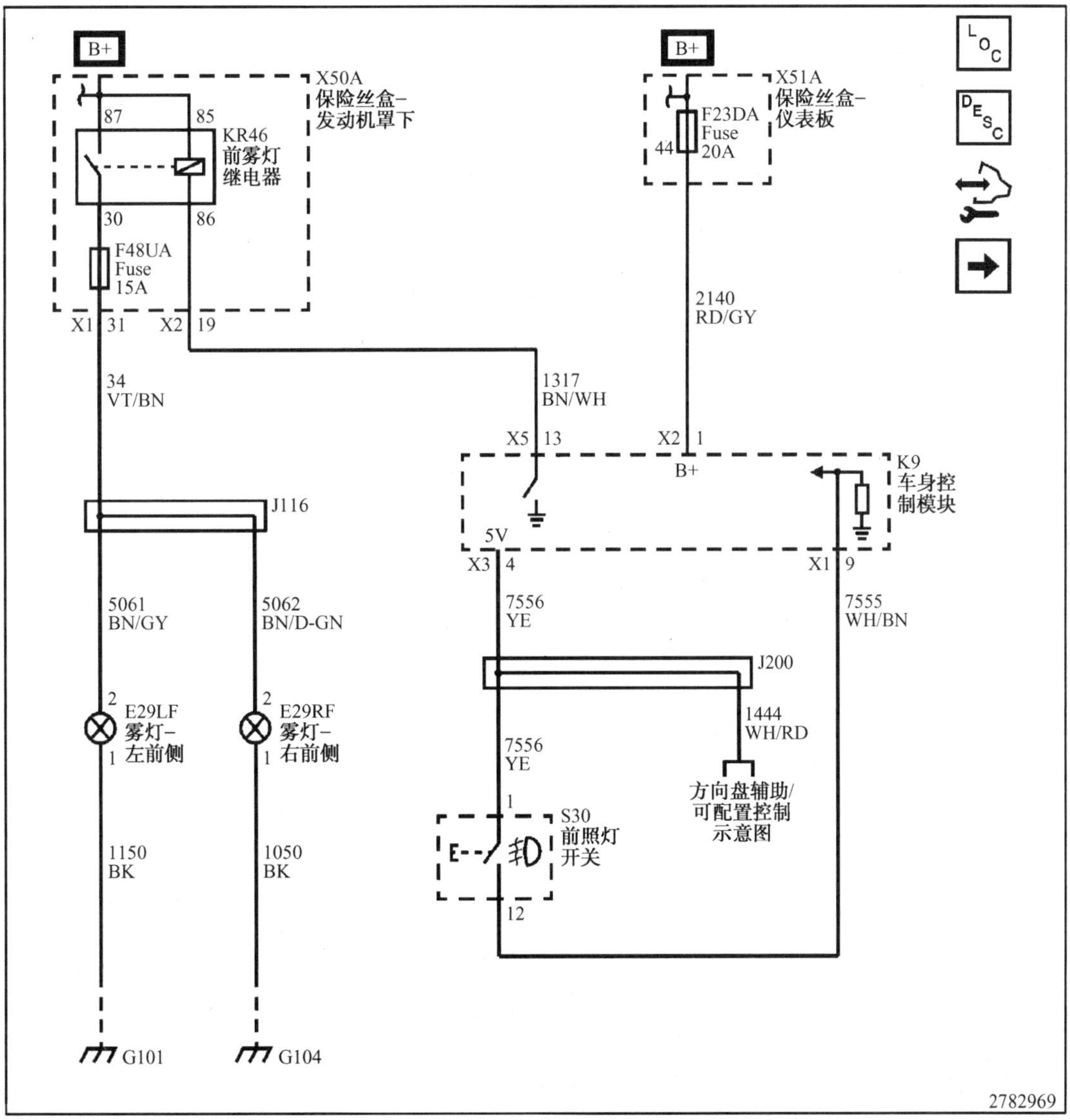

图 5.49　科鲁兹轿车前雾灯控制电路

5.3.2　牌照灯

牌照灯用于使其他车辆、行人能在夜晚看清车上的牌照。

牌照灯必须保持夜间至少在 25m 距离处能看清牌照上的字迹，在整个牌照上光强至少为 2.5cd/cm²。测点分布在整个牌照上，测点中发光强度梯度不应超过 $2×B_{min}/cm$，B_{min} 为测点中所测发光强度的最小值。

5.3.3　车内照明灯

在汽车内部，在众多有关汽车行驶的功能中首先要保证开关元件的操作安全性和有关照明工作状态的足够信息（特别是在驾驶过程中）。仪表板和不同功能开关的良好照明是安全行驶的前提。

1．阅读灯

阅读灯为车内乘客提供照明，该功能通过人工按钮控制。

2．门控灯

当开启车门时，门控开关闭合，门控灯自动点亮车辆内部。有些车辆上，门控灯和阅读灯共用一个灯泡，如图 5.50 所示为一汽大众宝来轿车阅读灯和门控灯电路。

3．仪表及开关照明灯

仪表及开关照明灯提供仪表、车速里程表、暖风操纵组、时钟、烟灰缸、收音机和其他控制开关的无影照明。

（1）仪表的照明。仪表板和仪表组合上的控制器和显示仪表都有照明，以保证在黑暗中能看清楚仪表显示。仪表照明能自动或手动调整，使发光强度适应具体条件，并且避免背光使驾驶员眩目。

（2）主要控制器和舒适便利设备的照明。主要控制器和舒适便利设备（通风机、加热器、空调、烟灰缸）都必须有直接或间接的照明，以便能在黑暗中操作，不用摸索寻找，以免分散驾驶员精力。

（3）开关照明。开关照明必须使驾驶员在黑暗中能立即识别特定的开关。

① 经常操作的开关。在正常行驶中经常用到的开关，必须让驾驶员容易够到，而无须放开转向盘。这一规定对某些操作尤为重要，如转向信号、喇叭、前照灯变光开关，以及风窗玻璃和前照灯的清洁系统。所以在有些车辆上，这些功能都被集中到一个联合立柱上，或者将开关都装在方向柱或转向盘上，但现在还没有规定指出精确的布置方案。

② 不经常操作的开关。那些在车辆行驶中偶尔使用的开关，但仍要便于操作（如前照灯、前光水准控制、危险警告灯、前雾灯和后雾警告灯），如果布置合理，那么驾驶员即使蒙住眼睛也能知道这些控制器的位置，即可让驾驶员的注意力集中在道路和车辆上，这对保证安全大有益处。

开关仪表板灯的电源由灯光开关提供，当前照灯开关在 Park 挡或 Head 挡时触点闭合，电流必须从变阻器中流过，变阻器或者是灯光开关的一部分，或者是装在仪表板上的单独变阻器。旋转变阻器电刷上的旋钮能改变其阻值，阻值发生变化便能改变通过灯泡的电流，灯的亮度随之改变，称为仪表及开关照明亮度调节。一汽大众宝来轿车内部开关及仪表照明电路如图 5.51 所示。

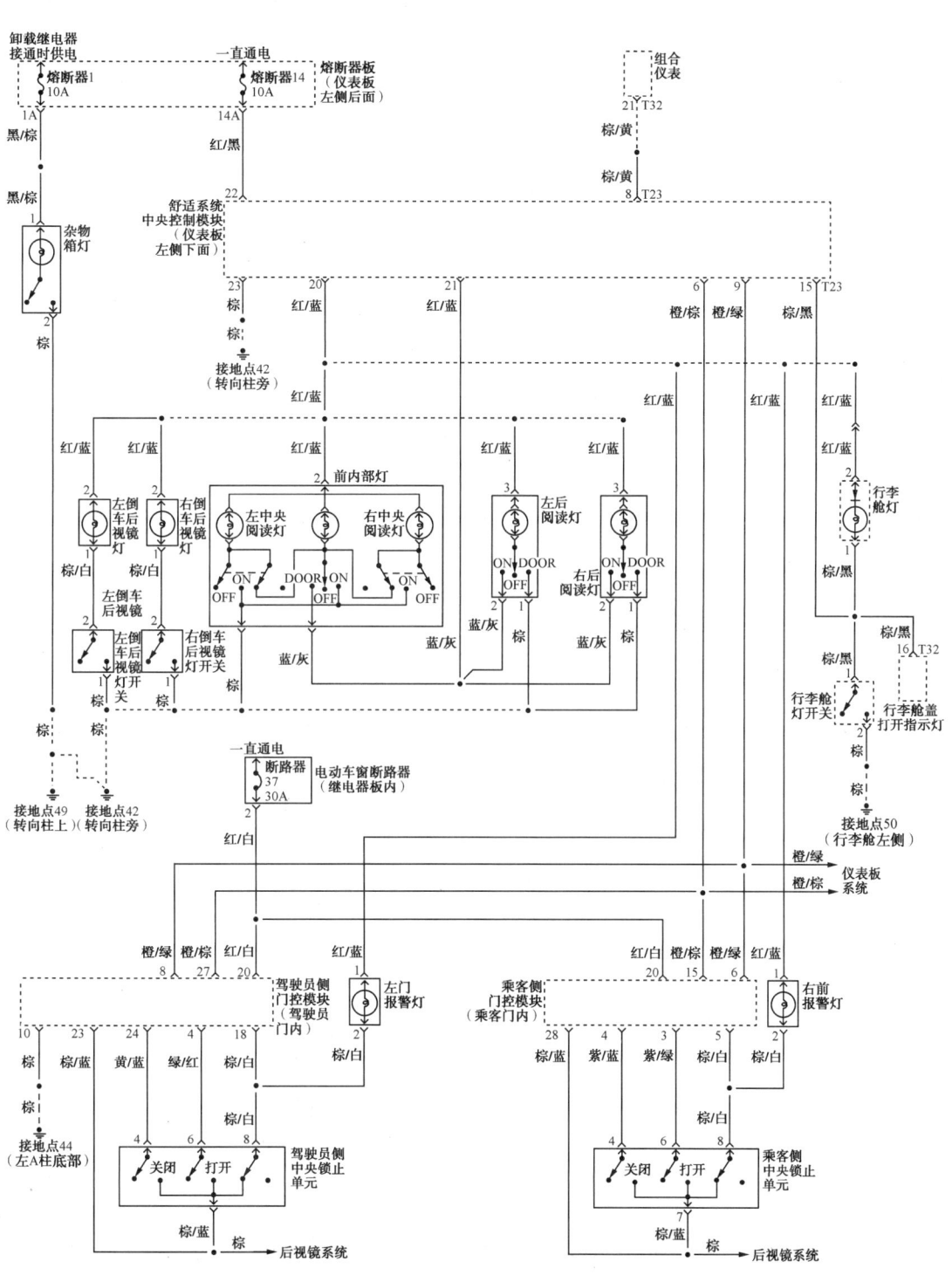

图 5.50　一汽大众宝来轿车阅读灯和门控灯电路

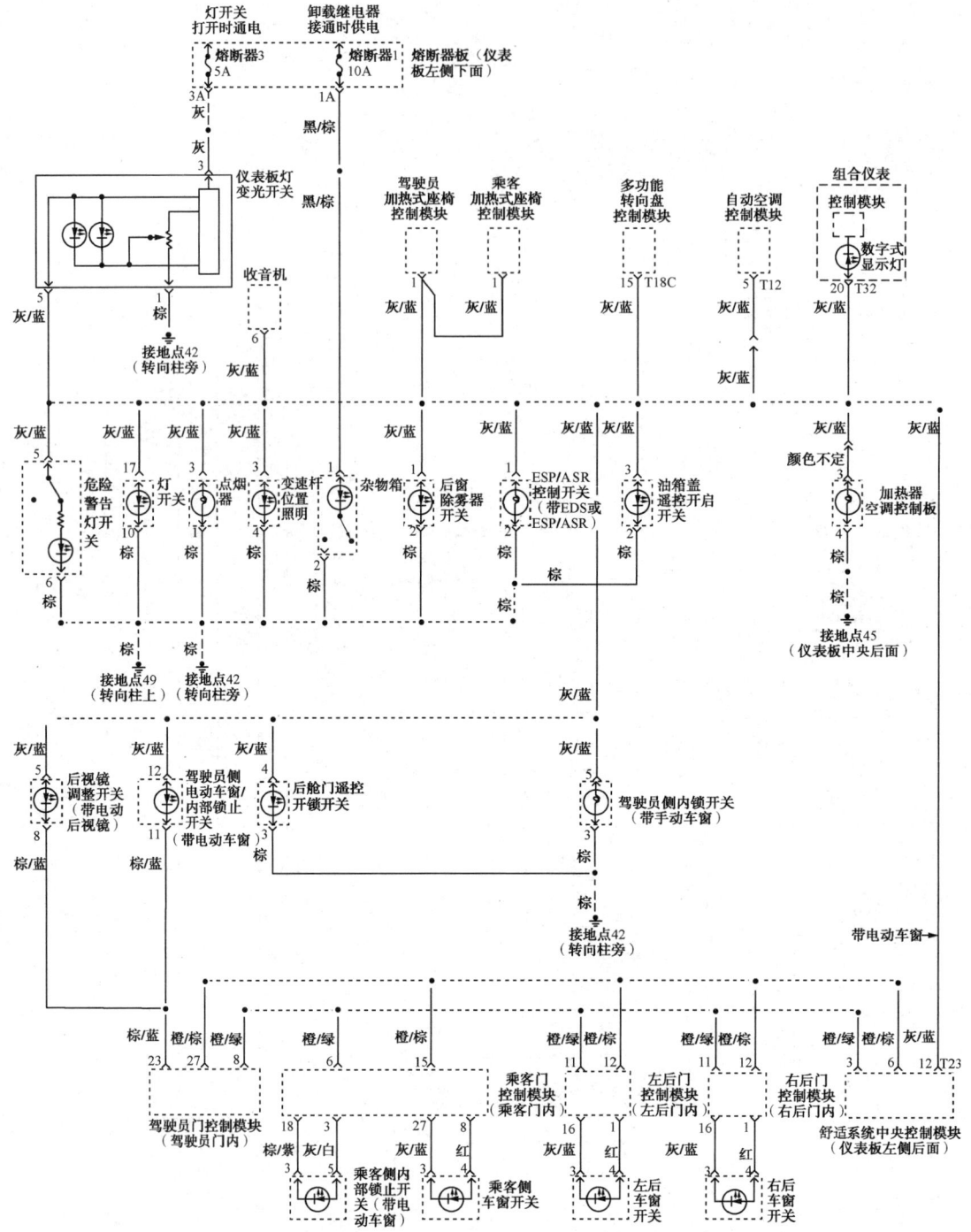

图 5.51　一汽大众宝来轿车内部开关及仪表照明电路

学习单元 5.4　转向信号灯检测

汽车上除照明灯外，还有用以指示其他车辆或行人的灯光信号标志，这些灯称为信号灯。
信号灯也分为外信号灯和内信号灯，外信号灯指转向灯、制动灯、尾灯、示廓灯、倒车灯，内信号灯泛指仪表板上的指示灯，主要有转向指示、机油压力、充电、制动、关门提示等仪表指示灯。

5.4.1 转向信号灯的功能及特性

转向信号灯和危险警告灯产生灯光信号警告其他车辆和行人，车辆将改变方向（转向信号灯）以及有潜在危险（危险警告灯）。

（1）转向信号。转向信号由车辆一侧的所有闪光信号灯同时发出，由一个电子电路监视工作。发生故障时，由一只闪光警告灯发出信号，或者闪光频率大大增加。转向信号由转向杆控制。

（2）危险警告闪光。所有转向灯同时闪光，在关掉点火开关时仍起作用，同时装备一只工作指示灯。危险警告闪光功能由单独的开关控制。

（3）工作特性。根据《机动车运行安全技术条件》中 8.3.8 条的规定，危险警告灯和转向信号灯的闪光频率应为（1.5±0.5）Hz（即（90±30）r/min），启动时间应小于或等于 1.5s。如某一转向信号灯发生故障（短路除外）时，其他转向信号灯应继续工作，但闪光频率可以不同于上述规定的频率。

5.4.2 转向信号灯及危险警告灯典型电路分析

目前，转向信号灯及危险警告灯电路主要有 2 种类型，一种是由闪光继电器控制转向信号灯及危险警告灯闪烁，另一种是由车身控制模块直接控制转向信号灯及危险警告灯闪烁。

转向信号灯典型电路分析

1. 带有闪光继电器的转向信号灯及危险警告灯控制电路

闪光器（闪光继电器）按照其结构和工作原理的不同可分为电热丝式、电容式、翼片式、水银式、晶体管式和集成电路式等。

过去汽车转向灯闪光器多采用电热式结构，由于它们工作稳定性差、寿命短，信号灯的亮暗不够明显，目前多采用结构简单、体积小、工作稳定、使用寿命长的电子式闪光器，即晶体管式和集成电路式两大类。晶体管式和集成电路式闪光器按有无触点又可分为有触点式和无触点式两类。

如图 5.52 所示为带有蜂鸣器的无触点式集成电路闪光器的工作原理。其利用晶体管的开关作用，实现对转向灯开、关的控制。同时增设了声响功能，构成了声光并用的转向信号装置，以引起人们对汽车转向的注意，提高安全性。

当转向开关 S 接通时，电源便通过 VD$_1$（或 VD$_2$）、R$_1$、电位器 R 向电容器 C$_1$ 充电，使 555 集成定时器的引脚 6、2 的电位逐渐升至高电平，由 555 定时器的逻辑功能可知，引脚 6、2 为高电平时，输出端 3 为低电平，同时引脚 7 和 1 间导

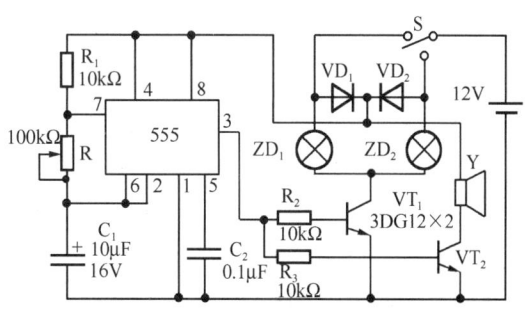

图 5.52 带有蜂鸣器的无触点式
集成电路闪光器的工作原理

通。反之输出端 3 转为高电平，引脚 7 和 1 间截止。所以此时输出端 3 为低电平，该低电平加到 VT$_1$ 和 VT$_2$ 的基极上，VT$_1$ 和 VT$_2$ 截止，转向灯不亮，蜂鸣器无声。同时引脚 7 和 1 间导通，电容器 C$_1$ 便通过电位器 R、引脚 7 和 1 放电，使引脚 6、2 逐渐降为低电平，输出端转为高电平，因此 VT$_1$ 和 VT$_2$ 导通，接通了转向灯及蜂鸣器的电路，转向灯亮，蜂鸣器发出声响。同时由于引脚 7 和 1 间截止，电源又向电容器 C$_1$ 充电，结果使引脚 6、2 变为高电平，输出端 3 变

为低电平，VT_1 和 VT_2 又截止，转向灯和蜂鸣器的电路被切断，所以转向灯熄灭，蜂鸣器停止鸣响。同时由于引脚 7 和 1 间导通，电容器又开始放电，使引脚 6、2 降为低电平，输出端 3 又变为高电平，VT_1 和 VT_2 又导通，转向灯又亮，蜂鸣器又发出声响。如此反复，转向灯发出声响信号。若闪光频率不符合要求，可用电位器进行调整。

图 5.53 所示为一汽大众宝来轿车外部信号灯电路，其中包括转向信号灯及危险警告灯电路。

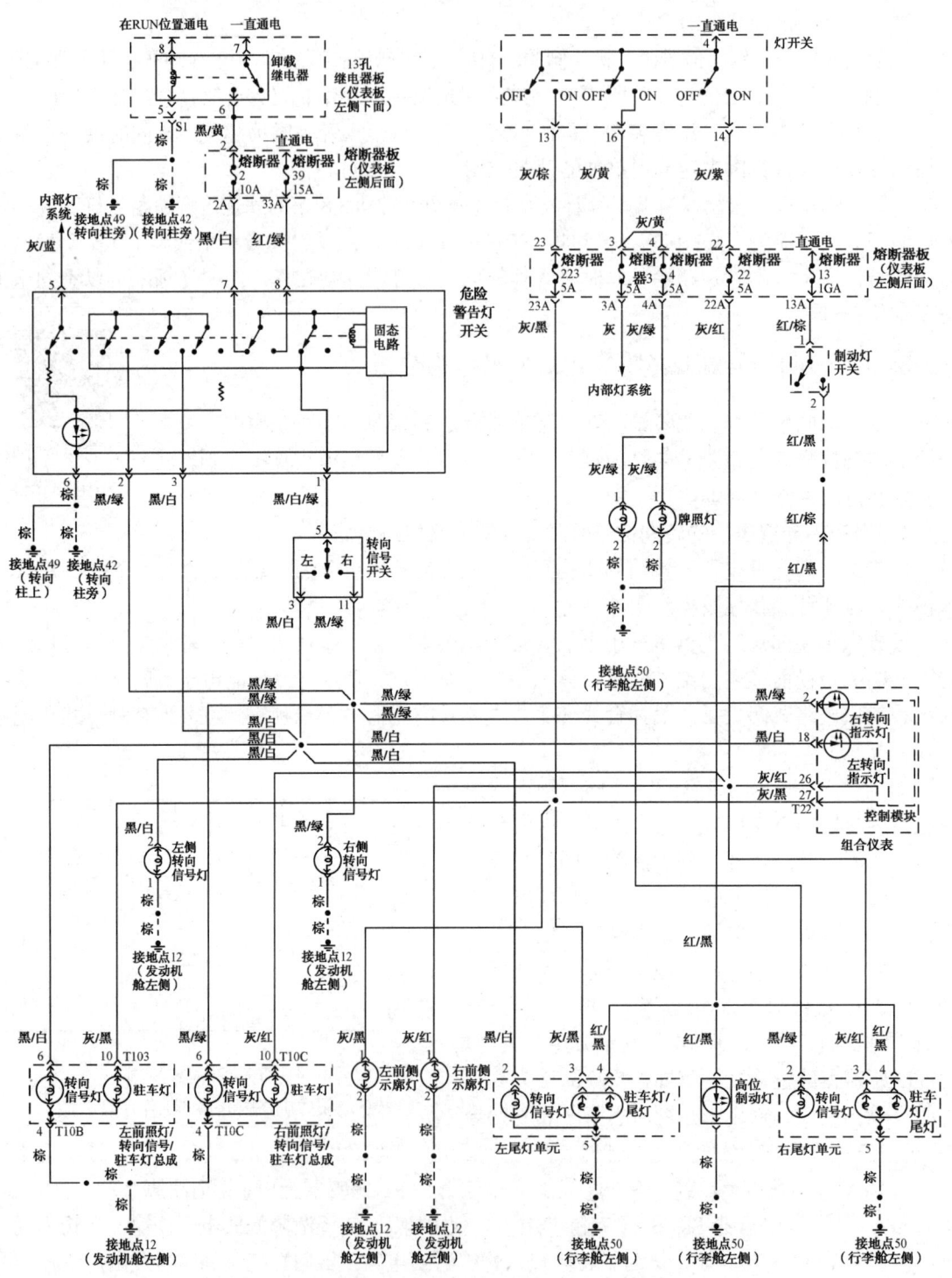

图 5.53　一汽大众宝来轿车外部信号灯电路

特别注意转向灯的配电方式有两种。

（1）当执行危急报警功能时，供电方式如图5.54所示。

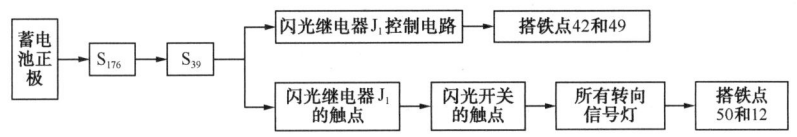

图 5.54 危急报警功能供电方式

（2）当执行转向信号功能时，供电方式如图5.55所示。

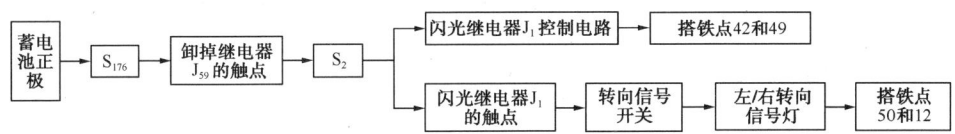

图 5.55 转向信号功能供电方式

2. 车身控制模块控制的转向信号灯及危险警告灯控制电路

如图5.56所示为科鲁兹轿车转向信号灯及危险警告灯控制电路。

转向信号灯只在点火开关处于ON（打开）或START（启动）位置时才点亮。当转向信号/多功能开关处于右转或左转位置时，通过右转向或左转向信号开关信号电路向车身控制模块提供搭铁。随后，车身控制模块通过相应的电源电压电路向前转向和后转向信号灯提供脉冲电压。车身控制模块接收到转向信号请求后，将串行数据信息发送至组合仪表，请求各转向信号灯点亮和熄灭。

危险警告灯可以在任何电源模式中激活。当危险警告开关处于接通位置时，通过危险警告开关信号电路向车身控制模块提供搭铁。车身控制模块以ON（打开）和OFF（关闭）占空比形式向所有转向信号灯提供蓄电池电压。激活危险警告开关后，车身控制模块向组合仪表发送一个串行数据信息，请求转向信号灯循环点亮和熄灭。

5.4.3 转向信号灯及危险警告灯电路检测

下面以科鲁兹轿车为例对转向信号灯及危险警告灯电路进行检测。

转向信号灯 转向信号灯
电路检测1 电路检测2

1. 电路/系统检验

（1）连接通用GDS故障诊断仪，将点火开关置于ON（打开）位置，故障诊断仪锁定"左转向信号开关"参数、"右转向信号开关"参数。将S78转向信号/多功能开关拨至左转向位置，"左转向信号开关"参数应从"不活动"变为"激活"；将S78转向信号/多功能开关拨至右转向位置，"右转向信号开关"参数应从"不活动"变为"激活"。

如果参数未发生变化，则检测S78转向信号/多功能开关及其相关线路；如果参数随指令状态而变化且组合仪表上的转向指示灯不工作，则检测转向信号灯及其电路。

（2）故障诊断仪锁定"危险警告灯开关"参数，按下危险警告灯开关，开关和仪表板组合仪表上的转向指示灯应开始闪烁且参数应从"不活动"变为"激活"。如果参数未发生变化（或危险警告灯开关和仪表板上的转向指示灯不闪烁），则检测危险警告灯开关及其相关线路；如果危险警告开关指示灯不闪烁，则参见"危险警告开关指示灯故障"。如果仪表板上的指示灯不闪烁，则检测转向指示灯及其电路。

（3）使用故障诊断仪依次指令"左前转向信号灯""左后转向信号灯""右前转向信号灯""右后转向信号灯"点亮和熄灭，相应车灯应在点亮和熄灭之间切换。若转向信号灯不在指令的状态之间切换，则参见"转向信号灯及电路测试"。

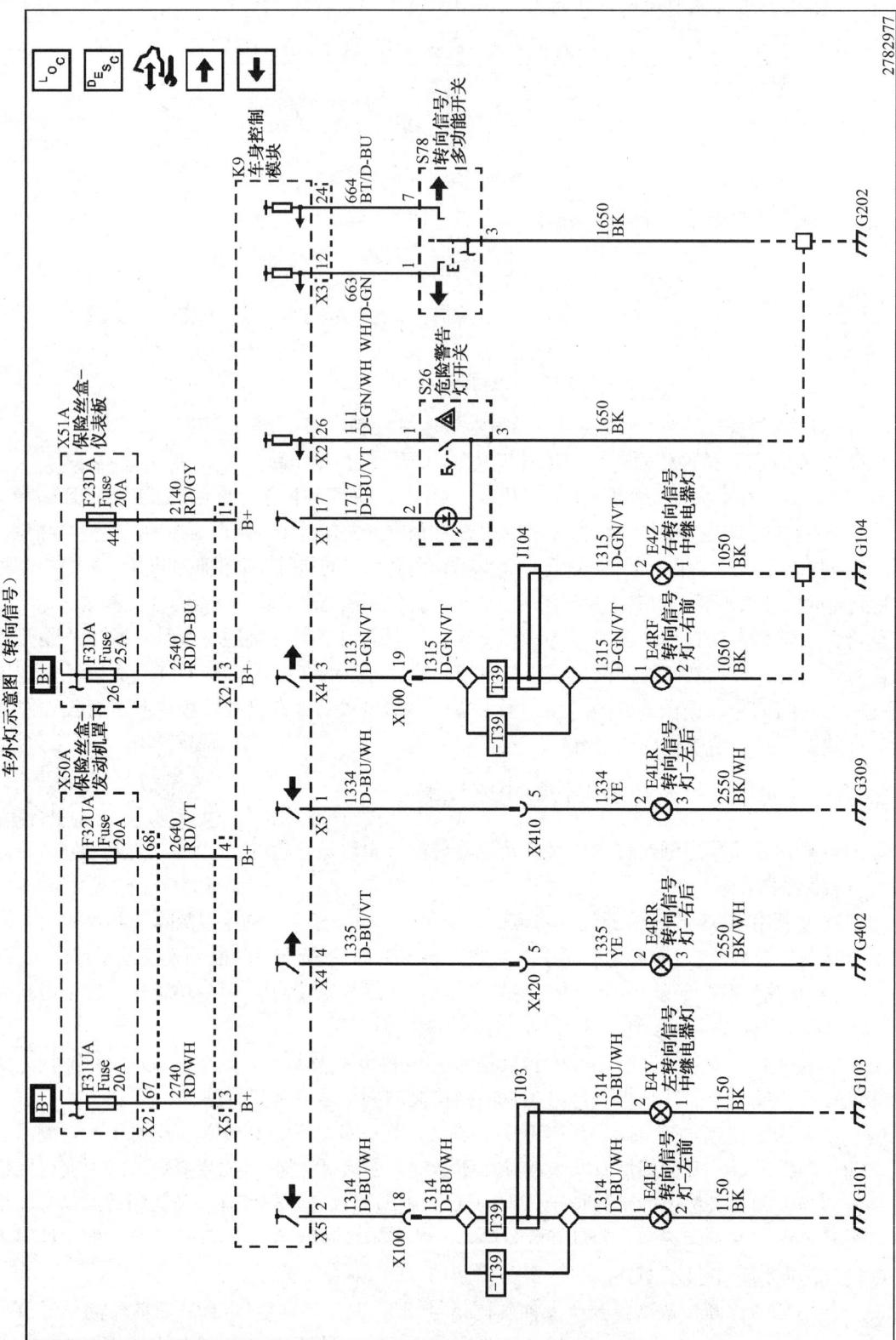

图5.56 科鲁兹轿车转向信号灯及危险警告灯控制电路

2. S78转向信号/多功能开关及其相关线路测试

（1）将点火开关置于OFF位置，断开S78转向信号/多功能开关的线束连接器。

（2）在 B₊ 和搭铁电路端子3之间连接测试灯，测试灯应点亮；如果测试灯未点亮，则测试搭铁电路是否开路/电阻过大。

（3）将点火开关置于ON位置，故障诊断仪锁定"左转向信号开关"参数和"右转向信号开关"参数，此时两个参数应为"不活动"。如果某个参数不是规定值，则测试该信号电路端子是否对搭铁短路，如果电路测试正常，则更换K9车身控制模块。

（4）在信号电路端子1和搭铁之间安装一条带3A保险丝的跨接线，"左转向信号开关"参数应从"不活动"变为"激活"；在信号电路端子7和搭铁之间安装一条带3A保险丝的跨接线，"右转向信号开关"参数应从"不活动"变为"激活"。如果某个参数不是规定值，则测试该信号电路是否对电压短路或开路/电阻过大；如果电路测试正常，则更换K9车身控制模块。

（5）如果所有电路测试正常，测试或更换S78转向信号/多功能开关。

3. 转向信号灯电路测试

（1）将点火开关置于OFF（关闭）位置，断开不工作转向信号灯的线束连接器。

（2）断开C1蓄电池的负极端子。

（3）将点火开关置于OFF（关闭）位置，熄灭车外灯，测试相应车灯的搭铁电路端子（E4LF左前转向信号灯搭铁电路端子2、E4RF右前转向信号灯搭铁电路端子2、E4LR左后转向信号灯搭铁电路端子3、E4RR右后转向信号灯搭铁电路端子3、E4Y左转向信号中继器灯搭铁电路端子1、E4Z右转向信号中继器灯搭铁电路端子1）和搭铁之间的电阻是否小于5Ω。如果高于规定值，则测试搭铁电路是否开路/电阻过大。

（4）重新连接C1蓄电池的负极端子。

（5）在相应控制电路端子（E4LF左前转向信号灯控制电路端子1、E4RF右前转向信号灯控制电路端子1、E4LR左后转向信号灯电路端子2、E4RR右后转向信号灯电路端子2、E4Y左转向信号中继器灯电路端子2、E4Z右转向信号中继器灯电路端子2）和搭铁之间连接一个测试灯，用故障诊断仪指令相应的转向信号灯点亮和熄灭。切换不同的指令状态时，测试灯应点亮和熄灭。

如果测试灯始终点亮，则测试控制电路是否对电压短路，如果电路测试正常，则更换K9车身控制模块。

如果测试灯始终熄灭，则测试控制电路是否对搭铁短路或开路/电阻过大。如果电路测试正常，则更换K9车身控制模块。

（6）如果所有电路测试正常，则更换相应的转向信号灯总成。

4. 危险警告灯开关及其相关线路测试

（1）将点火开关置于OFF（关闭）位置，断开S26危险警告开关线束连接器。

（2）将点火开关置于OFF（关闭）位置，确认 B₊ 和搭铁电路端子3之间的测试灯点亮。如果测试灯未点亮，则测试搭铁电路是否开路/电阻过大。

（3）将点火开关置于ON（打开）位置，确认故障诊断仪"危险警告灯开关"参数为"未激活"。如果不是规定值，则测试信号电路端子1是否对搭铁短路。如果电路测试正常，则更换K9车身控制模块。

（4）在信号电路端子1和搭铁之间安装一条带3A保险丝的跨接线。确认故障诊断仪"危险警告灯开关"参数为"激活"。如果不是规定值，则测试信号电路是否对电压短路或开路/电阻过大。如果电路测试正常，则更换K9车身控制模块。

（5）如果所有电路测试正常，则更换S26危险警告灯开关。

5．仪表转向指示灯及其电路测试

将点火开关置于 ON（打开）位置，使用故障诊断仪测试所有指示灯，指令其点亮和熄灭。确认两个转向指示灯在点亮和熄灭之间变化。如果在测试期间两个转向指示灯在点亮和熄灭之间变化，则更换 K9 车身控制模块；如果在测试期间一个或两个转向指示灯都熄灭或始终点亮，则更换 P16 组合仪表。

6．危险警告开关指示灯故障检测

（1）将点火开关置于 OFF（关闭）位置，断开 S26 危险警告开关线束连接器。

（2）将点火开关置于 OFF（关闭）位置，确认 B+ 和搭铁电路端子 3 之间的测试灯点亮。如果测试灯未点亮，则测试搭铁电路是否开路/电阻过大。

（3）在信号电路端子 1 和搭铁之间安装一条带 3A 保险丝的跨接线。确认在一个接通和关断占空比周期中信号电路端子 2 和搭铁之间的测试灯点亮。如果测试灯未点亮，则测试信号电路端子 2 是否对搭铁短路或开路/电阻过大。如果电路测试正常，则更换 K9 车身控制模块。如果测试灯始终点亮，则测试信号电路端子 2 是否对电压短路。如果电路测试正常，则更换 K9 车身控制模块。

（4）如果所有电路测试正常，则更换 S26 危险警告灯开关。

学习单元 5.5　其他信号灯检测

驻车灯、尾灯　　　　小灯电路检测
典型电路分析

5.5.1　位置灯/尾灯

位置灯和尾灯也称小灯，有的车辆同时具有示廓功能，灯光开关的第一挡就是打开这些灯。一汽大众宝来轿车外部信号灯电路见图 5.53。

前位置灯光的颜色为白色或橙色，后位置灯光则为红色。

使用时应注意：在夜间行车或遇风、雨、雪、雾天气时，必须打开位置灯和尾灯，这样有利于前后方车辆识别车辆宽度，防止超车或会车时，因轮廓不清而发生事故。

车辆在夜间发生故障或事故等，不能离开行车道或在路上停车时，应立即打开位置灯和尾灯，以显示车辆的存在。

当尾灯与制动灯共同构成嵌入式设计总成时，各自功能的发光强度比至少为 1∶5。

宽度超过 2100mm 的车辆（如卡车），按规定要装上前、后示廓灯。后示廓灯要求安装两只可以从后面看得见的红色灯。示廓灯必须装得尽量靠外和尽量高。

5.5.2　驻车灯

驻车灯用来增加停放车辆的可见度。在其他灯都关闭时，驻车灯仍能工作。《汽车驻车灯配光性能》（GB 18409—2013）是相应的国家标准。驻车灯是用于引起其他道路使用者注意，在某区域内有一静止车辆存在的灯具。它主要用于给其他道路使用者明确的信号。对它的基本要求是在 100m 距离内应能清楚地看到灯具发出的光，也就是说灯具要有足够的发光强度。

要避免驻车灯的发光强度太高，使其他车辆的驾驶员或道路使用者产生眩目或不适感，影响行车安全。在整车上对驻车灯的安装要求为：长度不大于 6m 和宽度不大于 2m 的汽车选装，其他车辆禁止使用，还允许同时打开车辆同一侧的前、后位置灯代替驻车灯。驻车灯在我国使用得比较少，很多车辆没有单独安装，而是用前、后位置灯实现其功能。

5.5.3　后雾灯

后雾灯电
路检测 1　　后雾灯电
路检测 2

1．后雾灯的作用及配光特性

汽车后雾灯是汽车尾部的雾灯，它的作用是在雾天或雨天能见度受天气影响较大的情况下让后面车辆看见本车。规定凡新注册的车辆都要装两只红色后雾灯，制动灯和后雾灯的距离至少为 100mm。

后雾灯作为汽车必装的灯具，是汽车上非常重要的信号灯，其配光质量的好坏对汽车的安全行驶起着非常重要的作用。目前我国汽车后雾灯使用的标准为 GB 11554—2008《机动车和挂车用后雾灯配光性能》。汽车后雾灯是由反射镜上的纵向花纹和配光镜上的横向花纹将光源发出的光横向和纵向扩散来满足配光效果的，如图 5.57 所示。

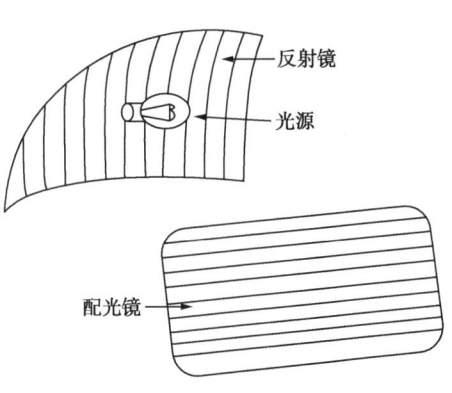

图 5.57　后雾灯灯具结构

2．后雾灯典型电路

某车型雾灯电路如图 5.58 所示。电路必须保证后雾灯只与近光、远光或前雾灯同时工作。前雾灯工作时，必须能够关掉后雾灯。仪表板上雾灯的指示灯规定为黄色。

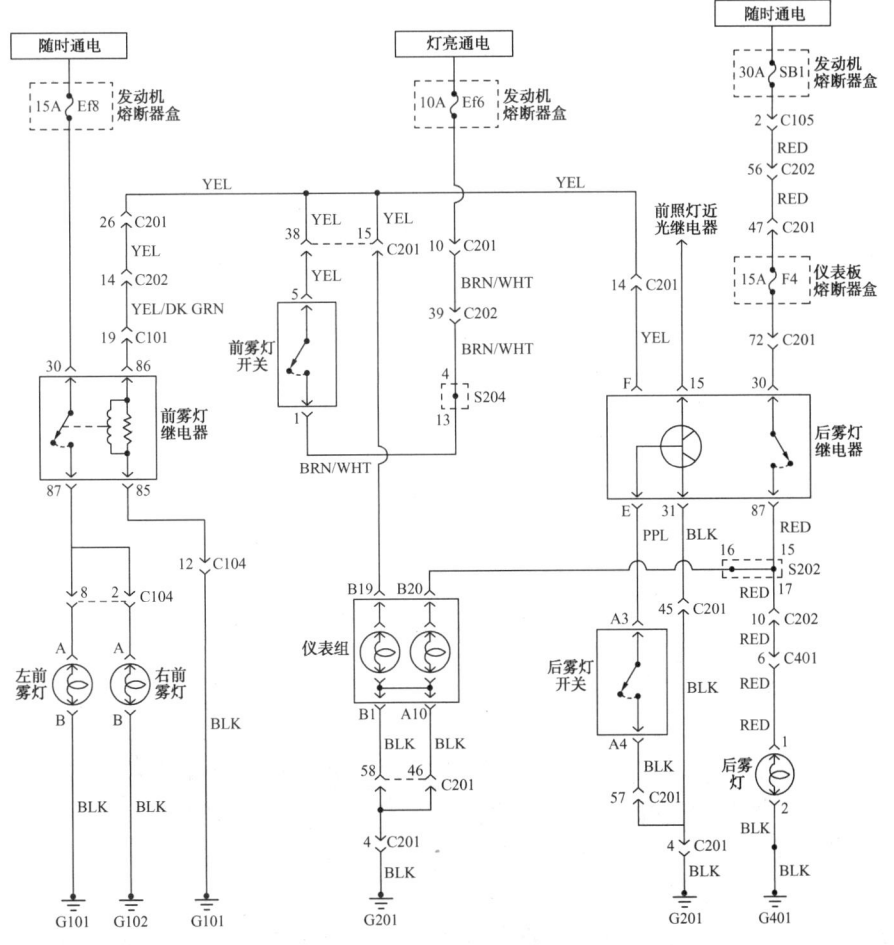

图 5.58　某车型雾灯电路

如图 5.59 所示为科鲁兹轿车后雾灯控制电路。按下后雾灯开关，使后雾灯开关信号电路瞬时通过电阻器搭铁。车身控制模块使后雾灯电源电压电路通电，从而点亮后雾灯。后雾灯开关启动，车身控制模块通过串行数据向组合仪表发送一个信息，请求组合仪表点亮后雾灯指示灯。

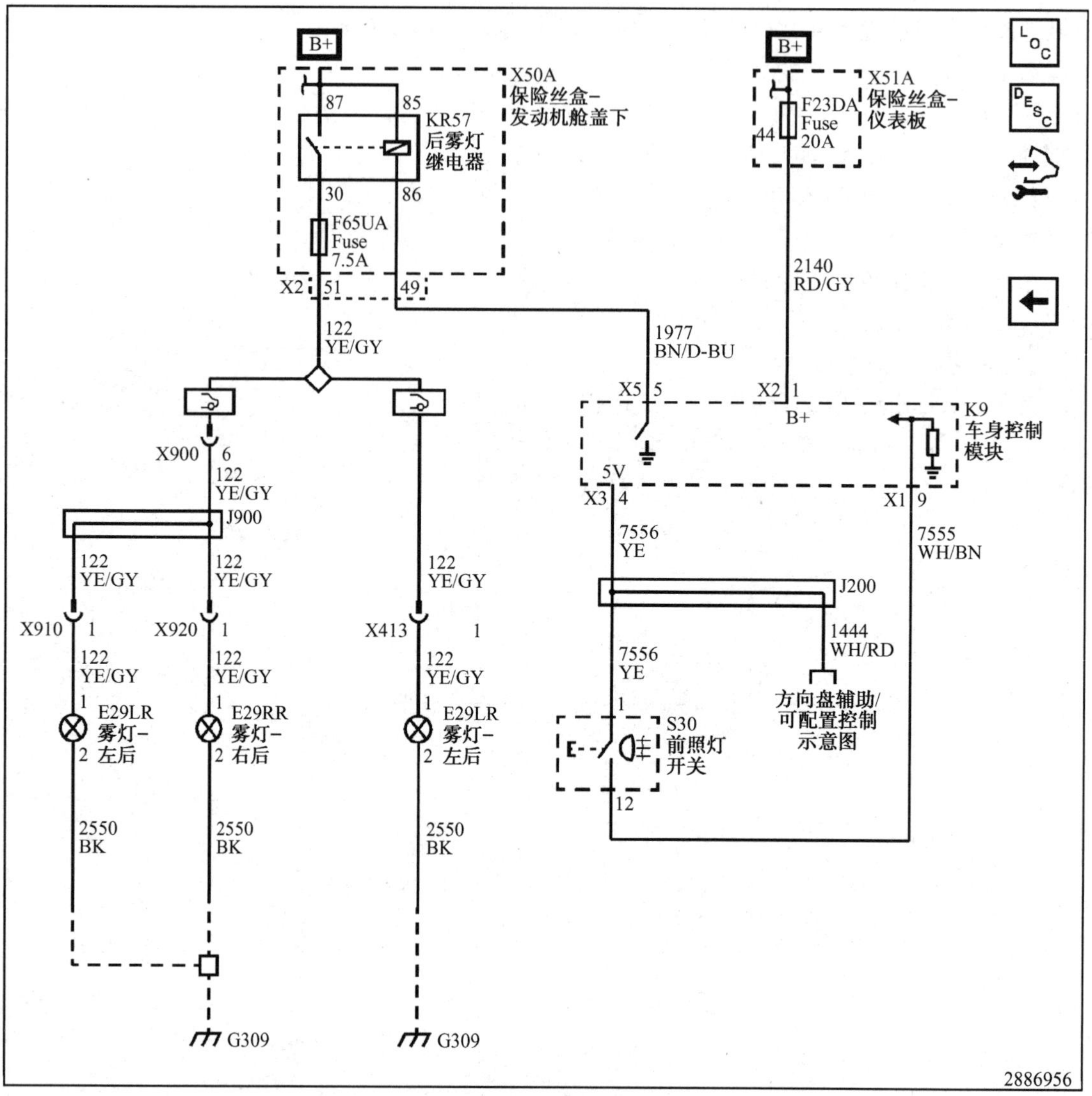

图 5.59 科鲁兹轿车后雾灯控制电路

5.5.4 制动灯

制动灯用来警告后面车辆的驾驶员本车正在制动。所有车辆必备两只红色制动灯，制动灯必须是红色的。当制动灯与尾灯做成嵌入式结构时，两种功能的发光强度比至少为 5∶1。

制动灯典型
电路分析

制动灯电
路检测

许多汽车将制动灯开关和制动踏板连接起来。当施加制动时，踏板向下运动，制动灯就点亮。有些汽车的制动灯开关是一个设置在制动主缸上的压敏开关，当施加制动时，制动主缸产生的压力将压敏开关接通，点亮制动灯。

经过熔丝直接给制动开关施加电压，点火开关即使在 OFF 位置，制动灯也能打开。一旦制动灯开关闭合，电压便加给制动灯。汽车两侧的制动灯按并联接线，灯泡被搭铁便接通电路。

大多数制动灯系统采用执行多功能的双丝灯泡。通常，用于制动灯的双丝灯泡的灯丝（高亮度的灯丝）也被转向信号灯和危险警告灯使用。

现代汽车还装配了高位附加制动灯（又称高位刹车灯）。高位附加制动灯必须装在汽车中心线位置。高位附加制动灯的接线与制动灯并联。

5.5.5　倒车灯

倒车灯在汽车倒退时用于照亮车辆后面的道路，同时提醒后面的车辆和行人注意倒车。倒车灯的光色应为白色，其色度特性应符合 GB 4785 的规定，可以安装一只、最多两只。在该区域外，倒车灯光色无明显变化。倒车灯安装在汽车的后面，照射光线的主轴应向下，可以照亮车辆后 15m 以内的道路。倒车灯由变速器控制，在变速器处于倒挡位置时点亮。

5.5.6　日间行车灯

日间行车灯是指使车辆在白天行驶时更容易被识别的灯具，装在车身前部。功能是让人知道有一辆车开过来了，属于信号灯的范畴，应满足基本的亮度要求，但也不能太亮，以免干扰他人。

汽车发动机起动，日间行车灯即自动开启，并不断增加亮度以引起路上其他机动车、非机动车及行人的注意。当夜晚降临时，驾驶员手动打开近光灯后，日间行车灯则自动熄灭。

日间行车灯的最大功效不在于美观，而在于提供车辆的被辨识性。长期研究、实验表明，汽车在白天行驶的过程中，如果能够同时打开照明系统，那么至少可降低 25%的交通事故发生率。同时人们也发现，在那些轻度的交通事故中 50%以上是由于在驾驶过程中没有看清道路上的其他行人或车辆所造成的。欧盟规定，自 2011 年 2 月 7 日起，欧盟境内所有新的乘用车和小型货车都必须安装日间行车灯；自 2012 年 8 月 7 日起，欧盟境内所有新的各类货车和公共汽车及新车都必须安装日间行车灯。我国虽暂无此规定，也无须强制安装日间行车灯系统，但不少车辆已经安装了日间行车灯系统。我国也于 2010 年 1 月 1 日起开始实施 2009 年 3 月 6 日发布的国家标准《汽车昼间行驶灯配光性能》，并于 2019 年进行了再次修订，安装日间行车灯系统也是大势所趋。

日间行车灯系统有两种方案。

一种是只要发动机运行，前照灯或前照灯和尾灯即自动点亮，但前照灯在白天和夜间以同样的亮度连续点亮，灯泡寿命将会缩短。为此，日间行车灯系统使前照灯在白天工作期间，自动降低其灯光强度。降低日间行车灯灯光强度的方法有 3 种：通过 DRL 电阻来降低灯光强度，其电路如图 5.60 所示；通过串联前照灯来降低灯光强度；由 DRL 继电器通过控制占空比来降低灯光强度，详情可参阅《汽车日间行车灯系统常见电路分析》。

另一种是采用独立的日间行车灯，早期这类日间行车灯多采用卤素灯泡；现在日间行车灯多采用更高亮度的 LED 灯，这样能降低 35%的电力，且 LED 灯的寿命几乎等同于车辆的使用年限。

独立的日间行车灯电路如图 5.61 所示。左侧日间行车灯继电器和右侧日间行车灯继电器用来自车身控制模块的蓄电池电压供电。前照灯开关信号电路通过转动前照灯开关接地。BCM通过向左侧日间行车灯继电器和右侧日间行车灯继电器控制电路提供蓄电池电压，使左侧日间行车灯继电器和右侧日间行车继电器通电。在左侧日间行车灯继电器和右侧日间行车灯继电器通电后，蓄电池电压施加点亮日间行车灯的车灯供电电路。

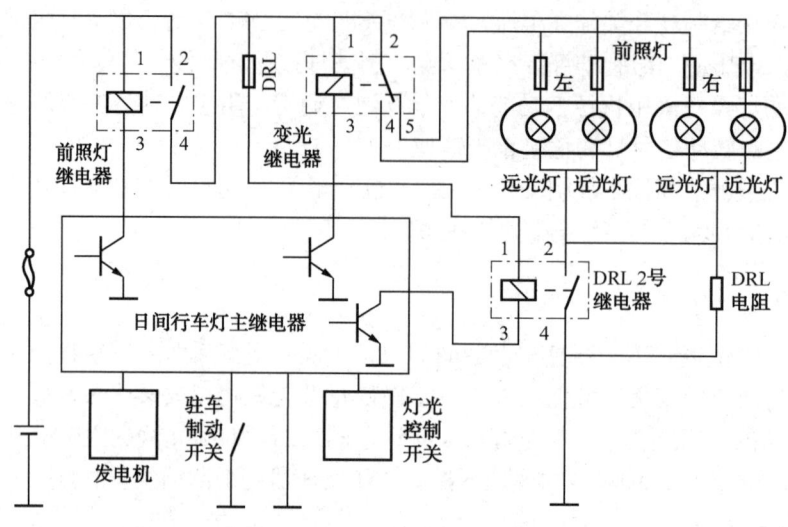

图 5.60　通过 DRL 电阻来降低灯光强度的日间行车灯电路

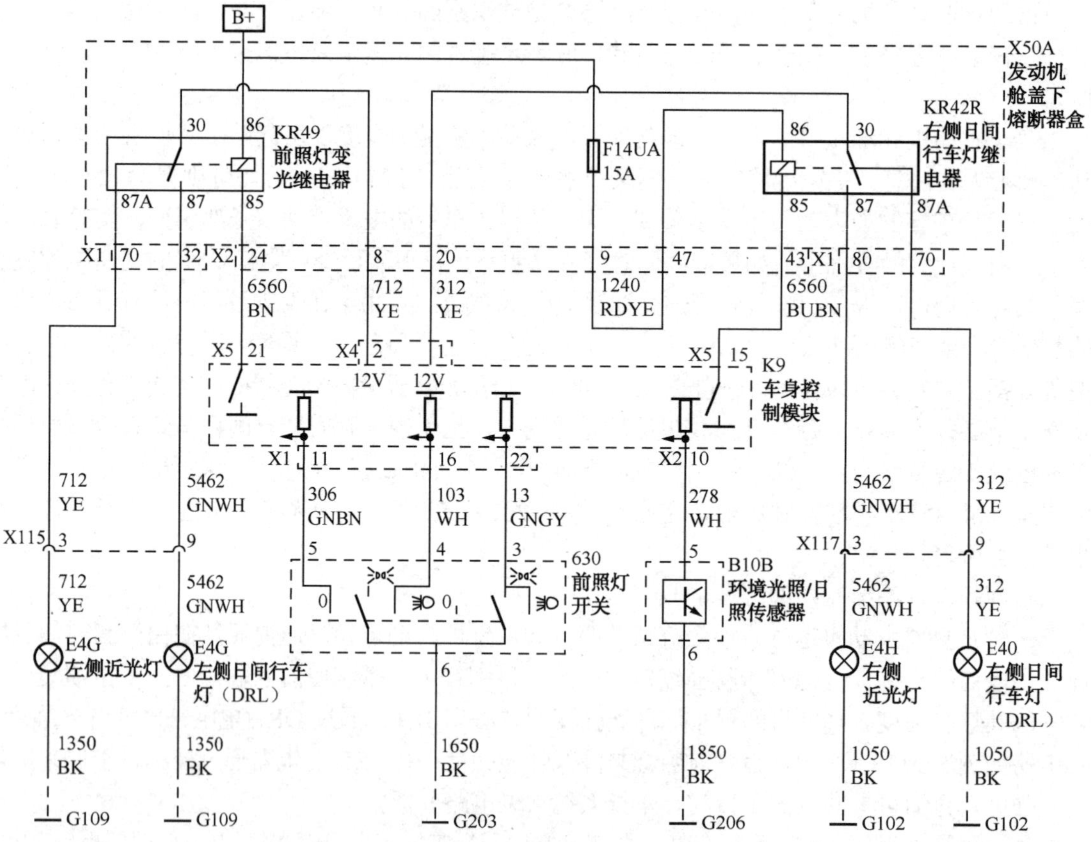

图 5.61　独立的日间行车灯电路

学习单元 5.6　电喇叭检测

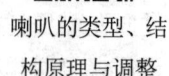

喇叭的类型、结
构原理与调整

目前汽车上所装的喇叭多为电喇叭，主要用于警告行人和其他车辆，以引起注意,保证行车安全,故在欧洲标准 ECE R28 中机动车喇叭被涵盖在机动车声响报警装置内。如果喇叭发声选用不好,有可能成为一种噪声污染。

5.6.1 机动车喇叭的技术要求

国家标准 GB 15742—2019《机动车用喇叭的性能要求及试验方法》规定了对直流和压缩空气驱动的机动车喇叭的性能要求、试验方法及装于机动车上的喇叭的性能要求。

1. 一般要求

喇叭应发出连续而均匀的声响,对于气动和电-气动喇叭,从喇叭刚被推动的瞬间至声压级达到标准所规定的声压级的时间不得超过 0.2s。

2. 声压级要求

距离喇叭 2m 处的 A 计权声压级(A 计权声压级能较好地反映人对噪声的主观感觉,因此在噪声测量中被用作评价噪声的主要指标)不得超过下列数值:用于功率不大于 7kW 的摩托车的喇叭为 115dB(A);用于 M、N 类汽车和功率大于 7kW 的摩托车的喇叭为 118dB(A);气动和电-气动喇叭不得超过 125dB(A)。

3. 频谱要求

在频率为 1800~3550Hz 频带内的声压级必须大于频率超过 3550Hz 的每一分量的声压级,如图 5.62 所示,并且在任何情况下,用于功率不大于 7kW 的摩托车的喇叭至少应为 95dB(A);用于 M、N 类汽车和功率大于 7kW 的摩托车的喇叭至少应为 105dB(A)。

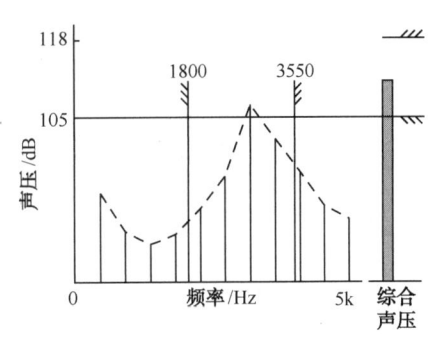

图 5.62 喇叭的频率特性

4. 耐久性要求

用于功率不大于 7kW 的摩托车的喇叭为 10 000 次;用于 M、N 类汽车和功率大于 7kW 的摩托车的喇叭为 50 000 次。

5.6.2 喇叭的类型

1. 按发声动力分

喇叭按发声动力分为有气喇叭和电喇叭。

气喇叭利用气流使金属膜片振动产生声响,外形一般为筒(长喇叭)形,多用在具有空气制动装置的重型载重汽车上。

电喇叭利用电磁力使金属膜片振动产生声响,其声音悦耳,广泛应用在各种类型的汽车中。

2. 按外形分

喇叭按外形分为螺旋(蜗牛)形、盆形和长喇叭形。

盆形电喇叭(见图 5.63)具有体积小、质量轻、指向好、噪声小等优点。

螺旋(蜗牛)形电喇叭(见图 5.64)发出的声音柔和、悦耳,对人耳刺激较小,但能听得很清楚,声音稳定,使用寿命也较长。

长喇叭形主要适用于气喇叭(或电-气喇叭),如图 5.65 所示,声音大且声调高,传播距离远,多用于大型客车、卡车、货车等。

3. 按声频分

喇叭按发出的声频分为高音和低音喇叭。

高音喇叭的指向性好,噪声污染小,但声能衰减大,声音传得不够远。

  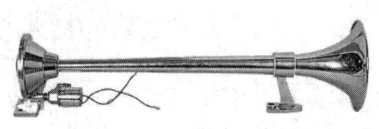

图 5.63　盆形电喇叭　　　　图 5.64　螺旋（蜗牛）形电喇叭　　　　图 5.65　长喇叭形气喇叭

低音喇叭的指向性虽不如高音喇叭，但声能衰减小，声音传得远。

高低音同时发声，起到了互补的作用，使发出的声音比较柔和。

4. 按有无触点分

喇叭按有无触点分为普通电喇叭和电子电喇叭。

普通电喇叭主要靠触点的闭合和断开，控制电磁线圈激励膜片振动而产生声响，声调和音色由机械组件的机械性能决定，极易受温度、湿度和电压等工作条件的影响，正常使用寿命一般为 5 万～10 万次。

电子电喇叭中无触点，它利用晶体管电路激励膜片振动产生声响，新型电子喇叭的发声是由内置微电脑芯片控制的，音质稳定，能够连续鸣叫 3min，电子喇叭的使用寿命是普通机械喇叭的 3～10 倍。

5.6.3　电喇叭的结构原理及工作特性

1. 电喇叭的结构原理

电喇叭是用电磁线圈激励膜片振动而产生声响的警告装置。喇叭的工作原理为：合上开关，电磁线圈通电产生电磁吸力，将动铁芯及膜片拉下。在触点被打开的过程中，动触点钢皮受到两个力的作用：一个是触点压力；另一个是动铁芯因电磁吸力的作用对动触点钢皮产生的压力。当动触点完全被打开时，动触点钢皮只受到动铁芯的压力。之后电磁线圈失去磁力，膜片及动触点钢皮由于它们的弹性开始恢复并回到原来的位置，此时动触点又闭合，其内部结构如图 5.66 所示。如此反复，直到断电。

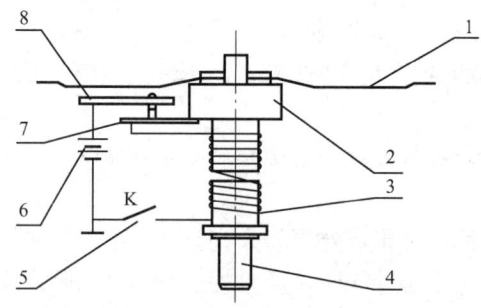

1—膜片；2—动铁芯；3—电磁线圈；4—静铁芯；5—开关；6—电源；7—动触点钢皮；8—静触点支架。

图 5.66　电喇叭内部结构

膜片是电喇叭振动系统的重要零件，是电喇叭振动发声的声源所在，每秒钟振动的次数就是电喇叭的基本频率，低音频率为（400±30）Hz，高音频率为（500±30）Hz。

电喇叭总成由电喇叭分总成（底盘组件、膜片、衬垫）、扬声筒、避振片、弹簧垫圈和六角螺母组成，盆形电喇叭结构如图 5.67 所示，蜗牛形电喇叭结构如图 5.68 所示。

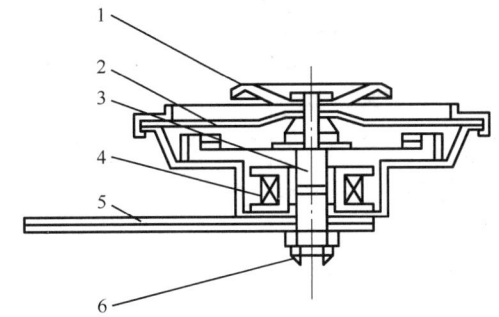

1—回声板；2—膜片；3—衔铁；4—电磁线圈；5—避振片；6—铁芯。

图 5.67　盆形电喇叭结构

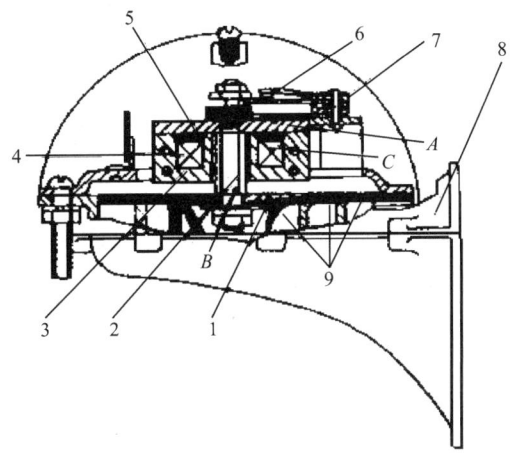

1—膜片；2—中心杆；3—铁芯；4—电磁线圈；5—衔铁；6—喇叭触点；7—绝缘垫；8—扬声筒；9—螺旋式喇叭管。

图 5.68　蜗牛形电喇叭结构

2．电喇叭的工作特性

盆形电喇叭的声学特性较好，适用于各种车辆。优质的盆形电喇叭具有良好的涉水性能，适用于各种机动车。我国近几年汽车使用蜗牛形电喇叭的明显增多，主要原因有：一是蜗牛形电喇叭分高音喇叭和低音喇叭，一般车上同时安装了高、低音喇叭，因此喇叭发出的声音柔和、悦耳，对人耳刺激较小，但能听得很清楚；二是蜗牛形电喇叭声音稳定，使用寿命也较长。如表 5.6 所示为盆形和蜗牛形电喇叭声压级频谱。机动车喇叭的发声是由很多频率的响声组成的，为了保证喇叭的有效性，喇叭的主要声能集中在最有利于人耳听到的中频和高频段，人耳最敏感的声音频率为 1000～5000Hz。

表 5.6　盆形和蜗牛形电喇叭声压级频谱

频率/Hz	1000	1250	1600	2000	2500	3150	4000	5000	6300	8000	10000
盆形/dB（A）	63.1	70.3	65.5	84.7	101.0	111.1	106.2	81.0	82.6	85.4	84.3
蜗牛形/dB（A）	96.8	95.6	92.4	99.0	104.3	102.6	95.1	90.6	90.4	88.1	82.7

如图 5.69 所示，盆形电喇叭在频段为 3000～4500Hz 时，声压级明显高于其他频段的声压，所以盆形电喇叭在发声时，声音比较尖锐、刺耳；而蜗牛形电喇叭在人耳能听到的整个频段内声压级数值没有明显波动，发出的声音也相对柔和。蜗牛形电喇叭附带扬声筒，扬声筒卷成蜗

牛形以压缩体积，音质优美响亮。盆形电喇叭不带扬声筒，形状扁平体积较小，音质略差。

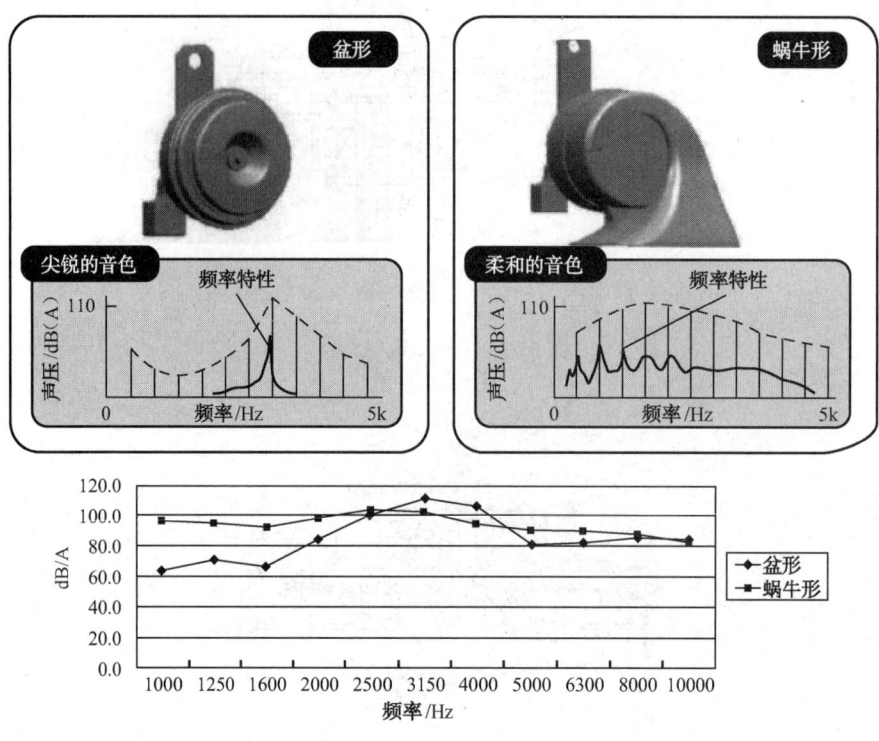

图 5.69　频谱图对比

3．电子电喇叭

如图 5.70 所示为 WDL-120G 电子电喇叭的结构，其电路如图 5.71 所示。

当喇叭电路接通电源后，由于晶体管 VT 加正向偏压而导通，线圈中便有电流通过，产生电磁力，吸引上衔铁，连同绝缘膜片和共鸣板一起动作，当上衔铁与下衔铁接触而直接搭铁时，晶体管 VT 失去偏压而截止，切断线圈中的电流，电磁力消失，绝缘膜片与共鸣板在弹力作用下复位，上、下衔铁又恢复为断开状态，晶体管 VT 重又导通。如此周而复始地动作，膜片不断振动而发出声音。

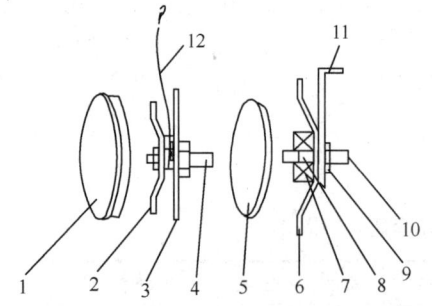

1—罩盖；2—共鸣板；3—绝缘膜片；4—上衔铁；

5—绝缘垫圈；6—喇叭体；7—线圈；8—下衔铁；

9—锁紧螺母；10—调节螺钉；11—托架；12—导线。

图 5.70　WDL-120G 电子电喇叭的结构

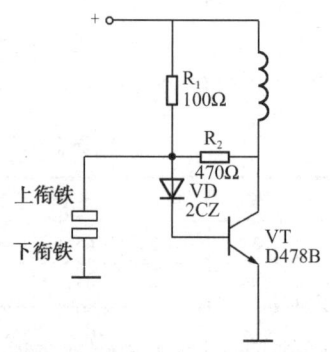

图 5.71　WDL-120G 型电子电喇叭的电路

随着科技的不断发展，一种新型喇叭——"环保喇叭"问世了，它采用语言压缩技术，由集成电路制成，是一种结构简单、制作容易、耗能少、无噪声污染、低分贝、声音轻细柔和、音质悦耳动听、门铃式发声装置。"环保喇叭"不需要更改汽车线路，直接并联到警示灯上。只要按下警示灯开关就有声音、灯光双重提示，既完善了汽车警示功能，又解决了城市禁止鸣喇叭的难题。

5.6.4　电喇叭典型电路分析

为了得到更加悦耳的声音，汽车上常装有两个不同音调（高、低）的喇叭。其中高音喇叭膜片厚，扬声简短，低音喇叭则相反。有时甚至用三个（高、中、低）不同音调的喇叭。当汽车上装有多个喇叭时，因为消耗电流较大（15～20A），通常采用喇叭继电器来进行控制。

汽车电喇叭典型电路分析

如图 5.72 所示为科鲁兹轿车喇叭电路。蓄电池正极电压始终向喇叭继电器线圈和喇叭继电器开关提供电源。车身控制模块检测喇叭开关信号电路，当按下喇叭时，车身控制模块检测到喇叭开关信号电路的电压下降并为发动机罩下保险丝盒内的喇叭继电器提供搭铁。发动机罩下保险丝盒随后将向喇叭电路提供 B+电压，鸣响喇叭。

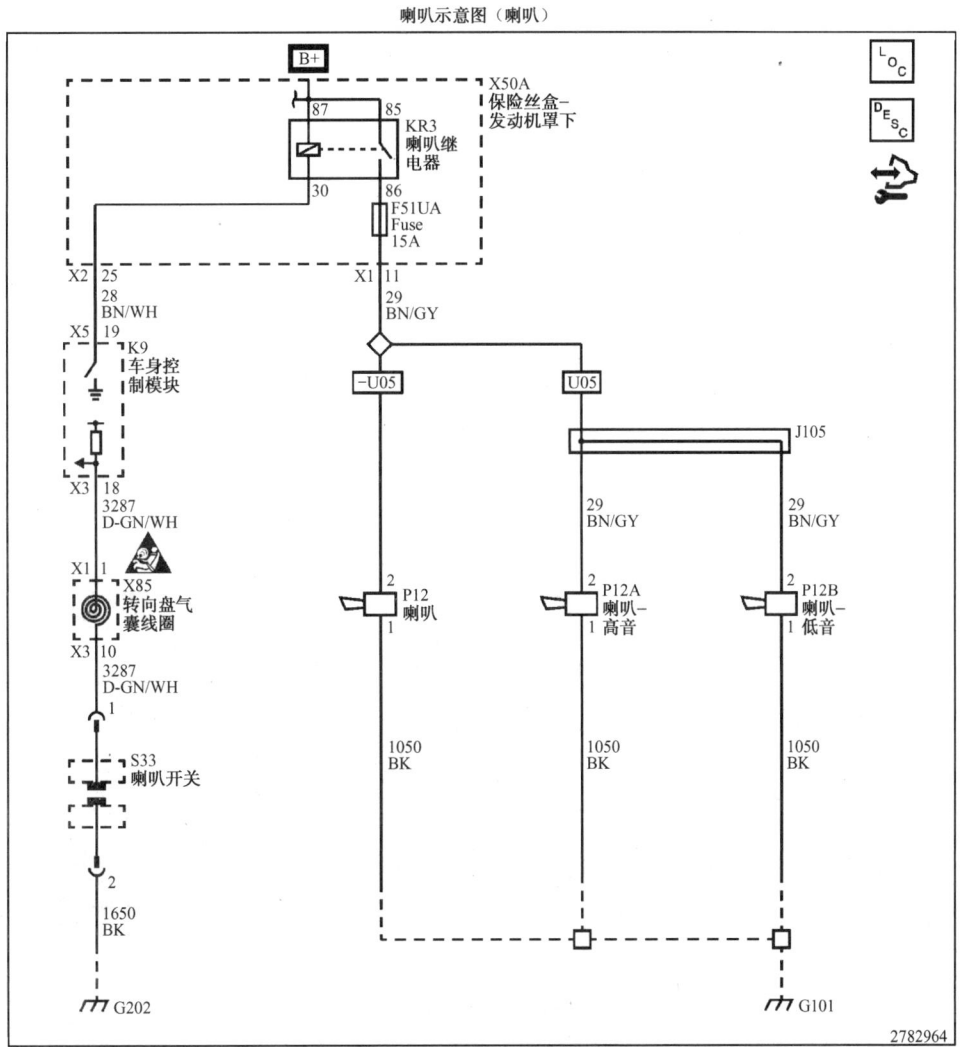

图 5.72　科鲁兹轿车电喇叭电路

5.6.5 电喇叭电路常见故障与喇叭调整

1. 喇叭常见故障

喇叭常见故障有不响、常响和变音等。以双音电喇叭继电器控制电路为例，故障诊断方法如下。

（1）喇叭不响。造成喇叭不响的原因有按钮触点烧蚀、接触不良、继电器触点接触不良或线圈烧断、引线脱落、喇叭内部不良等，需逐一进行检查。

（2）喇叭常响。喇叭常响的常见原因有按钮卡死、继电器触点烧结、继电器按钮线搭铁。遇常响故障时，应及时拔下喇叭熔断器制止长鸣现象，然后对上述故障部位逐一进行检查。

（3）喇叭变音。喇叭变音常见原因是双音电喇叭变为单音，这种故障只要查出单只喇叭不响的原因加以调整或更换即可消除。喇叭与车架等支座不得采用刚性连接，应用缓冲钢片或橡胶垫，蜗牛形电喇叭传声筒及盆形电喇叭振动片不得与其他物体相碰。

（4）喇叭触点经常烧坏，常见故障原因如下。

① 灭弧电阻或电容器损坏。

② 灭弧电阻阻值过大或电容器容量过小。

③ 喇叭触点压力过大或工作电流过大。

（5）喇叭耗电量过大。故障现象：按下喇叭按钮，只发出"嗒"的一声或不响；夜间行车按喇叭时，灯光瞬间变暗，松开按钮后，灯光复明；断电器触点经常烧黏在一起，导致喇叭长鸣。产生上述现象的原因如下。

① 音量调整螺母或螺钉松动，致使喇叭触点不能分开而一直耗电，且振动膜片也不能反复振动。

② 喇叭衔铁气隙太小，导致触点开闭频率太小而耗电量增大。

③ 触点间绝缘垫损坏漏电。

④ 电容器或灭弧电阻短路等。

2. 喇叭调整

对喇叭调整的好坏将直接影响其发出的音调和音量。不同类型的电喇叭虽然构造有所不同，但其调整方法却基本相同。调整的部位主要有两处：一是上下铁芯间的间隙，可影响喇叭的音调；二是触点间的压力，可影响喇叭的音量，如图5.73所示。

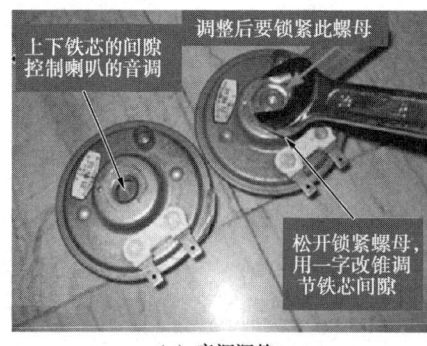
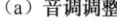

（a）音调调整 （b）音量调整

图5.73 电喇叭的调整

（1）喇叭音调的调整，减小衔铁与铁芯间的间隙，可以提高音调；反之增大间隙，则音调降低。调整时铁芯要平整，铁芯与衔铁四周的间隙要均匀，否则会产生杂音。

（2）喇叭音量的调整，喇叭音量的大小与通过喇叭线圈中的电流大小有关。需增大音量时，使触点压力增大，由于触点的接触电阻减小，触点闭合的时间增长，通过线圈的电流增大，所以音量也相应增大；反之喇叭音量就减小。

（3）喇叭的固定方法对其发音影响极大。为了使喇叭的声音正常，喇叭不能采用刚性的装接，而应固定在缓冲支架上，即在喇叭与固定支架之间装有片状弹簧或橡皮垫。

5.6.6 电喇叭电路检测

下面以科鲁兹轿车电喇叭电路为例进行检测。

电喇叭电路检测

1．喇叭开关及电路检测

（1）连接通用 GDS 故障诊断仪，将点火开关置于 ON（打开）位置。

（2）故障诊断仪锁定"喇叭继电器指令"参数，按下喇叭开关后松开，"喇叭继电器指令"参数会在"不活动"和"激活"间变化。

如果正常，进行喇叭指令测试；如果数值没有改变，则向下执行。

（3）将点火开关置于 OFF 位置，断开转向盘气囊线圈线束连接器 X1，点火开关再次置于 ON 位置，检查并确认故障诊断仪"喇叭继电器指令"参数为"不活动"。

如果不是规定值，则测试信号电路端子 1 是否对搭铁短路，信号电路端子 1 对地电阻应趋于无穷大，如果电路测试正常，则更换 K9 车身控制模块。

如果是规定值，进行下一步。

（4）在信号电路端子 1 和搭铁之间安装一条带 3A 保险丝的跨接线，检查并确认故障诊断仪"喇叭继电器指令"参数为"激活"。

如果不是规定值，测试信号电路是否对电压短路或开路/电阻过大，如果电路测试正常，则更换 K9 车身控制模块。

如果是规定值，进行下一步。

（5）如果所有电路测试正常，测试或更换 S33 喇叭开关及转向盘气囊线圈。

（6）测试完成后，关闭点火开关，装回 X1 线束连接器。

2．喇叭指令测试

（1）拔下 F51UA 保险，在 F51UA 保险丝电流输入端和搭铁之间连接一个测试灯。将点火开关置于 ON 位置，用故障诊断仪指令喇叭继电器通电和断电，在指令状态之间切换时，测试灯应点亮和熄灭。

如果正常，则喇叭指令电路完好，进行喇叭测试；如果测试灯始终点亮或始终熄灭，则进行下面的喇叭指令检测。

（2）将点火开关置于 OFF 位置，断开 K9 车身控制模块的 X5 线束连接器，在 X5 线束连接器 19 号端子和地之间连接带有 15A 保险丝的跨接线。

若此时测试灯点亮则更换车身控制模块，并进行喇叭测试；若测试灯不亮进行下一步。

（3）拆下跨接线和测试灯，拆下发动机罩下保险丝盒，测试 X2-25 号端子与 X5-19 号端子之间导线的阻值应为 0Ω，且该导线的对地电阻应趋于无穷大，否则更换该导线；如果电路测试正常，更换 X50A 发动机罩下保险丝盒。

3．喇叭电路测试

（1）装回发动机罩下保险丝盒及车身控制模块的 X5 线束连接器，在 F51UA 保险电流输出端和 B+之间连接一条带 10A 保险丝的跨接线，喇叭应鸣响并发出清晰且均匀的声音，如果 P12 喇叭不鸣响，则进行进一步检测。

（2）插回 F51UA 保险，将点火开关置于 OFF 位置，抬升车辆，断开 P12 喇叭处的线束连接器。测试喇叭搭铁电路端子 1 和搭铁之间的电阻是否小于 1Ω。如果大于 1Ω，则测试搭铁电路是否开路/电阻过大。若阻值正常，进行下一步测试。

（3）在喇叭电路端子 2 和搭铁之间连接一个测试灯，将点火开关置于 ON 位置，用故障诊断仪指令喇叭继电器通电和断电，在指令状态之间切换时，测试灯应点亮和熄灭。

如果测试灯始终点亮，测试电路是否对电压短路。如果电路测试正常，更换 X50A 发动机罩下保险丝盒。

如果测试灯始终熄灭且电路保险丝正常，则测试电路是否开路/电阻过大。如果电路测试正常，更换 X50A 发动机罩下保险丝盒。

如果测试灯始终熄灭且电路保险丝熔断，测试电路是否对搭铁短路。

如果电路测试正常，测试或更换 P12 喇叭。

5.6.7　新能源汽车低速声音模拟器

随着电动汽车的迅速发展，电动汽车的保有量越来越多，根据车辆的特征来说，电动汽车相比于传统的燃油汽车要安静，给行人带来一定的安全隐患。

我国《机动车运行安全技术条件》（GB 7258—2017）规定：纯电动汽车、插电式混合动力汽车在车辆起步且车速低于 20km/h 时，应能给车外人员发出适当的提示性声响。同时，在 GB/T 37153—2018《电动汽车低速提示音》中对电动汽车提示音系统的要求做了明确的规定。

1．一般要求

工作车速范围：提示音系统的工作车速范围应至少包含大于 0km/h 且小于或等于 20km/h。车辆静止且处于可行驶模式状态下，厂商可选择是否让低速提示音系统发声。

2．声级限值

按标准中规定的测量方法测得的电动汽车车外噪声，需在其所包含的各个 1/3 倍频程上，其中至少两个 1/3 倍频程上不小于表 5.7 中所规定的声级，且同时满足表 5.7 中对其总声级的要求。

表 5.7　最低声级限值

频率/Hz		电动汽车车外噪声/dB（A）		
		匀速向前行驶车速		匀速倒挡行驶车速
		10km/h	20km/h	6km/h
计权声级（总声级）		52.0	58.0	49.0
1/3 倍频程	160	47.0	52.0	
	200	46.0	51.0	
	250	45.0	50.0	
	315	46.0	51.0	
	400	47.0	52.0	
	500	47.0	52.0	
	630	48.0	53.0	
	800	48.0	53.0	
	1000	48.0	53.0	
	1250	48.0	53.0	

续表

频率/Hz		电动汽车车外噪声/dB（A）		
		匀速向前行驶车速		匀速倒挡行驶车速
		10km/h	20km/h	6km/h
1/3 倍频程	1600	46.0	51.0	
	2000	44.0	49.0	
	2500	41.0	46.0	
	3150	38.0	43.0	
	4000	36.0	41.0	
	5000	33.0	38.0	

如果电动汽车在未安装提示音系统的情况下，其所发出的声音，按照标准试验时满足表 5.7 中所规定的所有总声级要求，且全部超出至少 3dB（A），则其不需要满足表 5.7 中关于 1/3 倍频程声级限值以及频率要求。

装备了提示音系统的车辆在行驶时发出的噪声最大不应超过 75dB（A）。

3. 频率要求

（1）频率范围

装备了提示音系统的车辆所发出的声音，应至少包含两个表 5.7 中所规定的 1/3 倍频程，且至少有一个 1/3 倍频程在 1600Hz（含）以下。这两个 1/3 倍频程的最低声级，应不低于表 5.7 中规定的对应的声级限值。

（2）频移

当车辆以 5～20km/h 的某一速度前进时，提示音系统所发出的声音中，至少有一个表 5.7 中所规定的 1/3 倍频程的频率会随车速的增大而变大，或随着车速减小而变小。该频率的最小平均频移速度应满足≥0.8%/（km/h）。

如果同时存在多个表 5.7 中所规定的 1/3 倍频程频率发生漂移，则只要有一个频移符合要求即可。

4. 声音类型

汽车制造商可提供多种替换声音类型，驾驶人员可进行选择，且每种声音按标准试验时都应满足以上要求。

电动汽车低速提示音不能使用特殊交通工具特定音效，推荐使用类似传统发动机的声音。

5. 暂停开关

配备提示音系统的车辆，可由汽车制造商选择是否配置暂停开关。暂停开关应布置在驾驶员正常驾驶状态下视线可及、可接触和操作的位置。当暂停开关被激活时，应有明确的信号装置（声、光、电或其他装置）释放信号提示驾驶员低速行驶提示音系统已被暂停使用。如果车辆配置了暂停开关，汽车制造商应在用户手册信息中就其功能影响向用户做出如下类似说明："提示音系统暂停开关仅在短距离内没有其他道路使用者，且周围环境明显不需要提示音时才可使用！"

【任务实施】

此案例中，查阅电路图，先检查转向灯熔断器和危险警告的熔断器，都正常。进行关联性分析可知，转向灯与危险警告灯共用一个闪光继电器，如果是转向灯开关损坏，则危险警告灯仍能正常工作，而现在危险警告灯也不能工作，由此判断是闪光继电器失效或闪光继电器搭铁故障。经检测闪光继电器的搭铁电路正常，更换闪光继电器，故障排除。

【延伸阅读】

汽车的灯语

汽车灯光看似简单，但其实里面有着深刻的寓意，每一种灯光都代表一种暗语，你会利用汽车灯光吗？

汽车灯语1：大灯闪一下，提醒前方车辆让道

常用于红绿灯路口，一些车主有时在绿灯时迟迟不动，于是后方车辆会指示性地闪一下车大灯，意为："兄弟，绿灯该走了。"

汽车灯语2：大灯闪两下，提醒对方我不满

夜间行车时，远光灯射在眼睛上那滋味真的挺难受，此时闪两下大灯，有素质的人都会意识到并关闭远光灯。

汽车灯语3：大灯闪三下，提醒对方有情况

当有人对着你闪了三下大灯，那你就需要注意了：你的车可能有问题了！当遇到邻车胎压不足、后备厢没关、车门没关等情况，有的司机便会给你善意的提醒，你的车有安全隐患，尽快下车检查。

汽车灯语4：大灯连闪不停，提醒对方危险

开车在路上，很多时候有行人随意穿行马路，此时连闪大灯，可提醒对方这很危险。还有我们准备变道的时候，后车大灯一闪表示"同意"，大灯连闪表示"拒绝"。后车突然连闪大灯，是在提醒我们此时不能变道，对方不允许，否则容易造成剐蹭等事故。

汽车灯语5：间断性亮起刹车灯，提醒后车别靠近

当看到前车阶段性亮刹车灯时，车主是在提醒后方车辆："兄弟，注意车距，不要跟我的车靠太近！"否则极有可能因跟车距离太近造成追尾。

汽车灯语6：大灯闪三下再加双闪，表示求救

当你开车遭遇到了劫持，或者有歹徒在对你进行暴力袭击等，你可以使用闪三下大灯，再开启双闪的方式发出求救信号，这个就是国际公认的"SOS"信号。

企业案例5

1．组合开关故障导致远光灯自动点亮

（1）故障车型：捷达 CL。

（2）故障症状：用户陈述前一天晚上收车时，关闭点火开关和所有灯光，并锁好车门，但第二天早晨发现远光灯自行点亮。打开车门，发现前照灯开关处于关闭状态，车内有一股塑料焦糊味道，从转向盘下的变光开关处向外冒黑烟。用户拆下蓄电池接线，立即与汽修厂联系。

（3）故障检测：接上蓄电池电缆线，在不打开车灯开关时，远光灯也亮，用手扳动变光开关操作杆，扳不动。切断电源，拆下转向盘，把变光开关和刮水器开关整体拆下，两者已烧黏分不开。

（4）故障分析：捷达车组合开关有一项功能是在不开前照灯开关时，无论点火开关是否打开，向上抬变光开关，远光灯将点亮，松手后远光灯熄灭，此时可作为超车灯开关用。由此可知，虽然关闭了点火开关和前照灯开关，仍有超车灯电源30号接通变光开关。当超车灯开关内

部短路时，前照灯远光常亮不熄。如其长时间点亮，加之开关内部接触不良，就会产生大量的热能，烧损变光开关。变光开关损坏的故障现象有：①行车时从变光开关处冒黑烟；②变光开关扳不动，不能变光；③前照灯远光或近光不亮；④前照灯远光常亮不熄；⑤前后左右 4 个转向灯工作不停；⑥左转向或右转向灯不工作；⑦左转向或右转向时，车外转向灯不亮，车内转向指示灯暗淡无光，并且闪光继电器内有"嘶嘶"异响；⑧转向开关不能自动回位。

（5）故障排除：更换组合开关，前照灯工作恢复正常。

2．转向灯内部短路导致烧断熔断器

（1）故障车型：捷达 GiX。

（2）故障症状：开转向灯没有反应。

（3）故障检测：此车是一辆新车，刚经过装饰。用户说装饰后发现转向灯不闪了。经过检查，发现转向灯熔断器已被烧断，更换熔断器后转向灯正常，但是打开、关闭几次转向灯开关后，熔断器又被烧断。

（4）故障分析：怀疑故障与装饰有关，检查装饰过的地方，虽然存在线路零乱没有固定的现象，但没有发现可疑之处，怀疑左前转向灯有问题。

（5）故障排除：拧下左前转向灯，看到灯泡底座正极接触片与负极相连。校正灯泡底座正极接触片，安装左前转向灯，故障排除。

3．闪光继电器损坏导致转向灯不亮

（1）故障车型：宝来 1.8 MT。

（2）故障症状：所有转向灯不亮，打开危险警告开关各转向灯也不亮。

（3）故障检测：查阅电路图，先检查转向灯熔断器和危险警告熔断器，都正常。

（4）故障分析：因为转向灯与危险警告灯共用一个闪光继电器，如果转向灯开关损坏，则危险警告灯开关仍能正常工作，而现在危险警告灯也不能工作，由此判断闪光继电器失效或闪光继电器搭铁故障。

（5）故障排除：检测闪光继电器的搭铁电路正常，更换闪光继电器，故障排除。

4．短路故障导致仪表照明灯不亮

（1）故障车型：宝来 1.6 MT。

（2）故障症状：将灯光总开关拨到 1 挡，仪表板上的仪表照明灯全部不亮。

（3）故障分析：宝来车装有开关及仪表照明调节器 E20，这是用来对开关上的照明灯泡和仪表盘、收音机、操作面板等的照明亮度进行调节的一个电子器件，如果照明灯泡的两条线短路，E20 具有过载保护作用，其本身也不会损坏。

（4）故障检测：拆检有关线路，发现中间出风口的反向（光线由内向外）照明灯插头的护盖没盖严，使灯的正负极线短路，所以造成以上现象。

（5）故障排除：分开短路点，仪表照明灯工作正常。

测试练习题 5

一、判断题

（　　）1.《机动车运行安全技术条件》（GB 7258—2017）规定，机动车的两只前照灯近光光束水平方向位置向左偏不允许超过 170mm，向右偏不允许超过 350mm。

（　　）2．前照灯应使驾驶员能看清车前 100m 或更远距离以外路面上的任何障碍物。

（　　）3．在调整光束位置时，对具有双丝灯泡的前照灯，应该以调整近光光束为主。

（　　）4．汽车上除照明灯外，还有用以指示其他车辆或行人的灯光信号标志，这些灯称为信号灯。

（　　）5．电喇叭长时间使用后往往会出现声音嘶哑甚至不响的故障，其主要原因是电磁线圈老化，工作时磁性变弱。

（　　）6．喇叭出现持续发出声响而不能被关闭的故障，一般是喇叭开关触点黏连，或者控制回路与搭铁短接引起的。

二、选择题

1．转向信号灯的最佳闪光频率应为（　　）。

  A．40～60 次/分   B．70～90 次/分

  C．100～120 次/分   D．20～40 次/分

2．前照灯的近光灯灯丝位于（　　）。

  A．焦点上方   B．焦点处

  C．焦点下方   D．焦点前

3．GB 7258－2017《机动车运行安全技术条件》规定，机动车的前、后转向信号灯，危险警告信号灯及制动灯，白天在距其多少米处应能观察到其工作状况？（　　）

  A．80m   B．100m   C．120m   D．150m

4．倒车灯的光色为哪种颜色？（　　）

  A．红色   B．黄色   C．白色   D．橙色

5．某汽车的电喇叭不响，可能的原因有哪些？（　　）

  A．喇叭继电器不能正常工作   B．电喇叭铁芯气隙太大

  C．电喇叭触点压力太低   D．喇叭开关触点烧蚀

6．对用于 M、N 类汽车的喇叭的耐久性要求为（　　）。

  A．20 000 次   B．50 000 次   C．80 000 次   D．100 000 次

7．下列属于汽车照明灯的是（　　）。

  A．日间行车灯   B．后雾灯   C．牌照灯   D．阅读灯

8．下列属于汽车信号灯的是（　　）。

  A．日间行车灯   B．后雾灯   C．牌照灯   D．阅读灯

9．当制动灯与尾灯做成嵌入式结构时，两种功能的发光强度比至少为（　　）。

  A．1∶1   B．2∶1   C．3∶1   D．5∶1

10．下列关于倒车灯的说法正确的是（　　）。

  A．倒车灯用于在车辆倒退时照亮车辆后面的道路，同时提醒后面的车辆和行人注意倒车

  B．可以安装一只，最多安装两只

  C．倒车灯的光色应为白色，其色度特性应符合 GB 4785 的规定

  D．倒车灯安装在汽车后面，照射光线的主轴应向下，可以照亮车后 15m 以内的道路

11．下列关于后雾灯的说法正确的是（　　）。

  A．规定凡新注册的车辆都要安装两只红色后雾灯，制动灯和后雾灯的距离至少为100mm

  B．规定凡新注册的车辆都要安装一只或两只红色后雾灯，制动灯和后雾灯的距离至少为 100mm

  C．规定凡新注册的车辆都要安装两只红色后雾灯，制动灯和后雾灯的距离至少为 50mm

    D. 规定凡新注册的车辆都要安装一只或两只红色后雾灯，制动灯和后雾灯的距离至少为 50mm

12. 转向灯的工作频率为（   ）。

    A. 20000 次/分   B. 50000 次/分

    C. 80000 次/分   D. 100000 次/分

13. 牌照灯必须保持夜间至少在（   ）距离处能看清牌照上的字。

    A. 5m   B. 15m   C. 20m   D. 25m

14. 下列对于前雾灯的说法正确的是（   ）。

    A. B 级前雾灯的光源主要以卤素光源为主，而 F3 级前雾灯主要以 LED 光源为主

    B. B 级前雾灯的光源主要以 LED 光源为主，而 F3 级前雾灯主要以卤素光源为主

    C. B 级前雾灯比 F3 级前雾灯更节能

    D. F3 级前雾灯比 B 级前雾灯更节能

15. 下列属于前照灯调整的必要条件的是（   ）。

    A. 轮胎必须充气到规定压力

    B. 根据车辆型号不同加上适当载荷：轿车驾驶座上坐一人，或者放 75kg 重物；卡车不加载荷

    C. 车辆必须走动若干米，以让悬挂装置定位

    D. 车辆必须停在水平地面上：不使用视觉/光学调整器调试，要在离车 10m 外设置一个调试屏，中心标记对准要调整的前照灯

    E. 每只前照灯都必须单独调整，其余前照灯要遮起来

    F. 如果前照灯装有人工距离调整器（纵向瞄准），开关应当放在车辆制造商规定的位置

16. 下列关于前照灯使用注意事项的说法正确的是（   ）。

    A. 保持前照灯配光镜清洁，尤其在雨雪天气下行驶时，泥尘等污垢会使前照灯的照明性能降低 50%

    B. 夜间会车时，要关闭前照灯远光，换用近光，以保证行车安全

    C. 为保证前照灯的各项性能，在更换前照灯或汽车每行驶 10000km 后，应对前照灯光束进行检查调整

    D. 定期检查灯泡和线路插座及搭铁有无氧化和松动现象，保证插接件接触性能良好，搭铁可靠

17. 下列属于前照灯防眩目措施的是（   ）。

    A. 采用双丝灯泡   B. 采用带遮光罩的双丝灯泡

    C. 采用非对称光形   D. 采用日间行车灯

三、综合题

1. 前照灯的作用是什么？为确保行车安全，对前照灯有哪些要求？

2. 查阅一款车型的照明及信号灯系统电路，画出电流走向，分析其工作原理。

3. 查阅一款车型的电喇叭电路，画出电流走向，分析其工作原理。

学习情境六

汽车仪表与信息系统故障诊断与维修

【能力目标】

● 描述汽车仪表的功能、组成和工作原理；
● 解释各种报警指示灯的含义和处理策略；
● 识读汽车仪表与报警信息系统电路图；
● 检测汽车仪表与报警信息系统部件及相关电路；
● 制定汽车仪表与报警信息系统故障诊断方案，进行故障诊断，排除故障。

【学习内容】

● 汽车仪表的功能、组成和工作原理；
● 各种报警指示灯的含义和处理策略；
● 汽车仪表与报警信息系统电路图；
● 汽车仪表与报警信息系统的故障原因；
● 汽车仪表与报警信息系统部件及相关电路检测方法；
● 汽车仪表与报警信息系统故障诊断与排除方法。

【任务导入】

一辆 2004 款 1.8T 排量的宝来轿车，该车仪表中水温表、油表不显示，挡位上方的外部温度显示为两个短横，无法正常显示外部温度。经维修技师诊断，发动机舱左侧电缆槽内的大线束中继插头（连接发动机线束和仪表线束）局部脚腐蚀导致仪表板电路损坏。

学习单元 6.1　汽车仪表的发展与应用

仪表的发展历史

汽车仪表是驾驶员与车辆进行信息交流的重要接口和界面，能集中、直观、迅速地反映汽车在行驶过程中的各种动态指标，以便驾驶员随时了解各系统的工作状况，保证汽车安全而可靠地行驶。仪表不仅要造型美观，布置及显示符合人体工程，更要为驾驶员提供所需的汽车运行参数、故障、里程等信息，是车辆安全行驶的重要保证。

6.1.1　汽车仪表的发展历史

汽车经过一百多年的发展，即将进入智能网联时代，而汽车仪表也在汽车的发展过程中发生了一系列显著的变化。根据仪表的工作原理、内部结构和显示方式，汽车仪表的发展过程可以分为以下几个阶段。

第一个阶段：机械式组合仪表。各信号进入仪表后，通过简单的转换电路由十字线圈直接驱动指针转动，背景光照明和提示/报警指示灯一般采用灯泡，里程显示采用字轮，如图 6.1 所示。它的优点是成本低，如照明和提示/报警指示灯损坏不需要更换整块仪表。它的缺点是十字线圈精度较低；字轮存在卡滞的危险；灯泡的寿命较短；信号未经处理，指针较易随信号的波动而摆动；信号通过整车线束进行通信，故整车布线较为复杂。

图 6.1 机械式组合仪表

第二个阶段：电磁式组合仪表。仪表功能实现不再仅依靠机械作用力，而是通过各类传感器将被测的非电量变换成电信号加以测量，其作用原理是：永久磁铁在气隙中产生的磁场和可动线圈通入电流后，相互作用而产生旋转力矩。电磁式组合仪表多用于测量电流和电压，加上变换器可以进行多种非电量的测量，如温度、压力等。电磁式组合仪表的性能稳定，读数精确，量限多，使用方便，如图 6.2 所示。其存在的最大缺陷就是随着环境温度的改变，测量误差会变大。

图 6.2 电磁式组合仪表

第三个阶段：数字式组合仪表。各个表头均采用步进电动机驱动，背景光照明和提示/报警指示灯一般采用发光二极管，里程显示采用液晶显示屏逐点或段码显示，各信号进入仪表后，由单片机驱动步进电动机转动，从而带动指针转动，如图 6.3 所示。它的优点是步进电动机精度高，寿命长；二极管寿命长，且能让照明亮度、颜色更均匀；里程表采用 LCD 显示避免了字轮卡滞的问题。其缺点是成本较高，二极管若损坏只能更换整块组合仪表；信号仍然通过整车线束进行通信，故整车布线较为复杂。

图 6.3 数字式组合仪表

第四个阶段：基于 CAN 总线的数字式组合仪表。与一般的数字式组合仪表的主要区别是部分信号通过 CAN 总线通信。基于 CAN 总线的数字式组合仪表实现了汽车各电控单元 ECU 间的信息共享、实时诊断等功能，并将故障信息及时、准确地显示在仪表上，保证了整车行驶的安全性，整车布线也进一步简化。与传统的模拟式仪表相比较具有使用寿命长、精度高、可靠性好、抗干扰性强等特点。

目前市场上应用的主流汽车组合仪表产品是由点阵液晶显示屏或段码液晶显示屏加步进电动机构成的，如图 6.4 所示。这种仪表具有显示信息多样、成本低的优势，但其液晶显示颜色单一，色彩单调，不够绚丽。部分车型将中央液晶显示屏更换为彩色液晶显示屏，仪表变得美观，色彩变得鲜艳，这种仪表是目前汽车组合仪表中的主流产品。

图 6.4　基于 CAN 总线的数字式组合仪表

第五个阶段：全图形化汽车组合仪表。高端车型中全图形化汽车组合仪表已经普遍获得应用，这类仪表没有可动机械部件，采用大尺寸 LCD 显示车辆的状态信息、诊断信息、安全信息等，具有界面显示灵活、美观的优点，可根据不同的行驶工况显示不同的界面及信息，还可加入夜视摄像机的图像和导航画面等，已成为车辆的多功能信息显示中心。目前全图形化汽车组合仪表应用越来越广，如图 6.5 所示。

图 6.5　全图形化汽车组合仪表

随着汽车电控装置的不断增加，驾驶员对交流媒介的要求越来越高，要求汽车仪表具有集感觉、识别、路况分析、信息库、适应及控制于一体的智能化系统功能。传统汽车仪表逐渐被以微处理器为核心的电子控制数字仪表取代已成为必然趋势。综合信息系统将是今后汽车数字式仪表的发展趋势，它将以液晶显示器（LCD）为基础，其显示和控制的信息种类将越来越多，如防盗系统、自动整车诊断显示、交通地图信息、行程信息、网络信息、电话信息等，都将集成到数字式仪表系统中，给用户提供极大的方便。

6.1.2　报警指示与信息显示

1. 报警指示灯

仪表常见报警灯符号认识

汽车仪表除指示基本的车辆行驶工况信息外，还对其他的一些工况进行监控并向驾驶员发出指示或警告信息，这些信息通常以报警指示灯的形式显示在仪表上或以文字信息的形式显示在液晶显示器上，如图 6.6 所示。

图 6.6 仪表上的指示灯

汽车仪表上的报警指示灯一般由光源、刻有符号图案的透光塑料板和外电路组成。其光源以前大多采用小的白炽灯泡，现在电子仪表上越来越多地采用体积小、亮度高、易于集成的彩色 LED 作为光源。仪表报警指示灯一般使用国际标准化组织（ISO）规定的通用符号，易于被全世界的人识别和理解，其常见符号如表 6.1 所示。

表 6.1 仪表报警指示灯常见符号

符号	名称	符号	名称
	转向信号指示灯		安全带指示灯
	远光指示灯		驻车指示灯
	前、后雾灯指示灯		刹车盘指示灯
	示廓指示灯		ABS 指示灯
	充电指示灯		TCS 指示灯
	水温指示灯	VSC	VSC 指示灯
	机油压力指示灯	EPC	EPC 指示灯
	燃油指示灯		发动机故障灯
	清洗液指示灯		车门状态指示灯
	安全气囊指示灯	O/D OFF	O/D 指示灯

目前汽车仪表上的报警指示灯比较多，一般来说，可分为 3 种类型：第 1 种类型是状态指示灯，如转向信号指示灯、远光指示灯、雾灯指示灯等，指示车辆处于什么工作状态，一般灯光颜色为蓝色或绿色；第 2 种类型是故障指示灯，如制动片磨损、燃油不足、清洗液不足指示灯等，这类灯光一般为黄色，告诉驾驶员车辆某个系统的功能失常，要尽快进行处理，一般不

影响行驶；第 3 种类型为警告灯，如机油压力、水温、充电指示灯等，一般为红色，主要在车辆出现故障或异常情况时进行警示，此类灯亮时应引起驾驶员高度重视，警告灯如果点亮而对它置之不理，要么对行车安全造成巨大影响，要么对车辆本身造成很大伤害，如果继续行驶，则有可能造成严重事故，所以必须进行处理。

目前电动汽车产销量在大幅度增加，电动汽车仪表与燃油车仪表显示的符号信息也略有不同，除车辆基本状态信息外，电动汽车仪表上增加了表 6.2 中所示的内容（GB/T 4094.2—2017《电动汽车操纵件、指示器及信号装置的标志》），如图 6.7 所示。

表 6.2　电动汽车操纵件、指示器及信号装置的标志

标志	装置			表示功能			信号装置颜色
	操纵件	指示器	信号装置				
🔋		○	○	动力蓄电池荷电状态指示器		低荷电状态警告信号装置	黄色
READY 或 OK			○	驱动系统已就绪 注：标志周围可增加方形框			绿色
🐢			○	驱动功率限制信号装置 注：标志中的圆圈可省略			黄色
 🔌 或  🔌	○		○	车辆插座盖板开启操纵件		外部充电线连接警告信号装置	红色
🔋!			○	动力蓄电池故障信号装置			红色
⚙!			○	驱动电动机故障信号装置			红色
🚗			○	系统故障信号装置			红色
🔋		○	○	动力蓄电池温度指示器		动力蓄电池高温报警信号装置	红色
⛽🔌		○		续驶里程指示器			—
 🚗OFF	○		○	关闭车辆低速警示音操纵件		车辆低速警示音关闭信号装置	黄色
🕐🔌	○	○	○	定时充电操纵件	定时充电指示器	定时充电信号装置	绿色
EV	○		○	混合动力电动汽车纯电动行驶模式操纵件		混合动力电动汽车纯电动行驶模式信号装置	绿色

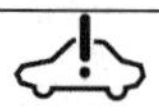

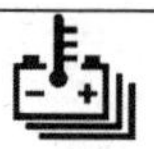

驾驶员在驾驶汽车时，一定要养成及时关注仪表报警指示灯状态的习惯，并根据各报警指示灯对应的含义和状态采取应对措施，以做到正确使用、安全驾驶。

汽车仪表上的报警指示灯的组成和工作原理因车型不同而各有差异，下面介绍几种常见、重要的指示灯。

（1）冷却液温度过高/液位过低报警灯

冷却系统报警信息一般指冷却液不足液位过低报警和冷却液温度过高报警。冷却液温度过

高报警灯的作用是当发动机冷却液温度升高到一定程度时，报警灯自动点亮，以示警报。当冷却液温度低于 95℃ 时，报警灯不亮；当冷却液温度高于 95℃ 时，报警灯点亮，提醒驾驶员注意。

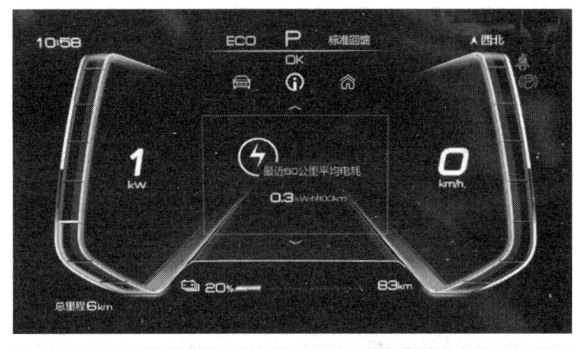

图 6.7　电动汽车仪表

接通点火开关后，该灯闪烁几次后熄灭。如果几秒后该灯仍不熄灭或行驶时闪烁，则说明冷却液温度过高或液位过低，此时必须立即停车关机，检查冷却液位，并按规定加注冷却液。如果冷却液位正常，故障仅是由风扇不转造成的，则车辆仍可继续行驶到就近的汽车维修站维修。行驶中要充分利用迎面气流的冷却效应，切勿让发动机怠速运转或低速行驶。如果冷却风扇旋转，则说明发动机可能过热，有"抱缸"或"烧瓦"的危险，切不可继续行驶，必须停车关机，马上找专业技术人员维修。

（2）机油压力报警灯

机油压力报警灯用于提醒驾驶员注意发动机的机油压力异常，指示机油泵是否以正常压力供给发动机的各部件，有的车辆上既有机油压力表又有机油压力报警灯，但多数车辆上只有机油压力报警灯。有些汽车的指示灯通过发出黄光或红光指示驾驶员应采取的措施，红光表示发动机存在机油压力问题，黄光表示机油的油位过低，应尽快加注。接通点火开关后该灯即闪烁，几秒后应熄灭，若几秒后该灯仍不熄灭或行驶中该灯闪烁，并且在发动机转速超过 2000 r/min 时，蜂鸣报警器发出警报声，应立即停车关机，不可让发动机怠速运转，与就近的汽车维修站联系检修。

（3）制动系统报警灯

接通点火开关后该灯起作用，但制动系统应在拉紧手制动器或制动系统液位过低时报警灯才亮。如果松开了手制动器，该灯仍不熄灭或行驶中该灯点亮，则表明制动液储液罐中的液位过低，应立即停车检修。

如图 6.8 所示为常见的制动液液位报警开关结构，如果储液罐中的制动液少于规定容积，浮子下降，舌簧开关在永久磁铁的磁化下闭合，报警灯在发动机运转期间点亮。这种形式的报警开关可以装在储液罐盖子上，

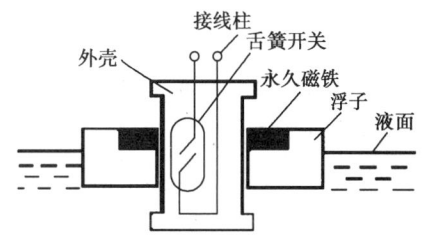

图 6.8　常见的制动液液位报警开关结构

也可以装在储液罐底部，同时也可以用在冷却系膨胀水壶、液压离合器储液罐、转向助力液储液灌和玻璃清洗储液罐等需要检测液位并在液位过低时及时报警的容器内。

（4）ABS 系统故障报警灯

ABS 系统故障报警信号来自 ABS 系统（通过独立信号线或 CAN 网络传到仪表上），起动发动机后，ABS 系统即开始工作，若系统发生故障，该灯即点亮。若行驶中该灯亮了，则表明 ABS 系统失效，但汽车仍可按常规制动系统进行制动。停车熄火后重新起动发动机，若该灯仍亮，则应尽快到就近的汽车维修站请专业人员检修。

（5）充电指示灯

充电指示灯指示充电系统的状况，只要点火开关一接通，该灯即点亮，表示蓄电池处在向外供电的状态；发动机起动运转，该灯应当熄灭，表示发电机已经正常发电并向蓄电池充电。如果接通点火开关时，该灯不亮则可能是指示灯电路有故障；如果在发动机运转中该灯点亮，则表示发电机充电不正常，汽车可以行驶，但蓄电池将持续放电而得不到补充，只能坚持 1～2h，必须尽快到就近的汽车维修站维修。

（6）燃油油位偏低指示灯

当点火开关接通后，燃油油位偏低指示灯将闪亮数次后熄灭。如果汽车发动机运转中或行驶中该灯闪烁，表明油箱内燃油油位偏低，提示应尽快添加燃油。

（7）废气排放报警灯

废气排放报警灯用于监控排气系统的工作状态。当汽车行驶中发生导致废气排放恶化的故障（如氧传感器损坏）或因发动机缺火可能导致三元催化转换器损坏时，则该灯点亮或闪烁。此时应立即降低车速谨慎驾驶到汽车维修站由专业人员检修发动机。

（8）发动机管理系统报警灯 EPC

接通点火开关，若无故障，发动机管理系统报警灯 EPC 亮 3s 后熄灭，若行驶中该灯点亮，则表明发动机管理系统或电子油门装置出现故障，同时系统自动切换到应急程序，降低发动机转速，必须尽快进行检修。

（9）驱动功率限制警告灯

当电动汽车动力电池电量低，电动机功率受到限制时，该警告灯点亮，说明电动机动力供应不足。另外，由于电动机长时间大功率耗电，电动机会发热，为了保护电动机，该警告灯也会点亮。该灯一旦点亮，无论怎么踩加速踏板都无法提速。

2. 驾驶员信息中心

驾驶员信息中心一般位于组合仪表的中间、中下方或仪表台中央显示屏上，如图 6.9 所示。其任务是提供车辆的各种附加信息，如里程信息、油耗信息、安全信息、挡位信息、续航里程及故障信息等。根据车型不同，驾驶员信息中心的配置会有所不同，所显示的内容及显示方式也会存在一定的差异。显示信息主要分为代码显示及图文显示两种。

（1）代码显示

有些车型所配置的显示屏无法显示相应的中文信息，其信息将以代码的方式显示，如图 6.10 所示，具体内容可参见相应车辆的用户手册。

（2）图文显示

在具有文字显示的驾驶员信息中心上，常见的显示信息包括轮胎气压、发动机机油寿命、车速警告、行程/燃油信息、燃油续航力、平均燃油经济性、瞬时燃油经济性、平均车速、故障提示等，如图 6.11 所示。

图 6.9 驾驶员信息中心

图 6.10 驾驶员信息中心代码显示

驾驶员信息中心开关在方向盘左侧的控制杆部分有三个功能键,即 SET/CLR 键、MENU 菜单键、上下调节的功能键,可进行相应功能菜单和功能的选择切换,如图 6.12 所示。由于车辆的配置不同,驾驶员信息中心的操作开关和信息显示选择也有所不同。

图 6.11 提示"请速检修车辆"

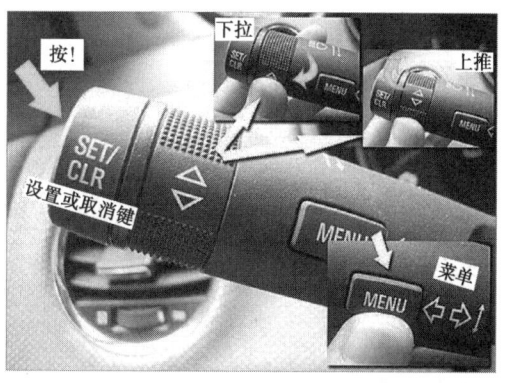

图 6.12 驾驶员信息中心开关

驾驶员信息中心开关是一个多路瞬时接触开关,其安装位置因车型而异,它与一系列阶梯式的电阻器相连接,如图 6.13 所示。仪表控制模块为驾驶员信息中心开关提供蓄电池电压,并向驾驶员信息中心开关提供低电平参考电压。当一个开关被启用时,开关输入到仪表控制模块的电压被拉低,以此确定驾驶员信息中心开关的输入信息。每个开关的状态(菜单、向上/向下)

与特定的电阻值相对应，仪表控制模块通过电阻器上的电压降来确定被按下的开关。

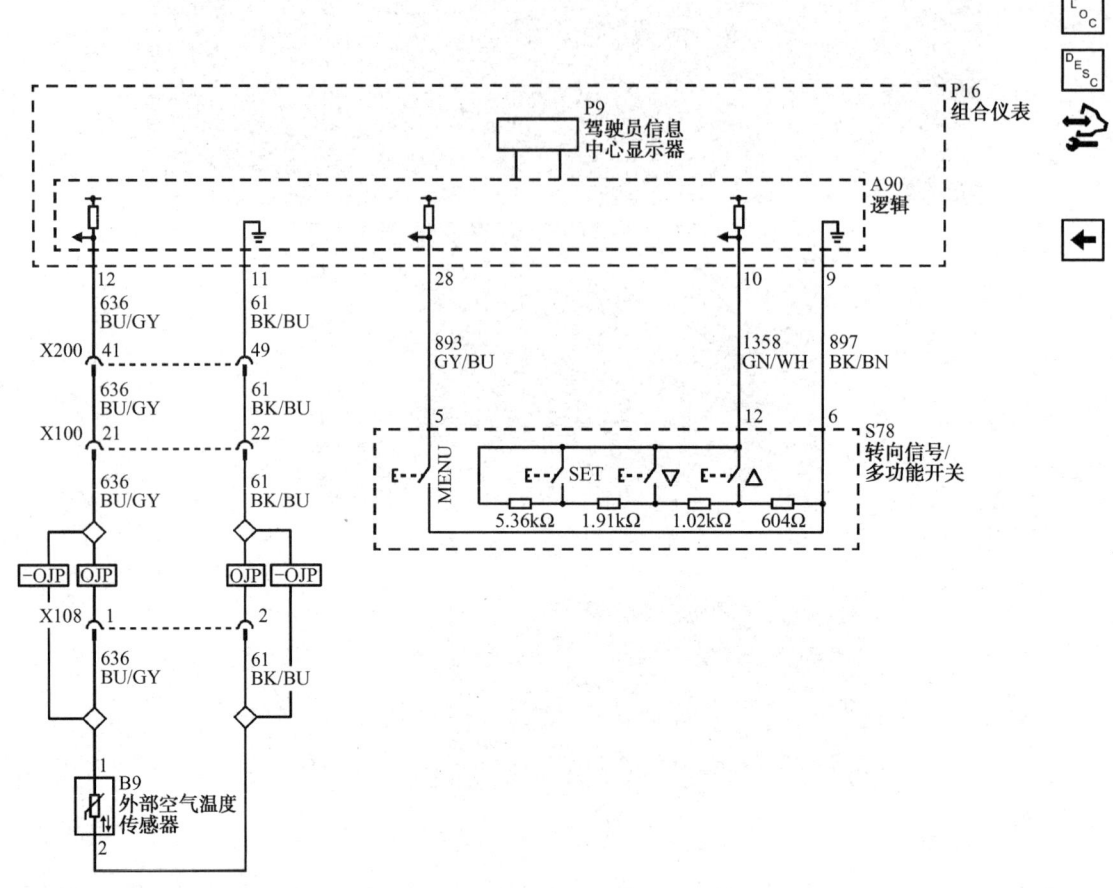

图 6.13　驾驶员信息中心开关控制电路

当按下驾驶员信息中心开关 MENU 菜单键时，可在不同菜单之间进行切换，或从子菜单返回上一级菜单，有以下菜单可供选择。

① 车辆信息菜单；

② 行程/燃油信息菜单。

转动驾驶员信息中心开关上的调节轮，可标记菜单选项或设定数值，按下 SET/CLR 键选择一项功能或确认一条信息。

例如，按下 MENU 键选择行程/燃油信息菜单时，转动调节轮可选择以下子菜单之一，如图 6.14 所示。

① 小计里程；

② 平均油耗；

③ 平均速度。

在一些高配置的车辆上，驾驶员信息中心由 3 块不同的显示区域所组成，如图 6.15 所示。中间为应用程序显示区，允许访问导航应用程序、音频应用程序、电话应用程序或设置应用程序。左侧包括信息、音频、电话、导航及设置选项的显示菜单。右侧包括小计里程、续航里程、机油寿命、胎压、油耗等显示信息。车辆里程表及挡位信息始终在信息显示区的下部显示。

图 6.14 科鲁兹轿车行程信息菜单

图 6.15 君越轿车驾驶员信息中心

利用方向盘右侧的五向开关可以改变及设置所显示的信息,如图 6.16 所示。五向开关将信号直接送入仪表控制模块,由仪表控制模块根据不同的开关状态来改变显示的信息。按下向左开关后,在仪表左侧会出现信息显示选择条,按下 SEL 键确定后,通过上下方向键可以翻页,通过向右方向键可以进入当前页面的下一级选项。

图 6.16 君越轿车驾驶员信息中心开关

（3）车辆个性化设置

车辆个性化设置功能可以方便驾驶员根据自己的喜好改变信息显示模式或更改一些功能设置,可以通过驾驶员信息中心或娱乐信息显示屏来进行操作,车辆个性化设置中的菜单主要包括发动机机油寿命复位、单位转换、轮胎胎压学习、时间设置、语言设置、车内或车外灯光延时关闭、里程显示、信息显示风格等。

6.1.3 典型汽车仪表

1. 车速里程表

仪表板中最显眼的是车速里程表,它显示汽车的时速,单位是 km/h。车速里程表实际上由两个表组成,一个是车速表,另一个是里程表,如图 6.17 所示。

典型的机械式车速里程表上连接一根软轴,软轴内有一根钢丝缆,软轴另一端连接到变速器某一个齿轮上,齿轮旋转带动钢丝缆旋转,钢丝缆带动里程表罩圈内一块磁铁旋转,罩圈与指针连接并通过游丝将指针置于零位,磁铁旋转速度的变化引起磁力线大小的变化,平衡被打破,指针因此被带动偏转。这种车速里程表简单实用,广泛用于各种类型的汽车上。随着电子技术的发展,现在很多轿车仪表已经普遍使用电子车速表,从变速器的速度传感器上获取信号,通过脉冲频率的变化使指针偏转或者显示数字。

图 6.17 车速里程表

2. 转速表

汽车仪表上的转速表是标配的，转速单位是 1000r/min，即发动机每分钟转多少千转，如图 6.18 所示。转速表能够直观地显示发动机在各个工况下的转速，驾驶员可以随时知道发动机的运转情况，配合变速器挡位和油门位置，使之保持最佳的工作状态，对减少油耗、延长发动机寿命有好处。转速表一般设置在仪表板内，与车速里程表对称地放置在一起。转速表是按照电磁原理工作的，它接收点火线圈中初级电流中断时产生的脉冲信号，并将此信号转换为可显示的转速值。发动机转速越快，点火线圈产生的脉冲次数越多，表上显示的转速值就越大。

3. 水温表

水温表是显示冷却水温度的仪表，冷却水温度的单位是℃。它的传感器是一种热敏电阻式传感器，用螺纹固定在发动机冷却水道上。热敏电阻决定了流经水温表线圈绕组的电流大小，从而驱动表头指针摆动。以前汽车发动机的冷却水都是用自来水来充当的，现在汽车发动机冷却系统都用专门的冷却液，因此也称为冷却液温度表，如图 6.19 中右上部分。

图 6.18　转速表

图 6.19　水温表、燃油表、电压表

4. 燃油表

燃油表是显示油箱内油量的仪表，油量的单位是 L，指针指向"F"表示满油，指向"E"表示无油；也有的用 1/1、1/2、0 分别表示满油、半箱油和无油。燃油表内有两个线圈，分别在"F"与"E"两侧，传感器是一个由浮子高度控制的可变电阻，阻值变化决定两个线圈的磁力线强弱，也就决定了指针的偏转方向，如图 6.19 中右下部分。

5. 电量表

电量表显示发电机与蓄电池之间的充放电状态，有电流表和电压表之分。以前的汽车多数用电流表，它有一块永久磁铁，使固定在支点上的指针保持在中间位置，有线圈环绕在支点周围，当有电流通过线圈时会感应出磁场，指针在磁场作用下左右摆动，摆动方向决定于电流流经线圈的方向。因此电流表串联在蓄电池与发电机之间，当发电机向蓄电池充电时，仪表显示正极；若蓄电池向负载放电量大于发电机的充电量，则显示负极。由于电流表接线柱承受电流比较大，不太安全，所以现在的汽车多数使用充电指示灯或者电压表，如图 6.19 中左侧部分。

学习单元 6.2　数字式仪表技术应用

数字式仪表可以显示传统模拟式仪表所能显示的全部内容，如车速、里程、发动机转速、水温、油量、转向指示、安全带指示等，还可显示传统仪表所无法显示的内容，如倒车雷达相关信息、车辆故障信息等，可根据需要选择仪表的显示内容。

6.2.1　数字式仪表的优点与组成

1．数字式仪表的优点

（1）指示精度高。传统仪表的精度不高，在低速区的线性很差。以汽车车速里程表为例，QC/T 594—1999《汽车、摩托车用电子车速里程表》标准中第 4.5 条规定的基本误差为：在 35～100km/h 的中速区基本误差为 5km/h；在 170km/h 的高速区基本误差为 9km/h；在 35km/h 以下的低速区没有具体要求。传统的汽车转速表、燃油表和水温表都有类似的问题。而数字式仪表精度高，数字式车速表在 0～240km/h 的整个示值范围内，基本误差的最大值小于 1km/h。

（2）重复性好。传统汽车仪表采用动圈式机芯或动磁式机芯，内部有游丝或阻尼油，重复性差。数字式仪表采用步进电动机驱动指针或数字显示，重复性好。

（3）分度均匀。由于传统汽车仪表的指针位置是由合成磁场确定的，其线性差，分度不均匀。数字式仪表完全可以实现在整个指示范围内分度均匀一致。

（4）响应速度快、无抖动。由于数字式仪表没有阻尼油，其指针响应速度很快，从初始位置零点到指示最大值位置，指针转动时间一般小于 2s。另外，因为数字式仪表可采用计算机数据滤波等多项技术措施，也不增加硬件成本，当输入信号恒定时，指针无任何抖动，这是传统汽车仪表难以做到的。

（5）可靠性有根本性改善。由于取消了针轴、游丝、线包、磁屏蔽罩和机械零件，所以它的故障率很低，几乎可以免维护。

（6）产品品质的稳定性和可靠性有根本保证。由于数字式仪表省去了全部机械零件，不存在传统汽车仪表在装配过程中针轴与轴承的间隙不一致、阻尼油阻尼不合适等问题。在装配后基本上不需要再调整，也不需要校表。这不仅大大地简化了装配工艺，而且产品品质易于得到保证。

（7）通用性好。对于数字式仪表而言，只要在软件中针对不同车型，将有关参数进行适当修改，而硬、软件主体结构并不需要进行任何改动，便能满足其要求，可以省去传统汽车仪表对不同车型需要重新设计电路、再调试，进而做可靠性实验等复杂过程，能最大限度地缩短产品开发的时间和节约费用。更重要的是避免了可能出现的技术风险。

2．数字式仪表的组成

数字式仪表主要由传感器、控制单元和显示装置构成。传感器的作用是检测信号；控制单元的作用是采集传感器的信号，将模拟量转换为数字量，经分析处理后控制显示装置；显示装置的作用是接收控制单元的指令，显示各种信息。数字式仪表结构如图 6.20 所示。

（1）主控模块，一般以 MCU、DSP 或更高级的处理器为核心，包括外围电路，主要完成外围硬件的控制及一些运算及图形处理功能。主要有以下性能指标：最高工作频率、闪存、内存、输入及输出端子数、定时/计数器、中断源、串行口等。

（2）内置步进电动机驱动模块，可以直接驱动 4 个步进电动机，实现指针仪表的平滑控制，4 个指针指示内容如下：发动机转速、车速里程、水温、油量。步进电动机又称脉冲电动机，它能将输入的脉冲信号变成电动机轴的步进转动，是一种将电脉冲转化为角位移的执行机构。在非超载的情况下，电动机的转速及停止的位置只取决于脉冲信号的频率和脉冲数，而不受负载变化的影响。控制步进电动机实际上是控制输入脉冲序列，使步进电动机轴按照预定方向转动需要的角度。汽车仪表中应用的主要是两相步进电动机，有两个独立绕组。通过控制两个独立绕组上的脉冲信号，就能实现对步进电动机的控制。此外，一般步进电动机内部在轴与指针之间装有降速齿轮组，使得轴与指针之间有一定的降速比，这样可以使电动机指针转动更加平滑。

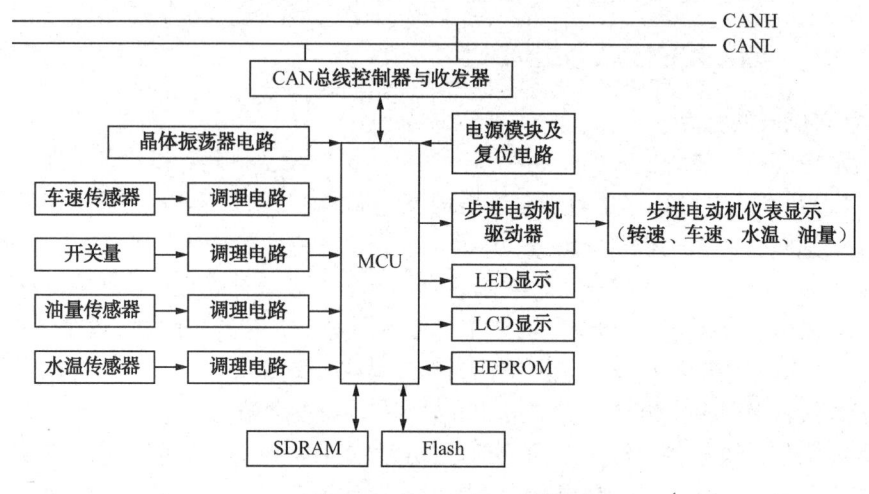

图 6.20　数字式仪表结构

（3）分布 LED 信号指示灯，指示各种报警及提示信号。

（4）内置音频发生器，发出各种报警及提示音，及时准确地把重要信息传递给驾驶员。

（5）CAN 通信，主要指以 CAN 2.0B 协议为基础，物理层标准与 ISO 11898 规范兼容并采用符合该规范的 CAN 总线控制器与收发器。主要用来接收汽车其他控制模块采集的汽车状态信息，用于主控模块处理和显示，使用 CAN 总线的数字仪表线路大大减少，所获得的信息量大大增加，并且可以大量取代传感器的输入。目前，大部分数字仪表都已装备此模块。

（6）仪表照明亮度控制。

（7）内置图形显示控制器模块，支持大尺寸 LCD 显示屏，对微控制器采集到的数据进行图像化显示，基于图形显示控制器的显示技术可以使显示效果更加直观，显示信息更加丰富，如挡位状态、车门状态、里程信息等。

（8）实现各种传感信号的采集，主要包括车速传感器、油量传感器、水温传感器等，用来实时获取车辆的各种状态信息，完成信号的采样。在这里，也可以将状态开关归入传感器类别。

6.2.2　电子显示器件

汽车数字仪表的电子显示器件可分为发光型和非发光型两大类。发光型显示器自身发光，容易获得鲜艳的流行色，非发光型显示器靠反射环境光显示。发光型显示器主要有真空荧光管（VFD）、发光二极管（LED）、阴极射线管（CRT）、等离子显示器件（PDP）和电致发光显示器件（ELD）等，非发光型显示器有液晶显示器（LCD）和电致变色显示器（ECD）等。其中用得最多的是真空荧光管（VFD）、液晶显示器（LCD）和发光二极管（LED）。

1. 真空荧光管（VFD）

真空荧光管是最常用的数字显示器，其结构如图 6.21 所示，它由钨灯丝、栅格、涂有荧光物质的屏幕和玻璃罩等构成。其中钨灯丝为阴极，接电源负极；涂有荧光物质的屏幕为阳极，接电源正极，其上制有若干个字符段（一般为 7、14 或 20 个字符段）图形，每个字符段由电子开关单独控制通电状态；栅格置于钨灯丝和屏幕之间；整个装置密封在被抽真空的玻璃罩内。

真空荧光管的工作原理如图 6.22 所示，当阴极钨灯丝通电时，钨灯丝发热，释放电子，电子被电位较高的栅格吸引，并穿过栅格，均匀地打在电位最高的屏幕字符段上。由电子开关控制通电的字符段受电子轰击后发亮，而未通电的字符段发暗。这样通过控制字符段的通电状态，就可以显示不同的数字。

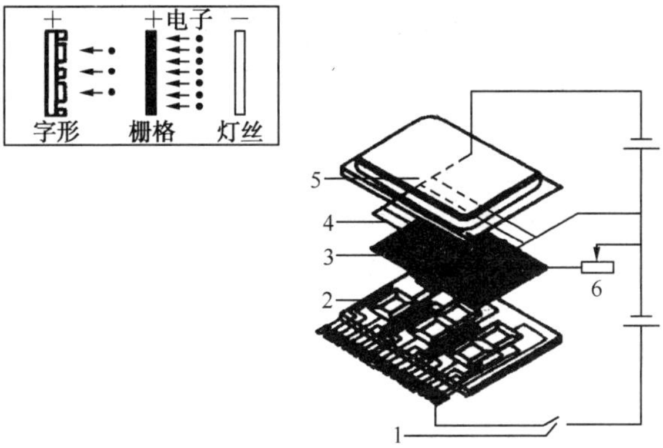

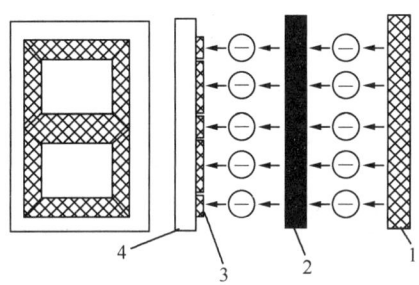

1—电子开关；2—涂有荧光物质的屏幕（阳极）；3—栅格；4—钨灯丝（阴极）；

5—玻璃罩；6—电位器（亮度调节）。

图 6.21　真空荧光管的结构

1—钨灯丝（阴极）；2—栅格；3—字符段（阳极）；4—屏幕。

图 6.22　真空荧光管的工作原理

真空荧光管的优点是可靠性高，抵抗恶劣环境的能力强，操作电压低，并且色彩鲜艳、可见度高、立体感强。其缺点是玻璃外壳较厚，体积和质量较大。

2. 液晶显示器（LCD）

液晶是一种有机化合物，其分子为长形杆状。在一定温度条件下，它既具有液体的流动性，又具有晶体的某些特征，其光学性质随分子排列方向的变化而变化。当在液晶上加一个电场时，液晶分子排列方向发生变化，光学性质也随之变化。

液晶显示器的结构如图 6.23 所示。前玻璃板和后玻璃板之间加有一层液晶，外表面贴有垂直偏光镜和水平偏光镜，后面是反射镜。

液晶显示器的工作原理如图 6.24 所示，当不给液晶加电场时，液晶的分子排列方式可将来自垂直偏光镜的垂直方向的光波旋转 90°，变成水平方向的光波，再经水平偏光镜后射到反射镜上，经反射后按原路回去，这时透过垂直偏光镜看液晶时，液晶呈亮的状态。当给液晶加一个电场时，液晶的分子排列方式改变，不能将来自垂直偏光镜的垂直方向的光波旋转，通过液晶后仍是垂

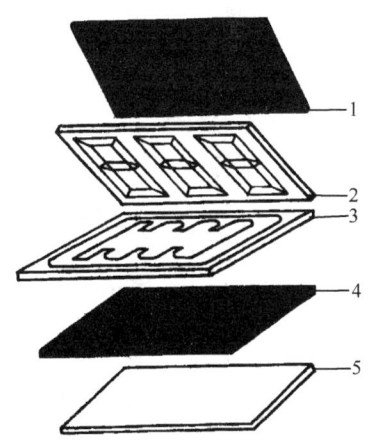

1—垂直偏光镜；2—前玻璃板；3—后玻璃板；

4—水平偏光镜；5—反射镜。

图 6.23　液晶显示器的结构

直方向的光波，不能通过水平偏光镜达到反射镜，这时透过垂直偏光镜看液晶时，液晶呈暗的状态。这样可将液晶制成字符段，通过控制每个字符段的通电状态，就可以使液晶显示不同的字符。

　　液晶显示器的优点是：工作电压低，功耗小；显示面积大，示值清晰；通过滤光镜可显示不同的颜色；工艺简单。缺点是：液晶为非发光型物质，白天靠日光显示，夜间必须使用照明光源；低温条件下灵敏度较低，甚至不能正常工作，需要附加加热电路，改进驱动方式。

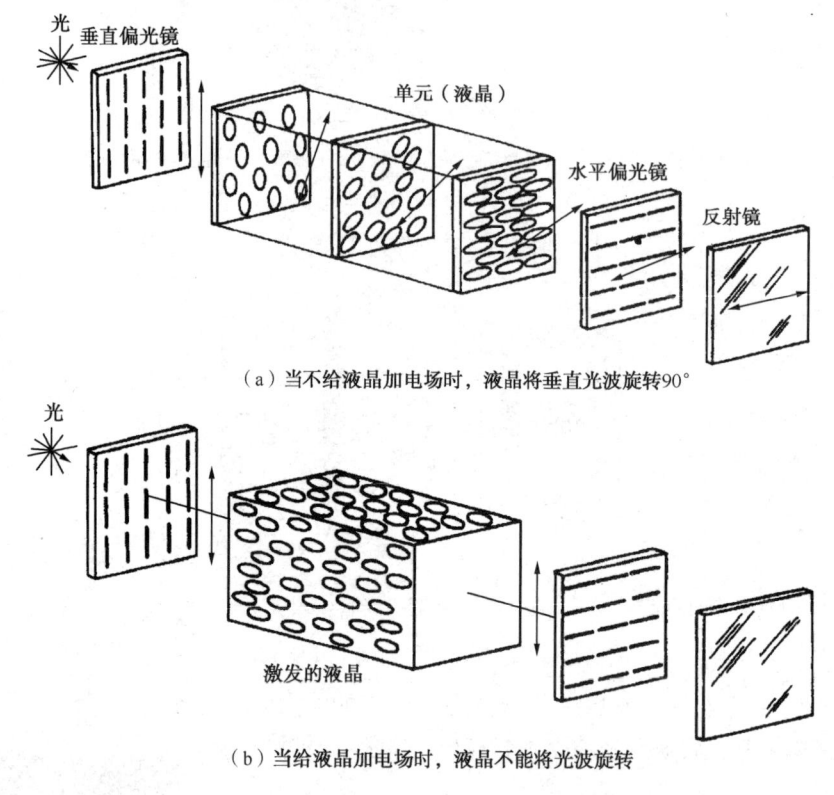

（a）当不给液晶加电场时，液晶将垂直光波旋转90°

（b）当给液晶加电场时，液晶不能将光波旋转

图 6.24　液晶显示器（LCD）的工作原理

3．发光二极管（LED）

　　发光二极管是显示装置中最简单的一种，应用也比较广泛。发光二极管可通过透明的塑料壳发出红、绿、黄、橙等不同颜色的光，以供需要时使用，一个二极管可以单独使用，也可由若干个二极管组成数字或光条图。发光二极管不仅响应速度快、工作稳定、可靠性高，而且体积小、质量轻，常用来作为汽车仪表中的指示灯和简单的图符显示。

6.2.3　显示器显示方法

　　发光二极管、液晶显示器和真空荧光管等均可采用以下几种显示方法。

1．字符段显示法

　　字符段显示法就是一种利用七段、十四段或十七段小线段组成数字或字符显示的方法。七段小线段可组成数字 0～9，十四段或十七段小线段可组成数字 0～9 或字母 A～Z。每段都是由电子电路选择并控制明暗，从而组成数字或字符的。如图 6.25 所示为七字符段和十四字符段，以及七字符段和十四字符段显示的数字和字母。如图 6.26 所示为由 7 个发光二极管组成的数字显示板。

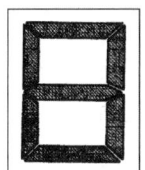  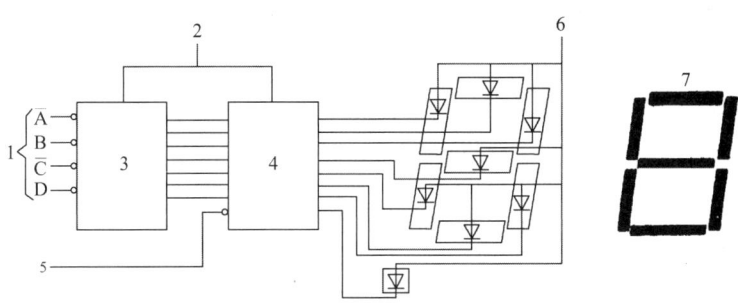

（a）七字符段　　（b）十四字符段　　（c）七字符段显示的数字　　（d）十四字符段显示的字母

图 6.25　字符段显示法

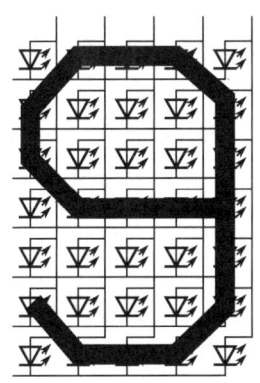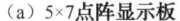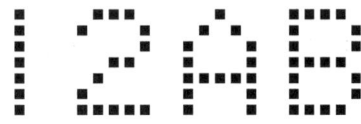

1—输入端；2—逻辑电路；3—译码器；4—恒流源；5—小数点；

6—发光二极管电源；7—"8"字形。

图 6.26　由 7 个发光二极管组成的数字显示板

2. 点阵显示法

点阵显示法就是一种利用成行列排列的点阵元素组成数字或字符显示的方法。各点阵元素都是由电子电路选择并控制明暗，从而组成数字或字符的，如图 6.27 所示。

（a）5×7 点阵显示板　　　　　　（b）5×7 点阵显示的数字和字母

图 6.27　点阵显示法

3. 特殊符号显示法

特殊符号显示法就是利用一些形象直观的国际标准 ISO 符号显示的方法。如图 6.28 所示为数字仪表常用的国际标准 ISO 符号。

4. 图形显示法

图形显示法就是利用图形显示的方法。如图 6.29 所示为用图形显示前照灯与制动灯故障及清洗液与燃油量存量的方法。在汽车俯视外观图的某些部位装有发光二极管显示装置，当某个部位出现故障时，传感器即向电子控制组件提供信息，控制发光二极管上的电压，使其闪光。

图 6.28　数字仪表常用的国际标准 ISO 符号

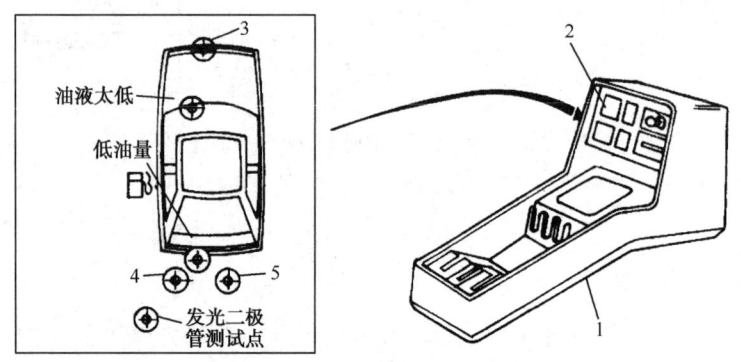

1—座架；2—图形显示警告器；3—前照灯；4—尾灯；5—制动灯。

图 6.29　用图形显示前照灯与制动灯故障及清洗液与燃油量存量的方法

如图 6.30 所示为用杆状图显示燃油量。用 32 条杆代表燃油量，当燃油加满时，32 条杆都亮；当燃油量减少时，亮杆数量减少；当燃油量减至只剩 3 条亮杆时，燃油量不足符号闪烁，提醒应该加油了。

如图 6.31 所示为用光条图显示燃油量。

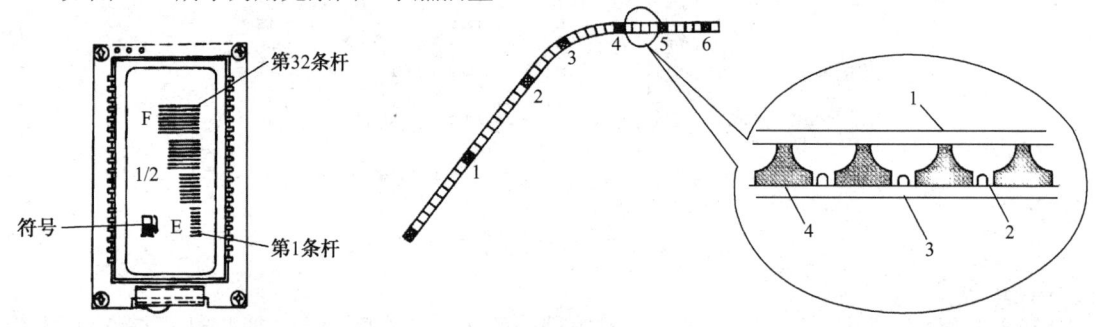

1—漫射器；2—发光二极管；3—印制电路板；4—分隔器。

图 6.30　用杆状图显示燃油量　　　　　图 6.31　用光条图显示燃油量

6.2.4　仪表结构及原理

1. 仪表结构

仪表结构功能及原理

汽车仪表主要由玻璃面罩、前框、刻度盘、PCB（印制电路板）、后盖等组装而成，如图 6.32 所示。车辆警告和提示信息通过刻度盘和 LCD 显示。玻璃面罩、前框和后盖之间主要通过卡扣连接，玻璃面罩和前框通过超声波焊接工艺连接。

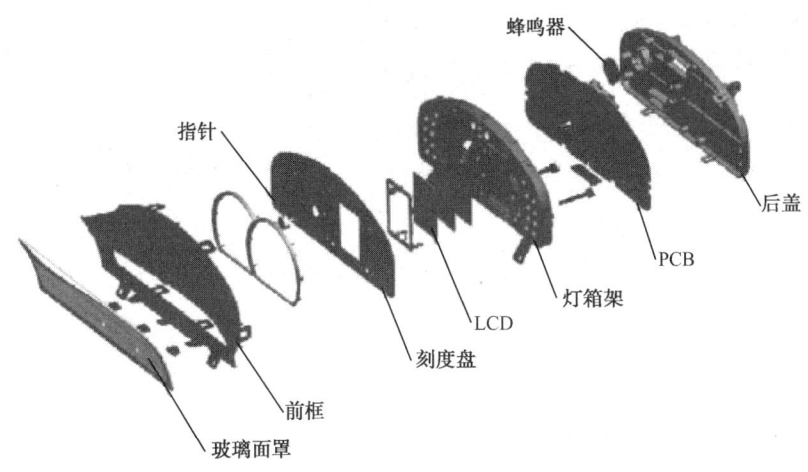

图6.32 某车型汽车仪表结构

2．功能显示

如图6.33所示，某车型有4种仪表，即车速表、转速表、水温表和燃油表，分别显示汽车行驶速度、发动机转速、发动机水温和燃油量。在仪表盘上有多达15个LED的报警指示灯，如左和右转向指示灯、制动信号灯、远光指示灯、ABS、SRS、巡航、低油压、蓄电池充放电、油量低和水温高等。同时，还设有上、下两个不同的LED液晶窗口，下方是段码LED显示窗口，主要显示里程、挡位及模式、外部温度、维修保养里程等信息；上方是点阵LED显示窗口，显示行车电脑的信息、各种带图标文字的报警信息、外部灯泡故障信息等。

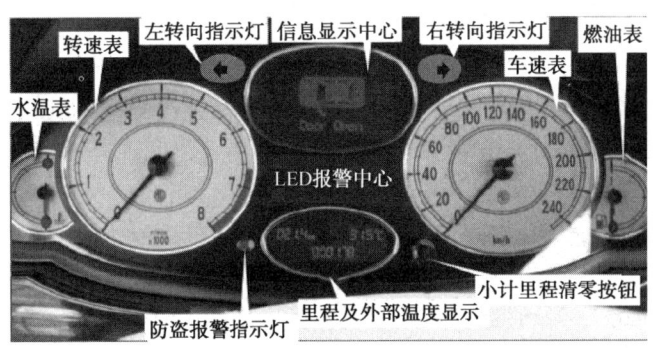

图6.33 仪表功能显示

3．工作原理

组合仪表的原理框图如图6.34所示。燃油箱的油量信号和外部温度传感器信号通过模拟信号传送给仪表，仪表芯片进行A/D转换，并经内部处理后正确显示。其余的输入信号通过CAN信号及数字信号传输给仪表。仪表上还带有日里程清零按钮和行车电脑选择开关。该数字组合仪表与机械仪表及十字交叉线圈仪表最大的不同之处就是采用了步进电动机作为指针的驱动。步进电动机响应迅速、指示准确，配合相应的软件可以实现非常丰富的显示效果。

（1）车速表。车速表显示车辆的行驶速度。ABS执行器和电子单元（控制单元）将从车轮传感器发出的脉冲信号转换为车辆速度信号，然后通过CAN通信将车辆速度信号传送至组合仪表。组合仪表将车辆速度信号转换为相应角度，并控制车速表。

（2）转速表。转速表显示发动机每分钟的转速（r/m）。发动机控制单元将从曲轴位置传感器发来的信号转换为发动机转速信号，并通过 CAN 通信传送给组合仪表。组合仪表将发动机转速信号转换为相应角度，并控制转速表。

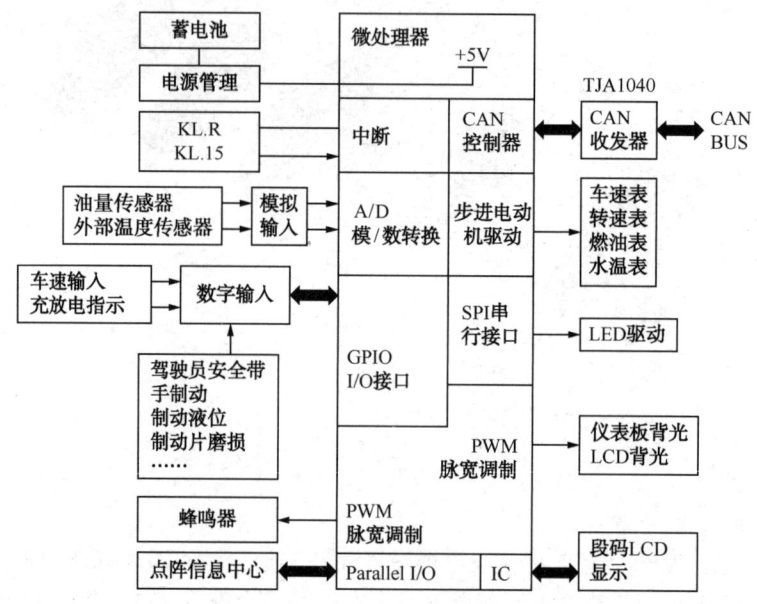

图 6.34　组合仪表的原理框图

（3）水温表。水温表显示发动机工作温度。发动机控制单元将从水温传感器发来的信号转换为发动机冷却液温度信号，并通过 CAN 通信传送给组合仪表。组合仪表将发动机冷却液温度转换为相应角度，并控制水温表。

（4）燃油表。燃油表显示燃油箱中的燃油液位。对于燃油表而言，油量传感器将油箱油位对应的阻值直接传递给仪表芯片进行模/数转换，然后通过仪表内部运算，并进行防抖动处理后，驱动步进电动机带动指针指示实际燃油值，同时还设有油量过低报警显示。

（5）里程/行程表。仪表存储电路发出的车辆速度信号和存储信号，经过组合仪表的处理，显示行车里程。

（6）报警指示灯和信号灯。仪表上的各种报警指示灯和信号灯，一般有两种信号处理模式：CAN 信号和硬线信号。由 CAN 传输的信号，经仪表芯片接收后，驱动 LED 报警灯点亮或熄灭。硬线信号处理模式下，传感器或开关单元直接连接到仪表，经仪表判断后驱动报警灯点亮或熄灭。

学习单元 6.3　典型汽车仪表电路应用与诊断

6.3.1　MAZDA6 轿车仪表系统及检测

1．MAZDA6 轿车仪表的功能

仪表电路分析

如图 6.35 所示，该车仪表主要包括功能仪表和报警/指示灯。其功能仪表如表 6.3 所示，主要报警/指示灯如表 6.4 所示。仪表、报警/指示灯输入/输出交流电路的控制信号采用 CAN 系统，安装在仪表中的报警与指示灯采用 LED。信息显示包括钟、音响系统及 A/C 系统显示面板安置于仪表中心。

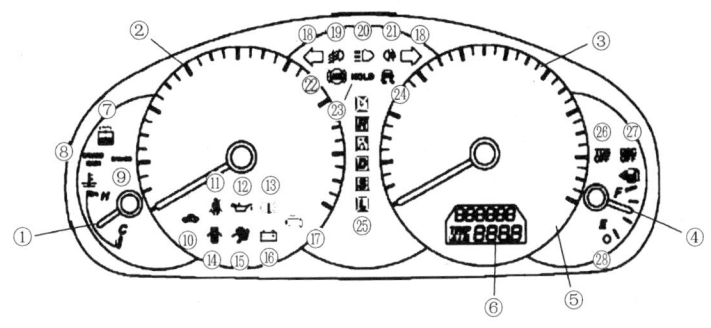

图 6.35　MAZDA6 轿车仪表

表 6.3　MAZDA6 轿车功能仪表

编　号	名　称	编　号	名　称
1	水温表	4	燃油表
2	转速表	5	里程表/日里程表切换开关
3	车速表	6	里程表/日里程表

表 6.4　MAZDA6 轿车仪表的主要报警/指示灯

×：适用的

编　号	报警/指示灯	输入信号来源	CAN 系统	注　释
7	清洗器液水平报警灯	清洗器液水平传感器	—	带有巡航控制系统
8	巡航主指示灯	巡航执行器	—	带有巡航控制系统
9	巡航设置指示灯	巡航执行器	—	—
10	安全灯	PCM 防盗控制模块 门锁定时器装置	—	—
11	安全带报警灯	插扣开关	—	—
12	机油压力报警灯	机油压力开关	—	—
13	制动系统报警灯	驻车制动器开关 制动液水平传感器	—	—
14	车门未关报警灯	车门开关	—	—
15	安全气囊报警灯	SAS 装置	—	—
16	发电机故障报警灯	PCM	×	—
17	MIL	PCM	×	—
18	转向指示灯	转向开关	—	—
19	前雾灯指示灯	前雾灯继电器	—	欧洲类型
20	远光指示灯	远光灯开关	—	—
21	后雾灯指示灯	后雾灯继电器	—	欧洲类型
22	ABS 报警灯	ABS（ABS/TCS）HU/CM	×	带有 ABS（ABS/TCS）DE 的车辆
		DSC HU/CM	×	带有 DSC 的车辆
23	HOLD 指示灯	PCM	×	ATX
24	TCS 指示灯	ABS/TCS HU/CM	×	带有 TCS 的车辆
	DSC 指示灯	DSC HU/CM	×	带有 DSC 的车辆

编　号	报警/指示灯	输入信号来源	CAN 系统	注　释
25	挡位指示灯	PCM	×	ATX
26	TCS 关闭灯	ABS/TCS HU/CM	×	带有 TCS 的车辆
27	DSC 关闭灯	DSC HU/CM	×	带有 DSC 的车辆
28	燃油报警灯	燃油表传输装置	—	—

2．MAZDA6 轿车仪表的技术标准

MAZDA6 轿车仪表的技术标准如表 6.5 所示。

表 6.5　MAZDA6 轿车仪表的技术标准

项　目			技 术 标 准
车速表	仪表类型		步进电动机型
	指示范围	/km・h^{-1}	0～240
			0～150（0～240）
	输入信号交换系统		CAN 系统
	输入信号来源	带有 ABS（ABS/TCS）HU/CM 的车辆	ABS（ABS/TCS）HU/CM
		带有 DSC 的车辆	DSC HU/CM
		不带 ABS 的车辆	PCM
	相关电压/V		DC 12
转速表	仪表类型		步进电动机型
	指示范围/r・min^{-1}		0～8000
	红色区域/r・min^{-1}		6500～8000
	输入信号交换系统		CAN 系统
	输入信号来源		PCM
	相关电压/V		DC 12
燃油表	仪表类型		步进电动机型（可重新设置为 0 型）
	输入信号通信系统		传统通信系统
	输入信号来源		燃油箱计量装置
	相关电压/V		DC 12
水温表	仪表类型		步进电动机型（中挡稳定型）
	输入信号交换系统		CAN 系统
	输入信号来源		PCM
	相关电压/V		DC 12
里程表/日里程表	显示		LCD
	指示数字		里程表：6 位数字
			日里程表：4 位数字
	输入信号通信系统		CAN 系统
	输入信号来源	带有 ABS（ABS/TCS）HU/CM 的车辆	ABS（ABS/TCS）HU/CM
		带有 DSC 的车辆	DSC HU/CM
		不带 ABS 的车辆	PCM
	相关电压/V		DC 12

3．MAZDA6 轿车仪表的电路图

MAZDA6 轿车仪表的电路图如图 6.36 和图 6.37 所示，MAZDA6 轿车仪表的电路功能如表 6.6 和表 6.7 所示。

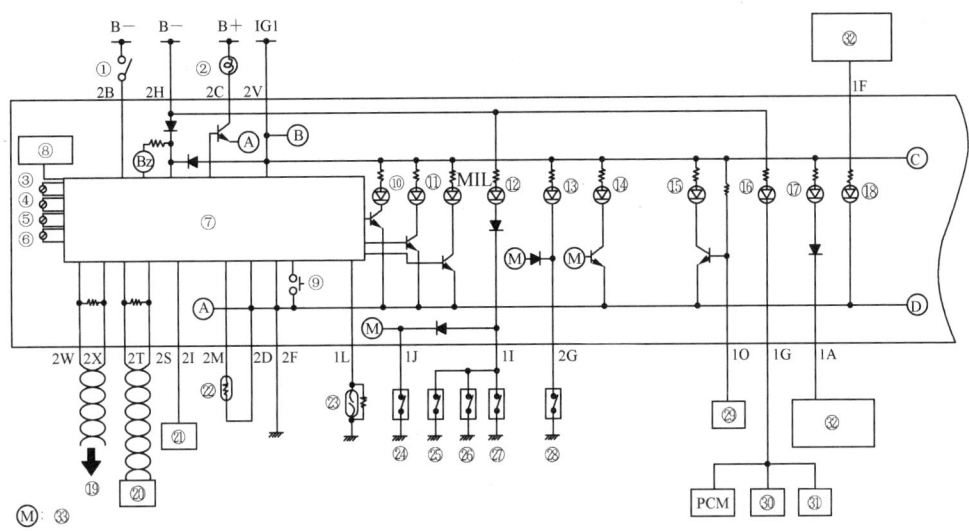

图 6.36　MAZDA6 轿车仪表的电路图（一）

表 6.6　MAZDA6 轿车仪表的电路功能（一）

编　号	功　能	编　号	功　能
1	钥匙提醒蜂鸣器开关	18	巡航主指示灯
2	点火钥匙照明	19	至 PCM、ABS（ABS/TCS）HU/CM（带有 ABS/TCS）或 DSC HU/CM（带有 DSC）
3	车速表	20	音响装置
4	转速表	21	仪表板灯控制开关
5	燃油表	22	燃油表传感装置
6	水温表	23	制动液水平传感器
7	微处理器	24	车门开关（驾驶员侧）
8	里程表/日里程表	25	车门开关（乘客侧）
9	里程表/日里程表切换开关	26	车门开关（后左侧）
10	燃油报警灯	27	车门开关（后右侧）
11	发电机故障报警灯	28	插扣开关
12	车门未关报警灯	29	SAS 装置
13	安全带报警灯	30	车门锁定时器装置
14	HOLD 指示灯	31	防盗控制模块
15	安全气囊报警灯	32	巡航执行器
16	安全灯	33	至微处理器
17	巡航设置指示灯		

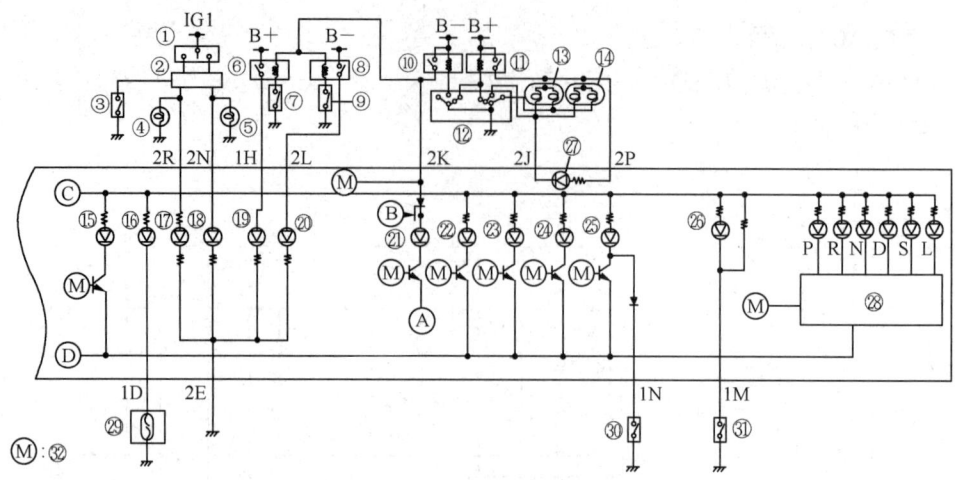

图 6.37　MAZDA6 轿车仪表的电路图（二）

表 6.7　MAZDA6 轿车仪表的电路功能（二）

编　号	功　能	编　号	功　能
1	转向开关	17	转向指示灯（左）
2	闪光器	18	转向指示灯（右）
3	危险报警开关	19	前雾灯指示灯
4	转向灯（左）	20	后雾灯指示灯
5	转向灯（右）	21	仪表组照明
6	前雾灯继电器	22	DSC/TCS 指示灯
7	前雾灯开关	23	DSC 关闭灯
8	后雾灯继电器	24	ABS 报警灯
9	后雾灯开关	25	制动系统报警灯
10	TNS 继电器	26	机油压力报警灯
11	前照灯继电器	27	远光指示灯
12	前照灯开关	28	挡位指示器驱动电路
13	前照灯（左）	29	清洗器液水平传感器
14	前照灯（右）	30	驻车制动开关
15	TCS 关闭灯	31	机油压力开关
16	清洗器液水平报警灯	32	至微处理器

6.3.2　别克君威轿车仪表系统及检测

1. 别克君威轿车仪表功能

如图 6.38 所示，2011 款别克君威轿车仪表采用的是指针、数字式组合仪表，组合仪表包括表示车辆状况的各种仪表和测量仪，监视车辆出现不正常情况时告知驾驶员的各种报警灯，告知驾驶员车辆各部分状况的指示灯，并具有仪表照明功能，主要包括车速表、水温表、燃油表、发动机转速表、车门未关报警灯、发动机故障报警灯、机油压力报警灯、制动系统报警灯、ABS

报警灯、安全带报警灯、安全气囊报警灯、充电指示灯、转向指示灯、危险报警闪光指示灯、远光指示灯等。

图 6.38　别克君威轿车仪表

2. 别克君威轿车仪表电路

别克君威轿车仪表电路如图 6.39 所示。

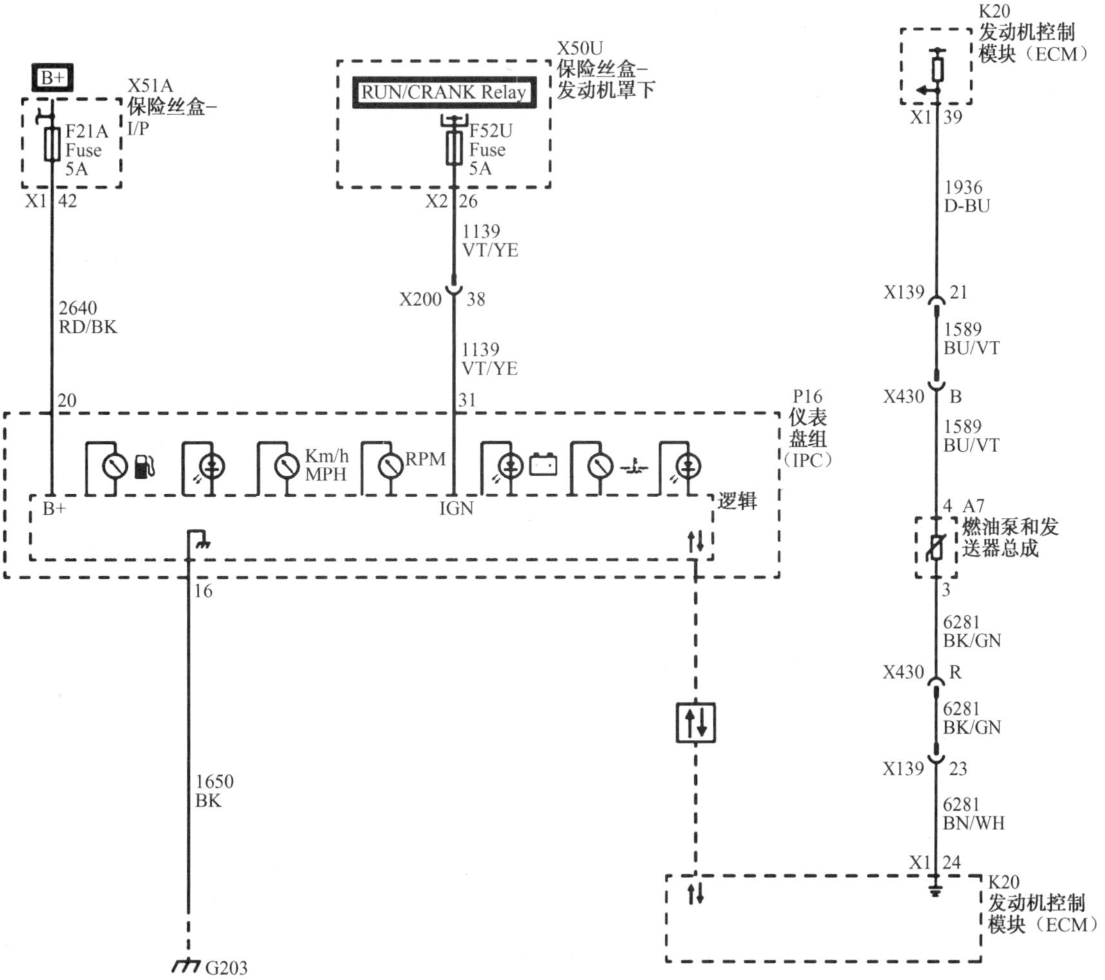

（a）别克君威轿车仪表电路（一）

图 6.39　别克君威轿车仪表电路

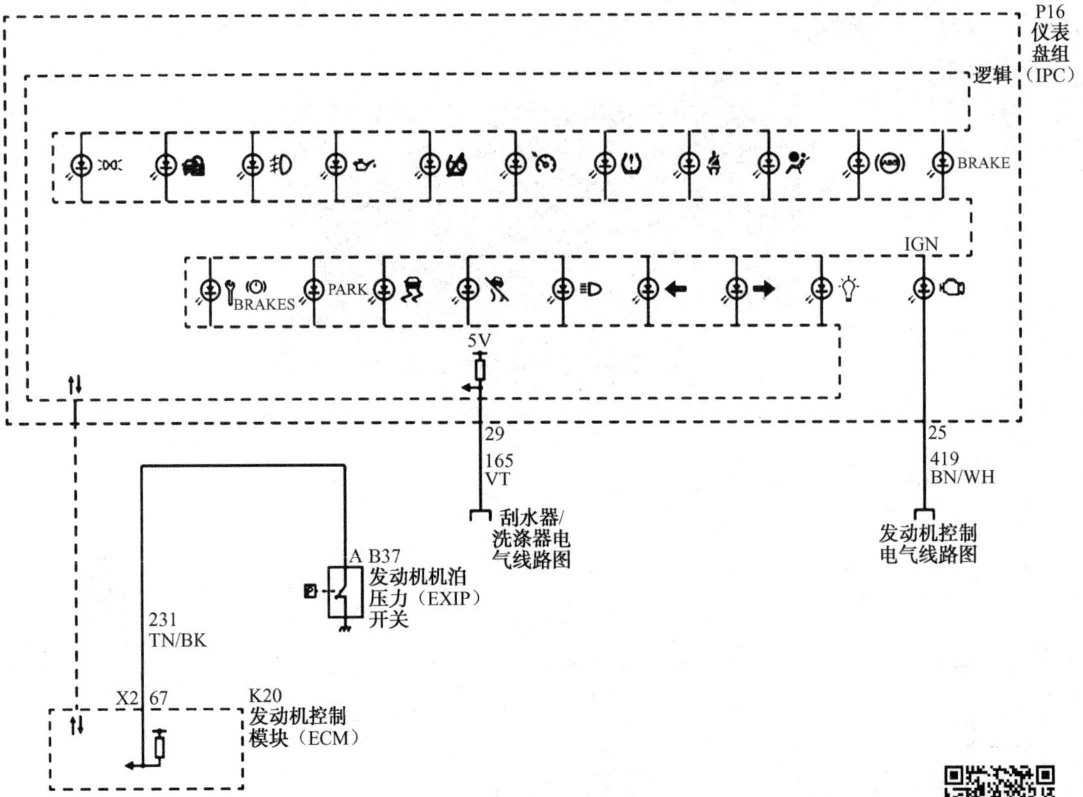

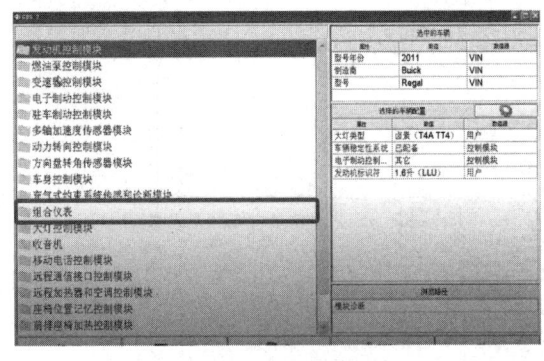

（b）别克君威轿车仪表电路（二）

图 6.39　别克君威轿车仪表电路（续）

仪表数据流分析

3. 别克君威轿车仪表数据流分析

对别克君威轿车仪表数据流进行分析时，首先做好检测前准备，将点火开关置于 ON 位置，然后打开故障诊断仪，选择"组合仪表"（见图 6.40），再选择"数据显示屏"（见图 6.41），观测组合仪表的数据流。

图 6.40　故障诊断仪显示界面（一） 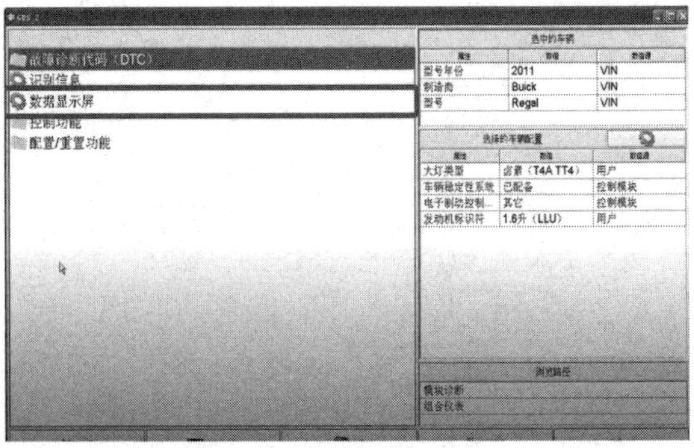　　　图 6.41　故障诊断仪显示界面（二）

当前，发动机未起动时，"蓄电池电压"为 12.8V；"钥匙插入点火开关的状态"参数为"激活"；"驾驶员信息中心开关"状态为"不活动"；"重置开关"状态为"不活动"；"环境空气温度"为 25.5℃；"发动机转速"为 0；"车速"为 0；"燃油油位传感器"参数为 53%；"发动机机油压力"参数为 0（见图 6.42）。

起动发动机，"蓄电池电压"显示为充电电压 15V；当按下和松开 S78 转向信号/多功能开关，选择"菜单""向下""向上"和"清除"时，故障诊断仪上的"驾驶员信息中心开关"参数应有相应的变化（见图6.43）；观测故障诊断仪"重置开关"参数，当前为不活动状态；当按下单程里程表的重置开关时，该参数应变为"激活"；"发动机转速"当前为800转/分钟；确认故障诊断仪当前"燃油油位传感器"参数为53%。

"燃油油位传感器"参数：发动机控制模块通过高速CAN总线将燃油油位百分比发送给车身控制模块（BCM），然后车身控制模块通过低速CAN总线将燃油油位百分比传送到组合仪表，以控制燃油表。该参数随着燃油油位变化而变化。

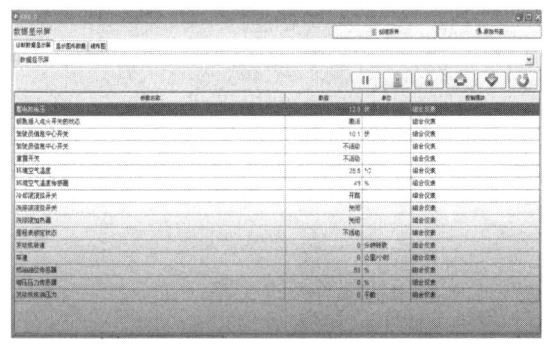

图6.42 故障诊断仪显示界面（三）

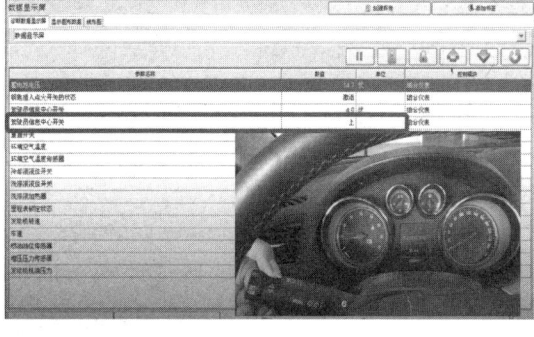

图6.43 故障诊断仪显示界面（四）

4. 别克君威轿车仪表执行元件测试

对别克君威轿车仪表执行元件测试时，首先做好检测前准备，连接故障诊断仪，打开诊断软件，选择"诊断"→"输入"→"模块诊断"→"组合仪表"→"控制功能"→"所有指示灯"，可通过故障诊断仪控制功能点亮和熄灭组合仪表所有的指示灯（见图6.44），从而判断所有仪表指示灯是否有故障。测试完成，不再控制。

仪表执行元件测试

测试仪表指示灯后，选择"返回"→"驾驶员信息中心减低亮度"，可通过故障诊断仪控制功能对仪表背景灯进行亮度调节（见图6.45），从而判断背景灯亮度调节电路是否有故障。测试完成，释放控制。

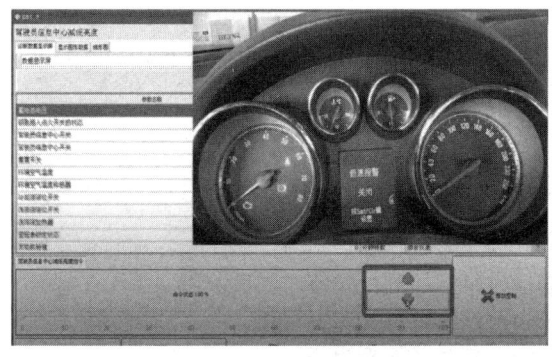

图6.44 故障诊断仪显示界面（五）

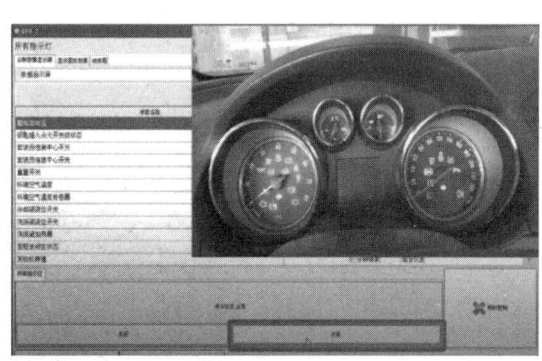

图6.45 故障诊断仪显示界面（六）

调节仪表背景灯亮度后，选择"返回"→"驾驶员信息中心选项"，可通过故障诊断仪控制功能进行驾驶员信息中心选项切换（见图6.46），从而判断驾驶员信息中心是否有故障。测试完成，不再控制。

切换驾驶员信息中心选项后，选择"返回"→"驾驶员信息中心片段"，可通过故障诊断仪控制功能点亮或关闭驾驶员信息中心片段（见图6.47），从而判断驾驶员信息中心片段是否有故障。测试完成，不再控制。

图 6.46　故障诊断仪显示界面（七）　　　　　图 6.47　故障诊断仪显示界面（八）

　　驾驶员信息中心测试完成后，选择"返回"→"组合仪表扫描测试"，用故障诊断仪执行组合仪表扫描测试，确认将所有仪表从低位扫描至高位（见图 6.48），从而判断所有仪表是否有故障。测试完成，不再控制。单击"返回"按钮，退出诊断程序。

图 6.48　故障诊断仪显示界面（九）

6.3.3　雪佛兰科鲁兹轿车仪表系统及检测

1．雪佛兰科鲁兹轿车仪表

　　如图 6.49 所示为 2013 年款雪佛兰科鲁兹轿车仪表，包括燃油表、水温表、发动机转速表、车速表，以及各个信息指示灯和驾驶员信息显示中心，可指示车辆所有相关信息，便于驾驶员掌握车辆状态。

图 6.49　2013 年款雪佛兰科鲁兹轿车仪表

　　雪佛兰科鲁兹轿车仪表电路如图 6.50 所示，雪佛兰科鲁兹轿车数据通信线路示意图如图 6.51 所示。

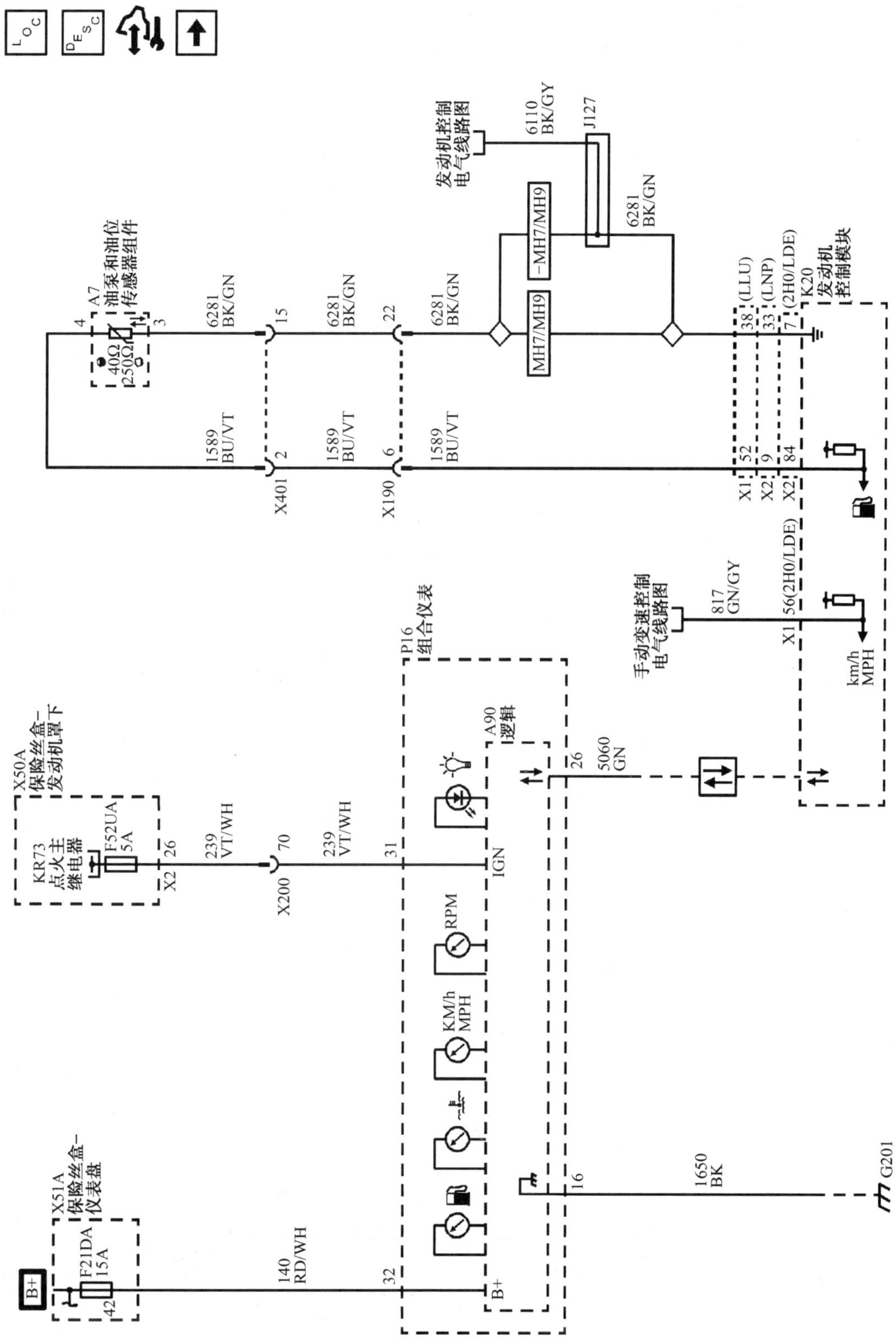

图6.50 雪佛兰科鲁兹轿车仪表电路

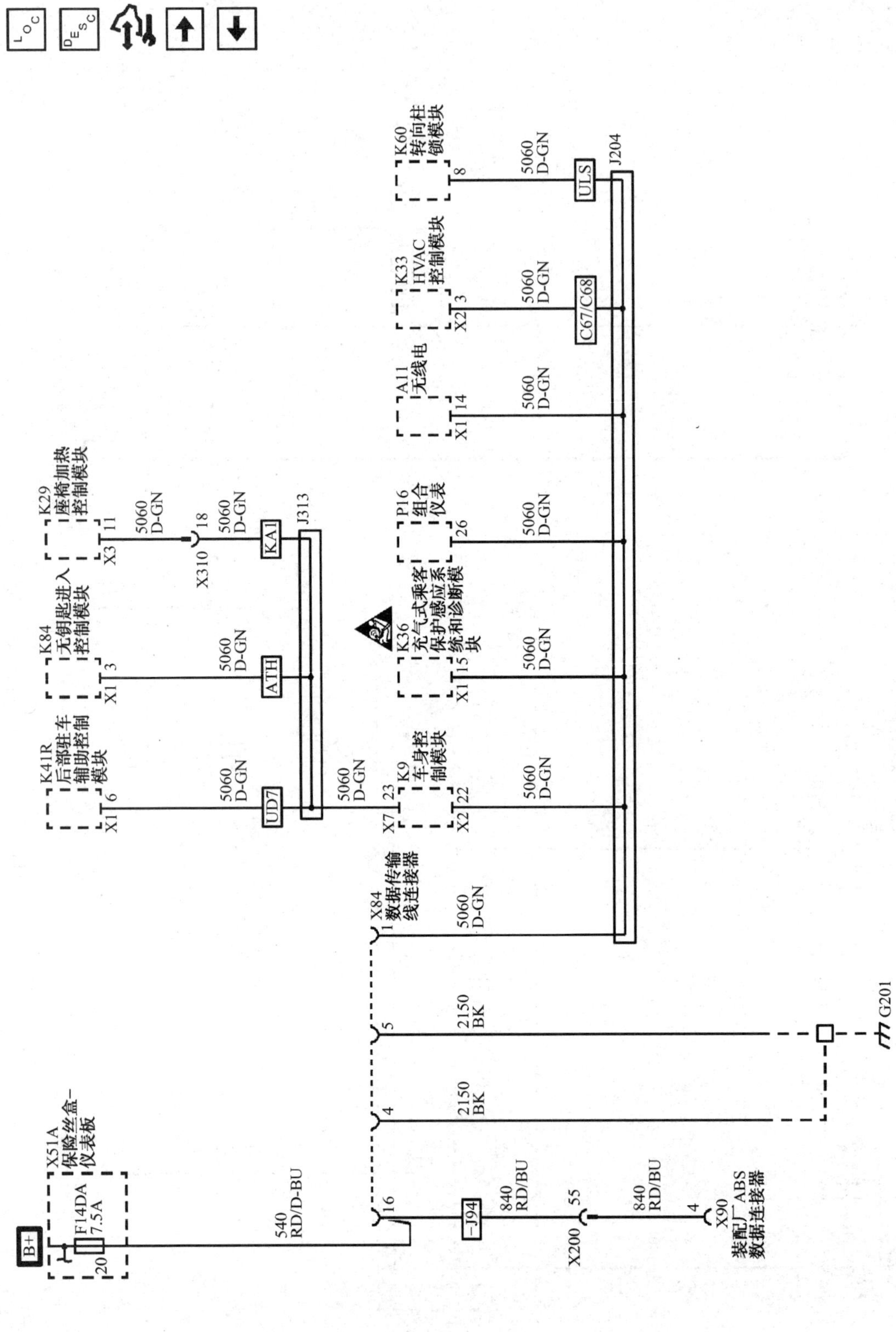

图6.51 雪佛兰科鲁兹轿车数据通信线路示意图

仪表电源、搭铁及低速通
信线信号波形测试

2．仪表电源、搭铁及低速通信线信号波形测试

（1）仪表电源检测

车辆准备：将点火开关置于 OFF（关闭）位置→拆下蓄电池负极电缆→拆下仪表→断开仪表线束连接器→连接蓄电池负极电缆。

① 常电源供电检测。

测试线束连接器常电源供电端子 32 和搭铁之间是否存在 B+电压，如果低于规定值，则测试常电源供电电路是否对搭铁短路或开路/电阻过大。

② KR73 点火主继电器控制供电检测。

将点火开关置于 ON（打开）位置，测试线束连接器点火主继电器控制供电端子 31 和搭铁之间是否存在 B+电压，如果低于规定值，则测试点火主继电器控制供电电路是否对搭铁短路或开路/电阻过大。

（2）仪表搭铁检测

完成常电源供电检测后，将点火开关置于 OFF（关闭）位置，拆下蓄电池负极电缆，测试线束连接器搭铁端子 16 和搭铁之间的电阻是否小于 5Ω，如果大于规定值，则测试搭铁电路是否开路/电阻过大。

连接仪表线束连接器，连接蓄电池负极电缆。

（3）仪表低速通信线信号波形测试

如图 6.51 所示，在 X84 诊断接口 1 号端子和搭铁之间连接示波器，将点火开关置于 ON 位置，利用示波器读取信号波形。信号波形如图 6.52 所示，信号电压应在 0V 和 5V 之间跳变，若信号异常，则进行故障诊断。

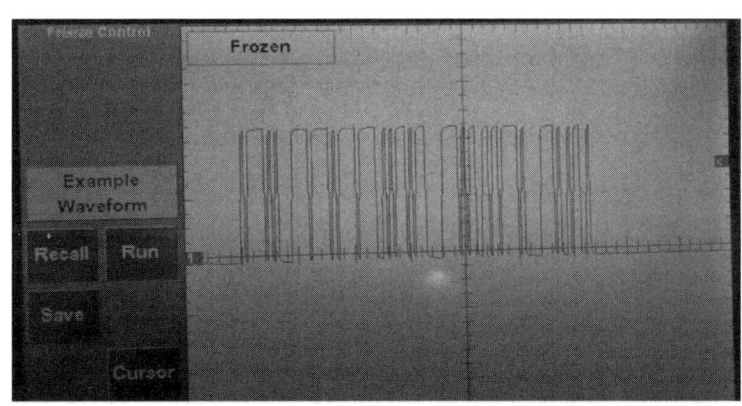

图 6.52　雪佛兰科鲁兹轿车仪表低速通信线信号波形

6.3.4　比亚迪 E5 轿车仪表系统及检测

1．比亚迪 E5 轿车仪表的功能

仪表也就是所谓的行车电脑，它的作用是诊断车上的各大系统及实时反馈汽车各个系统的工作状况，并通过各种指示表、指示灯向驾驶者展现。如图 6.53 所示，比亚迪 E5 轿车仪表主要由车速表、功率表、信息显示屏等构成。功率表可以帮助驾驶员了解车辆当前的动力状况，即显示整车的实时功率，在车辆下坡、慢速行驶时，功率指示值可能为负值，表示当前车辆正在给动力电池充电。车速表显示当前车辆行驶的速度。信息显示屏又叫多信息显示屏，可通过显示屏幕将车辆行驶数据或警告信息通过屏显的方式体现出来，便于驾驶者即时掌握车辆信息。

主要报警/指示灯点亮或闪烁的含义如表 6.8 所示。

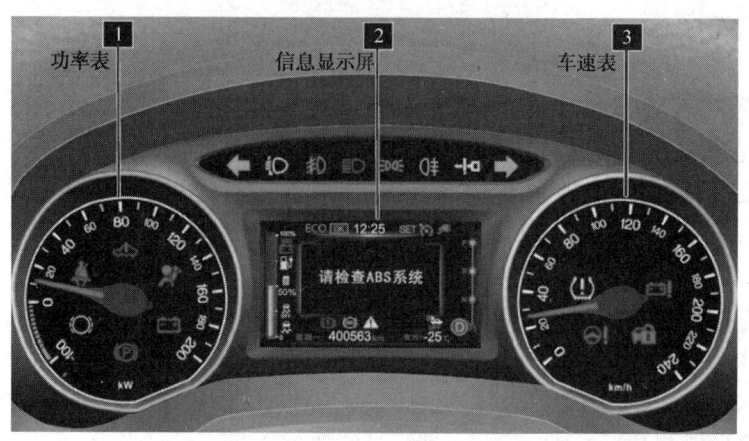

图 6.53　比亚迪 E5 轿车仪表

表 6.8　比亚迪 E5 轿车主要报警/指示灯点亮或闪烁的含义

图　标	名　　称	点亮或闪烁的含义
	驻车制动故障警告灯	制动液位低、制动系统故障、电子驻车系统故障
	充电系统警告灯	无法给蓄电池充电，建议与比亚迪汽车授权服务店联系
	智能钥匙系统警告灯	检查钥匙是否在车内或是否电池电量低
	电机冷却液温度过高警告灯	常亮时表示温度过高，请停车冷却车辆；闪亮时表示冷却液液位低，请及时添加冷却液
	ESP 故障警告灯	常亮时，建议将车辆送到比亚迪汽车授权服务店进行检查；闪烁时，ESP 系统工作正常
	防盗指示灯	常亮时，表示车辆防盗系统锁死，无法起动车辆，建议与比亚迪汽车授权服务店联系
	主告警灯	应注意信息显示屏的提示信息
	动力电池电量低警告灯	该警告灯常亮时，请及时给车辆充电
	动力电池故障警告灯	常亮时，建议将车辆送到比亚迪汽车授权服务店进行检查
OK	OK 指示灯	车辆已上电，驱动系统准备就绪
	动力系统故障警告灯	常亮时，建议将车辆送到比亚迪汽车授权服务店进行检查
	动力电池过热警告灯	该警告灯点亮时应停车使电池冷却

2. 比亚迪 E5 轿车仪表的电路图

比亚迪 E5 轿车仪表电路如图 6.54 及图 6.55 所示。

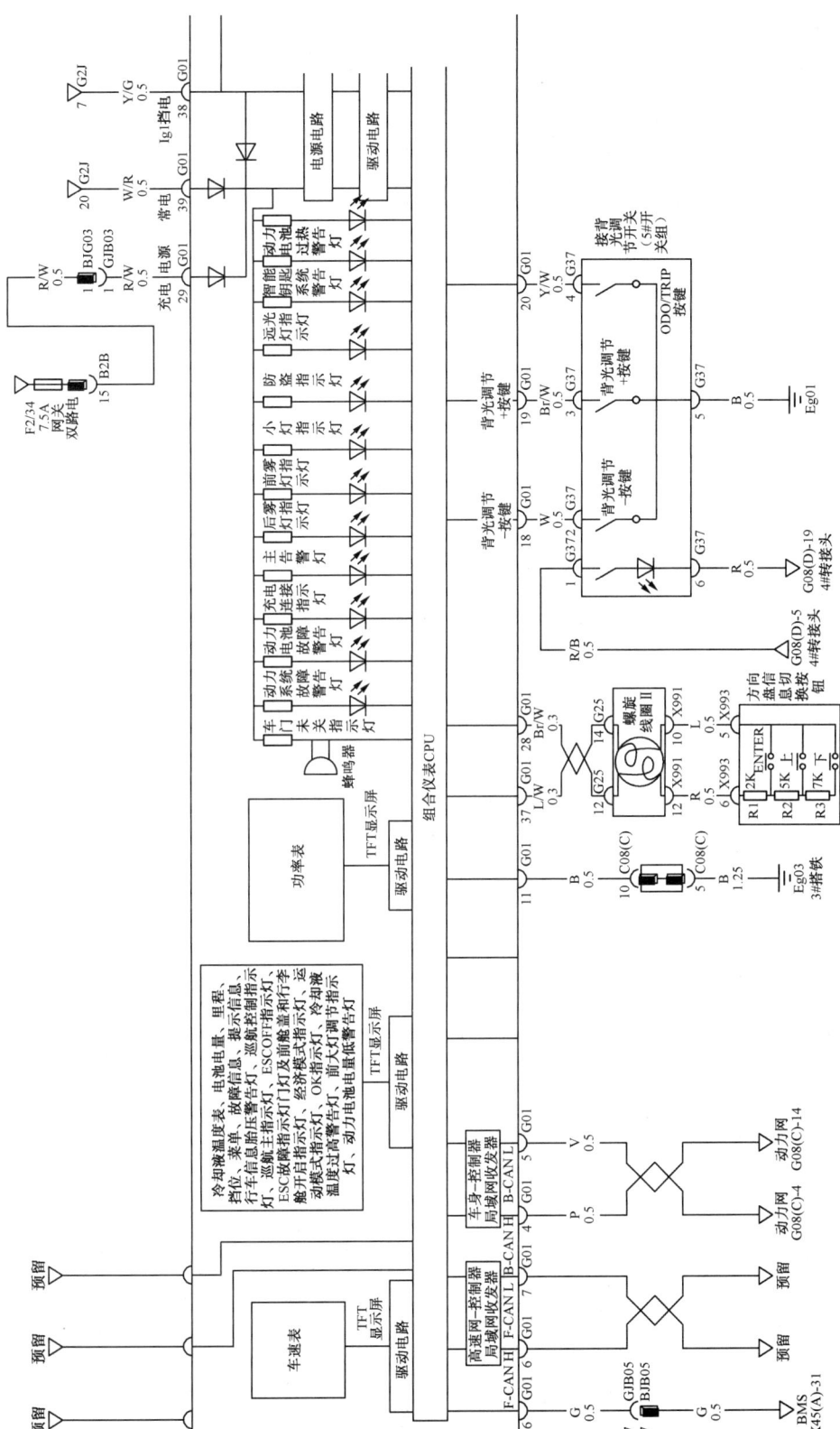

图6.54 比亚迪E5轿车仪表电路（一）

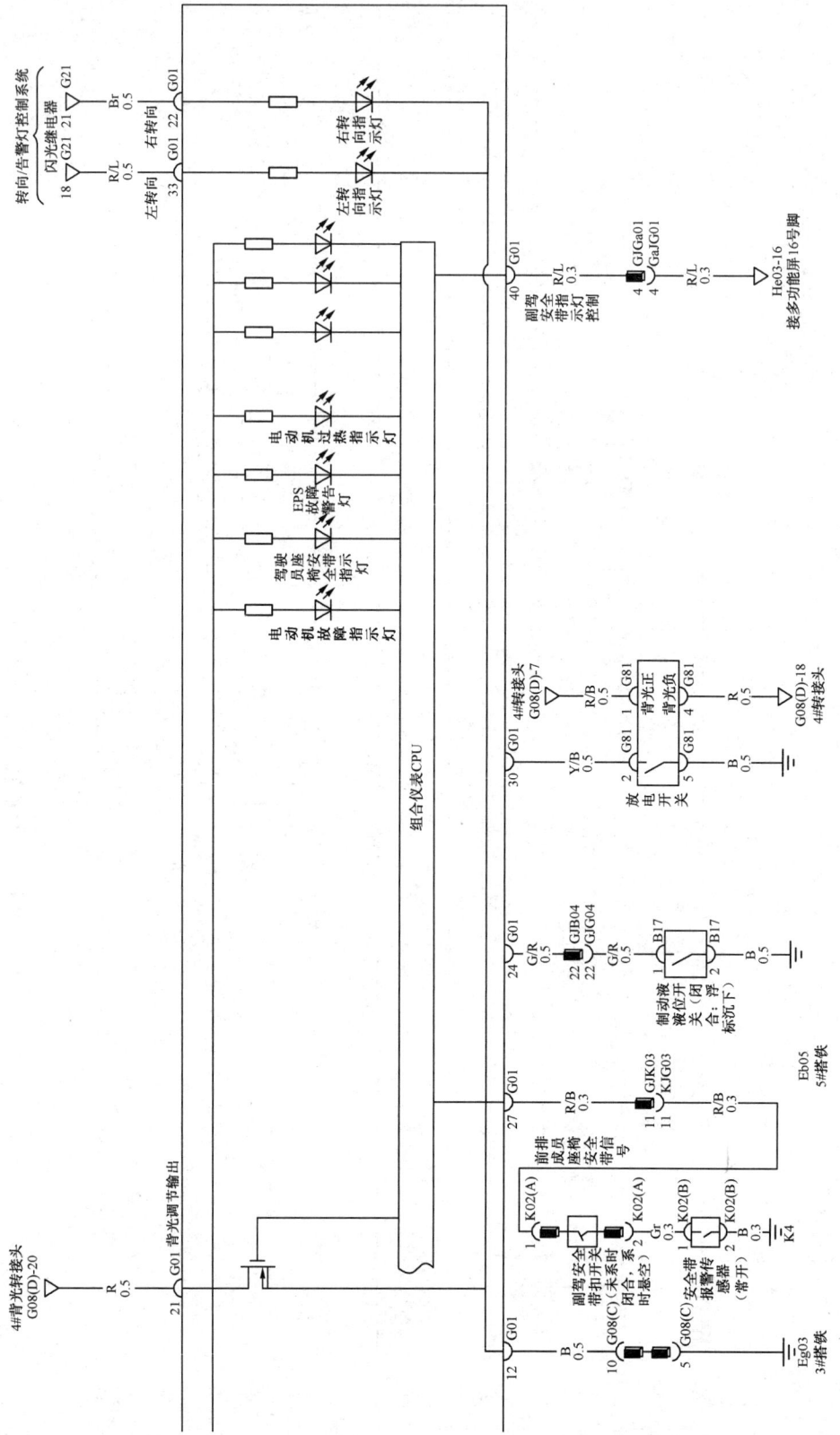

图6.55 比亚迪E5轿车仪表电路（二）

【任务实施】

接车后，询问车主得知该车曾因路面有积水而涉水。拆下发动机舱左侧电缆槽内的大线束中继插头（连接发动机线束和仪表线束），检查发现两插头局部脚已出现腐蚀现象，如图 6.56 所示。用线路除锈剂清理，并用空气吹干，再以插头的 T14A/9 脚为检测点，测点对地电阻趋于无穷大，而标准值为仪表内部接地。拆下仪表，测量 T14A/9 脚至仪表的 T32/7 脚电阻无断路现象，说明仪表内部接地线断路。拆下仪表线路板，发现连接 T32/7 脚的内部接地线因过热烧断，如图 6.57 所示，将此线用铜线连接修复（见图 6.58），测量焊接点至 T32/7 为通路，说明修复成功，再测量焊接点至 32/8 脚和 32/5 脚电阻为 1.5Ω，说明燃油表和水温表间电阻正常，装回仪表，打开点火开关、水温表、燃油表和外温显示全部恢复正常。

图 6.56 连接发动机线束和仪表线束的中继插头

图 6.57 修复前的仪表线路板

图 6.58 修复后的仪表线路板

维修技师分析为中继插头进水将 12V 供电线脚与仪表接地脚短暂导通，一方面熔断相关保险，实际是 S5 保险熔断，外部温度传感器，包括选配的多功能显示开关都相继失效了。

部分宝来轿车仪表电路如图 6.59 所示。

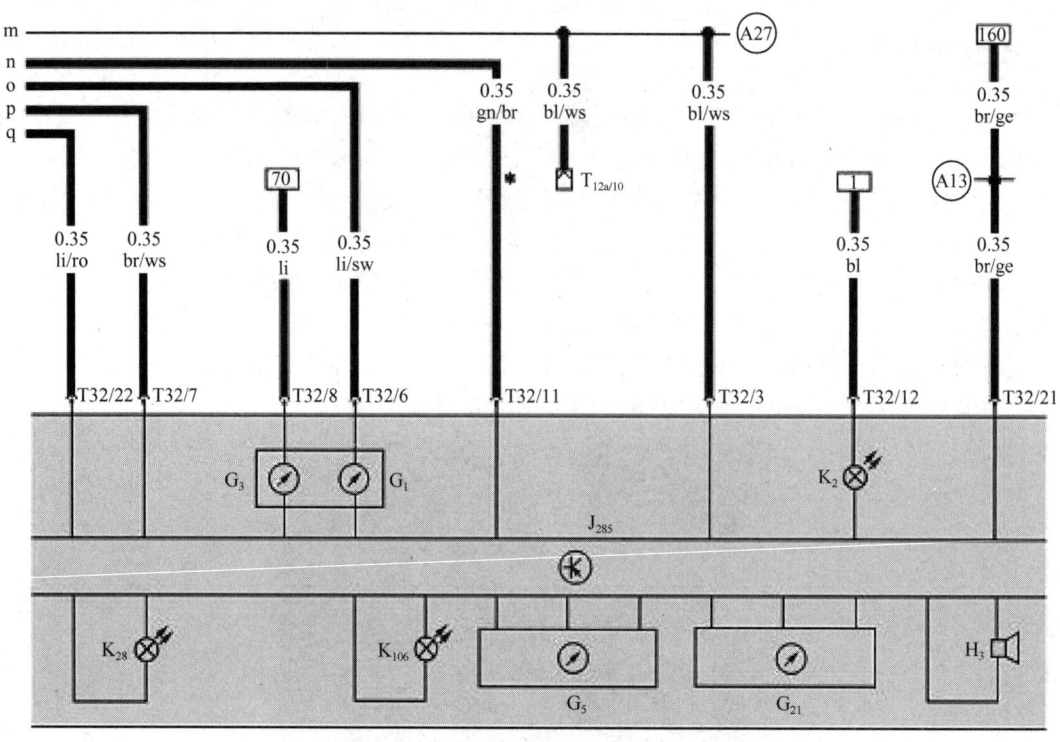

图 6.59　部分宝来轿车仪表电路

【延伸阅读】

告诉你问题在哪里

　　核酸，广泛存在于动物、植物、细胞和微生物内，是基本的遗传物质。每种生物的核酸内部都含有核糖核苷酸，不同的生物所含的核糖核苷酸数量和排列顺序不同，使得每种生物都具有"特异性"。核酸检测其实就是对病毒的核酸进行特异性检测。在检测过程中，可采用荧光定量 RT-PCR 技术将样本中病毒的核酸（RNA）打上荧光标记，如果存在病毒核酸，仪器就可以检测到荧光信号，这样就检测到了病毒的存在，最终将样本内部的隐性病毒基因显现出来。

　　这个过程就像 ECU 和仪表处理车辆内部信息一样，车辆内部有很多传感器，可以检测车辆的运行状态，并将这些信号传递至 ECU 中，ECU 根据信号判断车辆是否正常工作，并最终将行驶过程中的各种动态指标显现在仪表中，以便驾驶员随时了解各系统的工作状况，保证车辆安全、可靠行驶。

　　仪表通过这种方式来监测车辆告诉驾驶员车辆是否存在状况，让风险无处遁形。

企业案例 6

1. 搭铁不良导致打开空调时冷却液温度过高

（1）故障车型：捷达 GiF。

（2）故障症状：天气炎热时，车辆在低速行驶时打开空调出现冷却液温度过高现象。

（3）故障检测：该故障现象大多是散热器、冷凝器过脏，降低了散热效果造成的。首先清洗散热器和冷凝器，故障没有排除。用 V. A. G1551 检测无故障，读取数据块发现冷却液温度表显示的温度与数据块显示的温度不一致。

（4）故障分析：该车冷却液温度实际正常，是冷却液温度表指示偏差导致误报冷却液温度高。造成冷却液温度表指示偏差的原因主要是线路中搭铁不实。

（5）故障排除：检查线路中的搭铁点是否有松旷、锈蚀、漆层等现象，经清洁搭铁线，紧固连接螺钉，故障排除。

2．熔断器熔断导致仪表不回零位和电子钟无显示等故障

（1）故障车型：捷达 GiF。

（2）故障症状：关闭点火开关后，仪表的冷却液温度表、燃油表、转速表都不回到初始位置，电子钟和车速表没有显示。

（3）故障检测：按照电路图进行检查，发现 21 号熔断器熔断。

（4）故障分析：捷达轿车仪表有两路供电电源，分别是 21 号熔断器和 16 号熔断器。由于仪表 16 号熔断器正常，各仪表指示均正确。但 21 号熔断器熔断不仅会使车内灯、数字钟不工作，还会出现上述仪表不回位的现象。此故障需要查找 21 号熔断器熔断的原因，根据电路图检测 21 号熔断器输出端与搭铁间的电阻，并未短路；后经询问，车主说此故障发生在通过点烟器接过其他用电设备之后，查看电路图发现点烟器和仪表共用 21 号熔断器，该熔断器熔断应与用户外接用电设备有关。

（5）故障排除：更换 21 号熔断器，恢复正常。

测试练习题 6

一、判断题

（　　）1．数字式组合仪表各个表头均采用步进电动机驱动。

（　　）2．汽车仪表能集中、直观、迅速地反映汽车在行驶过程中的各种动态指标。

（　　）3．汽车仪表上的指示灯可分为 3 种类型：第 1 种是状态指示灯，第 2 种是故障指示灯，第 3 种为警告灯。

（　　）4．基于 CAN 传输控制的仪表，如水温传感器通过 CAN 总线获取。

（　　）5．断开仪表线束连接器之前，应首先关闭点火开关，然后拆下蓄电池负极电缆。

（　　）6．汽车仪表除了指示基本的车辆行驶工况信息，还对其他的一些工况进行监控并向驾驶员发出指示或警告信息。

二、综合题

1．写出下列图形所代表的指示灯的名称。

续表

2. 查阅一款车型的仪表系统电路，分析其工作原理，识别供电电路，分类梳理哪些功能属于直接信号来源，哪些功能信号属于 CAN 传输信号。

学习情境七

辅助电器系统故障诊断与维修

【能力目标】

- 描述风窗刮水器与清洗装置的功能、组成和工作原理；
- 描述电动座椅、电动车窗、电动后视镜、中控门锁等装置的功能、组成和工作原理；
- 识读风窗刮水器与清洗装置的电路图；
- 识读电动座椅、电动车窗、电动后视镜、中控门锁等装置的电路图；
- 检测风窗刮水器与清洗装置的部件及相关电路；
- 检测电动座椅、电动车窗、电动后视镜、中控门锁等装置的部件及相关电路；
- 制定风窗刮水器与清洗装置、电动座椅、电动车窗、电动后视镜、中控门锁等装置的故障诊断方案，进行故障诊断，排除故障。

【学习内容】

- 风窗刮水器与清洗装置的功能、组成和工作原理；
- 电动座椅、电动车窗、电动后视镜、中控门锁等装置的功能、组成和工作原理；
- 风窗刮水器与清洗装置的电路图；
- 电动座椅、电动车窗、电动后视镜、中控门锁等装置的电路图；
- 风窗刮水器与清洗装置的故障原因；
- 电动座椅、电动车窗、电动后视镜、中控门锁等装置的故障原因；
- 风窗刮水器与清洗装置、电动座椅、电动车窗、电动后视镜、中控门锁等装置的部件及相关电路检测方法；
- 风窗刮水器与清洗装置、电动座椅、电动车窗、电动后视镜、中控门锁等装置的故障诊断与排除方法。

【任务导入】

一辆行驶里程约为 7.9 万千米、搭载 CSTA 型 1.4T 发动机和手动变速器的 2016 年大众速腾轿车，车主反映：操作主驾驶侧的车窗开关，发现右前门和右后门的电动车窗均不动作，再分别操作右前门和右后门上的车窗开关，也不能控制车窗玻璃的升降。经维修技师诊断为右后门电动车窗控制模块损坏，导致右侧车窗不能工作。

学习单元 7.1　风窗刮水、清洗和除霜系统的应用与诊断

驾驶员在行驶时，遇有雨天、雪天、雾天或扬沙天气时，会造成视线不良，给驾驶安全带来隐患。为了保证在遇到上述不良天气时驾驶员仍有良好的视线，所有车辆至少装备一套自动风窗玻璃刮水器系统。自动风窗玻璃刮水器系统指在车辆发动机运转时除风窗玻璃刮水器启动

和停止操作外不需要驾驶员的其他操作即能够工作的系统。有的车上还装有后风窗刮水器，风窗刮水与清洗系统如图 7.1 所示。电动刮水器一般具有 1～3 个橡皮刷，由驱动装置带着来回摆动，以除去风窗玻璃（又称风挡玻璃）上的水、雪及沙尘等。

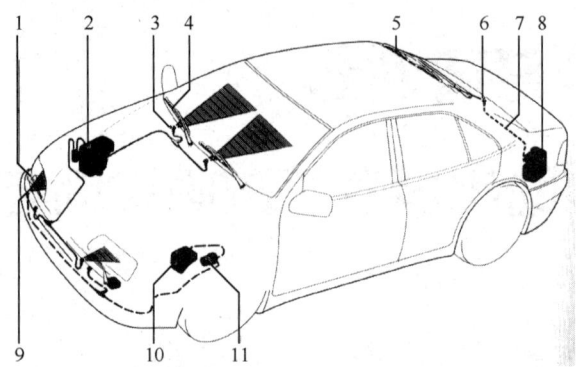

1—前照灯刮水器/清洗装置；2—前清洗液储液罐及清洗泵；3—喷嘴（前风窗）；4—前风窗玻璃刮水器；5—后风窗玻璃刮水器；6—喷嘴（后风窗）；7—后风窗清洗装置；8—后清洗液储液罐及清洗泵；9—高压清洗系统（前照灯）；10—储液罐；11—高压泵。

图 7.1　风窗刮水与清洗系统

两厢车、SUV、MPV 等没有尾厢设计的车型都会配备后风窗刮水器，这是由于这些车型受车尾扰流的影响，后风窗玻璃容易被卷起的污水或泥沙弄脏。因此，两厢车、SUV、MPV 等车型需要配备后风窗玻璃刮水器，随时将后风窗玻璃清洁干净，以保证正后方视野清晰。

7.1.1　风窗刮水系统

1．性能要求

风窗刮水器的认识

轿车上的刮水器要在特殊条件下工作 150 万次刮水周期（刮水片为 50 万次刮水周期）后还能很好地工作，载重汽车的刮水器甚至要工作超过 300 万次刮水周期。为此，对刮水器有如下要求。

（1）刮水器和清洗装置必须清洁下雨、下雪和脏污时的前风窗玻璃，目前也包括清洁后风窗玻璃。

（2）风窗玻璃刮水器的刮刷和清洗面积需符合 GB 15085—2013 中的规定，以便驾驶员有足够的视野看到行车道边线、交通标志和交通信号灯。

（3）当通过风窗玻璃刮水器控制系统停止风窗玻璃刮水器的工作时，刮水器刮片应自动返回至其初始位置。

（4）刮水器工作时应能够承受 15s 的外力阻挡负荷，之后所有部件仍能工作。只要除风窗玻璃刮水器控制系统外不需要其他控制操作即可复位，则允许使用自动保护电路。

（5）在相对空气速度等于车辆最高速度的 80%，但最高不超过 160km/h 时，以最高频率工作的风窗玻璃刮水器系统应能够在与刮水器试验相同的条件下以相同效率刮刷规定的区域。

（6）刮水器臂的安装应使刮水器臂能够从风窗玻璃上移开以便对玻璃进行人工清洗。

（7）在-18℃±3℃的温度下，风窗玻璃刮水器系统能够在干燥的风窗玻璃上持续工作 2min。

除此之外，刮水器质量要可靠，尽可能避免由迎面汽车引起的散射光和与此相关的眩光影响。刮水器必须有足够的耐腐蚀性，必须通过封闭试验。

2．刮水频率

刮水频率是指刮水器每分钟往复移动的次数，风窗玻璃刮水器至少应有两种刮水频率。

（1）一种刮水频率不低于 45 次/分。

（2）一种刮水频率不低于 10 次/分，且不高于 55 次/分。

（3）最高的刮水频率和其中一种低的刮水频率之差不低于 15 次/分。

无间歇的风窗玻璃刮水在下小雨或下小雪时会有问题，因为在较干的风窗玻璃上刮水时，会使刮水唇产生不必要的磨损。用间歇继电器可使刮水器中间停顿，刮水器就不会在较干的风窗玻璃上滑动。间歇继电器是一个脉冲继电器，且脉冲时间序列可变，脉冲通过继电器控制刮水器电动机转动，每个脉冲使刮水器往复移动一次。

在普通的间歇刮水开关上，可用旋钮仔细调节刮水间隔，调节范围为每分钟 2~20 个脉冲。带有雨量传感器的自动雨刮系统，刮水频率根据雨量的大小可自动实现无级调节。

3．刮水器分类

刮水器的种类繁多，从刮刷数量而言，乘用车通常采用单臂刮刷或双臂刮刷，如图 7.2 所示。单臂刮刷采用一根刮臂刮刷来刮拭风窗玻璃，由于结构限制，单臂刮刷的刮拭面积覆盖率小于双臂刮刷。

为了提高刮拭面积，部分单臂刮刷采用了刮角增大的刮臂。在乘用车中，单臂刮刷一般用于后风窗玻璃。双臂刮刷可分为顺刮和对刮两种，如图 7.3 所示。双臂刮刷根据电动机数目不同，可分为单电动机驱动和双电动机驱动。顺刮采用单电动机驱动，而对刮则采用双电动机驱动。双臂刮刷一般用于前风窗玻璃。

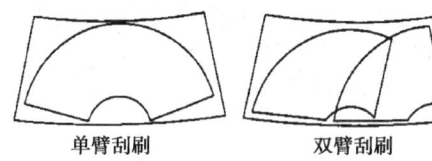

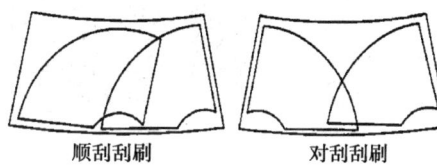

单臂刮刷　　　双臂刮刷　　　　　顺刮刮刷　　　对刮刮刷

图 7.2　单臂刮刷和双臂刮刷　　　　图 7.3　顺刮和对刮

4．结构组成及工作原理

刮水系统主要由驱动电动机、减速机构、自动停位器、刮水器开关和联动机构及带有刮水片的刮水臂等组成。它一般采用连杆机构并设有多个球头活节，转动和换向非常灵活。如图 7.4 所示，永磁式电动机 11 固装在支架 12 上，连杆 3、7、8 和摆杆 2、4、6 组成杠杆联动机构，摆杆 2、6 上连接有刮片架，刮片架 1、5 的上端连接橡胶刮片。电动机的旋转运动由轴端的蜗杆 10 传给蜗轮 9 并转换为往复运动，蜗轮上的偏心销与连杆 8 铰接。蜗轮转动时，通过连杆 8、7、3 带动摆杆 4、6、2 摆动，风窗玻璃上的刮水片便在刮片架 1、5 的带动下摆动刮水。

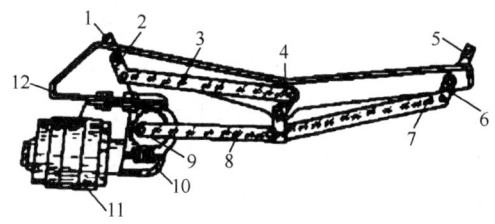

1、5—刮片架；2、4、6—摆杆；3、7、8—连杆；9—蜗轮；10—蜗杆；11—永磁式电动机；12—支架。

图 7.4　刮水器的结构

（1）前刮水器开关。前刮水器开关是控制刮水器的操作装置，大多数安装在方向盘右下方转向柱上，用右手操纵；将开关手柄向下拉或向上推，可选择不同的刮刷挡位；向内拉手柄，喷出风窗玻璃清洗液。

刮水器拨杆和车灯拨杆一样，上面印了很多功能标识。虽然不同品牌的标识及标识位置有所不同，但其功能类似，常规前刮水器开关如图 7.5 所示。

风窗刮水器的工作原理

图 7.5　常规前刮水器开关

风窗刮水器典型电路分析

某些车型刮水器的自动间歇摆动挡位可以调节摆动频率，让刮水器摆动频率根据车速不同而不同——将刮水器拨杆置于自动间歇摆动挡位时，刮水器便会依照调节好的频率，根据车速快慢来改变摆动频率。摆动频率的调节旋钮主要有两种样式：拨动式（见图 7.6）及旋钮式（见图 7.7）。

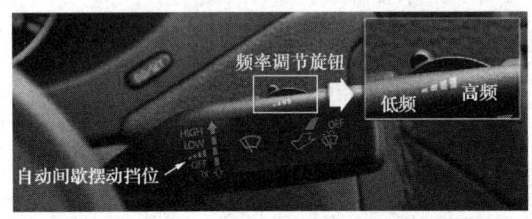

图 7.6　拨动式摆动频率调节开关

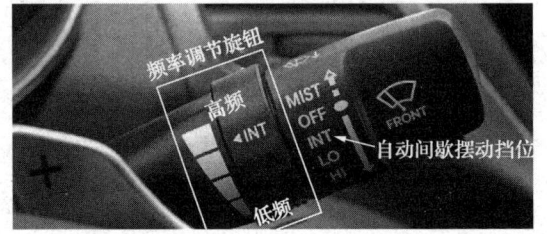

图 7.7　旋钮式摆动频率调节开关

（2）后刮水器开关。后刮水器的开关也设置在刮水器拨杆上，与前刮水器机构是两个独立的系统，可以单独控制。后刮水器开关有两种样式，分别为拨动式（见图 7.8）和旋钮式（见图 7.9）。与前刮水器相比，后刮水器的功能就简单多了，只具备单一摆动频率及喷清洗液功能。

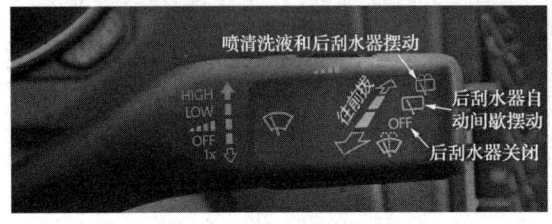

图 7.8　拨动式后刮水器开关

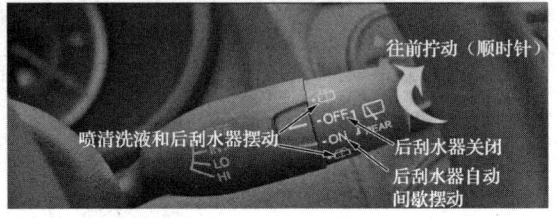

图 7.9　旋钮式后刮水器开关

（3）刮水器电动机。刮水器电动机按磁场结构不同可分为绕线式和永磁式两种，由于永磁式电动机具有体积小、质量轻、结构简单等特点，故在轿车上得到了广泛的应用。永磁式电动机总成如图 7.10 所示，它主要由一个永磁式直流电动机、一个蜗轮及蜗杆减速器和一个自动停位器组成。

电动机主要由磁极、电枢、电刷等组成，其磁极由铁氧体永久磁铁构成，磁场的强弱不能改变。为了改变电动机转速，采用三刷式电动机，利用三个电刷来改变正、负电刷之间串联的电枢线圈的个数，从而改变电动机的转速。因为直流电动机旋转时，在电枢绕组内同时还会产生反电动势，其方向与电枢电流的方向相反。当电枢通电后转数逐渐上升时，其绕组内同时产生一个反电动势，方向与电枢电流的方向相反。当电枢电流产生的电磁力矩与运转阻力矩平衡时，电枢的转数不再上升而趋于稳定。由于运转阻力矩一定，电枢稳定运转所需要的电枢电流一定，则对应的电枢绕组反向电动势的大小就一定。而电枢绕组反向电动势与转数和正、负电刷之间串联的电枢线圈个数的乘积成正比。正、负电刷之间串联的电枢线圈个数越多，转速越低；反之，正、负电刷之间串联的电枢线圈个数越少，转速越高。因此，利用三个电刷改变正、负电刷之间串联的电枢线圈个数可以实现变速，其电路原理如图 7.11 所示。

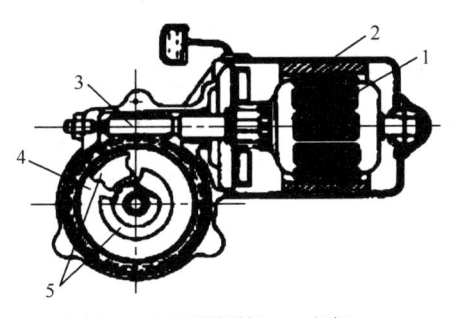

1—电枢；2—永久磁铁磁极；3—蜗杆；

4—蜗轮；5—自动停位滑片。

图 7.10 永磁式电动机总成

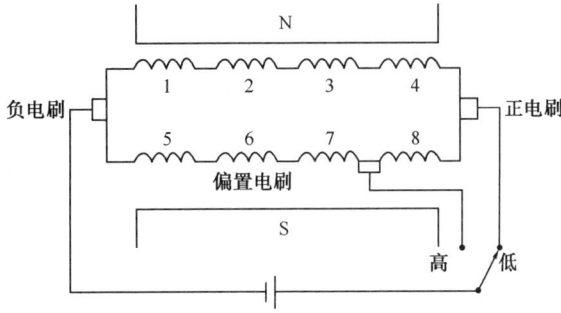

图 7.11 三刷式电动机电路原理

将电动机拆开后，可以看到三个电刷，即正电刷、负电刷和偏置电刷。当电源和正、负电刷接通时，其内部形成两条对称的并联支路，一条支路由线圈 1、2、3、4 串联组成，另一条支路由线圈 5、6、7、8 串联组成。由于各线圈反向电动势方向相同，互相叠加，相当于 4 对线圈串联，电动机以较低转速运转；当电源和负电刷及偏置电刷接通时，其内部形成两条不对称的并联支路，一条支路由线圈 1、2、3、4、8 串联组成，另一条支路由线圈 5、6、7 串联组成，其中线圈 8 和线圈 1、2、3、4 的反电动势方向相反，互相抵消后，相当于只有 3 对线圈串联，因此只有转速升高才能使反电动势达到与运转阻力矩相同的值，形成新的平衡，故此时转速较高。

自动停位器能保证刮水器开关在任何时刻断开时，雨刷臂都能自动停在风窗玻璃的底部，使之不影响驾驶员的视线，永磁式双速刮水器控制电路原理如图 7.12 所示。当电源开关闭合后，刮水器开关无论处于Ⅰ挡还是Ⅱ挡，电动机都可按要求运转。当刮水器开关由Ⅰ挡或Ⅱ挡变成 0 挡时，自动停位器中的自动复位触片 7 可能处在自动复位滑片 9 处，也可能处在自动复位滑片 8 处。当触片 7 处在滑片 9 处时，电流从电刷 4 流入电动机，经电刷 10→电源开关 2→触片 7→滑片 9→搭铁形成回路。此时，电动机继续转动。随着电动机的转动，当触片 7 和滑片 8 接触时（图 7.12 中的位置），电动机所在电路中无搭铁点，不能和电源构成通路，且此时电刷 4→电刷 10→电源开关 2→触片 7→滑片 8→触片 6→电刷 4 又构成另一闭合回路。原电流突然消失，此回路中便产生一个反向电流（楞次定律），该反向电流使电动机克服原来的惯性迅速停止。因此，无论刮水器开关在何时关闭，只有自动停位器中的触片 7 和滑片 8 接触时电动机才能停止运转，而此时雨刷臂必然处在风窗玻璃的底部。

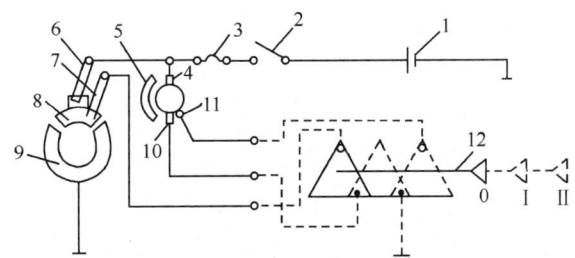

1—蓄电池；2—电源开关；3—熔断器；4、10、11—电刷；5—永久磁铁；6、7—自动复位触片；

8、9—自动复位滑片；12—刮水器开关。

图 7.12 永磁式双速刮水器控制电路原理

（4）传动机构。传动机构采用串联或并联的四角铰接连杆，在刮水角度大或传动困难的情况下也可采用十字杆或中间连接传动和可控的中间连接传动，如图7.13和图7.14所示。

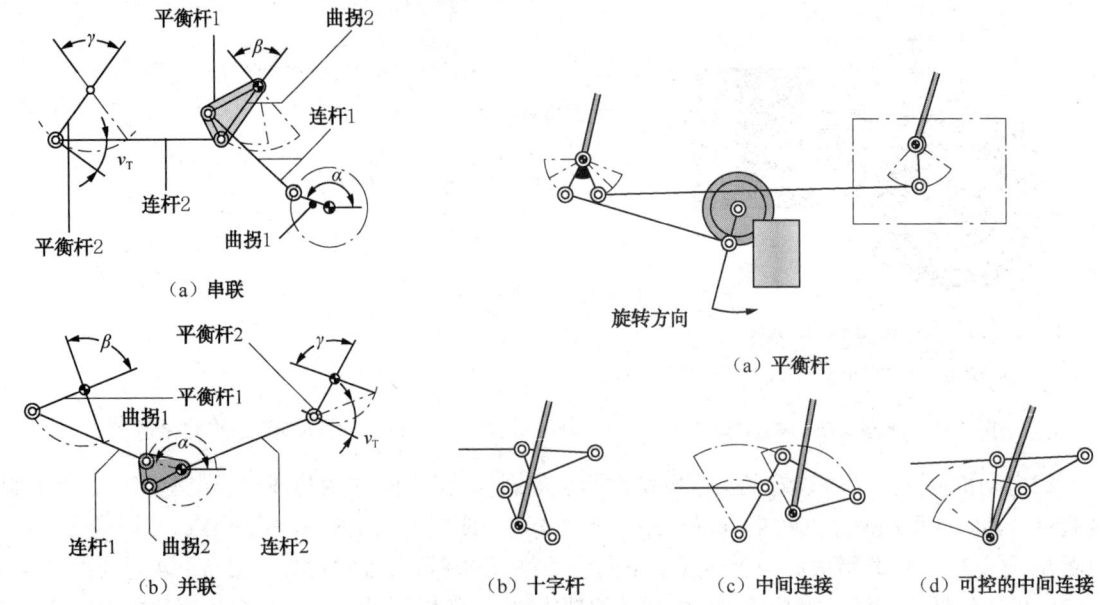

α—曲拐角度；β、γ—刮水角；v_T—切向力作用角。

图7.13　刮水器的四角铰接连杆传动　　　　图7.14　同向刮水系统（串联）右边传动部分各种形式

（5）刮水臂。刮水臂（见图7.15）是刮水传动机构和刮水片间的连接件。它支撑刮水片并使刮水片贴在风窗玻璃上。刮水臂的固定部分大多为锌或铝铸件，要将刮水臂拧到刮水器支撑轴的圆锥体上，刮水臂的另一端为弓形套钩（弓钩），常为钢带，用来携带刮水片。

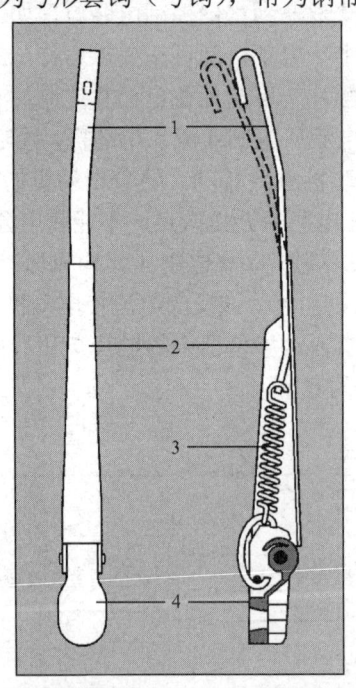

1—刮水臂（有弓钩固定的钢带，固定在刮水片的弹簧内）；2—铰接件；
3—拉簧；4—带圆锥体的固定件（固定在刮水器的支撑轴上）。

图7.15　刮水臂（顶视图和侧视图）

（6）刮水片。

① 常用的刮水片（见图 7.16 和图 7.17）靠夹紧弯形件、两个外置的中心弹簧槽或一个内置的中心弹簧槽将刮水橡胶夹紧，并将刮水橡胶贴在风窗玻璃上。刮水片的长度为 250～1000mm。夹紧弯形件和预拉紧弹簧槽通过它们的支撑点（支撑点数取决于刮水片长度）将压紧力均匀地分配在整个风窗玻璃上，刮水片与风窗玻璃形状一致，如图 7.16（a）所示。

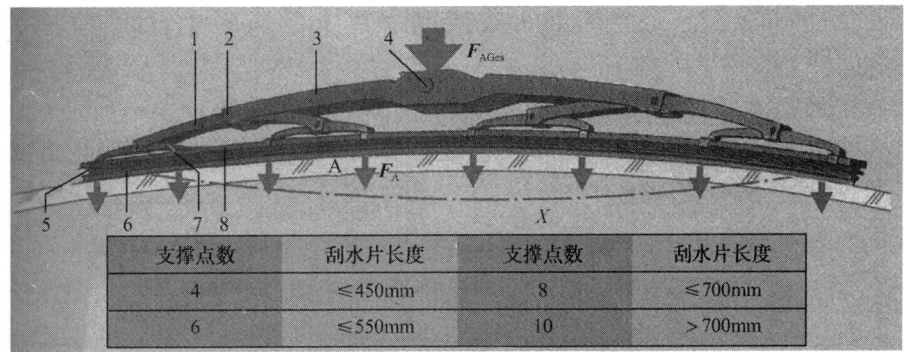

支撑点数	刮水片长度	支撑点数	刮水片长度
4	≤450mm	8	≤700mm
6	≤550mm	10	>700mm

（a）刮水片侧视图，受载状态（卸载轮廓为 X）

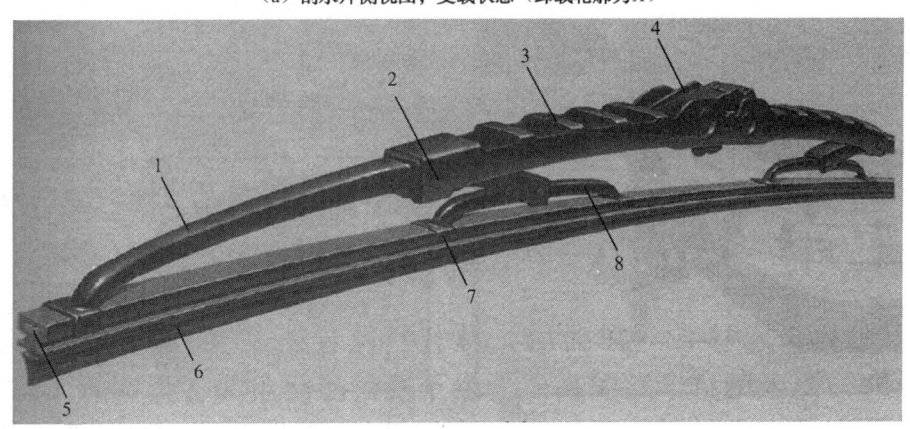

（b）刮水片背面，空间视图，非受载状态

1—中间弯形件；2—铰接头；3—中心弯形件，带孔；4—中心铆接点；5—弹簧槽；6—刮水橡胶；7—夹紧装置；8—夹紧弯形件。

$F_{A\,Ges}$—在中心弯形件中心处的总作用力；F_A—在 A 处的作用力。

图 7.16　常用的刮水片

固定（如弓钩固定、接插固定）的结合尺寸是标准的。出厂预装好的万能快速夹片适用于刮水臂的各种弓钩固定方式。这种快速夹片可以快速、简单地更换刮水片，如图 7.18 所示。补偿刮水片悬置和铰接处间隙的措施，有助于刮水片在低磨损下工作。为减小汽车在高速行驶时的动压力，中心弯形件背面有孔，如图 7.16（b）所示。

在特殊场合下，为增加刮水臂或刮水片上的压紧力，阻流板是整体的，如图 7.17（b）所示。

② 无铰接刮水片（双气动刮水片）。无铰接刮水片（见图 7.19）符合当今刮水片的发展趋势。在刮水橡胶上的垂直力的分布不再由常用的刮水片弯形件的铰接头和夹紧装置承担，而是由两个在风窗玻璃上专门协调的、预弯曲的弹簧槽（板弹簧槽）承担。弹簧槽还将刮水唇上的均匀压紧力作用到风窗玻璃上，从而减小刮水唇在风窗玻璃上的磨损并提高刮水质量。由于刮水片不采用中间弯形件和中心弯形件的结构形式，也就不会出现铰接处的磨损。同时，无铰接刮水片的结构高度低、质量轻、噪声小（低的风声）。

刮水片检查与更换

刮水片的上部做成导风叶片状（阻流板，见图 7.19 和图 7.20），在没有其他辅助措施下可承受很高的汽车行驶速度。当汽车与行人可能发生交通事故时，阻流板的弹性材料可防止行人受伤。刮水片与刮水臂简单的、适用的连接方式可保证刮水片工作时的可靠性和当需要更换刮水片时的简便性。

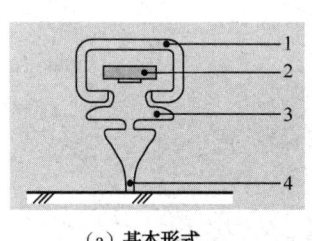
（a）基本形式

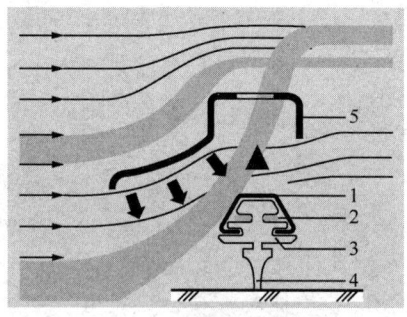
（b）带阻流板的形式

1—夹紧弯形件；2—弹簧槽；3—刮水橡胶；4—刮水唇；5—阻流板。

图 7.17　常用的刮水片（断面）

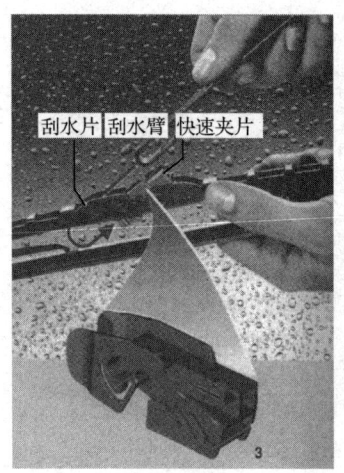
刮水臂连接钩插入刮水片预装配的快速
夹片中，并穿过孔，装配完成

图 7.18　将刮水片装到刮水臂上

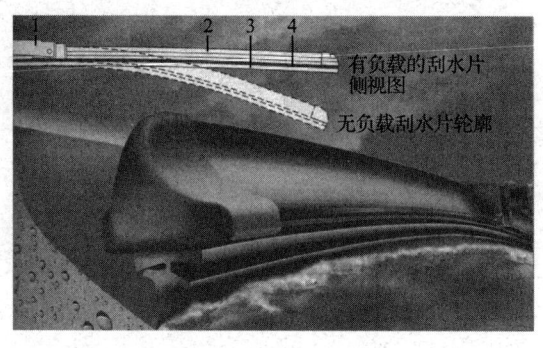
1—刮水臂；2—阻流板；3—刮水橡胶；4—弹簧槽。

图 7.19　无铰接刮水片（双气动刮水片）

（7）刮水橡胶。刮水橡胶是刮水系统中的重要元件。它承受来自弯形件系统（中间弯形件和中心弯形件）的载荷、支撑弹簧槽（对普通的刮水片）或支撑预弯曲的弹簧槽（对气动刮水片）。刮水橡胶靠宽度仅为 0.01～0.015mm 的刮水唇的微型双棱边靠在风窗玻璃上（见图 7.21）。双成分刮水橡胶是由两种橡胶成分组成的刮水橡胶，它有一个硬的、耐磨的刮水橡胶唇和逐渐变软的刮水橡胶背。软的刮水橡胶背刮水时在各种环境温度下可以很好地换向。

5．自动刮水系统

自动刮水系统通过雨量传感器实时检测前风窗玻璃上的水滴大小、雨量多少。针对感知的雨量大小，发出停止、间歇、低速、高速等不同的刮水模式，保持前风窗玻璃始终干净，增大驾驶员的可见度，同时保证驾驶员可专心、集中精力开车，减少了事故隐患，增加了驾车的舒适度。该系统得到了越来越多的关注。

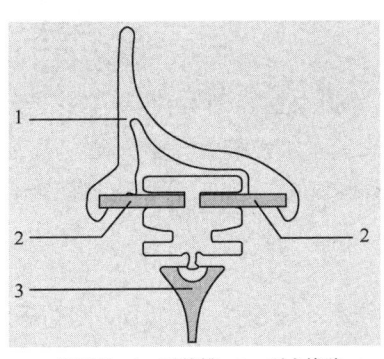

1—阻流板；2—弹簧槽；3—刮水橡胶。

图7.20　无铰接刮水片断面

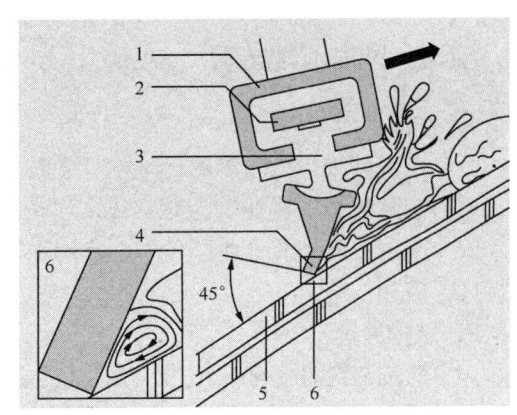

1—夹紧装置；2—弹簧槽；3—刮水橡胶背（软合成橡胶）；
4—刮水橡胶唇（硬的天然橡胶）；5—风窗玻璃；6—微型双棱边。

图7.21　工作状态下的刮水橡胶

（1）雨量传感器。雨量传感器有一个光学距离接收探针（与脏污传感器相似），其工作原理如图7.22所示。发光二极管发射光，该光以一定的角度聚集在风窗玻璃上并在干的风窗玻璃外层边界面全反射，再以同样的角度到达光电二极管的接收器。如果风窗玻璃的外表面有水滴，则大部分光向外折射，接收器上的接收信号变弱。当信号弱到一定程度，即雨滴强到一定程度时，刮水器就自动接通。新型的雨量传感器使用红外光代替常用的可见光。

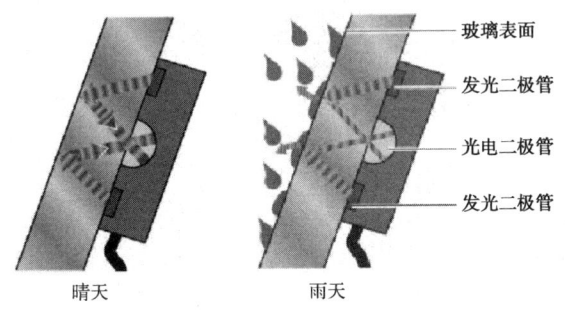

图7.22　雨量传感器的工作原理

（2）工作原理。自动刮水系统如图7.23所示，雨量传感器在上电后，通常工作在等待模式，一旦刮水手柄被置于自动挡位（传统刮水手柄的间歇挡位），雨量传感器功能被激活，开始正常工作，定期发出合适的请求信号；而刮水手柄从自动挡位切换到其他挡位时，雨量传感器功能被禁止，刮水系统由刮水手柄手动控制，从而实现自动模式、手动模式的切换。

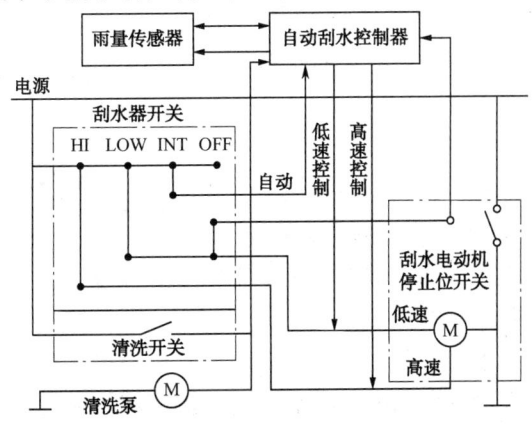

图7.23　自动刮水系统

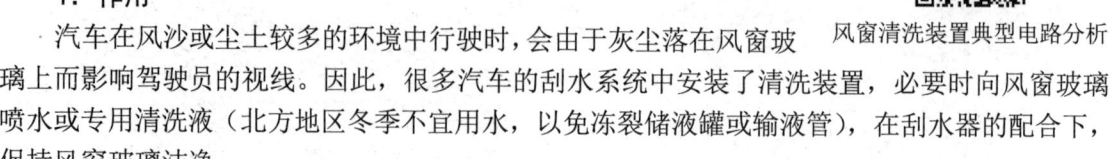

7.1.2 风窗清洗装置

1. 作用

汽车在风沙或尘土较多的环境中行驶时，会由于灰尘落在风窗玻璃上而影响驾驶员的视线。因此，很多汽车的刮水系统中安装了清洗装置，必要时向风窗玻璃喷水或专用清洗液（北方地区冬季不宜用水，以免冻裂储液罐或输液管），在刮水器的配合下，保持风窗玻璃洁净。

2. 结构原理

风窗清洗装置的结构如图7.24所示，主要由储液罐、清洗泵、输液管、三通管、喷嘴等组成。

储液罐一般由塑料制成，内装清洗液或水。有些储液罐上装有液面位置传感器，用以监视储液罐中清洗液的多少。清洗泵就是喷水电动机，实际上是由一个小型直流电动机和一个小型离心式水泵共同构成的。它工作时可以将清洗液加压至70～88kPa，通过输液管及三通管送到喷嘴，然后喷洒到风窗玻璃表面。喷嘴安装在风窗玻璃下面（发动机盖上后方），其喷射方向可以调整，使清洗液喷射到合适位置。清洗泵连续工作的时间一般不超过1min。

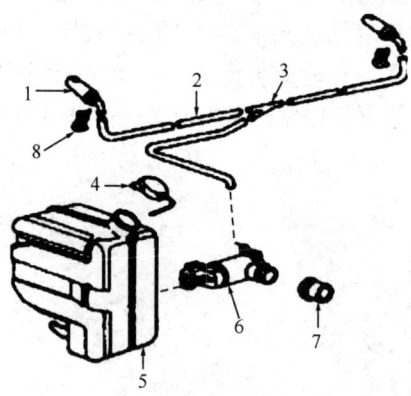

1—喷嘴；2—输液管；3—三通管；4—箱盖；5—储液罐；6—清洗泵；7—衬垫；8—卡座。

图7.24 风窗清洗装置的结构

在操纵清洗系统选择开关后，刮水系统就接通并延迟一段时间工作。在切断清洗系统后刮水器还工作一段时间，直至风窗玻璃上没有湿气。刮水系统延迟接通时间约为1s，持续工作时间为3～5s。

7.1.3 刮水、清洗系统电路检测与故障诊断

下面以上海别克轿车为例介绍刮水器的故障诊断及检测方法。如图7.25所示是该轿车风窗刮水器和清洗装置电路。

1. 系统检查

风窗刮水器和清洗装置系统检查如表7.1所示。

2. 刮水器所有模式下都不工作的故障诊断

上海别克轿车刮水器所有模式下都不工作的故障诊断流程如图7.26所示。

3. 刮水器电动机总成的检测

（1）电动机的检测。将电动机从总成上拆下，把负电刷接蓄电池负极，正电刷和偏置电刷各接蓄电池正极一次，如果两次电动机都平稳转动且接偏置电刷时转速较高，则说明电动机正常，否则应检修或更换电动机。

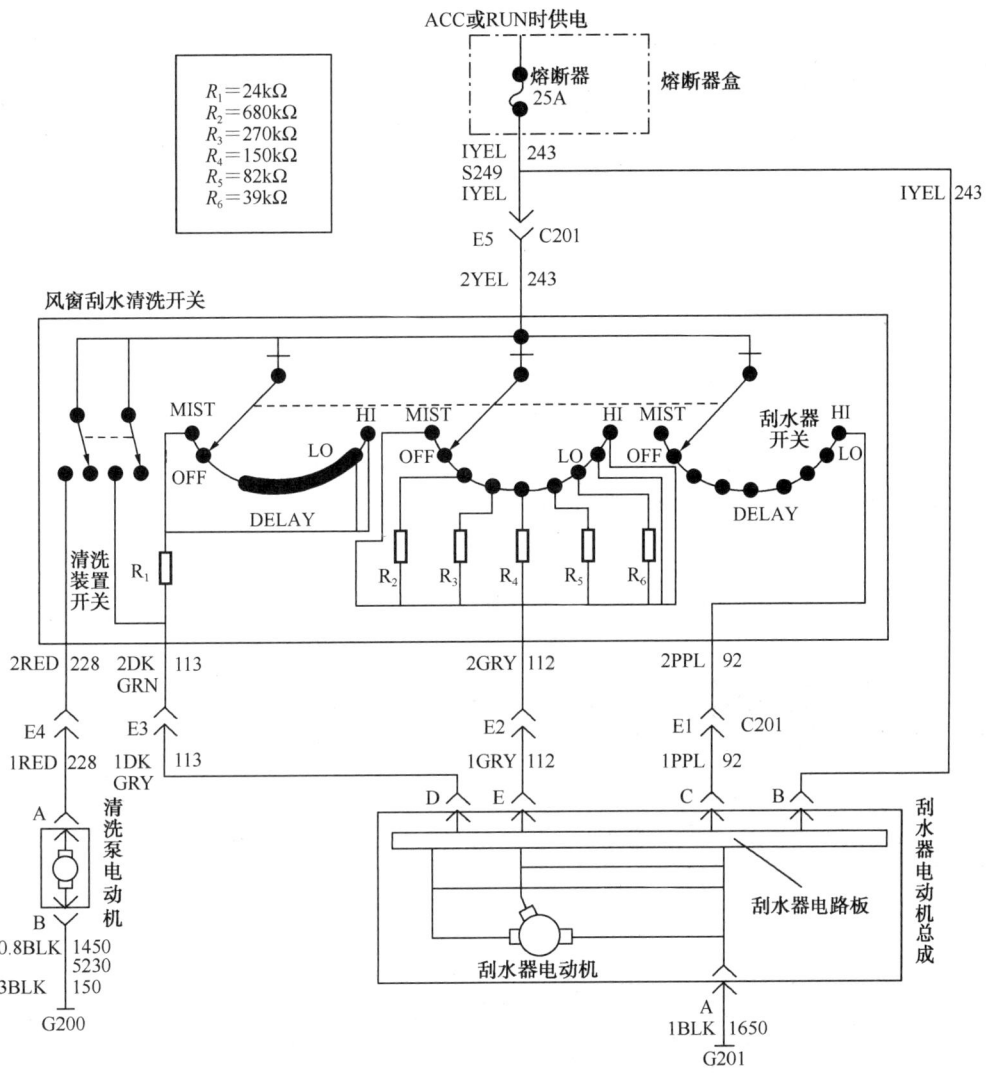

图 7.25 上海别克轿车风窗刮水器和清洗装置电路

表 7.1 风窗刮水器和清洗装置系统检查

步骤	操 作 方 法	正 常	不 正 常
1	(1) 将点火开关转至 RUN 位置； (2) 将清洗装置开关保持在 ON 位置	刮水器以低速（LO）动作。清洗装置开关在 ON 位置时，喷嘴向风窗喷清洗液。释放开关后，停止喷射清洗液，刮水器再动作 2~4 个循环后停止	清洗装置不工作
2	将刮水器开关转至 DELAY 位置（脉冲延时模式）	刮水器完成一个循环后间歇 1~22s 再进行下一个循环。间歇时间可通过转动刮水器开关进行调整	刮水器延时模式下不工作或除湿（MIST）、延时（DELAY）、低速（LO）模式下不工作
3	(1) 将刮水器开关转至 DELAY 位置 (2)保持清洗装置开关在 ON 位置 1~2s	只要清洗装置开关在 ON 位置，喷嘴就向风窗喷清洗液。此时刮水器低速运转，在清洗装置开关被释放后，刮水器再动作 2~4 次后以脉冲模式工作	刮水器不工作；刮水器延时模式下不工作；刮水器 MIST、DELAY 和 LO 模式下都不工作

续表

步骤	操作方法	正常	不正常
4	将刮水器开关转至 LO 位置	刮水器以低速连续工作	刮水器 MIST、DELAY 和 LO 模式下不工作；刮水器所有模式下都不工作
5	将刮水器开关转至 HI 位置	刮水器以高速连续工作	刮水器高速（HI）模式下不工作，低速模式下工作，刮水器所有模式下都不工作
6	将刮水器开关转至 OFF 位置	刮水器以低速转回停止位置	开关关闭后刮片不能停住；刮片一直工作
7	将刮水器开关转至 MIST 位置后释放	刮水器进行一个刮水循环，然后转回停止位置	刮水器 MIST、DELAY 和 LO 模式下不工作

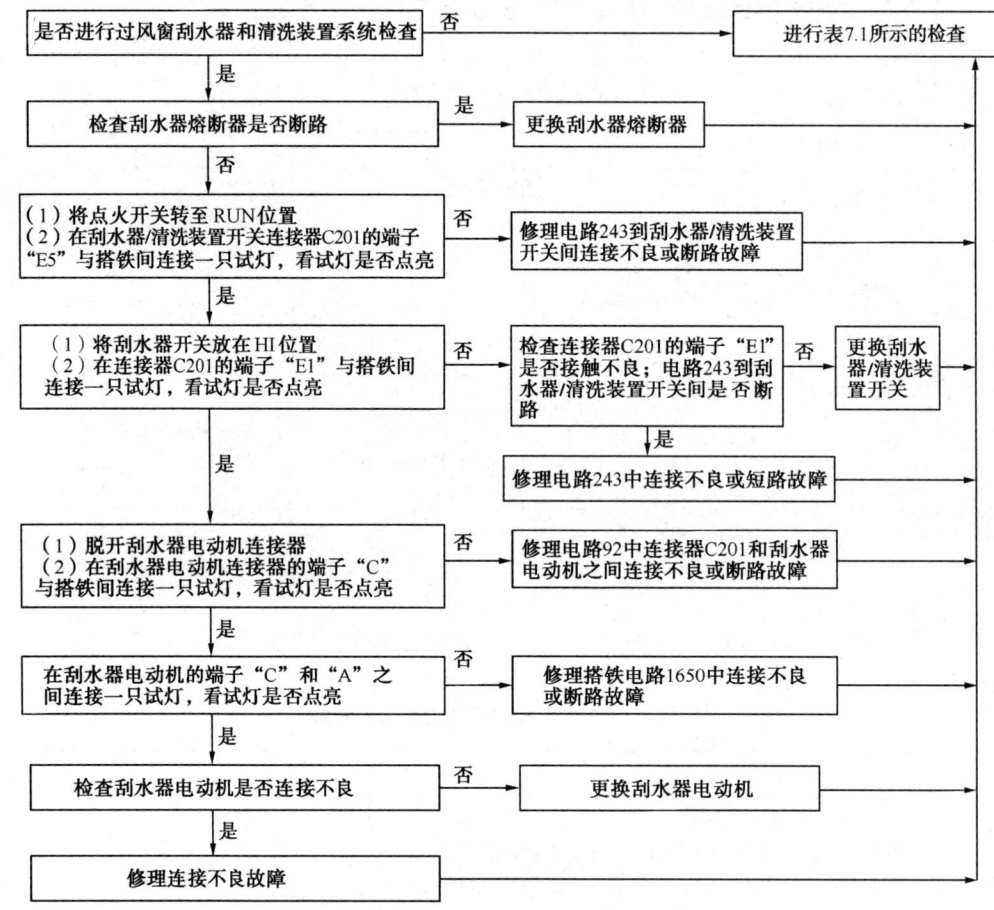

图 7.26　上海别克轿车刮水器所有模式下都不工作的故障诊断流程

（2）线路及连接器的检测。拔下刮水器电动机的连接器（五芯插头），将点火开关转至 RUN 位置，然后按表 7.2 所示检测刮水器电动机的线路及其连接器。如果电动机正常工作，线路及连接器也正常工作，而电动机不能按要求正常运转，则应更换刮水器电动机盖（刮水器电路板）。

4. 清洗装置不能正常动作的故障诊断

上海别克轿车清洗装置不能正常工作的故障诊断流程如图 7.27 所示。　　风窗清洗装置电路检测

表 7.2　各端子与端子"A"之间电压检测表

（单位：V）

开关位置	端子			
	B	C	D	E
MIST	10.5～15	0	≤1	10.5～15
OFF	10.5～15	0	0	0
DELAY	10.5～15	0	≤1	≤1
LO	10.5～15	0	≤1	10.5～15
HI	10.5～15	10.5～15	≤1	10.5～15

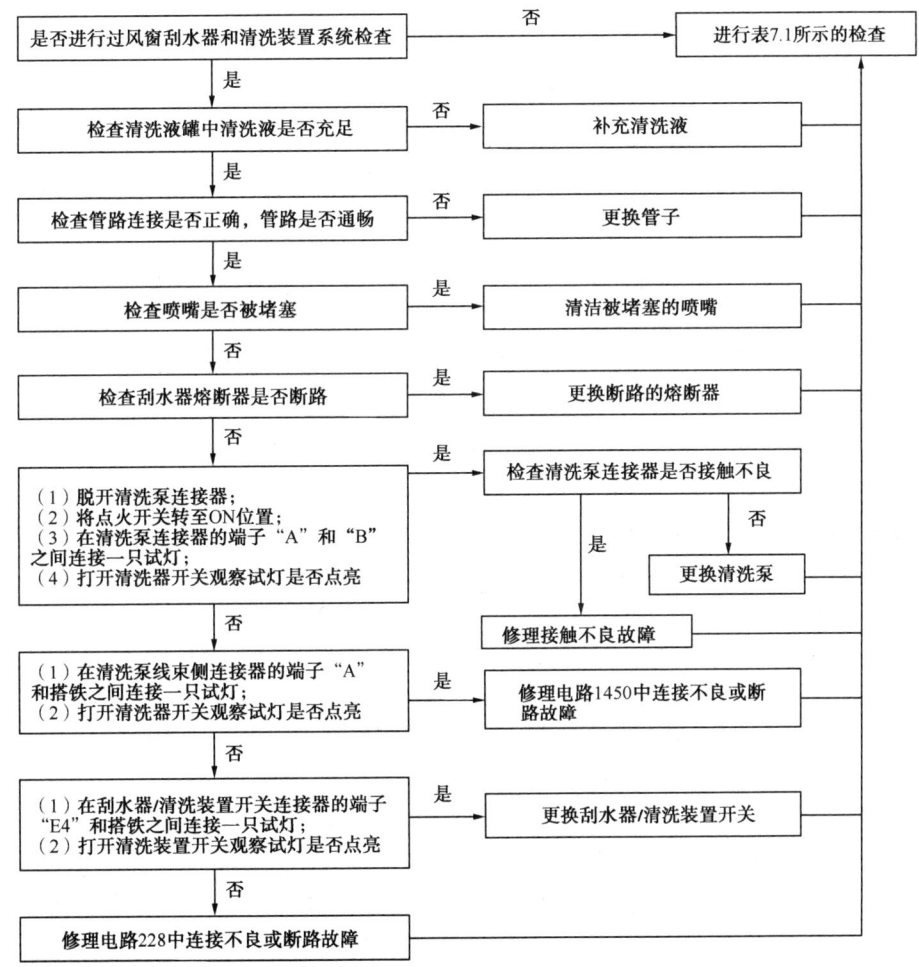

图 7.27　上海别克轿车清洗装置不能正常工作的故障诊断流程

7.1.4　后窗除霜装置应用与诊断

1．作用

在较冷的季节，车窗玻璃上会凝结上一层霜、雾、雪或冰，从而影响驾驶员的视线。为了避免水蒸气凝结，很多汽车都设置了除霜（雾）装置，可通过除霜（雾）或风窗玻璃刮水系统的运行去除玻璃外表面上的霜或冰，以及玻璃内表面上的冷凝物，从而恢复视野。必要时可以对风窗玻璃加热。

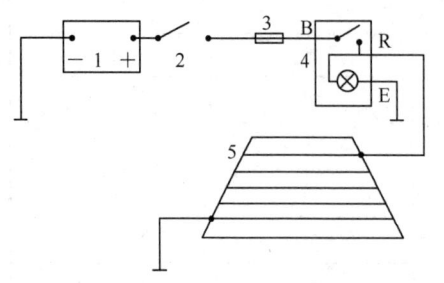

1—蓄电池；2—点火开关；3—熔断器；4—除霜装置
开关及指示灯；5—电热丝。

图 7.28　后窗除霜（雾）装置

2．结构原理

在装有空调及暖风装置的汽车上，前面及侧面的玻璃可以用空调暖风加热除霜，后面的玻璃一般采用电热丝加热除霜，如图 7.28 所示。在后窗玻璃内表面均匀地镀有很多很窄的导电膜，形成电热丝。在玻璃两侧有汇流条，各焊有一个接线柱，其中一个用来供电，另一个是搭铁线接线柱。需要时接通电路，即可对其进行加热，其功率一般为 50～100W。除霜装置的电阻一般具有正温度系数特性，即温度降低时阻值减小，电流增大；温度升高时阻值增大，电流减小。因此，除霜装置具有一定的自动调节功能。

3．汽车后窗除霜装置的故障诊断与检修

（1）故障现象：除霜装置不除霜，除霜装置有时工作有时不工作。

（2）故障原因：熔断器或控制线路断路，加热丝或开关损坏，控制线路不良。

（3）诊断与排除：

① 首先检查熔断器是否熔断，如果熔断则更换相同规格的熔断器；如果未熔断，进行下一步检查。

② 检查除霜装置开关。将除霜装置开关周围装饰板拆下，打开点火开关，用一小段短路线将开关的"B"和"R"端子短接（见图 7.28），观察除霜装置工作情况。如果除霜装置工作正常，则开关损坏，应修理或更换；如果除霜装置仍不工作，进行下一步检查。

③ 检查所在线路及插接件是否断路或松脱。将后窗除霜装置两侧的两个插头拔下，打开点火开关，用万用表测量两个插头间的电压应为 12V 左右。如果无电压，应进一步检查搭铁线及火线是否有断路或接触不良（用万用表测电阻即可）；如果有 12V 左右电压，进行下一步检查。

④ 检查加热丝。一个人在后窗外用手电筒逐行缓慢地照射加热丝，另一个人在车内仔细观察加热丝。如果发现加热丝的某处特别亮，则该处为断路处，应用专用加热丝修理工具修理。

学习单元 7.2　电动座椅系统应用与诊断

电动座椅又称自动座椅，它可以通过控制电动机的正反方向旋转来调节座椅的空间位置，改变驾驶员或其他乘员的坐姿，使其乘坐更舒适，并减少驾驶员及乘员长时间坐车的疲劳。电动座椅前后方向的调节量一般为 100～160mm，上下方向的调节量一般为 30～50mm，全程调节时间为 8～10s。

7.2.1　电动座椅的组成

电动座椅一般由座椅开关、双向电动机、传动和执行机构及控制装置等组成。

1．电动机

电动座椅的电动机大多数采用永磁式双向直流电动机，通过开关来操纵电动机按所需方向旋转。为防止电动机过载，电动机内一般装有断路器。根据座椅类型的不同，一个座椅可以装 2个、3个、4个或 6个电动机。如图 7.29 所示为装有 4个调节电动机的电动座椅示意图。

2．传动和执行机构

它们的作用是把电动机的旋转运动转变成座椅的上下、前后移动或靠背的倾斜摆动。蜗轮蜗杆机构一般是其核心部件，因为它具有较大的传动比且自锁性能良好，故应用最为广泛。

7.2.2 电动座椅的电路与故障诊断

1．工作原理

如图 7.30 所示是常见电动座椅电路图。它有 3 个电动机，分别是前端高度调节电动机、后端高度调节电动机和前后移动调节电动机。

座椅控制开关通过控制电动机的搭铁及电源的连

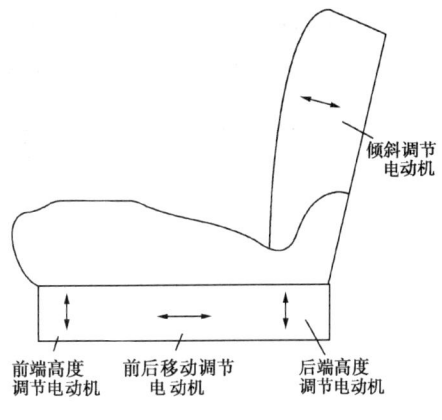

图 7.29 装有 4 个调节电动机的
电动座椅示意图

接，使 3 个电动机按所需的方向旋转。当需要座椅整体上升或下降时，控制开关置于上或下的位置，前端与后端高度调节电动机同时转动；当需要座椅前倾或后倾时，只需前端或后端的一个电动机转动；当需要座椅整体前移或后退时，前后移动调节电动机转动。

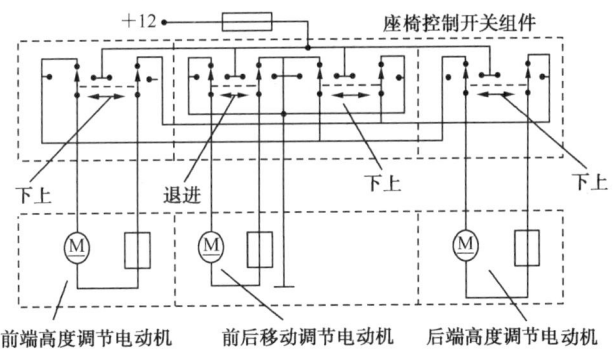

图 7.30 常见电动座椅电路图

如图 7.31 所示是图 7.30 中座椅控制开关使电动座椅后端上升时的电流流向。电动座椅前端升降、整体升降及整体前后移动的电路分析方法与此相同。

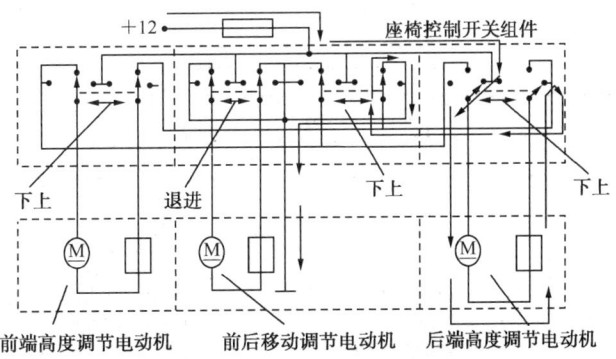

图 7.31 电动座椅后端上升时的电流流向

随着计算机技术的发展及其在汽车上的广泛应用，目前很多高档轿车的电动座椅系统中设有存储器，具有存储功能。通过每个座椅的位置传感器来感受座椅的调定位置，座椅的位置固定后，驾驶员按下存储器相应的按钮，存储器就将位置存储器的信息存储起来，作为以后调整的依据。需要时，只需按下相应的存储器按钮就能按存储好的各个座椅的位置要求自动调整座椅的位置。如图7.32所示为具有4个调节电动机和单独存储器的电动座椅系统示意图。

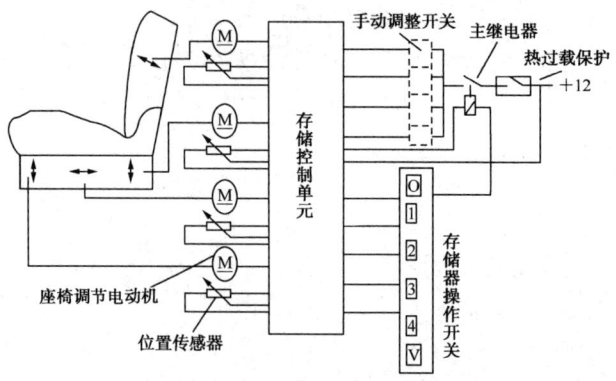

图7.32　具有4个调节电动机和单独存储器的电动座椅系统示意图

2. 实例

别克威朗轿车驾驶员侧的电动座椅电路如图7.33所示，驾驶员和乘员座椅基本相同，完全通过座椅调节器开关控制。蓄电池电压始终通过位于仪表板保险丝盒中的断路器提供给驾驶员座椅调节器开关，通过位于后车身保险丝盒中的断路器提供给乘员座椅调节器开关。当座椅开关处于未启动状态时，开关触点与开关搭铁电路接通。

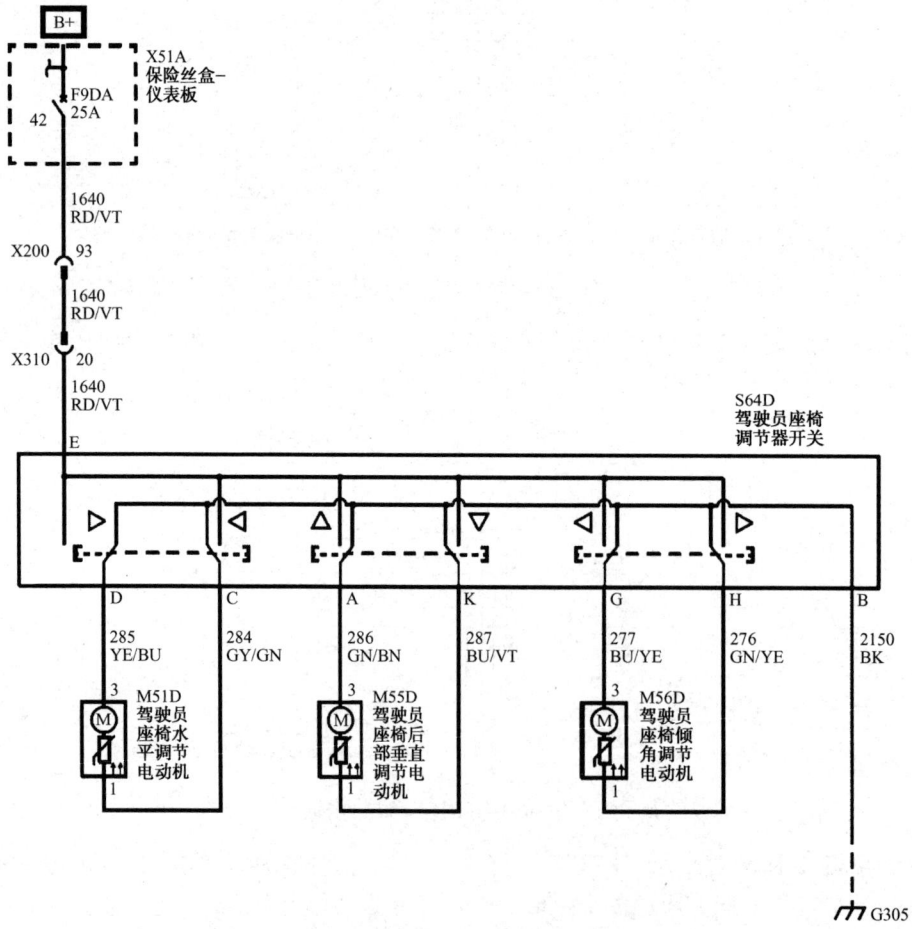

图7.33　别克威朗轿车驾驶员侧的电动座椅电路

所有座椅电动机都可双向运行。例如，当按下座椅水平向前开关使整个座椅向前移动时，蓄电池电压通过开关触点和座椅水平调节电动机向前控制电路供至电动机。水平调节电动机向后开关触点接到开关搭铁电路，电动机运行以驱动整个座椅向前移动，直到开关松开。向后移动整个座椅和向前移动整个座椅的操作过程类似，不同的是，蓄电池电压和搭铁通过相反的电路施加在电动机上，从而使电动机反向运转。所有座椅电动机都是这样通电运行的。奥迪 A6 轿车的不同位置的电动座椅的调节功能却不相同，如图 7.34 所示是奥迪 A6 轿车乘员侧的电动座椅电路。

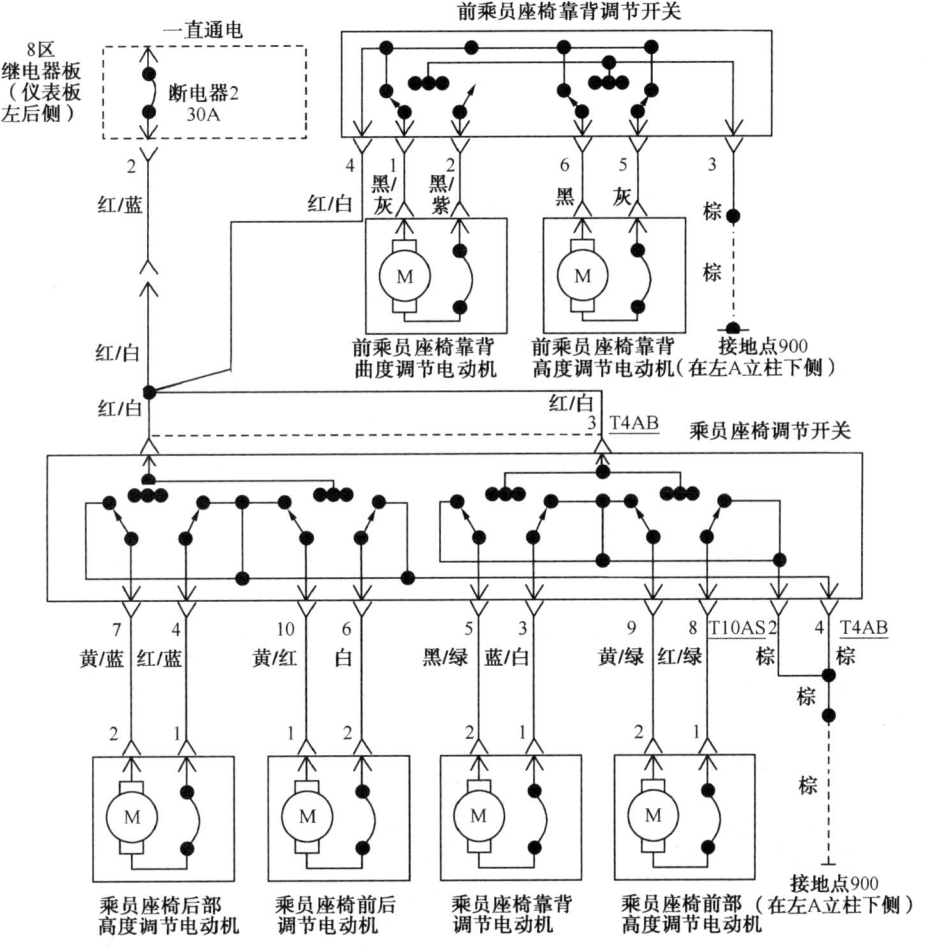

图 7.34　奥迪 A6 轿车乘员侧的电动座椅电路

3．故障诊断

（1）常见故障。座椅完全不能动作或不能朝某个方向动作。座椅完全不能动作的主要原因有熔断器熔断、线路断路、座椅开关故障等；不能朝某个方向动作的主要原因有该方向对应的电动机损坏、开关损坏、对应的线路断路等。

（2）诊断步骤。如果是座椅完全不能动作，可以首先检查熔断器是否熔断，若熔断器良好，则应检查所在线路及其插接件是否正常，最后检查开关。对于有存储功能的电动座椅系统还应检查其控制单元（ECU）的电源电路及其搭铁线是否正常。如果是不能朝某个方向动作，可以先检查所在线路是否正常，再检查开关和电动机。

学习单元 7.3　电动车窗系统应用与诊断

电动车窗的作用及组成

7.3.1　电动车窗的组成

1. 作用

电动车窗也称电动门窗或自动车窗，如图 7.35 所示，它可以使驾驶员更加集中精力，方便驾驶员的操作。驾驶员操作时，可以使 4 个车窗中的任意一个上升或下降，乘员只能使其所在的车窗上升或下降。

2. 组成

电动车窗主要由车窗升降器、继电器、开关等组成。按照机械结构的不同，轿车常用的电动玻璃升降器可以分为绳轮式和金属臂式两大类，其中绳轮式又分为双轨式和单轨式，而金属臂式主要为交叉臂式和单臂式，其他类型的升降器目前应用较少。

（1）绳轮式玻璃升降器。绳轮式玻璃升降器是利用卷丝筒缠绕钢绳，将电动机的旋转运动转化为钢绳的滑动，从而使玻璃夹和玻璃沿着导轨上升或下降的。

绳轮式玻璃升降器包括：导轨、卷丝筒、钢绳、玻璃夹、滑轮和平衡弹簧等。其中导轨是整个升降器的基础，其曲率与车门导轨及玻璃的曲率一致；卷丝筒固定在电动机模块的输出轴上，当电动机转动时，钢绳在卷丝筒上收放，从而带动玻璃夹沿着导轨上下滑动；玻璃夹和玻璃的连接方式有夹持固定、螺栓连接和卡销连接等，有些玻璃夹上带有橡胶衬垫和定位块，分别起到减振和定位的作用；滑轮布置在导轨的两端，起到减小系统摩擦阻力的作用；平衡弹簧一般安装在卷丝筒的两端，起到拉紧钢绳、防止脱槽的作用。另外，导轨下端安装有橡胶块，在升降器到底时起缓冲作用。

① 双轨式玻璃升降器。如图 7.36 所示为双轨式玻璃升降器的结构，升降器包括 2 根导轨，3 根钢绳，呈 X 形布置，钢绳 A 和 C 的两端分别固定在玻璃夹和卷丝筒上，而钢绳 B 连接 2 个玻璃夹。钢绳 C 卷收时，左侧的玻璃夹上升，右侧玻璃夹在钢绳 B 的带动下同时上升，钢绳 A 顺利释放。

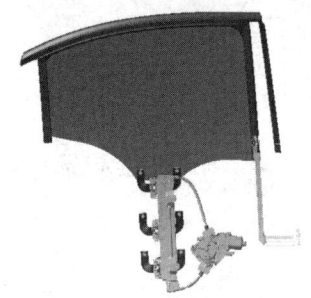

图 7.35　电动车窗

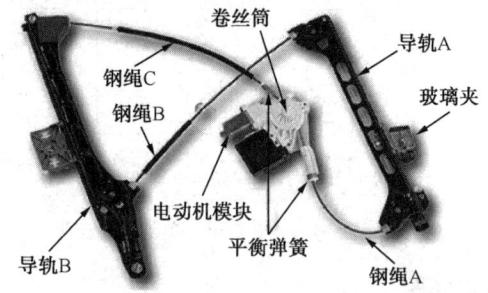

图 7.36　双轨式玻璃升降器的结构

由于有 2 根导轨，玻璃 2 个固定点之间距离较远，在车窗全开时，玻璃在竖直方向的晃动较小，稳定性好，不需要安装车门下玻璃导轨，这为车门设计提供了较大的自由度，但是升降器的结构复杂，成本较高，对安装精度要求也高，可靠性差。双轨式更适用于大车门及具有无框车门结构的轿车，如轿车前门多采用双轨式，当然也有某些厂家在前门采用单轨式玻璃升降器。

② 单轨式玻璃升降器。如图 7.37 所示为单轨式玻璃升降器的结构，它的一个特点是只有 2 根钢绳。与双轨式相比，单轨式具有结构简单、成本低、安装方便等特点，但由于升降器和玻璃 2 个连接点之间的距离较近，因此稳定性差，车门必须有玻璃导轨。

　　无论是双轨式还是单轨式，电动机模块都有独立布置和集成布置在导轨上两种形式，但无论是哪种形式，电动机都必须和内板螺栓连接。

　　（2）金属臂式玻璃升降器。金属臂式玻璃升降器将金属臂的转动转换为玻璃的上下运动，它的核心是齿轮齿扇机构，即电动机模块的输出小齿轮驱动齿扇转动，铆接在齿扇上的金属臂在随齿扇转动的过程中，带动玻璃上下运动。

　　① 交叉臂式玻璃升降器。如图 7.38 所示为交叉臂式玻璃升降器的结构，除了齿轮齿扇机构，还有主动臂、从动臂和滑轨等。从动臂 A 和 B 一端分别铆接在主动臂两侧，而另一端可分别沿移动滑轨和固定滑轨滑动，其中从动臂 A 用于辅助支撑玻璃，而从动臂 B 起到支撑主动臂的作用。固定滑轨较短，安装在车门内板上，移动滑轨较长，用于安装车门玻璃。由于主动臂和从动臂 A 的滑动点形成的支撑宽度较大，玻璃运行比较平稳，因此交叉臂式玻璃升降器一般用于玻璃较大的前门。

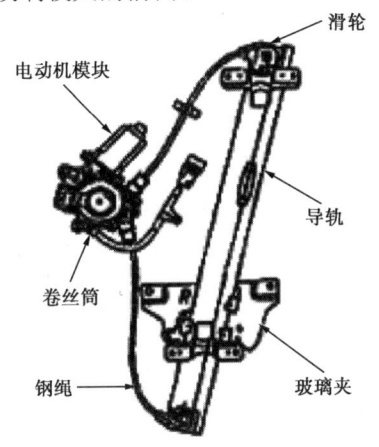

图 7.37　单轨式玻璃升降器的结构

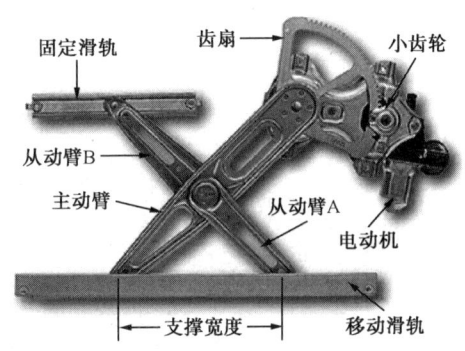

图 7.38　交叉臂式玻璃升降器的结构

　　② 单臂式玻璃升降器。单臂式玻璃升降器的结构如图 7.39 所示，它的结构特点是只有一根主动臂，没有从动臂，移动滑轨直接安装在玻璃上。单臂式玻璃升降器结构简单，但由于升降臂支撑点与玻璃质心之间的相对位置经常变化，玻璃升降时会产生倾斜、卡滞现象，该结构只适用于玻璃两侧为平行直边的情况。

7.3.2　电动车窗的电路原理

电动车窗典型电路分析
（模块控制）

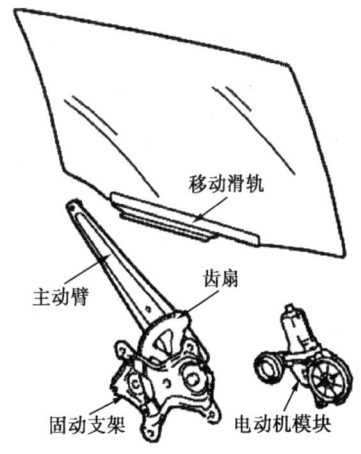

图 7.39　单臂式玻璃升降器的结构

　　不同车型所采用的电动车窗的电动机及其控制电路各不相同。电动机可分成直接搭铁式和控制搭铁式两种。直接搭铁式电动机的一端直接搭铁，电动机内部有两组励磁线圈。通过接通不同的线圈，使电动机的转向不同，实现车窗的上升和下降，其控制电路如图 7.40 所示。图 7.41 所示是驾驶员主控开关控制右前车窗上升时的电流方向；图 7.42 所示是独立操作开关控制右前车窗下降时的电流方向。控制搭铁式电动机结构简单，开关和控制线路复杂一些，应用较广泛，其基本控制电路如图 7.43 所示。图 7.44 所示是驾驶员主控开关控制左后车窗上升时的电流方向；图 7.45 所示是独立操作开关控制左后车窗下降时的电流方向。从上述两种类型的车窗控制电路及实际电路来看，电动车窗控制电路中一般设有驾驶员集中控制的主控开关和每个车窗的独立操作开关。独立操作开关可由乘员独立操作，但驾驶员可对其他车窗进行"覆盖"式操作。

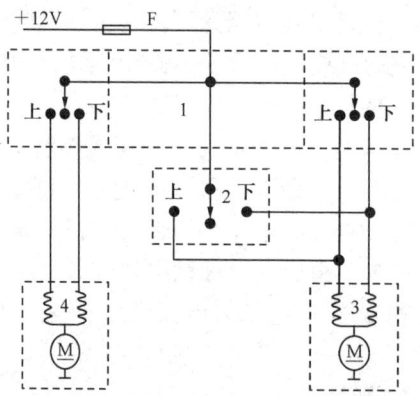

1—驾驶员主控开关组件；2—右前车窗开关；3—右前车窗电动机；4—左前车窗电动机。

图 7.40　电动机直接搭铁的电动车窗控制电路

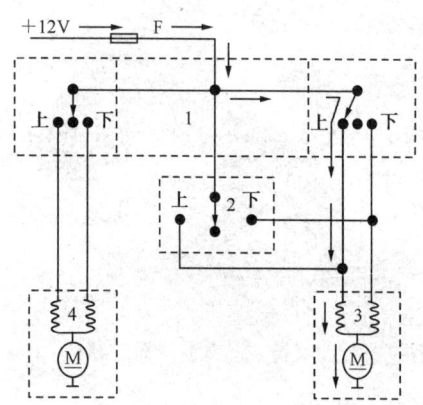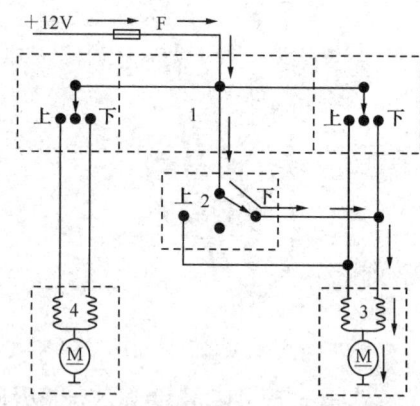

图 7.41　驾驶员主控开关控制右前车窗上升时的电流方向　　图 7.42　独立操作开关控制右前车窗下降时的电流方向

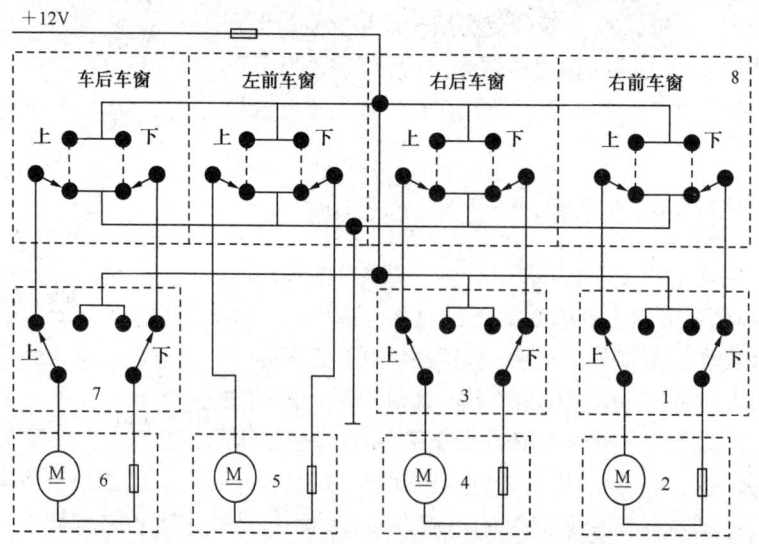

1—右前车窗开关；2—右前车窗电动机；3—右后车窗开关；4—右后车窗电动机；
5—左前车窗电动机；6—左后车窗电动机；7—右前车窗开关；8—驾驶员主控开关组件。

图 7.43　电动机控制搭铁的电动车窗控制电路

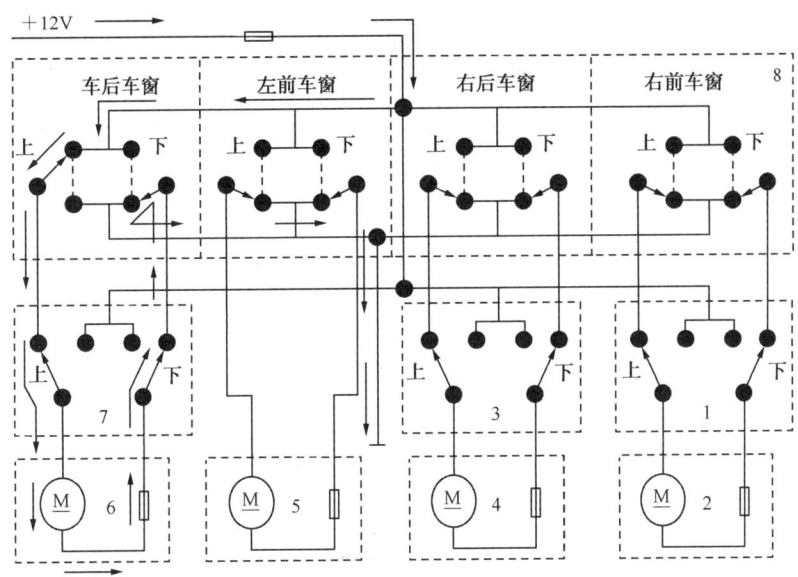

图 7.44　驾驶员主控开关控制左后车窗上升时的电流方向

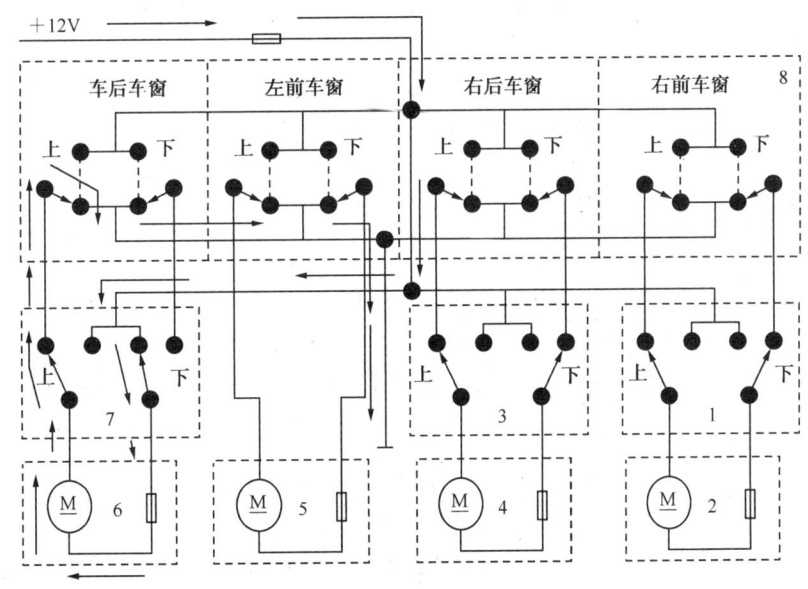

图 7.45　独立操作开关控制左后车窗下降时的电流方向

7.3.3　电动车窗的故障诊断

1．常见故障

（1）玻璃升降器不工作。

电动车窗电路检测 1（模块控制）　　电动车窗电路检测 2（模块控制）

主要原因：熔断器断路；连接导线断路或相关插接件松脱；有关继电器、开关损坏；电动机损坏；搭铁线锈蚀、松动。

诊断与排除：首先检查熔断器是否断路，然后检查各插接件连接是否紧固可靠；检查电源线是否有电，电压是否正常；检查搭铁线搭铁是否良好可靠；最后检查开关、继电器及电动机是否损坏，如果确属零部件损坏，则应更换新件。

（2）某车窗不能升降或只能朝一个方向运动。

主要原因：该车窗开关或电动机损坏；该处导线断路或插接件松脱；安全开关故障。

诊断与排除：首先检查安全开关是否正常；该车窗的开关是否正常；再通电检查该车窗电动机是否正常，如果有故障应检修或更换新件，若正常，应检修连接导线是否有断路处。如果车窗只能朝一个方向运动，一般是开关故障或相关导线断路，可先检查线路，再检查开关。

（3）升降器工作时有异响。

主要原因：安装时未调整好；卷丝筒内钢丝跳槽；滑动支架内传动钢丝夹转动；电动机盖板或固定架与玻璃碰擦等机械故障。

诊断与排除：这类机械故障一般是安装位置或精度偏差所致的，只需对所在位置的螺钉进行重新调整或紧固、校正即可。

2．电动车窗的检查及故障诊断

以上海别克轿车电动车窗系统为例，介绍电动车窗的检查及故障诊断方法。如图 7.46 和图 7.47 所示是上海别克轿车电动车窗系统的控制电路。

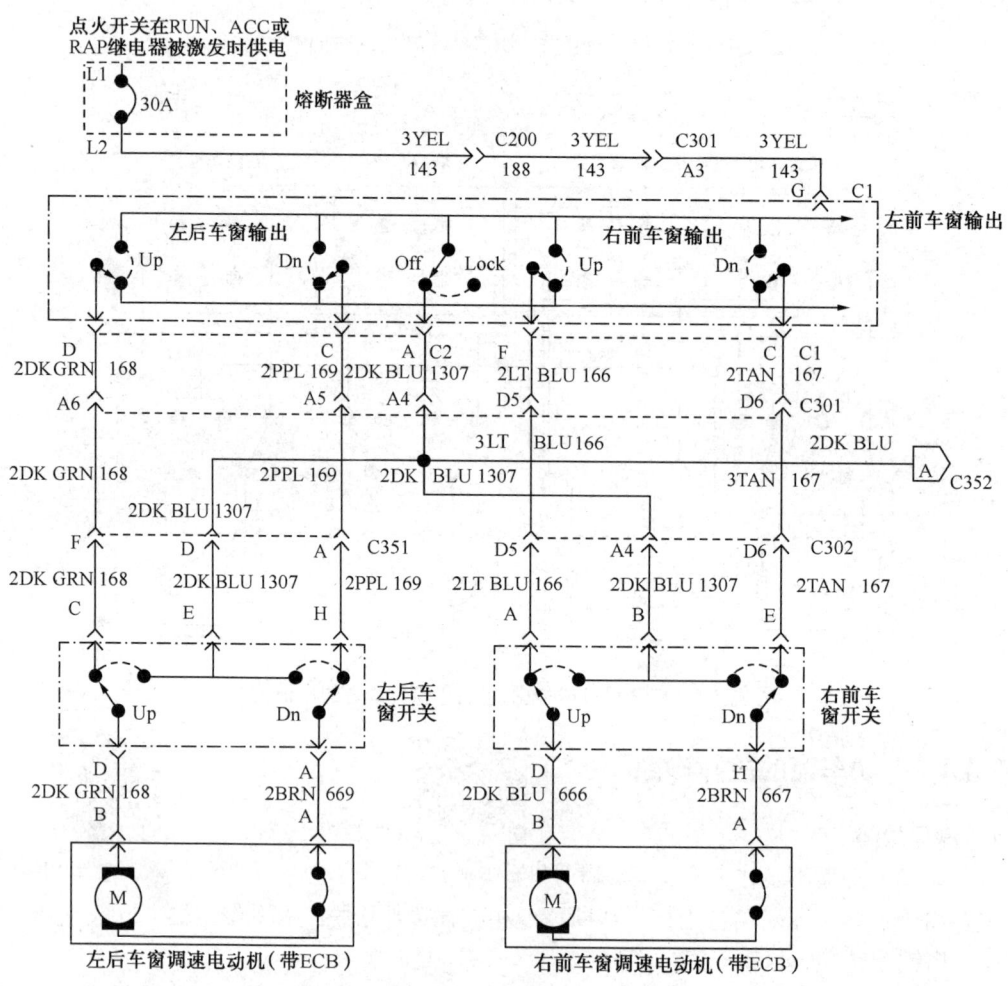

图 7.46　上海别克轿车电动车窗系统的控制电路（一）

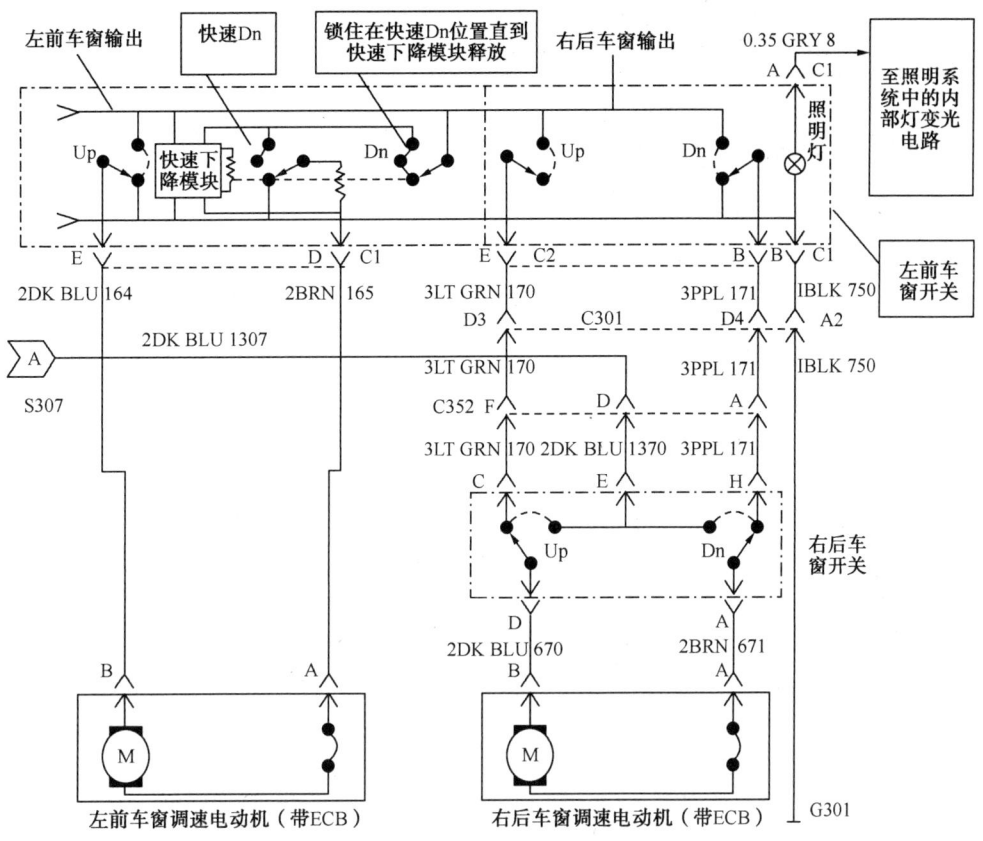

图 7.47 上海别克轿车电动车窗系统的控制电路（二）

（1）电动车窗系统的检查。该车电动车窗系统检查如表 7.3 所示。

表 7.3 上海别克轿车电动车窗系统检查

步骤	操 作 方 法	正 常 结 果	不 正 常 结 果
1	（1）将点火开关转至 RUN 位置； （2）从左前车窗开关上操纵各个车窗使之上升和下降	每个车窗工作迅速、顺畅，没有发涩现象	（1）所有车窗均不工作； （2）个别车窗不工作
2	左前车窗上升时，压下左前车窗开关至下降处	左前车窗降到最低位置	电动车窗快速模式下不工作
3	（1）确保左前车窗开关上的保持开关处于 OFF 位置； （2）操作各个车窗各自的开关	每个车窗工作迅速、顺畅，没有发涩现象	（1）所有车窗均不工作； （2）个别车窗不工作
4	（1）将左前车窗开关上的保持开关压至 OFF 位置； （2）用各自的开关试着操作每个车窗	各自的开关不能使车窗工作；仅用左前车窗开关时工作	电动车窗保持功能不工作

（2）电动车窗不工作的故障诊断。

① 所有车窗都不工作的故障诊断。该车所有车窗都不工作的故障诊断流程如图 7.48 所示（结合图 7.46 和图 7.47）。

② 左前车窗不工作的故障诊断。该车左前车窗不工作的故障诊断流程如图 7.49 所示（结合图 7.46 和图 7.47）。

③ 其他车窗不工作的故障诊断。该车其他车窗不工作的故障诊断流程可参考左前车窗不工作的故障诊断流程。

（1）将点火开关转至RUN位置
（2）检查熔断器盒中30A熔断器是否熔断
是
修理电路143中与搭铁短路故障
否
（1）将点火开关转至LOCK位置
（2）脱开左前车窗开关
（3）将点火开关转至RUN位置
（4）在左前车窗开关线束侧连接器C1的端子“G”和搭铁间连接一只试灯，看试灯是否点亮
否
修理电路143中与熔断器盒的端子“L2”和左前车窗开关线束侧连接器C1的端子“G”间连接不良或断路故障
是
在左前车窗开关线束侧连接器C1的端子“G”和端子“B”间连接一只试灯，看试灯是否点亮
否
修理电路750中左前车窗开关线束侧连接器C1的端子“B”和G301间连接不良或断路故障
是
更换左前车窗开关

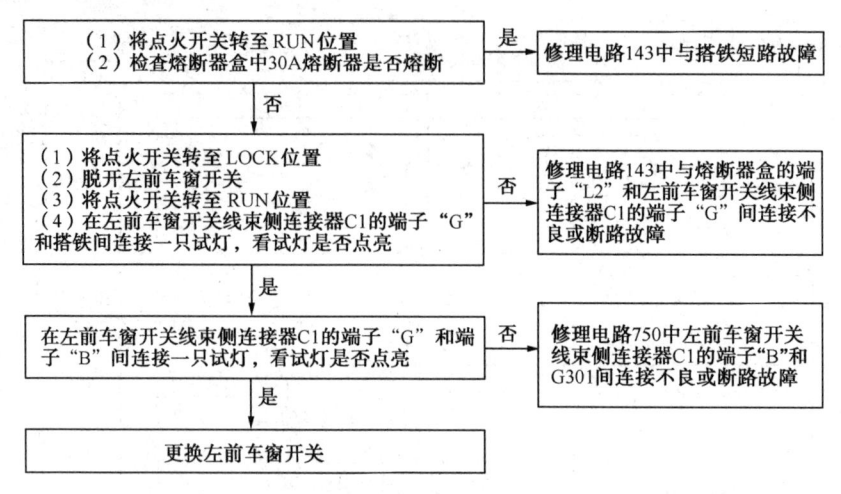

图 7.48　上海别克轿车所有车窗都不工作的故障诊断流程

（1）脱开左前车窗调速电动机
（2）在左前车窗电动机线束侧连接器的端子“A”和“B”间连接一只试灯
（3）将点火开关转至RUN位置
（4）将左前车窗开关压至Up然后压至Dn位置
（5）看试灯是否点亮
是
更换左前车窗调速电动机
否
（1）脱开左前车窗开关
（2）用数字式万用表（DMM）检查电路165中左前车窗开关线束侧连接器C1的端子“D”和左前车窗调速电动机线束侧连接器的端子“A”之间是否导通
否
修理电路165中连接不良或断路故障
是
在左前车窗开关线束侧连接器C1的端子“D”和搭铁间连接一只试灯，看试灯是否点亮
是
修理电路165中与“B”短路故障
否
在“B”与左前车窗开关线束侧连接器C1的端子“D”间连接一只试灯，看试灯是否点亮
是
修理电路165中与搭铁短路故障
否
用数字式万用表（DMM）检查电路164中左前车窗开关线束侧连接器C1的端子“E”和左前车窗调速电动机线束侧连接器的端子“B”之间是否导通
否
修理电路164中连接不良或断路故障
是
在左前车窗开关线束侧连接器C1的端子“E”和搭铁间连接一只试灯，看试灯是否点亮
是
修理电路164中与“B”短路故障
否
在“B”与左前车窗开关线束侧连接器C1的端子“E”间连接一只试灯，看试灯是否点亮
是
修理电路164中连接不良或断路故障
否
更换左前车窗开关

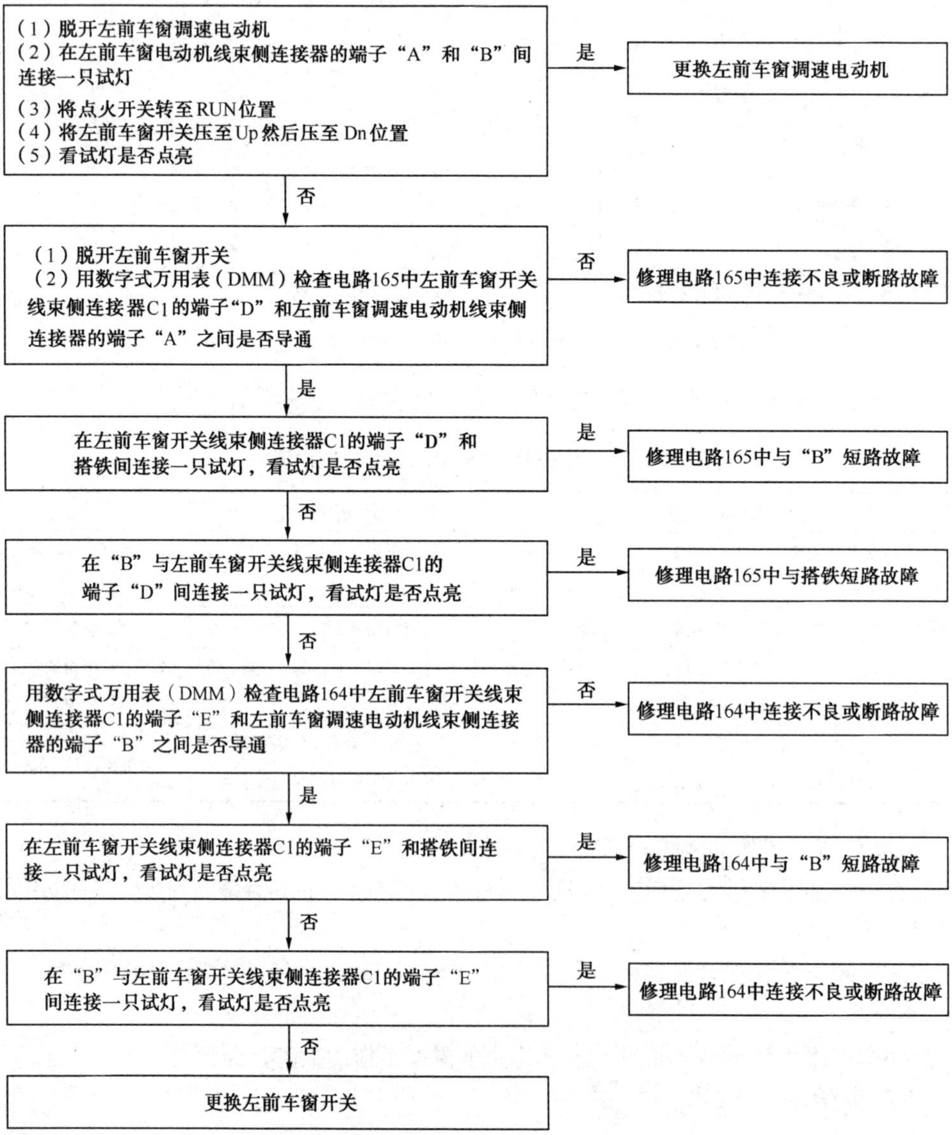

图 7.49　上海别克轿车左前车窗不工作的故障诊断流程

学习单元 7.4 电动后视镜系统应用与诊断

电动后视镜的作用和组成

7.4.1 电动后视镜的组成

1. 作用

为了便于驾驶员调整后视镜的角度,很多轿车安装了电动后视镜,驾驶员在行车时可方便地对左右后视镜的角度进行调节,操作起来十分方便。

2. 组成

电动后视镜主要由调整开关、双电动机、传动和执行机构、外壳及连接件等组成。后视镜的背后装有两套电动机和驱动器,可操纵后视镜上下及左右转动。通常上下方向的转动用一个电动机控制,左右方向的转动用另一个电动机控制。通过改变电动机的电流方向,即可完成对后视镜的上下、左右方向的调整。

为了使车能够获得最大的驻车间隙,通过尽可能狭小的路段,有的电动后视镜还带有伸缩功能,由伸缩开关控制伸缩电动机工作,使两个后视镜整体回转伸出或缩回。

电动后视镜典型电路分析

7.4.2 电动后视镜的工作原理

下面以别克威朗轿车为例,介绍电动后视镜的基本工作原理,其控制电路如图 7.50 所示。S52 为车外后视镜开关及控制模块,A9A 和 A9B 分别为乘客侧和驾驶员侧车外后视镜(从两个方向调节直流电动机,一个折叠电动机,均可进行正反方向转动)。

当需要调节后视镜时,可通过左右选择开关选择调整左侧后视镜还是右侧后视镜。在控制开关面板上印有 L 和 R,L 表示左侧,R 表示右侧,中间是停止位置。选择好需调整的后视镜后,只需按下上、下、左、右调整按钮,即可调整后视镜的角度。例如,如果选择开关置于 L 位置并且按下向上调整按钮,则逻辑电路 A90 接收到"L"和"向上"的开关控制信号,在逻辑电路内部接通 8 号接线端子处的执行开关,逻辑电路将电源电压引入左侧向上电动机,然后通过逻辑电路内部搭铁,电动机正转(逻辑电路 A90 电源来自发动机舱盖下保险丝盒,在 G201 号搭铁点进行搭铁),将左侧后视镜向上调节。

将电动后视镜开关置于相反位置,向左/向右或向上/向下,将使后视镜电动机的极性变反,运动方向也相反。

7.4.3 电动后视镜的故障诊断

1. 常见故障

电动后视镜电路检测(开关直控)

(1)电动后视镜常见故障:不工作或部分功能不正常。

(2)主要原因:熔断器熔断,线路断路或插接件松脱;开关或电动机有故障等。

(3)诊断与排除:如果两个后视镜都不工作,往往是熔断器熔断,线路断路或插接件松脱等,也可能是开关有故障,可先查熔断器,然后检查开关上的插接件是否松脱,以及相关各线路有无断路或接触不良等,最后检查开关。如果是部分功能不正常,很可能是个别电动机及控制开关对应部分有故障或相应线路断路、接触不良等,先检查线路,后检查开关及电动机。

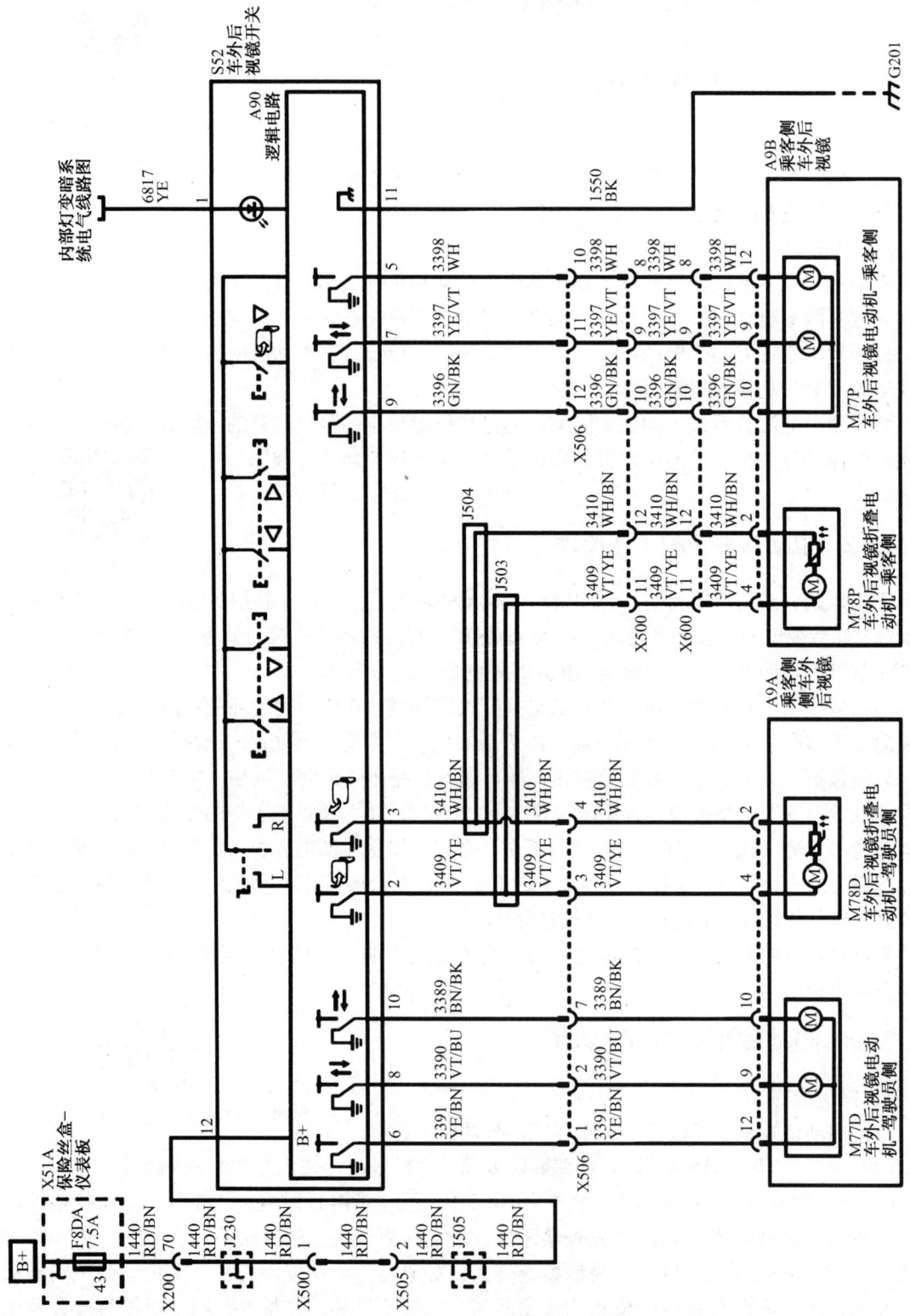

图7.50 别克威朗车电动后视镜控制电路

2．故障诊断与检测

以奥迪 A4 轿车电动后视镜系统为例，介绍电动后视镜系统的检查及故障诊断。图 7.51 所示是奥迪 A4 轿车电动后视镜系统电路。

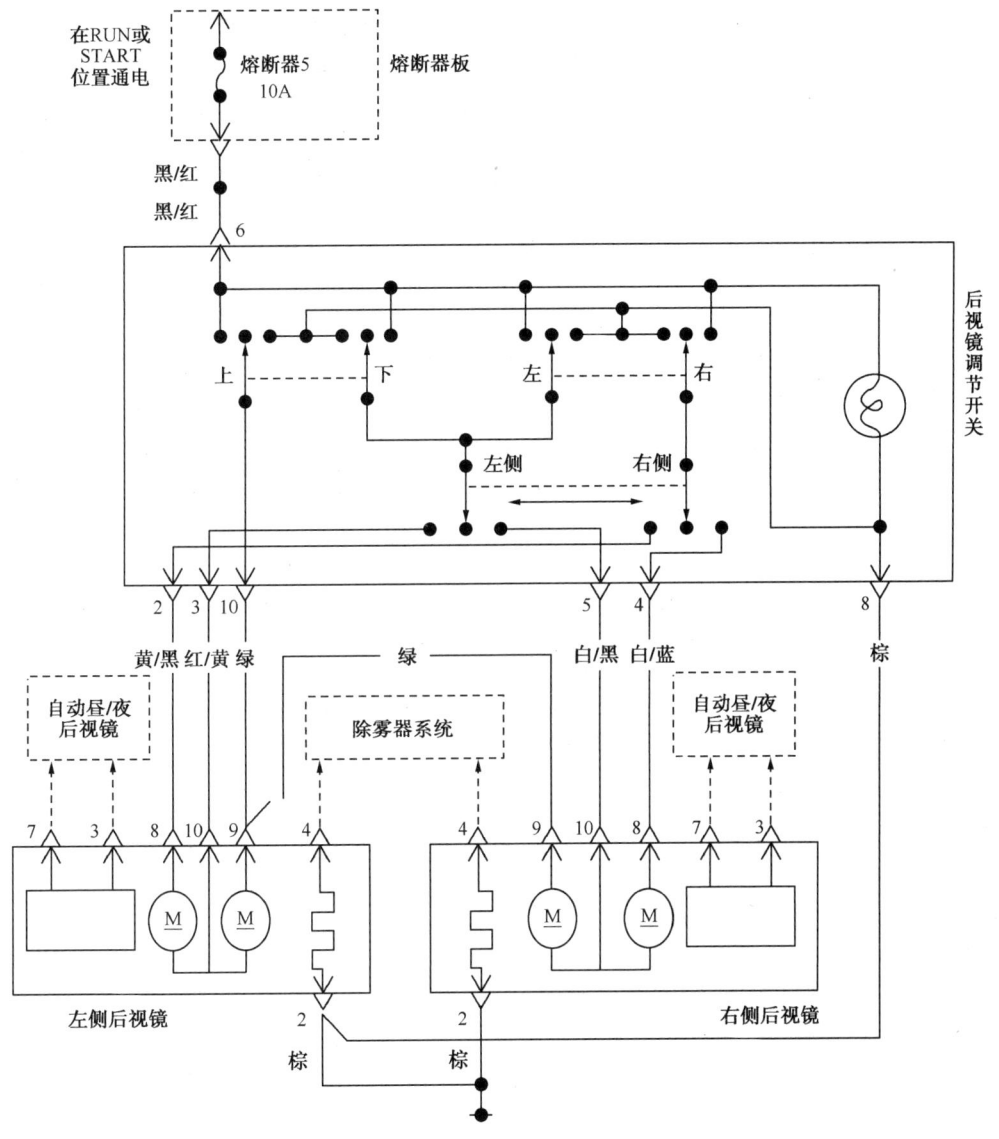

图 7.51　奥迪 A4 轿车电动后视镜系统电路

（1）检查后视镜开关（奥迪 A4 轿车）。首先从左前车门的内拉手下面拆下装饰盖及 3 个螺钉，从车门面板后顶端拆下其上面的螺钉，掀起车门面板以拆卸固定件。拆下内手柄并从车门面板上松开拉锁，从车门面板上断开剩余电器接头，从汽车上拆下车门面板。松开拉手的固定件，从车门面板上拆下拉手。用一个小的一字螺丝刀压下位于电动后视镜开关上的锁止片，从拉手上拆下开关。最后用万用表对照表 7.4 所示内容检查开关。

（2）检查后视镜电动机。拔下开关上的插头，找到和左侧电动机相连的 2、3、10 这 3 个端子。让蓄电池的正极和端子 3 相连，负极分别和端子 2、10 相连，观察后视镜转动情况。如果哪个方向不动，可能是电动机损坏也可能是电动机处在该方向上的极限位置。将蓄电池的正负极对调，再分别接到 3 个端子上，观察后视镜转动情况。右侧后视镜的检查方法和左侧相似。

表 7.4 奥迪 A4 轿车电动后视镜开关检查

开关位置		端子						
		2	3	4	5	6	8	10
左	上	●	●			●		
	下	●	●			●	●	
	左		●			●		●
	右		●			●	●	
右	上			●	●	●		
	下			●	●	●		
	左				●	●		
	右						●	●

（3）两个后视镜都不工作的故障诊断。如果两个后视镜都不工作，其诊断流程如图 7.52 所示。

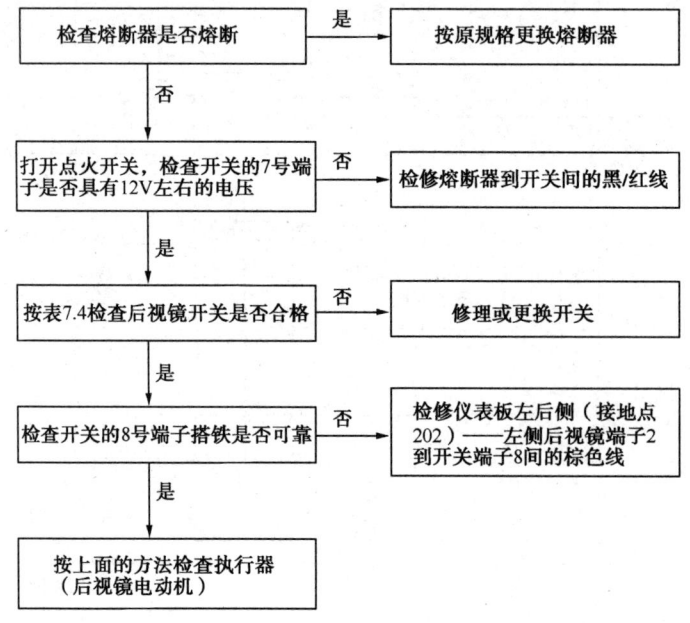

图 7.52 两个后视镜都不工作的诊断流程

学习单元 7.5 中央集控门锁系统应用与诊断

现代轿车多数选装了中央集控门锁，可使驾驶员更加方便、安全地使用汽车。当驾驶员用锁扣或钥匙锁定左前门时，其他 3 个车门及行李舱门也同时被锁好，打开时可单独开左前车门，也可同时打开所有车门及行李舱门。

7.5.1 中央集控门锁的组成

中央集控门锁按结构形式的不同，一般分为双向空气压力泵式和微型直流电动机式两种；按控制方式不同分为不带防盗系统的中控门锁和带防盗系统的中控门锁。下面以不带防盗系统的微型直流电动机式中控门锁为例进行讲解。直流电动机式中控门锁利用

中控门锁的作用及组成

控制直流电动机的正反转来实现门锁的开、关动作，主要由门锁开关、双向直流电动机、传动机构、执行机构及继电器、导线等组成。

7.5.2 中央集控门锁的电路原理

1．基本工作原理

中控门锁典型电路分析（开关直控）　　中控门锁典型电路分析（模块控制）

不同汽车所安装的中控门锁的功能和控制电路不同。有的门锁开关由门锁按钮操作，有的具有一套独立的开关系统。有的汽车具有多个集中控制的门锁开关，驾驶员和乘员都可以操作开关，把所有的车门锁住或打开；有的汽车则只有一个集中控制的门锁开关和几个单独控制的门锁开关，驾驶员操作集中控制的门锁开关，把所有的车门锁住或打开，乘员只能操作单独的门锁开关，把对应的车门锁住或打开。集中控制的门锁开关一般安装在驾驶室车门或前乘员车门上，单独控制的门锁开关一般安装在对应的车门上。

如图 7.53 所示是一种基本的电动门锁控制电路，它主要由 2 个门锁开关 S_1、S_2，门锁继电器 K，5 个双向直流电动机（4 个车门及 1 个行李舱门）及导线、熔断器等组成。门锁继电器实际上是由开锁和锁定两个继电器组成的，其线圈不通电时，动触点都和搭铁触点接通；通电时动触点与搭铁触点断开，与另一个触点接通。通过触点位置的改变，来改变电路及电动机中的电流方向，从而改变电动机的旋转方向，完成对车门的锁定和开锁动作。

如图 7.54 所示是左前门锁开关在开锁位置时的电流方向。将左前门锁开关置于开锁位置时，电源通过左前门锁开关给门锁继电器线圈供电，继电器动作，使其常闭触点打开，常开触点闭合。电动机的一端经该触点与电源正极接通，另一端经门锁继电器的常闭触点接地，电动机转动将 4 个车门锁及行李舱门锁打开。当门锁开关断开电源时（开关回到中间位置），门锁继电器释放。

将开关置于锁定位置时，门锁继电器线圈通电，继电器吸合，其常闭触点打开，常开触点闭合。电动机一端经触点与电源正极接通，另一端经门锁继电器触点接地，电动机中的电流方向与图 7.54 所示方向相反，电动机反向转动，将 4 个车门锁及行李舱门锁锁定。当门锁开关断开电源时（开关回到中间位置），门锁继电器释放。

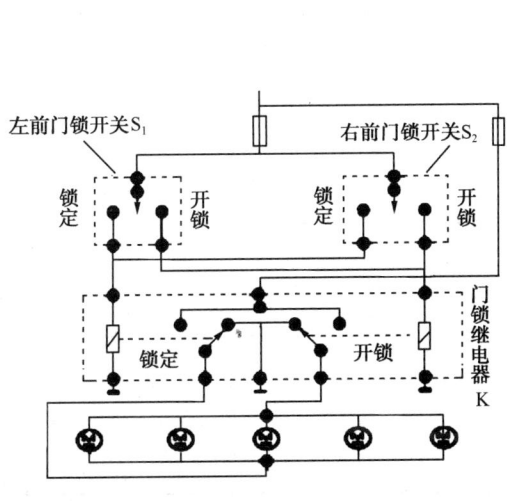

图 7.53　一种基本的电动门锁控制电路

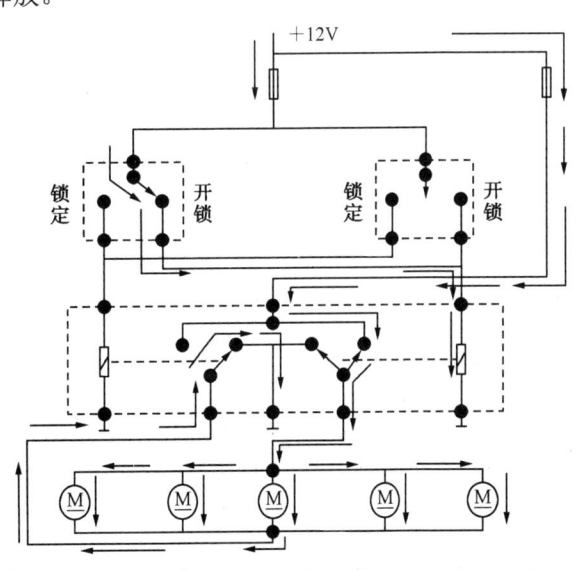

图 7.54　左前门锁开关在开锁位置时的电流方向

2．实例

上海别克轿车的中控门锁系统属于遥控门锁装置（无钥匙进门系统），它具有车门上锁、车门开锁、打开行李舱门的功能。具有警报功能的遥控门锁系统还有使喇叭鸣响、车内灯点亮、车前照灯点亮的功能。遥控门锁装置由遥控门锁发射器和接收器组成。遥控门锁接收器位于仪表板上，由蓄电池通过仪表线束供电。它接收并判断遥控门锁发射器发来的指令信号，并将该信号送入车身控制模块（BCM），其基本电路如图 7.55 所示。它主要由车身控制模块、驾驶员开锁继电器、熔断器、门锁电动机及导线等组成。它的开锁、上锁指令不是通过机械开关完成的，而是通过接收信号指令，经过 BCM 处理，BCM 再发出指令使门锁电动机按要求转动，实现上锁或开锁动作的。

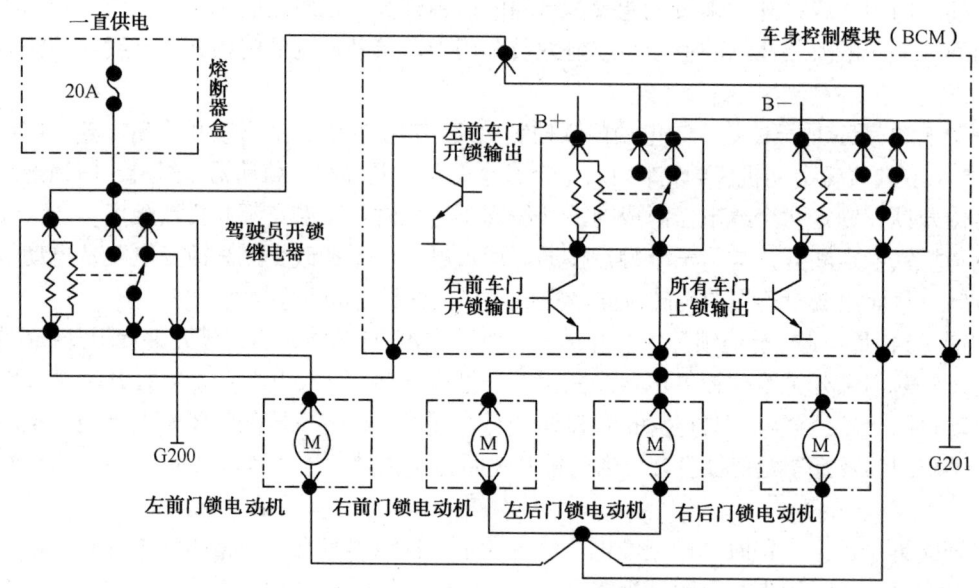

图 7.55　上海别克轿车遥控门锁系统电路

7.5.3　中央集控门锁故障诊断

下面以上海别克轿车为例，介绍遥控门锁系统的检测及故障诊断，其电路如图 7.55 所示。

中控门锁电路检测　　中控门锁电路检测
　（开关直控）　　　　（模块控制）

1．遥控门锁系统的检查

遥控门锁系统检查如表 7.5 所示。

表 7.5　遥控门锁系统检查

步　骤	操 作 方 法	正 常 结 果	不正常结果
1	（1）确保前照灯 IP 变光开关处于 OFF 位置； （2）从点火锁缸中拔下钥匙； （3）关上所有车门； （4）按下无钥匙进门遥控器上的 LOCK 键一次	（1）所有车门均锁上； （2）门控灯熄灭（OFF）	（1）仅行李舱门释放模式工作； （2）门控灯一直点亮（其诊断方法参考内部灯系统检查）

续表

步　骤	操 作 方 法	正 常 结 果	不正常结果
2	按下无钥匙进门遥控器上的 UNLOCK 键一次	（1）在无钥匙进门遥控器上的 UNLOCK 键被按下一次时，驾驶员侧车门打开； （2）门控灯保持点亮 36～44s	（1）用遥控器时，仅行李舱门释放模式工作； （2）门控灯一直点亮； （3）遥控无钥匙进门系统不工作
3	在第一次按下 UNLOCK 键 5s 内，再次按下 UNLOCK 键	所有车门均打开	（1）仅行李舱门释放模式工作； （2）遥控无钥匙进门系统不工作
4	按下无钥匙进门遥控器上的 ALARM 键	前照灯闪亮且喇叭响，间隔 2min，或者直至再次按下无钥匙进门遥控器上的 ALARM 键	仅行李舱门释放模式工作
5	按下无钥匙进门遥控器上的 REAR COMPARTEMENT 键	行李舱门释放（打开）	行李舱门释放模式不工作
6	（1）确认钥匙已从点火锁缸中拔出； （2）关上所有车门； （3）按下 UNLOCK 键一次，同时观察前照灯和听喇叭声音	模式 1：性能丧失。在无钥匙进门遥控器被用于开门时，前照灯不闪亮且喇叭不响。 模式 2：按下遥控器上的 UNLOCK 键时，喇叭响。 模式 3：按下遥控器上的 UNLOCK 键时，前照灯闪亮。 模式 4：按下遥控器上的 UNLOCK 键时，前照灯闪亮且喇叭响	遥控门锁系统（RKE）不能改变规定模式
7	（1）确认钥匙已从点火锁缸中拔出； （2）关上所有车门； （3）按下 LOCK 键一次，同时观察前照灯和听喇叭声音	模式 1：性能丧失。在遥控器被用于锁门时，前照灯不闪亮且喇叭不响。 模式 2：按下遥控器上的 LOCK 键时，喇叭响。 模式 3：按下遥控器上的 LOCK 键时，前照灯闪亮。 模式 4：按下遥控器上的 LOCK 键时，前照灯闪亮且喇叭响	遥控门锁系统（RKE）不能改变规定模式

2. 遥控门锁系统更换与设定

（1）遥控门锁接收器的更换。

① 遥控门锁接收器（RCDLR）的拆卸：拆下仪表板，通过松开易扣接头拆下 RCDLR，脱开 RCDLR 的导线插接器，从仪表板上拆下 RCDLR。

② 遥控门锁接收器的安装：将遥控门锁接收器装在仪表底板上；插好 RCDLR 的导线插接件，通过连接易扣接头安装 RCDLR，安装仪表板。

（2）遥控门锁开锁控制设定方法（不用专用工具）。遥控门锁开锁控制设有 4 种模式：模式 1，设定遥控门锁不起作用；模式 2，设定仅喇叭响；模式 3，设定仅前照灯闪亮；模式 4，设定喇叭响与前照灯闪亮。

① 坐在驾驶座上，关上所有车门。

② 将点火开关转至 RUN 位置。

③ 按下并保持门锁开关在 UNLOCK 位置。

④ 按下遥控器上 UNLOCK 键，报警器将发出 1～4 次响声，响声的次数等于当前模式号，说明车辆处于该模式。

⑤ 当欲设定的模式号被警报器指示出来时，将门锁开关从 UNLOCK 位置释放。

⑥ 将点火开关转至 OFF 位置，设置完成。

注意： 在上述方法中，如果点火开关被移至 OFF 位置或任意一个车门被打开，遥控开锁校验设定将被终止，并且系统保持在最新模式。

（3）遥控门锁上锁控制设定方法。遥控门锁上锁的控制设定方法与遥控门锁开锁的控制设定方法基本相同，只是门锁开关位置和按下遥控器上的键改为 LOCK 键。

（4）遥控器的校准。当出现下列情况时应对遥控器进行校准：遥控器使用超过 256 次；更换遥控器电池后，马上使用超过 16 次。

遥控器的校准方法是：同时按下并保持遥控器的 UNLOCK 和 LOCK 键至少 7s，或者直到喇叭响 3 次。

3. 门锁电动机的检查

首先关闭点火开关，拆下车门内侧板，接近门锁电动机，拆下电动机的两个插头；然后将蓄电池的正、负极分别与电动机插座的两个插芯相通，电动机应转动；再将蓄电池的正、负极对调接在两个插芯上，电动机应反转。如果电动机不转或转动不平稳，则应修理或更换电动机。4 个车门及行李舱门电动机检查方法相同。

【任务实施】

连接专用诊断仪读取"09 系统—中央电子电器"的故障信息，其存储有多个故障码（见图 7.56）。B11EE54：后车窗升降机马达无基本设置；B11ED04：后车门控制单元有故障；U10BA00：本地数据总线无通信。由此可见，故障为右前门和右后门模块无法通信。

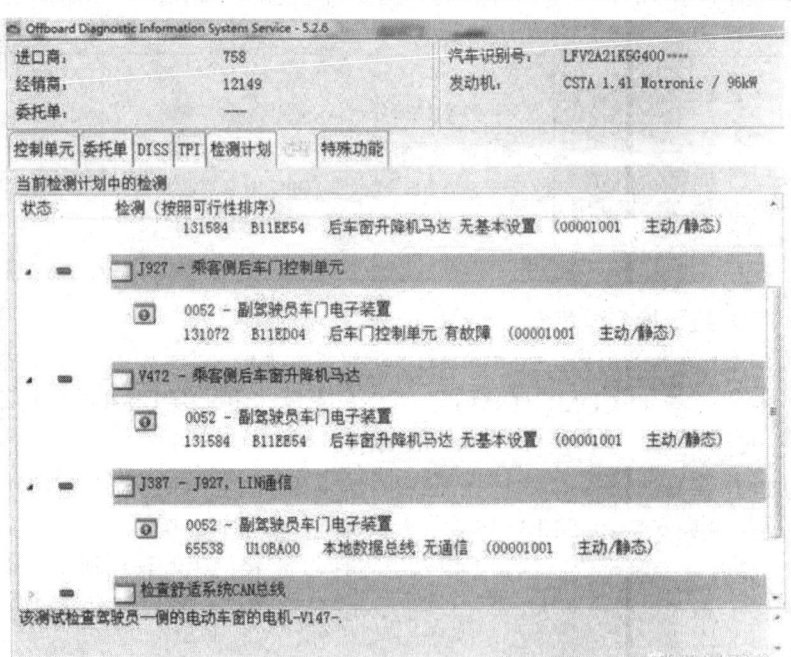

图 7.56　故障车上存储的故障信息

根据电路图（见图 7.57）分析，该车 4 个车门通过 LIN 线与 09 中央电子电器 1 的 T73b/17 脚进行通信，因为这 4 个模块共用一条 LIN 线。由于左侧车窗工作正常，说明 LIN 通信线没有对地和对正极短路。导致右侧车窗无法升降的可能原因有：右前和右后门的 LIN 线断路、控制模块供电出现故障。

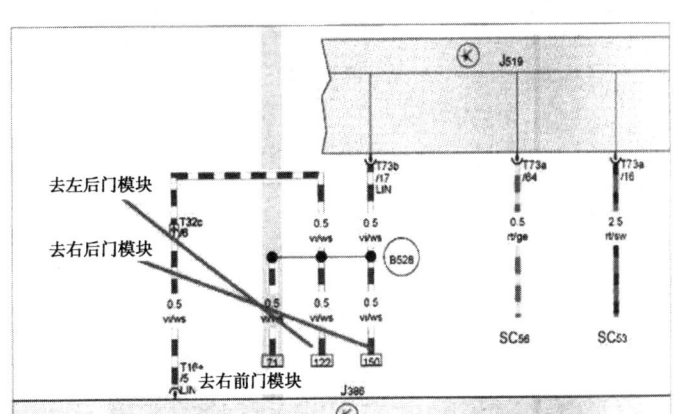

图 7.57　故障车型车窗控制系统电路

　　通过电路图还能看出，该车的电动车窗控制开关所产生的信号都是先送到对应的车窗控制模块上，再通过模块与 J519 进行通信，从而完成对车窗升降电动机的控制；另外，右前门和右后门共用 SC46 号熔丝供电。综合以上分析，该 SC46 熔丝出现熔断的可能性比较大。

　　拆下位于仪表下方的熔丝盒盖，找到 SC46 号熔丝，经过检查，发现该熔丝确实已熔断。更换新的熔丝后发现右前门车窗工作正常，但右后门车窗仍旧不工作。用诊断仪清除 J519 系统内的故障码，然后重新读取故障信息，显示系统正常，无故障码，说明右后门的控制模块通信已恢复正常。操作右后门车窗开关时，可以听到继电器吸合的声音，为此怀疑是右后门车窗控制模块出现了故障。拆开右后门车窗控制模块，发现有明显烧焦的味道，且右后门车窗玻璃升降电动机温度很高。拔下车窗控制模块插头，拆下右后门车窗升降电动机，确认是带控制模块的电动机内部发出的味道。

　　更换新的车窗升降电动机后，右后门车窗升降正常，给 4 个车门的车窗玻璃进行位置学习后，该车故障被彻底排除。

　　维修小结：

　　该车故障是右后门车窗控制模块损坏，导致其给对应的电动机长期供电且电流过大，从而烧坏了电动机，同时使 SC46 号熔丝被熔断，右前门玻璃也无法正常工作。

　　本案例中，根据故障码的提示，确定大概的方向，再根据电路图找到相关的通信关系和模块供电关系，进一步确定第一个故障点是熔丝被熔断。根据更换熔丝后故障现象的变化，确定通信恢复正常后，进一步拆检，找到最终的故障点，并彻底排除故障。

【延伸阅读】

每个零部件都有自己的功用

　　2020 年 6 月 23 日，北斗三号的最后一颗卫星成功发射，这一事件标志着我国自主建设、独立运行的北斗卫星导航系统完成全球组网部署。北斗三号全球卫星导航系统的在轨运行服务卫星共 45 颗，包括 15 颗北斗二号卫星和 30 颗北斗三号卫星。正是由于全部 45 颗卫星都在发挥自己的作用，它们所组成的北斗卫星导航系统才能全球导航。这和一部机器一样，机器由各个部件组成，由许许多多螺丝钉连接和固定，才成了一个坚实的整体，才能运转自如，发挥它巨大的能力，上面的螺丝钉虽小，其作用是不可估量的。由此可以看出，物体虽小，但每个个体对整体的运行都有功用。

　　就像汽车上的后视镜、雨刮器等辅助电器，虽不起眼，却是保障车辆安全行驶必不可少的零部件。它们在自己的位置上就兢兢业业、忠于职守，才使得驾驶员在各种恶劣天气下都能正常驾驶车辆，才使得车内乘员安心乘坐。

辅助电器和每一颗卫星一样，它们都是组成整体的个体，都有其独特的功用，是不可替代、不可或缺的。后视镜、雨刮器等辅助电器，通过各自的功能来保证车辆在各种恶劣天气下安全与舒适驾乘，虽为辅助，却不可替代。

企业案例7

1．线束磨损导致电动玻璃不能升降

（1）故障车型：捷达 GTX。

（2）故障症状：四门电动玻璃突然不能升降。

（3）故障检测：首先检查玻璃升降器的熔断器、升降器开关、玻璃升降器的继电器、中央控制板等，结果都无故障。经检查线路，发现玻璃升降器开关线路中无电，升降器开关的控制火线 14 号熔断器熔断。更换熔断器后，四门电动玻璃升降正常。但升降几次后，四门电动玻璃又不能升降。检查升降器线束，发现左前门收放机扬声器旁一根黑黄色线有微小的破损，造成线路短路，熔断器熔断，使四门电动玻璃不能工作。

（4）故障分析：由于升降器线束捆扎的角度、位置不太合理，使升降器线束磨损，造成升降器短路。

（5）故障排除：将升降器线束用胶带重新包好，再将升降器线束角度进行调整，故障彻底排除。

2．线束故障导致玻璃升降器失控

（1）故障车型：捷达 GTX。

（2）故障症状：打开左前门时，右后门玻璃升降器自动下落。

（3）故障分析：开始怀疑左前门升降器开关有问题或有混线之处，经拆检一切正常。后经反复开关左前门，重复故障现象，发现右后门玻璃只在左前门开启一定角度时才降落，这说明故障在控制线路上。将左前门组线拆下后，发现有一处外皮磨损，经查此线正是右后门升降器开关控制线，当左前门活动时，线束随着车门的活动而搭铁，接通了右后门升降器开关，使右后门玻璃下落。

（4）故障检测：左前车门处的线束破损，存在搭铁故障。

（5）故障排除：重新包扎线束，固定线束，故障排除。

3．线路故障导致后视镜不能调整

（1）故障车型：捷达 CiX。

（2）故障症状：只有打开驾驶员侧车门，后视镜位置才可以调整。

（3）故障检测：经过检查线路，在中央继电器盒左侧，发现电线有断路现象。

（4）故障分析：经过反复试验，当车门打开时，断头就接触上，后视镜即可调整；当车门关闭时，断头断开，后视镜不能调整。

（5）故障排除：修复线路，排除故障。

4．断路故障导致电控锁不工作

（1）故障车型：捷达 GTX。

（2）故障症状：四个电控门锁均不工作。

（3）故障分析：该车四个电动门锁均不工作，表明其控制电路有故障。可能的故障原因有：

①供电熔断器熔断；②中控门锁控制器损坏；③供电线（绿色线）或负极搭铁线（棕色线）有断路处。

（4）故障检测：发现供电线路在车门铰链处有断路的地方，其他各处及有关元件均正常。

（5）故障排除：重新连接好断路处，试车，中控门锁工作正常。

5．从动塑料齿轮材质问题导致中控门锁工作时发现"吱吱"响声

（1）故障车型：捷达 GiX。

（2）故障症状：用左前门中控锁锁门时，右前门发出"吱吱"声，锁止钮颤动而不下落，车门也锁不住。

（3）故障检测：拆下右前门内饰板，用左前门锁锁车，可听见"吱吱"声来自右前门中控门锁电动机内，手摸电动机外壳有振动感。拆下电动机并解体，发现其内一个塑料齿轮的几个齿牙损坏。

（4）故障分析：中控锁电动机内有两个齿轮；主动轮材质为钢，与电动机相连；从动轮材质为塑料，与门锁相连。当开启、关闭门锁时，因两齿轮啮合，由塑料齿轮带动门锁开闭。由于从动塑料齿轮材质有问题，故障率往往较高。

（5）故障排除：因无此齿轮备件，所以更换中控锁电动机。换后异响消失，门锁开闭正常。

测试练习题 7

一、判断题

（　　）1．为防止电动座椅过载，在电动机的内部装有断路器。

（　　）2．在操作电动车窗时，如果出现某个机械部位卡死，则会引起熔断器烧断或热敏开关断开，从而避免电动机被烧坏。

（　　）3．为了更好地清除风窗玻璃上的污物，在汽车上增设了风窗玻璃清洗装置和刮水器配合工作。

（　　）4．电动刮水器由交流电动机和一套传动机构组成。

（　　）5．前风窗玻璃和侧窗玻璃可利用暖风除霜，轿车的后风窗玻璃一般用加热法除霜。

二、选择题

1．普通式电动刮水器是通过改变下列哪项来调节电动机速度的？（　　）

　　A．电枢电流　　　　　B．电源电压　　　　　C．励磁电压　　　　　D．励磁电流

2．电动车窗系统的熔断器熔断了，下列哪一项是最不可能的原因？（　　）

　　A．电路中某个地方的导线短路接地　　　　　B．车窗的机械出现卡滞现象

　　C．电动机电路存在断路故障　　　　　D．电动机中有短路故障

3．某车的电动车窗都不能工作，则可能的原因有（　　）。

　　A．车窗控制电路的熔断器被熔断　　　　　B．车窗控制电路的搭铁线出现故障

　　C．车窗继电器出现故障　　　　　D．车窗锁止开关出现故障

4．中控门锁系统中的门锁控制开关用于控制所有门锁的开关，安装在（　　）。

　　A．驾驶员侧门的内侧扶手上　　　　　B．每个门上

　　C．门锁总成中　　　　　D．都可以

5．一般轿车的电动中控门锁具有哪些功能？（　　）

　　A．乘员自锁　　　　　B．行车自锁

　　C．驾驶员中控锁　　　　　D．车门钥匙上锁

6. 轿车上的刮水器工作刮水周期至少达到 （　　）。

    A．200 万次　　　　　B．150 万次　　　　　C．100 万次　　　　　D．50 万次

7. 轿车上的刮水片工作刮水周期至少达到 （　　）。

    A．200 万次　　　　　B．150 万次　　　　　C．100 万次　　　　　D．50 万次

8. 刮水器的刮水频率是指刮水器每分钟往复移动的次数。它必须达到法规要求。低速挡的最低刮水速度为（　　）。

    A．5~10 次/分　　B．10~20 次/分　　C．20~30 次/分　　D．30~40 次/分

9. 刮水器的刮水频率是指刮水器每分钟往复移动的次数，它必须达到法规要求。高速挡的最低刮水速度为（　　）。

    A．15 次/分　　　　B．30 次/分　　　　C．45 次/分　　　　D．60 次/分

三、综合题

1. 查阅一款车型风窗刮水、清洗电路，画出电流走向，分析工作原理。

2. 查阅一款车型电动座椅电路，画出电流走向，分析工作原理。

3. 查阅一款车型电动车窗电路，画出电流走向，分析工作原理。

4. 查阅一款车型中控门锁电路，画出电流走向，分析工作原理。

参 考 文 献

[1] 陆耀迪. 宝来轿车实用维修手册. 北京：机械工业出版社，2006.

[2] 胡式旺. 汽车电器电子设备原理与检修. 北京：机械工业出版社，2002.

[3] 毛峰. 汽车电器. 北京：机械工业出版社，2003.

[4] 付百学. 上海帕萨特轿车使用与维修手册. 北京：机械工业出版社，2002.

[5] 申荣卫. 汽车电子技术. 北京：机械工业出版社，2002.

[6] James D Halderman. 汽车电气电子及计算机系统故障诊断与排除. 徐汉群，等译. 北京：北京理工大学出版社，2001.

[7] A. E. 斯卡沃勒尔. 汽车构造原理与维修应用. 吴友生，等译. 北京：机械工业出版社，2004.

[8] 马东宵，曹景升，李贤彬. 汽车维修实训教程. 北京：人民邮电出版社，2002.

[9] 劳动和社会保障部培训就业司职业技能鉴定中心. 汽车维修工国家职业资格三级（高级）操作技能考试手册. 北京：中央广播电视大学出版社，2001.

[10] 倪佳. 机动车喇叭结构分析及试验方法. 北京汽车，2011.

[11] 沈卓君. 汽车风挡玻璃刮水器系统的设计与研究. 上海汽车，2015.

[12] 郭剑鹰. 车用雨量传感器应用. 汽车电器，2008.

[13] 成波. 浅谈汽车照明现状及发展趋势. 时代汽车，2017.

[14] 北京理工华泰科技有限公司. 国产新款轿车电路图速查手册. 北京：电子工业出版社，2004.

[15] 司勇智，刘可湘. 汽车电器维修技师培训教材. 北京：人民交通出版社，2003.

[16] 吴基安. 汽车电路识图与检修. 北京：电子工业出版社，2003.

[17] 周泳敏，朱红波. 汽车电路图识图指南. 北京：机械工业出版社，2004.

[18] 孙余凯，项绮明. 汽车电器识图技巧. 北京：人民邮电出版社，2003.

[19] B. Hollembeak. 汽车电器与电子系统. 徐鸣，俞庆严，译. 北京：机械工业出版社，1998.

[20] 孙余凯，项绮明. 新型汽车电子电器元器件的检测与修理. 北京：人民邮电出版社，2003.

[21] 谭本忠. 丰田车系维修经验集锦. 北京：机械工业出版社，2007.

[22] 张俊，何国红，王顺利. 汽车日间行车灯系统常见电路分析. 汽车电器，2008.

[23] 卢正升. 广州雅阁新款轿车维修丛书. 福州：福建科学技术出版社，2001.

[24] 何凤，陈燕. 新款广州雅阁轿车维修手册. 北京：人民交通出版社，2004.

[25] 米切尔维修信息公司. 奥迪 A4、A6 轿车维修手册. 中国机动车辆安全鉴定检测中心，译. 北京：机械工业出版社，2002.

[26] 米切尔维修信息公司. 帕萨特 B5 轿车维修手册. 中国机动车辆安全鉴定检测中心，译. 北京：机械工业出版社，2002.

[27] 杨智勇. 上海别克轿车电控与电气系统检修图解. 北京：机械工业出版社，2002.

[28] 金诚仁，陈庆来. 广州本田轿车维修问答. 沈阳：辽宁科学技术出版社，2002.

[29] 于明进. 现代轿车构造与检修——电气及电子设备. 北京：国防工业出版社，2002.

>> 汽车电气设备原理与检修（第6版）<<

[30] 谭本忠. 通用车系维修经验集锦. 北京：机械工业出版社，2007.

[31] 易琨. EFB 与 AGM 蓄电池的应用、性能和成本的对比研究[J]. 电池工业，2017，21（1）.

[32] 曹树清. 新编汽车维修技术手册. 上海：上海科学技术出版社，2002.

[33] 《汽车维修技师》杂志社. 大众奥迪车系技师手记. 沈阳：辽宁科学技术出版社，2009.

[34] 靳曲，詹德凯等. 启停系统蓄电池选型及电池传感器开发[J]. 汽车电器，2013.

[35] 倪君，王伟. 启停系统铅酸蓄电池的保障. 玻璃纤维[J]，2016.

[36] 周泉. 怠速起停系统促进启动机革命. 汽车电器[J]，2014.

[37] 阮先轸. 乘用车双电池系统方案浅析. 科技视界[J]，2016.

[38] 李玉茂. 宝来、捷达轿车故障实例与分析. 北京：机械工业出版社，2008.

[39] 夏令伟. 汽车电控发动机构造与维修. 北京：人民交通出版社，2002.

[40] 刘文举. 桑塔纳、捷达系列轿车电系维修 587 问. 上海：上海科学技术出版社，2005.

[41] 德国 BOSCH 公司. BOSCH 汽车工程手册. 顾柏良，等译. 北京：北京理工大学出版社，2004.

[42] 梁锋华. 汽车数字式仪表的应用[J]. 汽车电器，2009.

[43] 德国 BOSCH 公司. BOSCH 汽车电气与电子. 魏春源，等译. 北京：北京理工大学出版社，2008.

[44] 上汽通用汽车有限公司组编. 汽车电子与电气系统及检修. 北京：高等教育出版社，2016.

[45] 高军，郭迪军，李旭. 汽车组合仪表的电磁干扰特性分析与优化[J]. 汽车工程学报. 2014，（3）.

[46] 李雪梅. 汽车仪表的识别、使用与发展趋势[J]. 汽车实用技术. 2017，（16）.

[47] 曾勇，麻友良，陈典. 电动汽车仪表关键技术分析与研究[J]. 电测与仪表. 2019，（2）.

[48] 茹孟荣. 汽车仪表板电气检测原理分析与应用[J]. 汽车电器. 2019，（7）.

[49] 魏珊珊，冯煜清. 汽车仪表性能测试系统设计[J]. 汽车实用技术. 2020，（16）.